戴维·吉尔摩（David Gilmour）

英国皇家文学学会（The Royal Society of Literature）成员，长期为《纽约书评》（New York Review of Books）供稿。著有传记作品《最后的豹：朱塞佩·兰佩杜萨的生命》（The Last Leopard: A Life of Giuseppe di Lampedusa）、《漫长的谢幕：拉迪亚德·吉卜林的帝国生涯》。还写有关于西班牙和中东政治的著作《西班牙的城市》（Cities of Spain）、《饥饿的世代》（The Hungry Generations）。

THE LONG RECESSIONAL: THE IMPERIAL LIFE OF RUDYARD KILPLING

By DAVID GILMOUR

Copyright: © DAVID GILMOUR, 2002

This edition arranged with AITKEN ALEXANDER ASSOCIATES LTD

Through BIG APPLE AGENCY, INC., LABUAN, MYLAYSIA.

Simplified Chinese edition copyright:

2019 SDX JOINT PUBLISHING CO.LTD.

All rights reserved.

漫长的谢幕

拉迪亚德·吉卜林的帝国生涯

THE LONG RECESSIONAL

The Imperial Life of Rudyard Kipling

[英] 戴维·吉尔摩（David Gilmour）

张 寅 译

Simplified Chinese Copyright © 2020 by SDX Joint Publishing Company.
All Rights Reserved.

本作品简体中文版权由生活·读书·新知三联书店所有。
未经许可，不得翻印。

图书在版编目（CIP）数据

漫长的谢幕：拉迪亚德·吉卜林的帝国生涯／（英）戴维·吉尔摩著；张寅译．—北京：生活·读书·新知三联书店，2020.9
 ISBN 978-7-108-06848-4

Ⅰ．①漫… Ⅱ．①戴… ②张… Ⅲ．①吉卜林－生平事迹 Ⅳ．① K835.615.6

中国版本图书馆 CIP 数据核字（2020）第 075507 号

责任编辑	黄新萍
装帧设计	刘　洋
责任校对	曹秋月
责任印制	徐　方
出版发行	生活·讀書·新知 三联书店
	（北京市东城区美术馆东街 22 号 100010）
网　址	www.sdxjpc.com
图　字	01-2017-8002
经　销	新华书店
印　刷	三河市天润建兴印务有限公司
版　次	2020 年 9 月北京第 1 版
	2020 年 9 月北京第 1 次印刷
开　本	635 毫米 × 965 毫米　1/16　印张 28
字　数	382 千字　图 17 幅
印　数	0,001-5,000 册
定　价	59.00 元

（印装查询：01064002715；邮购查询：01084010542）

目录

前　言　　　　　　　　　　　　　　　　　　　　1
致　谢　　　　　　　　　　　　　　　　　　　　5

第一篇　帝国之子　　　　　　　　　　　　　001
　第一章　逐出天堂　　　　　　　　　　　　　003
　第二章　拉合尔的报人　　　　　　　　　　　019
　第三章　英印编年史　　　　　　　　　　　　036
　第四章　暗夜之城　　　　　　　　　　　　　068
　第五章　帝国意识　　　　　　　　　　　　　088

第二篇　帝国的使徒　　　　　　　　　　　　105
　第六章　漫漫回乡路　　　　　　　　　　　　107
　第七章　旅美岁月　　　　　　　　　　　　　122
　第八章　先知的负担　　　　　　　　　　　　141
　第九章　罗得斯与米尔纳　　　　　　　　　　166
　第十章　来自布尔人的教训　　　　　　　　　182

第三篇　卡珊德拉的疆土　　　　　　　　　　　205

　　第十一章　发现英格兰　　　　　　　　　　207

　　第十二章　殖民地姐妹情　　　　　　　　　　222

　　第十三章　自由党的背叛　　　　　　　　　　241

　　第十四章　为特权辩护　　　　　　　　　　　263

第四篇　耶利米的哀叹　　　　　　　　　　　　291

　　第十五章　埃及与阿尔斯特　　　　　　　　　293

　　第十六章　末日大战　　　　　　　　　　　　307

　　第十七章　和平之痛　　　　　　　　　　　　333

　　第十八章　冰上篝火　　　　　　　　　　　　359

注　释　　　　　　　　　　　　　　　　　　　385

参考文献　　　　　　　　　　　　　　　　　　419

索　引　　　　　　　　　　　　　　　　　　　431

前 言

在1900年出版的一部政治讽刺作品《蓬头彼得字母书》(*Struwwelpeter Alphabet*)里,字母"K"的下方有一幅画,画的是拉迪亚德·吉卜林(Rudyard Kipling)和基钦纳勋爵(Lord Kitchener)。站在高处的是个留着大胡子的军人,手持一柄出鞘的利剑;旁边的那位作家则显得十分矮小,他手里的羽毛笔看起来也像一把剑。漫画的下方有几行诗:

> 不同职业和身形的男子汉
> 正展现在你们的眼前;
> 细长的剑和短小的笔,
> 为人们做着有用的事;
> 在帝国随时需要的时刻
> 一起召唤吉卜林和基钦纳

诗句虽然平庸,却反映出人们的普遍看法——他们是那个时代最重要的帝国偶像。身份显赫、猫一般精明的廷臣伊舍勋爵(Lord Esher)认为,吉卜林之所以获得功绩勋章(Order of Merit),是因为他为大英帝国所做的贡献与基钦纳或那位统治埃及长达二十四年之久的克罗默勋爵(Lord

Cromer）不相上下。[1]

基钦纳固然不在大英帝国最杰出的将领之列，但他仍是帝国的象征。与此同时，吉卜林却遭到了恶意诋毁者的嘲弄，人们谴责他奉行侵略主义（jingoism）；而赞赏他的人们则为其帝国主义立场深感苦恼，因此将其遮蔽。大无畏的孟加拉作家尼拉德·乔杜里（Nirad Chaudhuri）坚称，吉卜林的政治主张"并非其作品的核心要素"；而吉卜林的官方传记作者查尔斯·卡林顿（Charles Carrington）也曾在私下表示，吉卜林的创作主题实际上既不同于托利党的主张，也异于帝国主义的立场。[2] 吉卜林的赞赏者大多秉持这类观点，导致他们在文献中评价吉卜林时出现了某种奇怪的失衡现象。他们的大部分著述着重研究的是吉卜林的散文，其次是他的生平，很少关注其诗歌作品，而对于他的公众角色则完全没有涉及。本书首次以编年史的方式梳理了吉卜林的政治生活：早年成为大英帝国的使徒——帝国梦想的代言人，晚年则扮演了预言国家衰落的先知角色。

事实上，帝国主义和保守主义在吉卜林的生活和他的很多作品中都是核心要素：在他自己认为最重要的诗集《那些年》（The Years Between）所收录的四十五首诗当中，大概有四分之三都涉及政治或帝国主义的主题。吉卜林清楚，他的政治主张是无法同其作品割裂的：他曾在1919年对一位法国朋友说道，近四十年来，大英帝国已成为"构筑［我的］身体和心灵的基石"。[3] 他需要从承担帝国事务——布道、劝诫、预言——中获得鼓舞。他不仅是位了不起的艺术家，还拥有并希望自己拥有其他角色。

吉卜林的前半生正处于维多利亚女王统治时期。他是帝国之子，并对此充满自信。年轻时身处印度的吉卜林既没有质疑过英国对印度的统治，也未曾想到它会是短暂的。他一方面意识到这种统治的荒谬并在作品中对其加以嘲讽，另一方面又坚信英国对印度的统治有一种持久的影响力。在他二十三岁离开印度次大陆，开始游历大英帝国治下的其他地区之后，这种信念就一直在增强。他将维多利亚时代的帝国使命转化为实际行动，并向人们

前　言

宣扬它的功绩，却发现这些人漫不经心的态度简直令人愤怒。他在1899年发表的《白人的负担》(*The White Man's Burden*)里，呼吁美国和英国一道，共同承担起"教化"世界上落后地区民众的使命。

吉卜林的言论为他赢得了其他英国诗人，甚至是丁尼生（Tennyson）都未曾有过的拥趸和地位。凭借对帝国事务的广泛了解和对公众情绪的准确把握，他成了那些平时并不读诗的民众心目中的重要人物。尽管他谢绝了英国政府授予他的所有荣誉，但仍被满怀热忱的人们认为是大英帝国未加冕的桂冠作家。吉卜林对英国的影响力在今天当然很难估量，但在当时却是不言而喻的。《如果》(*If*)这首诗对大英帝国乃至其他地区的同代人产生了显而易见的道德影响力，其中就包括时任美国总统伍德罗·威尔逊（Woodrow Wilson），他把刊登有这首诗的一份剪报当作自己的"珍藏品"。[4]根据英国广播公司的一项民意调查，它至今还是英国人最喜爱的诗歌，也是人们在家中最常展示的一首，他们把用中世纪字体书写的诗文配上彩饰装进画框，然后挂在墙上醒目的位置，作为提升自我修养的训诫。

1897年，吉卜林为维多利亚女王登基六十周年庆典（Diamond Jubilee）创作了那首伟大的《退场诗》(*Recessional*)。回想起来，那一年似乎就是大英帝国的巅峰，吉卜林也正是在这一年认识到了它即将衰亡的命运。他曾感受到大英帝国的潜力，而很快便又意识到它的脆弱，以及对其健康发展乃至生存日益增长的种种威胁。于是他开始大张旗鼓地宣扬自己的主张——要想继续生存，就必须实行特定的政策：关税改革与帝国特惠制、义务兵役制和扩军、联法抗德、停止所有对印度和爱尔兰民族主义者的妥协与让步。这些都是当务之急，而吉卜林也在大声疾呼，希望这些政策得以实施。

1905年年底上台的自由党政府几乎完全没有采纳这些政策，直到1914年才开始联法抗德，但为时已晚。吉卜林感觉自己陷入了卡珊德拉

(Cassandra)*的境地：无奈自己说出的预言无人理会；而在他的晚年，情况更加令人绝望，他担起了耶利米（Jeremiah）†的重任：大英帝国将会灭亡，英国将会灭亡，文明将会崩塌并再次进入黑暗时代。在他生命的最后几年，希特勒的野心已昭然若揭，英国的生存成了这时的吉卜林唯一担忧的问题。帝国衰落的轨迹就这样与他个人的生命轨迹重合了，这种一致性恰好解释了这位无人问津的预言家几十年来感到痛苦的原因。那个曾经歌颂大英帝国鼎盛时代的人行将逝去，而他内心明白，即将逝去的，还有他的帝国。

---

* 希腊神话人物，特洛伊最后一位国王普里阿摩斯（Priam）之女，阿波罗曾赐予她预知未来的能力，之后又对其施咒，使她说出的预言无人相信。——译注。后文"原注"加标记，译注不再标示。

† 前7世纪—前6世纪希伯来先知，《耶利米书》的作者，犹太传统认为他也是《耶利米哀歌》的作者。其重要预言包括埃及必败、犹大国将被巴比伦尼亚征服、犹太人将被掳往巴比伦等，他还预言上帝将与以色列人订立新约。

致　谢

研究拉迪亚德·吉卜林的人总是负债累累,他们的债主遍布世界各地:既有负责保管吉卜林个人资料、编写目录、为研究者提供帮助的档案管理员,也有从各个角度深度剖析吉卜林生平及作品的学者,还有代表国民信托(National Trust)允许我和其他研究者引用相关文献的吉卜林著作代理机构A. P. 瓦特公司(A. P. Watt Ltd.)。

首先感谢萨塞克斯大学(Sussex University)的伊丽莎白·英格利斯(Elizabeth Inglis)、达尔豪西大学(Dalhousie University)的卡伦·史密斯(Karen Smith)以及英国和美国各地众多的图书馆工作人员。其次要特别感谢吉卜林的传记作者,包括早期的查尔斯·卡林顿、安格斯·威尔逊(Angus Wilson)、伯肯黑德勋爵(Lord Birkenhead),以及最近的哈里·里基茨(Harry Ricketts)和安德鲁·莱西特(Andrew Lycett)。还要感谢《诗人吉卜林》(Kipling the Poet)的作者彼得·基廷(Peter Keating)、《拉迪亚德·吉卜林的艺术》(The Art of Rudyard Kipling)的作者J. M. S. 汤普金斯(J. M. S. Tompkins),以及《"艺术之外":卷入政治的拉迪亚德·吉卜林》(Outside his Art: Rudyard Kipling in Politics)一文的作者迈克尔·布罗克(Michael Brock)等专家和学者。但我最要感谢的是该领域最杰出的学者、吉卜林四卷本书信集的主编托马斯·平尼(Thomas Pinney)。

此外，非常感谢托马斯·平尼审阅了本书书稿并提出宝贵意见。我的父亲伊恩·吉尔摩（Ian Gilmour），以及简·戴利（Jan Dailey）、罗伊·福斯特（Roy Foster）、拉马钱德拉·古哈（Ramachandra Guha）、苏尼尔·基尔纳尼（Sunil Khilnani）与赞·斯迈利（Xan Smiley）等人也审阅了全部或部分书稿。非常感谢大家的意见和建议。

很荣幸能与大西洋两岸的各位编辑共事，感谢法勒－斯特劳斯－吉鲁出版社（Farrar, Straus & Giroux）的劳伦·奥斯本（Lauren Osborne）在工作中的严谨与热忱，感谢约翰·默里出版社（John Murray）的所有工作人员，特别是格兰特·麦金太尔（Grant McIntyre）对我的耐心指导和鼓励，还要感谢盖尔·皮尔基斯（Gail Pirkis），他出神入化的业务技能再一次使我的作品大为改进。同时要感谢我的经纪人、极富远见与智慧的吉伦·艾特肯（Gillon Aitken）。

最后，感谢我的妻子萨拉（Sarah），她为本书的顺利完成做出了特殊的贡献，特将本书献给她。

二〇〇一年九月于爱丁堡

第一篇

帝国之子

第一章　逐出天堂

拉迪亚德·吉卜林从未浪费时间去考察自己的家族渊源。他曾在晚年表示，他对自己的家世"没有一丁点儿兴趣"，只希望那些纠缠不休打听这件事的人别再继续追查他的"出身"了。[1]

"无根性"是吉卜林作品的基本特征。他在四大洲生活过，作品主题涉及六大洲。他曾横跨大洋，对地中海沿岸各地了然于心，太平洋对角线两端的新西兰和不列颠哥伦比亚以及大西洋两岸的新英格兰与开普殖民地（Cape Colony）的风光是他的最爱。在人生的中途，他选择扎根萨塞克斯，过着终日操劳的生活。但抑制他外出旅行热情的并不是这片旷野中的森林，而是疾病。在大众心目中，他是个心系印度的英国籍侵略主义者，而这种印象也一直延续至今。不过要说他是个世界公民也不为过，他既深爱着法国，又会时不时思念起过去的"情人"——南非。

吉卜林偶尔也会为自己身为一名约克郡人感到骄傲，这个"乡巴佬"的家族在约克郡西区定居已经有两百年了。不过，他虽然爱听"浓重的约克郡口音"，却很少回老家。他设想过自己的祖先当中一定有钟表匠、铸钟人和自耕农，却对他们知之甚少，只知道他们的子孙在受洗时取名为"约翰"和"约瑟夫"。总体上，他乐意别人说他是约克郡人，只要不要求他成为真正的约克郡人。[2]

但他不喜欢被看作凯尔特人。凯尔特民族（Celtishness）习性总让人想到与劳合·乔治（Lloyd George）或爱尔兰民族主义者类似的某些特征，他们都是吉卜林最讨厌的人。可偏偏他的母亲就出身于当年支持詹姆斯党的麦克唐纳（Macdonald）家族。这个家族在1745年之后离开赫布里底（Hebrides）群岛，迁居阿尔斯特（Ulster）。吉卜林的外曾祖父詹姆斯（James）受约翰·卫斯理（John Wesley）的启发加入循道宗教会并迁居英格兰。此后他的儿子娶了汉娜·琼斯（Hannah Jones），家族里因此有了威尔士血统，而吉卜林对这件事总是讳莫如深。

吉卜林在中年时期成为圣安德鲁斯大学（St Andrews University）的名誉校长。在这里，他称赞了传统东海岸地区非凯尔特民族的苏格兰人身上那些节俭、明理和勤劳的美德。无论在思想上还是性情上，他都绝不可能成为加尔文教派的信徒，但对他自认为由长老会在苏格兰创立的社团却十分赞赏：那是一套教育体系，能为人们构筑一个"凛然肃穆、坚若磐石并自给自足的社群"。[3]

吉卜林与生俱来的浪漫情怀并不像有的人认为的那样不露声色，每当他看见石楠花或读到斯蒂文森（Stevenson）*的文字，抑或想起詹姆斯党的时候，这种情怀便会浮出水面。他对自己麦克唐纳家族的渊源毫无兴趣，却热衷于它与坎贝尔（Campbell）家族之间的历史宿怨。他曾在布尔战争（Boer War）[†]期间跟一名苏格兰高地人谈起，他的母亲"告诫[我]绝不能对坎贝尔家的人有好感"，从此他就半信半疑地遵守着这条戒律。1919年，他踏上了"仇人"的领地阿盖尔郡，发现自己不知不觉中一直在"诅咒所有坎贝尔家族的人"。他不得不承认，那里风景虽好，人却着实不招人待

---

* 19世纪苏格兰小说家、诗人和散文家，代表作有《金银岛》（*Treasure Island*）、《化身博士》（*Jekyll and Hyde*）、《儿童诗园》（*A Child's Garden of Verses*）等。

† 指发生在1899—1902年的第二次布尔战争，英国殖民者和定居南非的荷兰移民后裔布尔人为争夺殖民地资源而发起的一场战争；又称"英布战争"或"南非战争"。

第一章　逐出天堂

见。⁴一个人对自己的根漠不关心，却又认同根深蒂固的家族偏见，这大概会让人感到奇怪，可是这对吉卜林而言却并不矛盾。为了解释他在1911年积极支持爱尔兰的立场，他半开玩笑地表示，这或许跟他"埋在巴利纳马勒德（Ballynamallard）某个阴森的循道宗教堂墓地里的外高祖父"多少有些关系。⁵

流淌在吉卜林血液里的循道宗教义不仅来自约克郡，也来自凯尔特地区。他的祖父和外祖父都是循道宗牧师，另外还有他母亲的弟弟和祖父：麦克唐纳家族从事牧师工作的传统延续了三代，历时一百四十四年。然而循道宗教义的约束力也并不总是那么大。据说吉卜林的舅舅弗雷德里克·麦克唐纳（Frederic Macdonald）曾担任卫斯理循道宗大会（Wesleyan Methodist Conference）的会长，但他的四个姐妹都是按照英国圣公会的仪式举办的婚礼。甚至有传言说吉卜林的母亲艾丽斯·麦克唐纳（Alice Macdonald）有一次把约翰·卫斯理的一缕头发扔到了火里，还大喊："看呐！咬我们那条狗的毛！"⁶吉卜林的父亲洛克伍德（Lockwood）同样对家庭的宗教传统不屑一顾，他觉得见到国教会的教区牧师，尤其是在下午茶时间带着妻子的牧师，是件"令人万分沮丧"的事。⁷其结果便是吉卜林既不信加尔文教，也不是循道宗的信徒。在他成年后创作的诗歌中，他常常祈求神明（他只是隐约相信）护佑，而同时也尊重别人的宗教信仰。但他绝不是真正意义上实践信仰的基督徒。*尽管他一生中有过不少偏执或偏见，可没有一样与宗教相关。

艾丽斯·麦克唐纳是个可爱迷人、活泼开朗、稍微有些淘气的女孩。她还是个喜欢卖弄风情的人：她最小的妹妹说她"要是不跟某个荒野里的野男人勾搭上"，好像就没法"出门"了。她性格冲动，爱好音乐，幽默中透着

---

* 他曾在1908年形容自己是"一名害怕上帝的基督教无神论者"，并很早就预料到格雷厄姆·格林（Graham Greene）会成为一名"天主教无神论者"。⁸——原注

刻薄，与洛克伍德截然不同。1865年3月，她嫁给了这位安静、宽厚、行动迟缓的男人。但正如他们的朋友总结的那样，他俩"意趣相投，气质迥异"；他们有相似的爱好，是"最佳伴侣"，总能"以幽默的视角看待各种人和事"。[9]

作为艾丽斯的结婚对象，洛克伍德与她几个姐妹的丈夫并不是同一类人：爱德华·伯恩-琼斯（Edward Burne-Jones）与爱德华·波因特（Edward Poynter）是画家，阿尔弗雷德·鲍德温（Alfred Baldwin），也就是斯坦利（Stanley）的父亲，则是一名钢铁大亨。但这位身材不高、留着胡须的男人身上却有种令人肃然起敬的少年老成之风，充满魅力与智慧。有朋友曾说他是苏格拉底，因为他跟雕塑中那位雅典哲学家的样子很像，这位朋友后来又觉得，以他"对人类与自然界的浓厚兴趣"，将他与乔叟相提并论才更恰当。身为一名技艺娴熟而又勤勉的雕塑家和工匠，洛克伍德在婚后不久便被派往孟买的艺术与工艺学校（School of Art and Industry）任教。他作为英国艺术与工艺运动（Arts and Crafts Movement）的天然盟友，正好适合这份旨在保护和复兴印度手工艺的工作。

对拉迪亚德而言，父亲的影响比母亲大得多，可怜的艾丽斯没有将自己的音乐天赋传给儿子。吉卜林在去世前不久坦言，安拉将所有的音乐排除在了他的"天资"之外，"除了打拍子的原始本能，因为编织诗句需要用到它"。而从洛克伍德身上，拉迪亚德则继承了他对技艺的热爱，并相信手艺是一切伟大艺术的根基。吉卜林晚年回忆道："他待我总是像朋友一样，最严厉的命令顶多也就是建议或邀请。"正是这种相处方式让他的儿子非常乐于接受自己的想法：喜欢各种动物，也喜欢法国和印度；不喜欢德国和传教士；对宗教和政治保守主义持怀疑态度。拉迪亚德的大部分喜好与偏见都遗传自他的父母。1910—1911年冬，二位老人在短短几周之内相继辞世，吉卜林后来写道："我的父母都非常爱我，而父亲对我的爱要比大多数男人对他们孩子的爱多得多。而现在，再也没有人听我说话或者读我写的东西了，

第一章　逐出天堂

我感到孤独和凄凉。"[10]

吉卜林在自传《谈谈我自己》(*Something of Myself*)的开篇引用了耶稣会会士的请求:"把孩子的头六年交给我,你便能拥有他的未来。"此前不久,他还对一名仰慕自己的法国人说过,在"耶稣会会士尤为重视的那些糟糕的头几年"里,他就住在孟买。[11]言外之意便是,印度在他童年的成长中起到了至关重要的作用,但这种暗示却有些夸大其词了。这种影响与家族的渊源相比当然要大得多,但他在印度的重要经历并非在他六岁去英国的时候就结束了,而是在他十六岁重返印度之时才开始。

约瑟夫·拉迪亚德·吉卜林于1865年12月30日生于印度孟买。根据他七十年后的回忆,他对这里的最初印象是:"黎明、光和色彩,还有各种金色和紫色的水果。"黎明时分,他便跟着保姆(*ayah*)和男仆来到孟买的市场。保姆是本地人,常常在天主教圣坛前跪拜;而那名男仆则是印度教徒,他会把小吉卜林带到路边的寺庙里。有时他们还会来到"海边,那些帕西人(Parsees)*走在浅滩中,向着落日或初升的朝阳祈祷"。

> 傍晚我们在海边棕榈树的树荫下散步……海风吹来,巨大的果实从树上掉落,保姆赶紧带着婴儿车里的妹妹和我一块儿躲到开阔的安全地带。我常常感觉到热带地区日暮时分涌起的那种令人恐惧的黑暗,但也喜欢夜风拂过棕榈叶或香蕉叶的声音,还有树蛙的鸣唱。

晚年的吉卜林很喜欢给他在孟买的年幼的教子讲述自己儿时乐此不疲的那些

---

* 7—8世纪为躲避波斯穆斯林迫害而逃至印度的琐罗亚斯德教徒的后裔,现主要居住在印度和巴基斯坦等地。

事儿。他喜欢杧果吗？他吃甘蔗吗？他有没有"尝过还长在［树上］的红辣椒？我吃过一次，然后被辣哭了，爸爸还为这事儿打了我一巴掌"。¹²

吉卜林的保姆经常提醒他，跟自己父母说话的时候要用英语，因为他和很多英印家庭的孩子一样，大多数时候都跟佣人们待在一起，印度斯坦语（Hindustani）*已经成了他的第一语言。由于年龄还小，不受印度教种姓制度的约束，他可以跟家人去任何地方，因此他"和本地小孩一样"，渐渐"明白了人生的初步真相"，还与"脖子上围着花环的印度教诸神"保持着良好的关系。孩子们回忆起他们的本地仆人时，总是充满了感情。吉卜林的朋友沃尔特·劳伦斯（Walter Lawrence）后来回忆，家长们找来的印度佣人总能哼唱出无与伦比的摇篮曲，发明各式各样的游戏，还能"耐心地陪那群小少爷［baba log，即老爷（sahib）的孩子］玩上好几个钟头，从来不会因为小孩子浮躁多变的情绪而责备他们"。¹³

这样的纵容自然是把这群小少爷给宠坏了，而且就像洛克伍德的一个熟人所说的，他们"急需一番教训"。拉迪亚德的父亲则希望以一种更豁达的态度来看待这个问题。他写道："我们甘当这些小皇帝们的奴隶，并认为我们能给予他们的最好的东西，就只有为他们失去了在英国成长的先天特权提供一点可怜的补偿。"¹⁴

而他的妻子于1868年带着两岁半的儿子回到英国，打算在那儿生下女儿艾丽斯［特丽克丝（Trix）］的时候，麦克唐纳家的人就没那么豁达了。这位娇生惯养的小少爷长着一双蓝眼睛和一副结实的下巴，胖嘟嘟的脸看起来有些黑，说话又吵又冲，动不动就发脾气。在比尤德利（Bewdley）外祖父家所在的村子里，他在大街上边走边大声嚷嚷："闪开闪开，生气的拉迪（Ruddy）来啦。"他的一个姨妈说他是个"放肆的小孩"，另一个还怪

---

* 起源于印度德里地区的一种语言及其方言变体，后发展分化为印地语（Hindi）和乌尔都语（Urdu）。本书中指印地语。

第一章　逐出天堂

罪他简直折损了老父亲的寿命,而外婆则抱怨他是个"任性的浑小子"。他把整个家搞得一团糟,完全变成了一座"斗兽场",大家还得忍受他的"暴脾气"。折腾了几个月之后,他终于返回了孟买,大家都松了一口气。性情温和而宽容的弗雷德舅舅(Uncle Fred)*希望洛克伍德能"非常严格地管教他,因为亲爱的艾丽斯[现在]就像一块他那对小拳头任意摆布的蜡块"。[15]

最终的补救办法比所有人能想到的更加严格:五岁的拉迪和三岁的特丽克丝被"流放"到了英格兰,此后他们有五年多没能见到自己的母亲,将近七年没有见到父亲。把孩子送到国外和各种隔离的方式在英属印度十分常见,因为据说印度的气候不适合拉迪亚德这个年纪的孩子。如果这是唯一的原因,那完全可以把孩子们送去山中避暑地的寄宿学校。但据吉卜林后来的回忆,他暗示大人们这样做还有其他方面的考虑,他们认为"[在印度]把一个白人小孩抚养长大直至青年,是很不妥当且危险的做法"。[16]那样会造就一群被仆人们宠坏了的东方化的小帕夏,身体因气候变得羸弱,还把印度当成了"家",这是"很不妥当的"。妥当的方式是把他们送回真正的"家",在寄宿学校里学习维多利亚时代俭朴节制的美德,挫一挫他们的锐气。

这件事的蹊跷之处在于,吉卜林兄妹既没有被送到奶奶家或外婆家,也没有被送去八个姨妈当中的任何一家。艾丽斯的一个妹妹答应收留特丽克丝,另一个则提议和自己的兄弟一块儿照管拉迪亚德,但没人愿意两个孩子一起收留或是全程照管那个"任性的浑小子"。或许是艾丽斯怕拉迪亚德再给亲戚们添麻烦,或许是她不愿意去依靠几个生活更富足的妹妹,不论什么原因,由于她坚持不能把两个孩子分开,她最终把他们送到了位于英格兰南部海岸的南海城(Southsea),寄养在一户氛围压抑的寄宿家庭。这是个错误,而很快另一个错误便又接踵而来。1871年11月,艾丽斯与洛克伍德在英国逗留了半年之后,对孩子们未做任何交代就返回了印度。兄妹俩除了痛

---

* 即弗雷德里克·麦克唐纳,"弗雷德"是"弗雷德里克"的昵称。

苦和孤独，还有一种茫然间被出卖的感觉。

这座名为"洛恩小屋"（Lorne Lodge）的寄宿公寓就是吉卜林后来在回忆录中所说的"荒屋"（House of Desolation），这所"单调冷清"的房子里住着霍洛韦（Holloway）夫妇和他们的儿子。拉迪亚德很喜欢霍洛韦"船长"，这位退休的海军准少尉兼海岸警卫队的警官经常带他四处溜达，参观各式各样的舰船。但这位老海员在吉卜林兄妹流亡南海城的生活刚过一半时便去世了，兄妹俩于是完全落入了他那位独断专横的妻子手里。"那女人受到福音派教义的启示，以其赋予她的饱满活力"经营着自己的事业。霍洛韦夫人对依旧粗鲁无礼、放纵不羁的拉迪亚德做出了回应：只要稍稍惹到她，她就动手打人，并命令他回到卧室；到了卧室，她家里那个年龄比拉迪亚德大一倍的恶霸儿子还要继续欺负他。有一次，霍洛韦夫人送他去上日间学校的时候，让他在胸前挂了块写着"骗子"的牌子走了一路。虽然这件事得到了特丽克丝的证实，但也有作家认为这是吉卜林后来根据大卫·科波菲尔所遭受的类似羞辱杜撰出来的。当然也不能排除霍洛韦夫人或许读过狄更斯的小说并从这种虚构的惩罚中得到了启发。寇松勋爵（Lord Curzon）小时候的家庭女教师就获得过类似的启发，她让这个未来的印度总督头戴锥形帽、身穿贴着"骗子""小偷""胆小鬼"字样的白棉布衬裙，在他家世代居住的村子里游行示众。[17]

吉卜林在其自传及《黑羊咩咩》（Baa, Baa, Black Sheep）中都追忆过他在"荒屋"那五年半的生活。后一部作品是一则痛苦而悲惨的故事，他的父母读过之后非常难过。对于自己被抛弃以及遭受残酷虐待的描写可能有些夸大其词，毕竟偶尔还是会有麦克唐纳家的人去南海城看望两兄妹。不过这些叙述的核心内容确实不假，这段经历也在吉卜林的内心留下了永久的印记。正如一位敏锐的批评家所说，这段经历没有把他变成一个残忍之人，而是让他"能够富于情感地去理解残忍，并希望对其展开思考和研究"。[18]这段经历至少在一定程度上塑造了吉卜林身上最可贵的品质——他能深切地体

第一章 逐出天堂

会到孩子们的脆弱。

只有在每年的 12 月，拉迪亚德才能逃离"地狱"，来到富勒姆（Fulham）的格兰奇庄园（The Grange）这座"天堂"里待上一个月，这里住着他的姨妈乔琪·伯恩 – 琼斯（Georgy Burne-Jones）*和她那位身为拉斐尔前派画家（Pre-Raphaelite）的丈夫。每次到了庄园门口，他都得跳起来去够那根铁制拉铃索——"某种通往'锦绣宅院'（House Beautiful）的'开门咒'"。这里有他的兄弟姐妹和摇摆木马，还能闻到从姨父的画室里飘来的"绘画颜料和松节油的奇妙味道"。他跟着兄弟姐妹们一块儿爬桑树，听姨妈朗读司各特（Scott）或《天方夜谭》（The Arabian Nights），还遇到了不少诗人和艺术家。这些人都愿意跟他说话，跟他一起玩儿，除了一个"叫'勃朗宁'（Browning）的老头儿"对大厅里玩打仗游戏的孩子们"完全没兴趣"。每到 1 月，他就要被逐出"天堂"，回到"痛苦的福音派暴行和小孩子特有的恐惧之中"。不过那根拉铃索依旧是"玫瑰花蕾"与"玛德琳蛋糕"的结合。多年以后，当伯恩 – 琼斯一家离开格兰奇庄园的时候，吉卜林还要来了这根拉铃索，把他挂在自家的正门前，"希望其他孩子拉响它的时候也能感受到快乐"。[19] 它至今还保留在"贝特曼之家"（Bateman's）。

拉迪亚德后来意识到，格兰奇庄园的艺术气息对他有很大影响，甚至威廉·莫里斯（William Morris）当年那副朴实的样子也给他留下了深刻的印象，只是他后来越来越讨厌这位固执己见、缺乏幽默感的艺术家。他欣赏姨父伯恩 – 琼斯的温和、热情和"卓越的幽默感"。拉迪亚德在他去世后说过，内德姨父（Uncle Ned）†是他一直以来崇拜的偶像。这两位长辈的热情感染了当年的那个小男孩，每次看到他们在"说笑、画画、把玩彩色玻璃"，他就特别高兴。拉迪亚德汲取了他们技艺上的经验和教训，并将其运用到自

---

* 即乔治娅娜·伯恩 – 琼斯（Georgiana Burne-Jones），"乔琪"是"乔治娅娜"的昵称。

† 即爱德华·伯恩 – 琼斯，"内德"是"爱德华"的昵称。

己后来的创作中，之后又把这些传授给了他的另一个姨妈。渴望写作的路易莎·鲍德温（Louisa Baldwin）姨妈曾向他讨教，他对姨妈说，诗歌是"珠宝匠的手艺活，一定得记住"，更确切地说，它"就像打磨钻石，要在最细小的刻面上展现出最璀璨的光芒"。[20]

然而到了晚年，政治上的积怨让他对莫里斯、伯恩－琼斯及其同道艺术家多有诋毁。他承认，他们在室内装饰方面对自己产生了积极的影响，他们的及时出现打破了一个丑陋的旧世界，让那些马鬃椅和光亮的红色纹章布边不再流行。但他们本质上还是一群"奢侈品供应商"，依靠的是支持他们的上流社会的兴盛与繁荣。他们反对战争和国防开支，以及一切对这种繁荣局面构成威胁的事物。他们对那些并未"直接触及自身情感和体面"的生活一无所知，因此他们的态度"加剧了麻烦不断的局面"。其实吉卜林的这种反应在更早之前就已初见端倪，也就是19世纪90年代初，他第二次从印度回到国内，接触到王尔德（Wilde）和其他唯美主义者之后。他曾在1893年写道，学者或许"比军官拥有更多的生活乐趣，但只有孩子相信，一个人被赋予生命，是为了用漂亮的小东西来装点它，仿佛生命就是一间小女孩的房间或一块画屏"。[21]

拉迪亚德因为太过惧怕霍洛韦夫人而不敢把自己在她家遭受虐待的事情告诉任何人。好在乔琪·伯恩－琼斯终于在1877年年初察觉到了这个早该发现的问题：她的外甥正承受着痛苦的折磨，这个懵懂无知的孩子需要一个坚强的后盾。于是她写信把这件事告诉了姐姐。艾丽斯这才赶忙从印度返回英国，并把两个孩子从"荒屋"接走。艾丽斯后来告诉儿子，她第一次去他的房间亲吻他道晚安的时候，他"猛地抬起一只胳膊挡住自己，还以为那是像以前一样要扇他巴掌"。这件事记录在他晚年所写（并从未修订过）的回忆录里。但在他经历此事十年之后所写的《黑羊咩咩》里，那个小男孩却又表示，甚至连那位虚构的霍洛韦夫人［"罗莎阿姨"（Aunty Rosa）］都从来没有在黑暗中打过他。

第一章　逐出天堂

艾丽斯继续在英国待了将近四年。其间，洛克伍德曾回来跟她团聚，待了一年半。每到夏天，因懊悔而溺爱孩子的艾丽斯就会把一对儿女带去埃平森林（Epping Forest），任由拉迪亚德"像一匹小野马一样"和表弟斯坦利一块儿在农场里奔跑，只有当他从农场的院子里拖着沾满泥污和血渍的靴子走进屋子的时候，她才不继续纵容。之后的假期则是跟"三位可爱的女士"一同度过的，他们住在肯辛顿（Kensington）的一幢满是书籍的宁静与充满温情的房子里。1878年夏天，他终于和父亲团聚了。洛克伍德此次回欧洲的工作是指导印度在巴黎博览会（Paris Exhibition）上的参展活动。他带儿子去了法国，并让他免费参观了特罗卡德罗宫（Trocadero）*，在他的熏陶下，拉迪亚德喜欢上了法国的东西。

当年上半年，十二岁的拉迪亚德去了德文郡的寄宿学校。坐落在韦斯特沃德霍（Westward Ho）的联合服务学院（United Services College）是一所新成立的学校，旨在吸引那些上不起重点私立寄宿学校的海军和陆军军官的子弟。不过它可不是维多利亚时代中期随处可见的教育机构。它没有统一的制服，没有学生军训队，也没有校礼拜堂，学校的老师都没有圣职；而校长科梅尔·普赖斯（Cormell Price）也只是很不情愿地时不时来鞭策一下学员们。实际上，普赖斯不仅性情温和，思想包容，而且跟莫里斯和伯恩-琼斯还是朋友。拉迪亚德还算喜欢"克罗姆叔叔"（Uncle Crom）†——"我的众多代理'叔叔'之一"，然而直到他离开学校以后才真正感念他，这也是大多数老师的命运。那时候他才发现普赖斯是个"非常了不起的人"，他曾经"在那些毫无希望的事情上创造过奇迹"。但他自己后来的经历似乎影响了他

---

* 今巴黎夏悠宫（Palais de Chaillot）的前身。

† 指吉卜林在联合服务学院就读期间的校长科梅尔·普赖斯。此处为谐音双关，"克罗姆"与"科梅尔"谐音，前者为古爱尔兰神话传说中的神祇克罗姆·克卢赫（Crom Cruach）或克罗姆·杜布赫（Crom Dubh），人们必须牺牲自己的生命向他献祭才能换来丰收；此处大概指科梅尔·普赖斯对拉迪亚德·吉卜林的要求极为严格，才让他在校学习期间有所收获。

对这所学校氛围的印象。出于对老校长的感激，吉卜林于1894年回到母校，他要完成一项"伤感的任务"——为直到去世才退休的老校长做"葬礼演讲"。他说："这所学院和普赖斯先生一直以来唯一的目标，就是要让人们有能力去开拓并维系帝国的版图。"[22] 普赖斯一定会感到惊讶吧，因为教育孩子也是他一直以来的目标。

拉迪亚德的第一个学期过得很痛苦。在此之前，母亲陪伴他已近一年，当他再次对母亲产生依赖的时候，他却又要被送走了。他不停地给母亲写信，有一次她一天之内就收到四封儿子的来信。"似乎他感受最深的就是那些小伙子们粗野的举止"，她在给普赖斯的一封信里冷静地陈述了自己的观察，并补充道，因为他有个"很大的问题，他内心有些女性化的气质……来自任何方面的一丁点儿同情都会让他妥协，去迁就不同于以往的生活"。[23] 收到像寒鸦、鸲鶄和无脚蜥蜴这类稀奇古怪的宠物会让他非常开心，而更让他开心的则是参加学校的户外活动，特别是在卵石埂（Pebble Ridge）附近的海里游泳。吉卜林后来把他和斯托基的原型莱昂内尔·邓斯特维尔（Lionel Dunsterville）之间的恶作剧，以及麦克特克（M'Turk）的原型——尖酸刻薄的乔治·贝雷斯福德（George Beresford）——（以夸张的方式）永久定格在了《斯托基与同党》（*Stalky & Co*）这部作品中。邓斯特维尔后来成了约翰·巴肯（John Buchan）* 笔下一个缺乏深度的军人角色，而贝雷斯福德则成为一名摄影师，还以讥诮的口吻写了一本疑点重重的传记——《和吉卜林一起上学的日子》（*Schooldays with Kipling*）。

吉卜林后来承认在校期间曾出现过欺凌现象，但"没有更严重的情况"。在1927年读到《斯托基回忆录》（*Stalky's Reminiscences*）的手稿时，他劝邓斯特维尔多强调"学院"的"不可思议的'纯净'"。与当时那些名校里的同

---

* 19—20世纪苏格兰小说家和政治家，代表作为《三十九级台阶》(*The Thirty-Nine Steps*)，曾任加拿大总督。

第一章　逐出天堂

性恋丑闻相比，确实如此。他认为"拯救"这群男孩的正是普赖斯的政策——"让我们筋疲力尽之后乖乖地上床睡觉"——以及"开放式宿舍和男老师不间断巡逻"这一管理制度。尽管他在回忆录中声称"没有任何可疑的变态事件"，但他自己就曾经是一名嫌疑人。1886年，当他从邓斯特维尔口中得知，舍监出于这一原因让他换宿舍时，他"大发雷霆"，并愤怒地给另一位老师W. C. 克罗夫茨（W. C. Crofts）写了一封拒绝换宿舍的信，这位老师就是给予他很多鼓励和启发的英文和拉丁文老师。他对那名舍监"深恶痛绝"，作为报复，他打算将此人写进自己的小说里。四十年后，早已意识到自己无法写小说的吉卜林，为此事写了一则短篇故事，里面有一名荒唐的男老师，认为吸烟会导致同性恋。[24]吉卜林在"学院"上学期间可是个烟瘾很大的人。

　　普赖斯与克罗夫茨发现了他的才能，并在贫瘠的环境中对其呵护有加。克罗夫茨对拉迪亚德又是挑衅，又是嘲笑，其实是为了让他的弟子学会思考。和蔼的普赖斯则是以创造机会的方式鼓励他：他让拉迪亚德担任学校杂志的主编，并允许他自由使用自己那座规模庞大、资源丰富的图书馆。吉卜林在南海城的时候磕磕绊绊地学会了阅读：当时的一项惩罚就是学习《圣经》中的短祈祷文和经文。而现在他的阅读量要大得多：英国小说家和美国诗人的作品，以及从乔叟（Chaucer）到马修·阿诺德（Matthew Arnold）的韵文。他还开始模仿别人的写作风格，戏仿丁尼生与勃朗宁，以及蒲柏（Pope）、济慈（Keats）和雪莱（Shelley）"未发表的片段"。这些习作连同其他一些诗歌给他的父母留下了深刻的印象，因此身在印度的他们瞒着拉迪亚德将其结集出版，书名为《学童抒情诗》（*Schoolboy Lyrics*）。他后来回到印度时发现了这本书，于是大发脾气，之后的两天也一直闷闷不乐。

　　他的大部分诗歌充满了机智和诙谐，但也不乏追求庄严与肃穆的作品。《阿萨耶战役》（*The Battle of Assaye*）是关于威灵顿（Wellington）公爵战胜马拉塔人（Marathas）*的传统叙事，而《致敬女王陛下》（Ave Imperatrix）却提出了一个至今仍无定论的文学难题。从表面上看，这首诗是在向1882年刚刚遭遇疯狂的暗杀企图的维多利亚女王宣誓效忠。这就是当时的解读方式，也是后来大多数人的解读方式，而吉卜林本人也是这样看待这部作品的——他在四十年之后对安德烈·谢弗里永（André Chevrillon）说过，这首诗为他后续的创作"定了调"。按照这位法国作家的理解，《致敬女王陛下》预示了《退场诗》等同类作品的诞生，而"他写作生涯的大方向就（这样）确定了下来"。但目前的证据表明，拉迪亚德写这些诗歌的意图或许并没有那么高尚。他在一封信里写道，他和同学们聊起那次暗杀企图时都"特别起劲"，也许是因为那完全是一次毫无希望的图谋，他还提到他们那帮学生"几乎没有忠诚和爱国之心"。贝雷斯福德认为这首诗是以"戏谑"的态度写的，因为他知道那时的拉迪亚德还远非一名帝国主义者。无论如何，或许它既不是"效忠者的戏仿"，也不是一首真诚而严肃的颂歌。这不过是拉迪亚德在试验他自己的文学形式，并将适合于这种形式的观点表达出来。[25]

从上学期间直到后来的一段时间，他还为身材修长、有着"长发姑娘（Rapunzel）†那样的头发"的美丽女孩弗洛伦丝·加勒德（Florence Garrard）写了一些诗，她后来成了一名艺术家。"弗洛"也曾被寄养在拉迪亚德以前住过的"荒屋"，并在那儿结识了特丽克丝。霍洛韦夫人当年对特丽克丝的虐待要少一些，所以拉迪亚德去了寄宿学校之后，特丽克丝又被送回了"洛恩小屋"。这位诗人似乎并没有和他的缪斯女神见过几次，但"弗洛"在吉卜林心中所激发的热情比他生命中其他任何一个女人都要多。找不到她的

---

* 一支古老的印度-雅利安民族，早期信仰佛教，后改信印度教，属刹帝利，现主要居住在印度中西部马哈拉施特拉邦。马拉塔人曾于1674年建立马拉塔帝国，并在莫卧儿帝国后期迅速崛起，1818年在抗击英国殖民者的战争中败亡。

† 格林兄弟的童话《长发姑娘》（Rapunzel）中的主人公。

第一章 逐出天堂

相片,他便心烦意乱;他们的"恋爱关系"在1882年破裂的时候,他成天疯狂地写作,借此分散自己的注意力。这段关系当然是纯洁的,因为弗洛伦丝的态度一直比较冷淡,从不跟他走得太近。即使如此,身在印度的拉迪亚德仍然给她写了不少诗和书信,还在19世纪80年代末回欧洲的时候专门去看她。他从未察觉到弗洛伦丝内心的同性恋倾向,因而一直为她对待自己的冷漠态度感到困惑。

拉迪亚德在韦斯特沃德霍并不是广受欢迎的人物。有两名在印度服役的少尉军官是他过去的校友,此二人证实,由于他当年"过于出众而又愤世嫉俗,同学们都打心底里讨厌他"。这个聪明伶俐、少年老成的男孩不喜欢橄榄球,总喜欢待在图书馆里;对于那些准备到印度的第28旁遮普步兵团(28th Punjabis)、第54锡克步兵团(54th Sikhs)或是第129俾路支步兵团(129th Baluchis)服役的壮小伙们来说,拉迪亚德自然无法成为他们的好朋友。在他面前,这些人总觉得不痛快,所以只好用诋毁别人的方式来宽慰自己。其中一人曾回忆道,吉卜林是一只"书虫",他"完全沉浸在书籍的世界里,不爱运动,不合群。可惜他整个人简直胖得不行"。[26]

吉卜林一直记得他在"学院"期间那些美好的回忆,并怀着浓厚的兴趣踏上了老校友们曾经走过的历程。在他们经过印度的时候,吉卜林欣然与他们见面,而当他后来发现其中不少人已成为当地兵团的统帅时,更是为他们感到骄傲。另一方面,让他一直都感到欣慰的是,这所学校向来专注于培养干"实事"的人,而不是培养那种只会以自己的想法或别人的工作为写作题材的人。[27]

1882年夏,"克罗姆"普赖斯安排拉迪亚德于当年秋天去拉合尔(Lahore)做一名记者。高昂的学费让他无法继续念大学,而糟糕的视力又让他无法从事对身体条件要求更高的工作。洛克伍德在得知儿子即将到拉合尔工作后,心中满是忧虑和不安;此前的十一年间,他只跟自己的儿子共同生活过短短几个月。他很喜欢拉合尔这座城市,从1865年开始就在这儿担任梅奥工艺美术学校（Mayo School of Industrial Arts）的校长，兼任当地博物馆馆长。洛克伍德在印度联系了一家报社的老板，然后便有人在伦敦为这名刚出校门的男生安排了一场面试，紧接着他便得到了一份工作。

　　工作的机会和家庭的团聚足以让拉迪亚德愿意前往拉合尔，但洛克伍德还另有目的：以道德规范管好自己的儿子。他跟一位女性好友谈到，旁遮普（Punjab）的省会是最适合他的地方，因为这里"接触不到歌舞厅里的小曲儿，没有年轻人跟他打情骂俏，也没有各式各样不健康的东西"。拉合尔的"极度乏味"之处正好把这座城市变成了"年轻人的安全之所"。正如多年后拉迪亚德对待他自己的儿子那样，平日里开明大度的洛克伍德此时正不顾一切地想要保护好自己儿子的赤子之心。[28]

第二章　拉合尔的报人

1882年10月,拉迪亚德回到了他阔别十一年的出生地。儿时的景象和气息是如此熟悉,他不知不觉讲起了印度斯坦语,尽管这时的他已经不记得自己说的话是什么意思了。他一生中只到过孟买两次,但一直都觉得它是印度最美的城市,他在《基姆》(Kim)中将其比拟为"群芳之冠",甚至比勒克瑙(Lucknow)还美。

几天之后,拉迪亚德乘火车前往拉合尔。当看到他满脸络腮胡的时候,他母亲着实被吓了一跳,马上就帮他刮了,但并未要求他今后不准再蓄。大概是意识到自己的儿子已经是一副大人的模样了。虽然只有十六岁,眉毛和胡须都还没有后来那么浓密,但他看上去要比实际年龄大好多。他脸上最明显的特征就是突出的下巴和向后缩的前额。一位住在印度的朋友记得,他总是"抬着他那副中间有条凹痕的下巴"东奔西跑,"像是整个人都被它牵引着"。[1] 透过他那副厚厚的镜片的,是一双深蓝色的眼睛,一开口大笑,镜片就会蒙上一层薄雾。他的皮肤还很黑,黑得足以引发谣言,说他的生身父亲是个印度人。他怀疑自己眼睛和皮肤的颜色源自麦克唐纳家族,所以有一次他调皮地要求母亲翻开家谱,把"里面那个搞破坏的人"赶走。[2]

拉迪亚德很乐意住在父母的这套平房里,尽管在这座尘土飞扬的城市里,这栋房子的环境比其他地方还要糟。原因是两位家长不肯修筑花园,担心把携带疾病的昆虫招来。他有一间自己的房间、一名佣人、一名马夫、一匹马和一辆车,到了热天还有至少一名吊扇工(punkah-wallah)。他也很乐意身边有父母的陪伴,并再次领略了他们截然不同的个性。他的母亲是个说话尖刻而机智的人——"十足的凯尔特人加上几分热情",而他的父亲则有着"约克郡圣贤般的态度与智慧",他的幽默感里总带着点迟缓和揶揄,有时候还有些愤世嫉俗。³吉卜林曾在晚年表示,他们家人之间从未出现摩擦。有证据表明,虽然妻子偶尔对印度感到幻灭让洛克伍德十分不快,但他们仍然是一个和谐美满、怡然自足的整体,尤其是特丽克丝于 1883 年 12 月从英国回来之后,他们自称的"家庭方阵"(Family Square)终于有了新的气象。拉迪亚德和他的父母很少有严重的分歧,不过艾丽斯倒是为她这个青春期的儿子多变的情绪、邋遢的习惯和粗鲁的举止发过牢骚。她还调侃拉迪亚德,说他太以自我为中心,除了自己对任何人都很冷漠。

吉卜林在抵达拉合尔后不久便开始担任《军民报》(Civil and Military Gazette)的助理编辑。在安拉阿巴德(Allahabad),还有一家规模更大、利润可观的姊妹报——《先锋报》(Pioneer)。《军民报》虽然发行量小,经营处于亏损状态(利润来自报纸的印刷量),在当地却有相当的威望,因为它是旁遮普唯一的日报,也是副省督*平时订阅的报纸。大约有 70 名印度人在吉卜林手下工作,具体负责每一期报纸的制作。但据他所说,他只掌管一半的编辑人员,另外一半听从主编斯蒂芬·惠勒(Stephen Wheeler)的差遣。在这位脾气暴躁的上司看来,助理编辑的工作毫无疑问就是审校别人的文章,千万别耽溺于成为诗人的幻想之中。于是吉卜林积极投入到撰写摘要、校对稿件、为新闻报道准备电报和其他剪贴拼凑的例行工作当中。以出众的能力完成这些任务之后,他获准写了几篇评论和几条编辑按语。由于惠

---

* 1859—1921 年间,英属印度旁遮普省的最高行政官员为副省督(Lieutenant-Governor),1921—1947 年为省督(Governor)。

第二章 拉合尔的报人

勒在圣诞节期间从他自己的小马上摔下来并导致脑震荡,报社的工作暂时由吉卜林接管。

吉卜林的工作时间原本是从上午十点到下午四点一刻,但随着工作量的增大,工作时间也大幅增加。这样一来,他每天至少要工作十个小时,经常在晚饭后还要回到办公室,星期天还得接待印刷部门的来访。和大多数英印人一样,他会在清晨锻炼身体,特别是在炎热的天气里,他会骑上一匹名叫"乔"(Joe)的杂色牡马慢跑到赛马场,这匹退役的骑兵战马是父亲洛克伍德送给他的礼物。他也尝试过马球和打山鹑,但这两项运动他都不擅长。倒是他的宠物狗给了他更多的乐趣,先是一只牛头獚,后来又养了一只猎狐獚,它们是英属印度最受欢迎的两个品种。这只猎狐獚是他日常生活中不可或缺的一部分,它会提醒吉卜林分享清晨便餐(chota hazri)和早餐,还要对当天的邮件一探究竟,然后陪它的主人乘坐维多利亚马车*去办公室,在那里睡上一觉,傍晚回到家中逮一阵老鼠,喝一碟牛奶,然后再次出门,同车夫一道带吉卜林去吃晚饭,晚一些的时候再去当地俱乐部把他找回来。以吉卜林的口吻来说,它总是很清楚什么时候趴到主人的大腿上"轻声地哼哼",或者在主人的椅子下打个盹儿才是"更稳妥的策略"。

到了冷天,吉卜林有时会去劳伦斯花园(Lawrence Gardens)打网球,当地英国人晚餐前会聚集在蒙哥马利会馆(Montgomery Hall)里跳舞。而到了夏天,他的父母会住到山里去,这个民用"驻地"就只剩下十一个人,这时的他会赶在旁遮普俱乐部(Punjab Club)那"极其沉闷的"晚餐"仪式"前,到这家会馆里喝上几杯冰饮。在旁遮普俱乐部的晚宴上,几个蔫头耷脑的单身汉吃着"毫无亮点的饭菜,不过周围人的亮点他们可都心知肚明"。[4]在那个令人煎熬的季节里,每个人都感到无聊、难受,除了各自的工作,都

---

* 一种带折篷的四轮双座马车,驾车人的座位设在车身前部,位置较高。

不愿意谈论任何事情。吉卜林有时会留下来玩一局惠斯特牌*或是打一局台球再回家睡觉。

他的大部分社交活动都仅局限于英属印度的夏都西姆拉（Simla），每年他都会去一趟，只有在1884年，他们全家去了达尔豪西（Dalhousie）。在拉合尔，每到冬天他都会去跳跳舞，也参加一些业余演出。而让他更感兴趣的是，他的共济会成员身份能让他在平等相处的基础上结识不同宗教信仰的人：他的"弟兄们"来自伊斯兰教、锡克教、基督教和犹太教。†

在炎热的天气里，只有沙利马尔花园（Shalimar Gardens）月光下的野餐，才能让人在会馆和俱乐部的喧嚣之余获得片刻宁静。这座天堂般的花园建筑群由曾经主持修建泰姬陵的莫卧儿帝国皇帝沙·贾汗（Shah Jehan）设计建造。吉卜林组织了一次这样的野餐之后，发现这里的环境简直浪漫至极：一轮满月照在平静的水面上，照在镶嵌着花纹的大理石廊柱上，数英亩夜间开放的花朵在空气中散发着沁人的馨香；女士们这时唱起了歌，她们的歌声像"精灵的声音掠过水面"。这番景象让他想起了丁尼生笔下艾达公主（Princess Ida）‡的那座花园。[5]

沙利马尔花园里有一间旅舍，经常有新婚夫妇来这里度蜜月。吉卜林希望这个浪漫之所能为他带来一场轰轰烈烈的恋爱，这位青春期的少年很想成为爱情故事里那个充满激情的男主角。他常常自说自话，称自己正在谈恋爱或是爱上了某个女孩，但不论是当时还是以后，事实似乎都并非如此。他说的这些话有时显得很滑稽：他曾在一篇文章中声称自己"深深地爱上了一位缅甸女孩而无法自拔"；有时则纯粹是某种自我欺骗——在马苏里

---

* 一种纸牌游戏，后演变为桥牌。

† 吉卜林身为共济会成员，无论是在印度期间还是在往后的生活中都不是特别活跃。但他很欣赏共济会珍视兄弟情谊的精神，及其对待不同信仰和不同阶级的平等主义态度。——原注

‡ 丁尼生的长诗《公主》（*The Princess*）中的主人公。

第二章 拉合尔的报人

（Mussorie）的时候，他在窗边瞥见"一位金发美女"，便深深地迷恋上了她；他还对一位教士的女儿非常着迷，这个女孩有着"天使的脸庞、鸽子的声音和小鹿的步伐"。但所有这一切都无果而终。[6] 还有一些听起来完全是无中生有——他一连好几个星期向一名女性朋友通报他对某个女人的单相思，但那位他称为"我的女士"的人大概是他虚构的，除非他是用这个女人来掩饰自己对那位不知情的收信人朋友的爱慕。[7] 重点不是吉卜林的这些话和其他一些说法与真实情况相去甚远，而是他内心想要这么说。

假如之前的传记作家关于他是同性恋的断言还能成立的话，那么他无法爱上女人这件事也就容易理解了。[8] 但关于这一点的证据可谓少之又少，几乎全部来自他后来在伦敦结交的朋友。再者，就算吉卜林在印度没有谈过恋爱，应该也有过一些性经验，或许来自逛妓院的经历。他在一封写给朋友的信中谈到，他们俩都无法"对那些不期而遇的艳遇置之不理，何况这不仅有益健康，还能缓和自己粗暴的态度"。从他1885年的日记里可以发现一些零星的线索：他有一次因为逛妓院染上了性病，从此便心有余悸。[9]

4月，拉合尔的天气开始炎热起来，温度计的读数在阴凉处都高达108华氏度，艾丽斯和特丽克丝这时候都不得不住到山里去。吉卜林每年都要经历"热浪笼罩，女眷们又纷纷逃离时的沮丧心情"。虽然他也会经常跟她们去山里住上一段时间，但到了8、9月，他还是得一个人回到"平原驻地"这片"绝望之境"。他雇了几个人来帮他摇吊扇，为了让他们安心工作，每天再额外给他们一些糯米甜糕。这样他基本上能把卧室的温度控制在90华氏度以下，但他还是经常发烧、起痱子、胃痉挛。每当出现这些症状，他都会用鸦片来缓解病痛。热得睡不着的时候，他就成了个夜行者，在这座古城的巷道间和集市上闲逛，顺便去趟鸦片馆，再到赌场里玩一会儿，要么就在印度人的住宅区跟他们一块儿溜达，或是听听他们胡诌的"长篇故事"。这座古城，用他父亲洛克伍德的话来说，就像一个"用巨大的砖块筑就的蜂巢"。天快亮的时候，他找到一辆混杂着茉莉花香、檀木香和水烟味儿的马车送他回家,一路上还好奇地向车夫打听当地人的生活情况。他对鸦片上了瘾,后来还专门到一家工厂去了解其生产工序。他认为,这种药物"本身是很不错的东西",对印度人来说,适量吸食是有好处的,因为它既可以预防发烧,又可以刺激人们努力工作。[10]

吉卜林时代的拉合尔不仅是英国圣公会的主教区(城中那座用砖和砂岩建筑的大教堂建于19世纪80年代),还设有一处永久性大型兵站,此外它还是英属印度的一座省会城市。然而,拉合尔的15万人口[不包括米扬米尔(Mian Mir)军营的本地士兵和欧洲士兵]当中只有1200名英国人。拉合尔的居民大部分为穆斯林,也有相当一部分印度教徒和少数锡克教徒。

当时英国在拉合尔的统治还不足一代人。1849年以前,它曾是一个强大却短暂的锡克教帝国的都城,与阿格拉(Agra)和德里(Delhi)并称莫卧儿帝国的三大城市。19世纪80年代,其主要地标依然是莫卧儿帝国最后四位皇帝统治时期*修建的古迹,包括阿克巴(Akbar)和沙·贾汗的城堡†、贾汉吉尔(Jahangir)的陵墓及奥朗则布(Aurangzeb)的巴德夏希清真寺(Badshahi Mosque)。拉合尔最后的征服者没能使自己的品位得到充分展现,除了"莫卧儿—哥特风格"的政府学院(Government College),后来那些最优秀的英式建筑尚未建成,简陋的车站依旧尘土飞扬,干燥的街道两旁是一排排低矮的砖房和丑陋的柽柳。米扬米尔兵站的情况甚至更糟:天气炎热,尘土漫天,还容易让人生病(这里过去有很多墓地),它是印度口碑最差的兵站之一。

---

* 此处指莫卧儿帝国前期的最后四位皇帝统治时期。1707年奥朗则布去世后,马拉塔帝国开始迅速扩张,其后英国、法国、荷兰、葡萄牙等国相继入侵并控制印度次大陆,莫卧儿帝国沦为傀儡。1857年印度兵变后,末代皇帝巴哈杜尔沙二世(Bahadur Shah II)被英国殖民当局流放至缅甸仰光;1858年,维多利亚女王加冕为印度女皇,莫卧儿帝国宣告终结。

† 即拉合尔城堡。

第二章 拉合尔的报人

拉合尔所属的旁遮普省是除了下缅甸（Lower Burma）以外英属印度最新的省份。当时的旁遮普省还包括西北边境地区（North-West Frontier），也有着边境地区一贯的特点：长期有重兵把守，英国女人在这里简直难得一见，官员还经常调来调去。一些老资格的政府官员认为自己是功勋之后，是他们的祖辈平定了旁遮普，并在后来的1857年印度兵变（Indian Mutiny）期间使其保持对大英帝国的忠诚。这些先驱包括劳伦斯（Lawrence）兄弟——死于勒克瑙的亨利（Henry）和后来成为印度总督的约翰（John）——以及传奇人物赫伯特·埃德华兹（Herbert Edwardes）和约翰·尼科尔森（John Nicholson），后者在德里攻城战中阵亡。兵变之前的传统观念依然存在，尤其是认为官员应该经常流动，轻装出行，独自睡行军床，要在马背上而不是在书桌前或者按照教科书统治人民。有一次，一名地方官员弄来了一架钢琴，约翰·劳伦斯听说这件事以后竟发誓要将它"砸碎"，于是那个可怜的家伙在随后的两年内被调换了五次工作。[11]

然而，如果这种旧式作风延续下去的话，治理水平必然会下降。1899年就任印度总督的寇松勋爵曾批评旁遮普政府是阻碍和耽误边境事务的罪魁祸首，还批评其官员对当地部落不仅一无所知，还缺乏有效的管控手段。旁遮普省之前的五任副省督都很少视察西北边境地区，因此他们和历任首席秘书及其他官员都非常缺乏经验，导致在某些通常需要采取迅速行动的问题上出现了延误和犹豫不决的情况。[12]印度事务大臣（Secretary of State for India）乔治·汉密尔顿勋爵（Lord George Hamilton）也同意他的看法。他说，旁遮普多年来一直就是那个"被宠坏的孩子"，这里的文官一直在利用尼科尔森、埃德华兹和劳伦斯兄弟的声誉谋取私利。可近年来这里几乎没有培养出任何一个"具备杰出才能或优秀品格"的人，当地官员也总是以一种"麻木而愚钝的状态"应付他们在边境事务上的职责。[13]

吉卜林在旁遮普俱乐部曾与之共进晚餐的印度文职机构（ICS）的那些官员就属于寇松和汉密尔顿所批评的那类人。吉卜林在他的回忆录中把这群人及其在旁遮普政府其他部门工作的同事称为"他们各自专属岗位的精英",他们喜欢当着别人的面谈论"自己的工作",给吉卜林带来一种精通业务的感觉,当然有时也会让他感到很无聊。当时他们给吉卜林的印象是,这群人永远都在工作或是在思考和谈论工作,而其中的大多数人都感到厌倦和不满,他们根本没有闲暇或心情去做任何事。他在1884年的一首个人诗作中写道:

> 我为怎样的民众而写?
> 是印度天空下的人们,
> 愤世嫉俗、破落而干瘪,
> 我为这样的人而写?
> 不,不是他们。[14]

但其实就是他们。印度文职机构的官员［即"文官"(Civilian)］、工程师、林业官员、修建桥梁和运河的工人、印度医疗机构(Indian Medical Service)的医生,都是他在俱乐部遇到的人,都是在《军民报》上读过他作品的人。他们并不是理想的读者:糟糕的身体、过度劳累和幻灭感剥夺了很多人——尤其是老年人——对公文之外的文字的阅读兴趣。年轻的文官则不同。刚从牛津大学毕业的他们徒劳地想要保持同以往生活的联系,他们随身带着各类书籍,请朋友和以前的导师给自己邮寄一些新出版的文学作品。但这种激情往往在人到中年之前就渐渐消失了,他们变得跟前辈们一样,"愤世嫉俗、破落而干瘪"。旁遮普省一名文官的妻子曾经向身边人诉苦,他们在印度的同胞一直记恨他俩,因为他们平时经常看书,远离俱乐部里的闲言碎语,她的丈夫还去了伊顿公学(对于印度文职机构的官员来说简直就是颐养天年的地方)。另一名文官指出,莎士比亚当年要是为英印人写作的话,他挣的钱恐怕还不够拿去买鹅毛笔的笔尖。[15]

第二章 拉合尔的报人

很难说吉卜林在俱乐部到底有多不受欢迎。一个不到二十岁、自负而固执己见的年轻记者，不大可能为那些刚刚花了一个雨季的时间修缮印度河上的一座桥梁的人所赏识。然而出人意料的是，就年龄、个性和职业方面的诸多缺点而言，专门针对他个人的敌对情绪所引发的摩擦竟然微乎其微，只有以下几次记录：一次是受到一名上了年纪的文官的怠慢，一次是他被一伙人从大楼里扔了出去，还有一次是因为他的粗野无礼差点被一个年轻军官"揍"了一顿，好在被周围的人制止了。[16] 而遭到所有人普遍敌视的情况则只有一次。1883 年的一个晚上，俱乐部餐厅里的所有人都朝他发出嘘声。他问完原因之后得知，他那份"该死"的报纸背弃了《法案》*，也就是说，这份报纸支持的是另一项不得人心的政府法令。吉卜林对《军民报》的立场不负有任何责任，他很少写社论，也不太过问编辑部门的事，但他在当时的作品里和后来的回忆录中，都没有对那天晚上事件的后续发展做出正确的判断，他曲解了《伊尔伯特法案》（Ilbert Bill）的性质，并有失公允地将《军民报》的背弃行为归结为报社的某位经营者想要获得骑士头衔的私欲。[17]

《伊尔伯特法案》是里彭勋爵（Lord Ripon）主导的一项放宽限制的措施，以当时刚刚加入总督行政会（Viceroy's Council）的律师兼牛津大学研究员考特尼·伊尔伯特（Courtenay Ilbert）的名字命名。格莱斯顿（Gladstone）将里彭勋爵派往印度时，向他下达了一系列笼统的指示，其主旨是提升印度人在管理国家事务方面的参与度。里彭是碌碌无为的前首相戈德里奇勋爵（Lord Goderich）之子，19 世纪 60 年代在印度事务部（India Office）任职，后改信罗马天主教。他严肃认真，品格高尚，但过于谨慎和啰唆。他主张在印度次大陆推行改革，但心有余而力不足。与格莱斯顿、莫利（Morley）及其他维多利亚时代的自由主义者一样，他无法为其政党在印度的政策制定出一套明确的目标或指明最终的归宿。眼下正适合采取自由和宽容的政策，规

---

* 即《伊尔伯特法案》，见下文。

避战争,并将那些受过教育或西化的印度人培养成具有一定政治意识的人。"我一天天地越来越激进,"里彭写道,"我很高兴可以这样说,专制权力的影响到目前为止无疑加深并强化了我对自由主义的信念。"[18] 总督越发激进的语气有时在伦敦甚至英属印度都会引起人们的恐慌。他在关于扩大地方自治的政府决议中提道:"我们有理由相信,每一个有头脑并受过良好教育的人都应该拥有自治的愿望和能力。"这确实让受过教育的印度人受到了鼓舞,相信自己也是拥有这种愿望和能力的群体。[19]

无论是总督还是其行政会,或者是各省的省督,都没有预见到这部为纠正现行法律体系的缺陷而制定的《伊尔伯特法案》存在着一系列严重的问题。直到1872年,所有面临刑事指控的英国国民都只能在各管区（Presidency）城市［孟买、马德拉斯（Madras）*与加尔各答］的高等法院受审;同年修订《刑事诉讼法》（Criminal Procedure Code）之后,当事人可以在他们自己所在的省区由英国人担任的地方刑事法官（sessions judges）和地方治安法官（district magistrates）进行审判;1877年,由印度人担任的地方治安法官不能在各管区城市审判英国国民的限制被取消。到了1883年,随着文职机构中的一些印度人陆续进入地方刑事法官和地方治安法官的行列,终止限制其审判三大城市以外的英国国民的歧视性做法也就成了顺理成章的事。

但这对英属印度来说却很不合理,尤其是在伊尔伯特这样一位兢兢业业的自由主义者提议将这类司法管辖权扩大到更广泛的囊括印度人和英国人的文官群体时,更是如此。非官员群体普遍对此感到愤慨。对减少法官工资已经非常愤怒的加尔各答出庭律师协会（Calcutta Bar）成员开始骚动,他们在加尔各答的主要报纸《英国人》（Englishman）,以及伦敦《泰晤士报》（The Times）的专栏中发文谴责这些方案。商人们也加入了进来:银行和商店纷

---

* 现名金奈（Chennai）,今印度东南部泰米尔纳德邦首府,紧邻孟加拉湾。

第二章 拉合尔的报人

纷关闭,抗议集会此起彼伏,并迅速成立了一个名为"防御协会"(Defence Association)的组织。农村地区的愤怒情绪主要来自种植园主,特别是阿萨姆(Assam)地区那群粗暴而贪婪的茶叶种植园主,在得知他们的苦力将会得到英国治安法官的宽待之后便三天两头地虐待他们。他们想到了一种自己不愿意接受的可能:某个苦力以一项"莫须有"的罪名指控他的雇主,而印度治安法官又相信了他的话,然后种植园主进了监狱。

《伊尔伯特法案》在官员群体中获得了一定的支持,特别是社会地位较高的阶层,但在其他领域,几乎所有人都在抱怨英国国民的特权已岌岌可危,商业投资正面临威胁。而最危言耸听的说法是英国的女性正笼罩在危险之中,这么说就是为了让人们再次回想起1857年发生在坎普尔(Cawnpore)的屠杀。如果印度教徒一直将女性置于深闺(purdah)之中,并如人们所争论的那样实际上是在奴役她们的话,这些人就无权审判那些享有人身自由的白人女性。

吉卜林一家也加入到了这场歇斯底里的抗议之中。就连平时极为冷静克制的洛克伍德也认为里彭是个"可怕的祸害",并声称幸亏他第二年即被撤换,否则"可怜的英属印度"就要"被烦恼和忧虑折磨得发疯"了。[20] 当时只有十七岁的拉迪亚德也感到愤愤不平,他对老校长说,自己无法冷静地写出关于这部法案的看法,并提醒他说,日益高涨的民族情绪足以引起暴动。[21] 他后来在回忆录中描述了当时那种恐慌的心理,并重申了他半个世纪前的偏见。里彭是个"有宗教情结、爱绕弯子又稀里糊涂的遁世之人",他之所以提出该法案,是因为他认为尽管大部分法官都是"不尊重女性"的印度教徒,但"当地法官有权审判白人女性却是个原则问题"。[22]

面对激烈的反对声,总督十分震惊而苦恼。他讨厌任何形式的对抗,因此并未迫使立法委员会(Legislative Council)通过这项措施,而是一直犹豫不决。他在考虑如何修改该法案,同时通过询问各省政府的意见来争取时间,把希望全部寄托于印度事务大臣和下议院能够帮他解围并替他解决问题。1883年3月,里彭离开加尔各答前往西姆拉,寻求安抚英印人群体的折中方案。吉卜林此时在《军民报》上发表了一首诗,暗示在印英国人都认为他是个逃避责任的笨蛋。[23] 经过总督行政会的激烈讨论之后,终于在年底达成了一项折中方案,尽管该方案对反对派做出了重大让步。其中删除了伊尔伯特提出的影响更为深远的建议,而由印度治安法官审判英国国民这一原则虽然得以保留,但在实践中却大打折扣,被告人可以坚持要求由陪审团参与审理,而至少半数评审团成员都是英国人。

尽管取得了这场胜利,但吉卜林还在继续谴责里彭。1884年9月,印度总督里彭勋爵宣布退休(以便在下一届大选之前再任命一名自由党人选),吉卜林发表了模仿丁尼生的《洛克斯利山庄》(*Locksley Hall*)而写的诗《里彭勋爵的遐想》(*Lord Ripon's Reverie*),抨击了他日后最感兴趣的两个目标——自由主义政治和孟加拉巴布(babu)*。吉卜林指责这位离任的总督把人们的权利当成了"玩撞柱游戏"†的工具,还嘲笑他不切实际的理想主义:

> 我在那里描绘了我的黑色乌托邦,并滋养着那位巴布的骄傲,
> 那些充满正义的童话让他感到自豪——我对他总有某种偏好。

一年后,当得知里彭在英国发表演讲呼吁印度人民为他治理印度的努力正名时,吉卜林对他的批评却变本加厉,将其称为"登上王座的学究",并声称他并没有为印度做任何事,因为他没能使当地人更富裕,或凭借自己的魅力从他们的土地上"收获黑色的希望"。他遗留下来的只有动荡的社会和紧张的民族关系。

---

* "巴布"是印度斯坦语中"文员"的意思,但英属印度时期的英国人在谈到受过一定英语教育的中产阶级印度人时,也会使用该词,往往带有轻蔑的意味。——原注

† 用木制圆盘或圆球撞倒木桩的游戏,与保龄球类似。

第二章　拉合尔的报人

> 这就是他的"政策"——混乱聒噪、纷争不休，
> 播种者的名字一旦被遗忘，分歧的种子便开始萌芽。
>
> ——《消失的领导人》(*A Lost Leader*)

1886年春，吉卜林在散文中侮辱谩骂这位前总督，通过《军民报》发文说他是"一个十足的讨厌鬼——一个巧舌如簧之人，要说他能言善辩都太抬举他了"。[24] 在他几年之后创作的短篇故事《地方官》(*The Head of the District*)中，吉卜林又以讽刺的笔调（虽然没有指名道姓）称里彭是"所有总督当中最伟大的一位"，他对印度的治理依据的是任何时代都必须遵守的原则，是他决定让一个胆小怯懦的孟加拉人负责管理西北边境的一个原始部落地区。如果有人提出的主张正是吉卜林所反感的，这个人往往就会成为他的眼中钉，年轻时的吉卜林常常因此跟别人结怨。这也是他最讨人厌的地方——他几乎从来不懂得原谅。

在他那尖酸刻薄的笔锋之下，里彭还不是唯一一个遭到打击的自由党人。吉卜林在1887年的一期《军民报》上撰文，嘲笑即将卸任的马德拉斯省督、前自由党议员芒斯图尔特·格兰特·达夫爵士(Sir Mountstuart Grant Duff)是个"毫无信誉的失败者"，说他证明了从印度文职机构中"选派［两］大管区"*的省督是"极为必要的"；他还在接下来的一期对杰出的文官亨利·科顿(Henry Cotton)冷嘲热讽，因为科顿曾经把缅甸人对英国军队的抵抗运动同"很久以前林肯郡沼泽地区的赫里沃德(Hereward)"抵抗诺曼征服者的斗争相提并论。[25]

不过从整体上看，嘲讽的风格在吉卜林的文章中并不多见。实际上，

---

* 即马德拉斯和孟买，这两个管区的省督和印度总督一样，均通过政治任命产生。——原注

他在报社的大部分工作还是机械劳动：校对、处理印刷部门的问题、删减某个啰唆的文官发来的讨论收入与税额问题的长篇大论。《军民报》的所有内容，除了社论和广告，他都得负责。他写的大部分报道都是比较简短的"边角料"（scraps），描述一下事件或就某则新闻中的话题发表一番评论。他手下的一名编辑曾经抱怨说，他不喜欢例行公事，在生产"边角料"上浪费时间，但这一点在吉卜林的日记、信件、大量内容详实的剪报册或惠勒继任者的证词中都没有得到证实。1885 年 1 月一个周末的日记显示，虽然他那天"头特别晕，感觉很难受"，但他不仅以"边角料"的形式报道了关于福莫萨（Formosa）*和加尔各答的新闻，以及在马德拉斯举办的一场耕地比赛，甚至还参观了拉合尔的客栈，想看看能否找到其他的报道素材。[26]

由于缺乏专业记者，国外新闻又十分有限，他被迫找了大量的报道素材，只为能够填满报纸的版面。这些"边角料"的主题就像大杂烩，有的严肃，有的只为打发时间，从印度铁路的交通事故到贾拉拉巴德（Jallalabad）的马匹集市，再到鸟类学家、前印度文职机构官员兼印度国民大会党（Indian National Congress）创始人之一艾伦·奥克塔文·休姆（Allan Octavian Hume）的素食观，无所不包。有时他还会写一些关于法国和俄罗斯的新闻，这两大欧洲帝国拥有距离印度最近的殖民地或属地。不过他当时最喜欢的主题其实是印度（特别是孟加拉）的政治主张、各级市政的弊病（尤其是卫生设施），以及某些印度教习俗的偏颇之处，尤其是童婚习俗及其导致的不幸结局，还有丧夫寡居及卖淫等问题。这些都是他在那些"边角料"中一次次探讨过的话题，也为他后来的创作提供了素材。†

工作了这么些年，吉卜林在继续履行其编辑工作的职责并完成规定数量的"边角料"的同时，终于获得了出版更多文学作品的许可。但身为一名

---

* 属于今印度西南部喀拉拉邦坎杭加德市（Kanhangad），该地名曾在葡萄牙 – 英国殖民时代广泛使用。

† 吉卜林对这些问题的看法见第四章的论述。——原注

第二章 拉合尔的报人

受雇于报社的记者,他还有很多东西要写——为业余戏剧演出写评论、报道化装舞会(并列出每位宾客穿的服装)以及远在阿斯科特(Ascot)和古德伍德(Goodwood)举行的赛马会的结果(他从未去过这两个地方,对其举办的比赛也毫无兴趣)。不过在1884—1885年间,他的一些诗歌、短篇故事和滑稽小品文陆续出现在了《军民报》上。刊登在报纸上的还有一些印度主题的描述性长文,这些主题包括拉合尔的市政选举、城市的牛奶供应及恶劣的牛奶生产环境,还有穆斯林和印度教团体的宗教节日等。

惠勒差不多每年都会给他一次担任特派记者的机会,到拉合尔以外的地方报道重大公共事件。这些外出工作的机会让他渐渐爱上了旅行,最终将他带到了全世界的各大洲,并穿越了几乎所有的大洋。他后来写道:"看到太阳在一片陌生的土地上升起,然后意识到你只能不断向前直到拥有那片土地——在天黑之前,它会带给你一百种全新的感受,或许再加上一点点感想。"这是一种"无以言表的美妙体验"。[27] 吉卜林第一次短途旅行去的是伯蒂亚拉(Patiala),这个锡克族土邦当时正在招待来访的总督。当地人让吉卜林骑上一头大象,还向他行贿(被他愤怒地拒绝了),想让他在报道中为伯蒂亚拉政府美言几句。但无论这个地方多么颓败,他仍然非常喜欢这里"璀璨的珠宝和斑斓的色彩",这些东西让他看到了印度曾经的样子。

随后几年,他还去过阿姆利则(Amritsar)排灯节(Diwali)的马市,到拉杰布达纳(Rajputana)的阿杰梅尔参加梅奥学院(Mayo College)的开学典礼,在查谟(Jammu)参加了克什米尔土邦王公(Maharaja of Kashmir)的就职典礼。不过他最重大的任务则是1885年在拉瓦尔品第(Rawalpindi)出席新任印度总督达弗林勋爵(Lord Dufferin)会见阿富汗埃米尔阿卜杜勒·拉赫曼的活动。尽管这次会面多半是礼节性的,但也有政治上的重要意义,因为它恰逢阿富汗与俄罗斯帝国在争议边界地区出现危机的当口。达弗林一开始的态度非常激进,并且不顾英国在喀布尔(Kabul)多次惨败的历史教训,提出派军队经阿富汗境内挺进赫拉特(Herat)以对抗俄罗斯人。

这一方案得到了一些文官和陆军军官的支持，后者迫切希望用强有力的行动来为不久前戈登将军（General Gordon）*在喀土穆（Khartoum）遇害的事件雪耻。但阿富汗与俄罗斯的冲突很快就化解了。达弗林也冷静了下来，而这位埃米尔对那一小块被俄罗斯占领的土地则几乎无动于衷，伦敦和圣彼得堡当局也都没有要开战的意思。

对于这位迫切想要找到报道素材的年轻记者而言，这段时间无疑充满了考验：连绵不绝的雨水限制了他的行动范围，而那位埃米尔的抵达时间又推迟了；无奈之下，他只能临时从其他地方变出新闻稿件来——终于及时征集到了十三篇添凑了很多废话的文章。离开拉瓦尔品第后，吉卜林去了白沙瓦（Peshawer），并在那里看到了开伯尔山口（Khyber Pass），这是他唯一一次来到这一边境地区，他后来还将这次经历写进了自己的短篇故事中。他在回忆录中说自己曾在开伯尔遭到枪击，但这肯定是记忆出现了偏差；根据他当时所写的一封信，他其实是被一个阿富汗人拿刀威胁过。²⁸

1886年，惠勒先是告了五个月的假，然后于次年彻底离开了《军民报》。接替他的爱德华·凯·鲁宾逊（Edward Kay Robinson）是个更容易相处的人，他认为惠勒成功地把自己的助理改造成了一个"十足的二流记者"。十年后，吉卜林对惠勒提到他在那四年间遭受了怎样"无穷无尽的折磨"，但也承认这对于培养他的自律有"诸多好处"。即使如此，他对换主编这件事还是挺高兴的。鲁宾逊很赏识吉卜林对工作的热情、文笔以及对印度各个种姓及各种宗教的了解；对于他这位助理，鲁宾逊曾有一段令人印象深刻的描写：吉卜林在工作中总是把墨水溅得到处都是，因此到了夏天他穿着薄背心和白色棉质长裤的时候，就会把自己搞得像一只斑点狗。²⁹报社经营者要求在报纸中"加入一些闪光点"，于是这两位英国人便开始想办法在版式和内容上做

---

* 19世纪英国陆军少将，曾任苏丹总督，1884年在马赫迪战争（Mahdist War）中阵亡，之前曾于1863—1864年在中国协助李鸿章等人镇压太平天国运动。

第二章 拉合尔的报人

出改变。最引人注目的闪光点就是首次加入了吉卜林的诗歌和小说;1886年年底,以《山里的平凡故事》(*Plain Tales from the Hills*)为题的系列故事开始在《军民报》上连载。

甚至在成为《军民报》的主编之前,鲁宾逊就已经看出这位助手的才能了,还建议他回英国发展,在那里他一定能成名,说不定还能名利双收。然而,尽管吉卜林也常常思念英格兰,还满怀乡愁地写了不少关于帕特尼(Putney)、肯辛顿和萨塞克斯丘陵(Sussex Downs)的作品,但他并不想离开印度,放弃他在印度的工作。虽然这个国家气候炎热,生活环境对健康不利,但他的家人、朋友和乐趣都在这里。他曾经对鲁宾逊说过,他热爱印度,对"这片土地上的人们奇异的生活和行为方式有着浓厚的兴趣"。他喜欢在人群中"寻奇探幽",尤其是在拉合尔"这座奇妙、肮脏而神秘的'蚁丘'"之上,他"蒙着眼睛"都能认出它的每一个角落,并热衷于"像哈伦·赖世德(Haroun Al-Raschid)*那样为搜罗稀奇古怪的东西"而四处游荡。吉卜林认为鲁宾逊才应该回到弗利特街(Fleet Street),他早前就在那里的《环球报》(*Globe*)工作,而他本人则需要留在他"自己的地方",这里"有炎热的天气,有油脂和香料的气味,有寺庙里香火的气息,有汗水,有蒙昧,有肮脏、欲望和残忍,还有那最最重要的——无穷无尽美不胜收的东西"。[30]

---

* 8—9世纪阿拉伯帝国阿拔斯王朝第五代哈里发,在其统治期间,阿拉伯帝国进入鼎盛时期,首都巴格达成为帝国的政治、经济和文化中心。

第三章 英印编年史

在拉合尔的热浪中,吉卜林憧憬着他为期一个月的西姆拉之旅:白天躺在阳光下抽着方头雪茄,晚上盖着两层厚厚的毯子睡个好觉,慵懒而惬意。他巴不得能快点抵达这座地处喜马拉雅山脉的城市。西姆拉海拔7000英尺,四周是悬崖和雪松林,广袤的"草原像女人的乳房般隆起""掠过草地的风和落在松间的雨仿佛在说:'嘘——嘘——嘘——'"。这一天终于到来了。经过一番旅途的劳顿,他们终于从闷热的火车车厢来到了傍晚的清凉中。吉卜林的卧室里生着柴火,每天早晨母亲还会给他端去一杯茶。[1]

西姆拉是英属印度及旁遮普省的夏都,沿一条狭窄的山脊而建,四面皆为山地,大大小小的集市由城区依山势向下延伸。与拉合尔一样,它在19世纪80年代也经历了一次大规模的建设浪潮,建成了市政厅和里彭医院(Ripon Hospital),还有为陆军和国民秘书处(Civil Secretariat)新建的两栋巨大的办公楼,其丑陋的外观总会让人想起利物浦的那些仓库,此外还在天文台山(Observatory Hill)上建了一座新伊丽莎白样式(neo-Elizabethan)的总督府(Viceregal Lodge)。历任总督和高官大都不喜欢西姆拉,但他们每年有一半的时间都得在这儿度过。寇松曾抱怨这里让他有一种与世隔绝甚至身在印度之外的感觉;估计他大部分时间都住在这里的德式温泉中心。不过他所反感的主要还是在这孤零零的山顶上一住就是半年的单调与无聊,这

第三章 英印编年史

地方就只有一处中产阶级住宅区，他们的文化需求已经"被这里纯公务的生活的枯燥乏味消磨殆尽了"。²

然而西姆拉却深受那些前十一个月都待在偏远地区的文官的青睐，他们需要借此机会跟同胞们一起尽情享受这个难得的假期。作为一名旁遮普的文官，年轻时的沃尔特·劳伦斯认为西姆拉的社交圈是他见过的"最活泼、最风趣也最文雅的群体"，但当他在中年时作为总督的随行人员再次回到这里时，却再也不愿意参与这种喧闹而轻佻的"狂欢作乐"了。³ 少不更事的吉卜林自然很容易被这类"狂欢作乐"所吸引，他第一次来这里度假时，就成天泡在野餐、舞蹈和戏剧演出这类活动中，把"积蓄了一整年的精力"都用来打情骂俏，还煞有介事地说自己的心早已被"六七个女孩"撕扯得"支离破碎"了。远离平原地区的生活让他感到自在，这就像在西姆拉俱乐部（Simla Club）里看到一名高级文官顺着楼梯扶手"滑"到桌面上的情景时，会有一种既好笑又让人心安的感觉。他经常骑着马在西姆拉的商业街上晃荡，与他同行的通常是一位年长的女士，因为他不想冒"跟女孩们纠缠在一起"的风险。据他的一个女性好友说，他自己既没有钱，干的又是"脏活累活"，不符合那些女孩子的母亲对女儿结婚对象的预期。⁴

1885 年夏天，吉卜林作为《军民报》的特派记者在西姆拉待了几个月。由于其首要任务是报道"社交季"那些最精彩纷呈的活动，所以报社经营者特地责令他必须提高舞技。他照做了，并在这个过程中爱上了华尔兹舞，但很快就对"报道山城狂欢季的专栏作家（chroniqueur）"这一身份感到厌倦。他认为，"要让一个年轻人对轻浮的举止心生厌恶，最好的办法"就是让他深陷其中，并强迫他记录下每一支舞蹈的细节，在这个过程中"虚度光阴"。好在报社还允许他写一些其他的题材，包括敦促各地方当局装配专门的下水管道系统，甚至还对将西姆拉定为夏都这一规划提出了疑问。尽管他很喜欢这座城市，但也感到疑惑：其他国家是否也会将自己的政府所在地扔到离铁路线 100 英里外的地方。这里本来就有"一条危险的河流"，选址时还挑了

"错误的一侧"。在连绵不断的大雨和轻微地震的共同作用下，通向整个统治区域的道路极易被切断，就好像"隔着一个月的海上航程"。[5]就跟在拉合尔一样，吉卜林把西姆拉的集市也走了个遍，并在《基姆》中将其描写为一个养兔场，其中"熟悉……大街小巷的人可以完全不必理会这座印度夏都的所有警察，因为走廊与走廊、小巷与小巷、藏身处与藏身处之间都极为巧妙地相互连通着"。

吉卜林在西姆拉的大部分乐趣源于"家庭方阵"的再次团聚，但他觉得自己没法跟父亲在同一个房间里工作，所以有时会和《军民报》的一位经营者待在一块儿。不过他和他父亲最担心的问题还是那些仰慕特丽克丝的男孩子们，他们的企图让这个"家庭方阵"面临被"粉碎"的威胁。拉迪亚德很爱他这位漂亮活泼的妹妹，平时都叫她"少女"，但他承认，对待其他那些同样喜欢自己妹妹的男人，他的态度是很"粗暴"的。其中一个追求者因为不小心说出自己对这位兄长的真实看法而受到了致命的打击——他收到了一封"态度极其恶劣"的信。另一名追求者杰克·弗莱明（Jack Fleming）脸皮就厚多了，他是女王直属苏格兰边民团（Queen's Own Scottish Borderers）的一名指挥官。拉迪亚德对他十分反感，想要阻止他和妹妹交往；洛克伍德也认为他"破坏了家庭的和睦，让亲人不能相互陪伴，并终结了一家人平静的生活"。[6]他们的阻挠有充足的理由，即认为他俩性情不合，但二人还是跌跌撞撞地走到了一起，在经历了一场解除婚约的变故之后，终于步入了婚姻的殿堂，但婚后他们过得并不幸福，也没有孩子。

在特丽克丝陷入恋爱危机之前，她还和哥哥一起写过一些文学作品。1884年，他们一家去了达尔豪西。在这个社交生活比西姆拉还要贫乏的地方，兄妹俩写了一系列诗歌，《军民报》当年即以"回声"（Echoes）为题出版了该诗集。在这部由拉迪亚德主笔的诗集中，大部分作品都是对勃朗宁、斯温伯恩（Swinburne）等那个时代的大诗人巧妙而略带诙谐的模仿。更有趣的是，他们在第二年年底推出的新作，这一次他们的父母也加入了合作者

第三章 英印编年史

的行列。这部"由四位英印作家所写的《四重奏——〈军民报〉圣诞年鉴》(*Quartette: The Christmas Annual of the Civil & Military Gazette*)"收录了拉迪亚德早期最出色的短篇故事《莫罗比·朱克斯奇遇记》(*The Strange Ride of Morrowbie Jukes*)。这是一个充满力量而催人泪下的故事,一个迷失方向、误入歧途的英国人在没有了英属印度的庇护之后竟显得十分脆弱。

在达弗林勋爵将吉卜林一家列入其嘉宾名单之后,他们一跃成了西姆拉社会的上层人士;紧接着,印度陆军总司令罗伯茨将军(General Roberts),以及旁遮普省的副省督也将其列为自己的座上宾。达弗林经常到吉卜林家里喝茶,顺便参观他们家的画室,他的女儿当时正跟着洛克伍德学习绘画。他喜欢跟自家女儿的这位导师谈论艺术,而与艾丽斯则可以无话不谈,他曾说过:"无聊沉闷绝不可能与吉卜林夫人共处一室。"他还十分欣赏他们的儿子写的诗,称赞他将讽刺的意味与细腻的美感结合在了一起,还说他有一对富于节奏感和韵律感的耳朵。不仅达弗林对吉卜林一家赞誉有加,他的儿子克兰迪博伊勋爵(Lord Clandeboye)也被特丽克丝迷得神魂颠倒,甚至到了每次都得把他送回家的地步。[7]

达弗林勋爵距离吉卜林心目中理想的行政官员还差得很远。达弗林是所有总督中最懒惰的一个(他在总督行政会的一名同僚说,他是个"懒得要死的家伙"),但他很有魅力,风趣幽默,还有一颗掩饰得很好的虚荣心。他乐此不疲地参加西姆拉的各种聚会,甚至化装舞会,还要每天两次前往正在施工中的总督府视察建设情况。对于说过有一种女人"就像达弗林勋爵那样由衷地不诚恳"[8]这种话的吉卜林来说,这位总督还有一些其他的缺点:首先他是自由党人(虽然没有里彭那般狂热),其次他重视外交甚于关注内政,最后一点是他对印度国大党的初期目标持赞成态度。从好的方面来说,他身上没有任何学究或说教者的习气,还征服并吞并了上缅甸(Upper Burma)地区,而他的夫人则设立了一项为印度女性提供医疗咨询的基金,吉卜林曾为该基金会写过一些诗。*但或许是因为两家人走得比较近,吉卜林并没有将针对其前任及部分现任同僚的恶意讽刺加于其身。达弗林离开印度时,吉卜林写了一首长诗,即《一位总督的卸任》(One Viceroy Resigns)。这首戏剧独白诗模仿了勃朗宁的风格,让人很容易联想到《布劳格拉姆主教的辩护》(Bishop Blougram's Apology)中的语气。这是一首构思精巧的作品,以达弗林的口吻反思了他在印度的统治,并对继任者兰斯多恩勋爵(Lord Lansdowne)提出了忠告,但其中也包含一些格格不入的贬损印度国大党和印度人的诗句("你永远无法揣度东方人的内心, / 如果你这么做,也是枉费苦心")。对此,哈罗德·尼科尔森(Harold Nicolson)的评价一语中的:吉卜林没能"准确地反映他所表现的这位殖民地总督的习惯、态度和措辞"。[9] 诗歌表达的主要是吉卜林自己的观点,而不是达弗林的。

这名年轻的记者早就抱怨过,做一名报道西姆拉社交季的"专栏作家简直无聊透顶"。但他很快就发现,成为一名在小说和诗歌中记录英属印度的点点滴滴的编年史家(chroniqueur)却一点都不无聊。这个位置正好空着,或许一直以来就是空着的,而吉卜林正好是填补这一空缺的不二人选。当时的英属印度只出过几个很差劲的小说家、一些平庸的讽刺作家,以及印度文职机构历史上最具才干的文官阿尔弗雷德·莱尔爵士(Sir Alfred Lyall)。莱尔是一名人类学家、历史学家和诗人,一直致力于用他最优美的诗句[如《悔恨之地》(Land of Regrets)]来表现海外游子的乡愁,而且他认为英属印度既不能孕育出好作家,也无法培养出好读者。但无论如何,吉卜林更适合扮演这个角色:他身上既没有莱尔的自我怀疑,也不像莱尔那样总能看到问题的两面性;他的多才多艺使他能够驾驭各式各样的文体,以丰富的口吻进行创作,因此他能够以轻松的讽刺手法透彻地记述英属印度的社会面貌,就像

---

* 详见第 78 页。

第三章 英印编年史

用现实主义手法描写吸烟室那样得心应手。

在吉卜林的一生中，他总能够游刃有余地穿梭于不同的阶层之间，无论他们来自哪个民族。正如一位观察家所言，不论是跟科学家还是跟高等法院的法官谈话，他都一视同仁。[10] 达弗林总督与他们家的私交肯定让他有机会了解到比别人更多的关于高层的流言蜚语。有一次，吉卜林刚到西姆拉就开始打探这座山城的秘密。他花了一整个下午的时间，跟着他母亲的人力车一路小跑，掌握了"西姆拉的大部分丑闻"。一位朋友觉得他这样无休止地搜集素材实在是太明目张胆了。从愤世嫉俗、撒起谎来"像个恶魔"的内皮尔夫人（Mrs Napier）那儿，他获得了"一些质量上乘的材料"；从高级文官爱德华·巴克爵士那儿，他听说了关于政府机构的"很多离奇的故事"；从一名财政部官员那儿，他希望能得到点儿"差强人意的素材"；而从霍克斯比夫人（Mrs Hauksbee）的原型、来自西姆拉的热情活泼的伯顿夫人（Mrs Burton）那儿，他收获了"五十个灵感和好几个故事"。[11] 当第19孟加拉步兵团的比姆斯中尉承认自己恋爱了的时候，吉卜林马上嗅到了故事素材的味道，于是把他带去当地俱乐部，并"出于［我］不光彩的目的灌了他好多博讷酒"，然后坐下来叼着烟斗听他娓娓道来。一位亲密的女性好友看到"他把所有搜集来的素材都写进了自己的作品中"，不禁想问怎么会有那么多人向他袒露心声。而通常情况下，他甚至不需要自己提取信息，只需要倾听、观察并用心记下来就行了。对于埃奇夫人（Lady Edge）那样的女人，只消看一眼就够了。这位首席法官的妻子"总是很调皮／尽管已经四十好几"，还"将自己的事大把大把透露给别人"。[12]

吉卜林没过多久便放弃了之前那种肤浅的模仿，转而专心研究政治讽刺作品。他的目标包括曾在马德拉斯参与报复行动的印度文职机构官员、在这件事情上自以为是的马德拉斯省督格兰特·达夫、在部队中任人唯亲的罗伯茨将军，以及虚构的自由党议员"佩吉特"（Pagett）——此人总爱装腔作势地发表自己对印度事务的高见。这类作品中最成功的是《欧玛尔·卡尔文的鲁拜集》(*The Rupaiyat of Omar Kal'vin*)*，他以精湛的技艺模仿了菲茨杰拉德翻译的《鲁拜集》(*Rubaiyat*)，讽刺对象则是总督行政会的财政官员奥克兰·科尔文爵士（Sir Auckland Colvin）。

> 不论是在布瓦洛贡热†还是巴比伦，
> 我从未听闻那卑劣之事竟如此恼人，
> 眼看收入日益减少；
> 支出却在节节攀高。

这首诗于1886年年初刊登在《军民报》上，科尔文读到之后的反应十分大度，他对作者说："看到机智和幽默的时代尚未在这片土地上终结，真是令人高兴。"这番赞许让吉卜林有些受宠若惊，他很想知道，要是回到英国，需要多久才能让英国财政大臣为他抨击其财务政策的言论向自己表示祝贺。[13]

当他刚刚开始探索英属印度这一创作主题的多重可能时，政治讽刺作品的光芒却很快就被社会讽刺的题材遮盖了。在吉卜林第一部真正意义上成书的作品《机关小调及其他诗篇》(*Departmental Ditties and Other Verses*)中，他把创作的重心放在了通奸和其他不忠行为这类全新的主题上。此前他在《回声》中就已经触及了这一话题，并随后发表了一篇有趣的幽默小品文，暗示西姆拉最大、最重要的部门就是由丘比特掌管的。而在这部新作品的"机关小调"部分，这类主题占据了一半的篇幅。其中的第二首诗《陆军司令部》(*Army Headquarters*)讲述了一个女人为了将自己的情人留在西姆拉，

---

* 此标题是对《欧玛尔·海亚姆的鲁拜集》(*Rubaiyat of Omar Khayyam*)的戏仿。原作品为11世纪波斯诗人欧玛尔·海亚姆的四行诗集，19世纪时由英国作家爱德华·菲茨杰拉德（Edward Fitzgerald）翻译成英文。

† 西姆拉总督府附近的郊区。——原注

第三章 英印编年史

竟然说服丈夫把他调离了原先所在的军团；在第三首《晋升问题研究——以墨汁书写》(Study of an Elevation in Indian Ink)中，一名头脑迟钝的土木工程师波提乏·格宾斯（Potiphar Gubbins）*因为（诗中暗示的）妻子的姿色而获得了与其能力不符的提拔；第四首《大利拉》(Delilah)刻画了一名将国家机密泄露给记者的妻子，而那名记者正是她的情人；第六首《乌利亚的故事》(The Story of Uriah)说的是一名妻子和她的情人为了能在西姆拉共同生活，千方百计地将自己的丈夫调至奎达（Quetta，最后他死在了哪里）；在第七首《适得其所》(The Post that Fitted)中，一个男人利用他未来的岳父获得了一份好工作，然后又甩掉了他的女儿；第八首《道德准则》(A Code of Morals)中，一名下级军官告诫妻子一定要当心那位虎视眈眈的好色的将军；而第十二首《粉色多米诺》(Pink Dominoes)则讲述了在一场混乱的化装舞会之后，一名妻子不知是出于感谢还是因为遭遇勒索，居然劝她的丈夫提拔那位被她在舞会上误认为自己情人的男人。†在这部诗集后半部分的《哈菲兹箴言数则》(Certain Maxims of Hafiz)中，吉卜林写下了一组格外讽刺的对句：

> 好友的脾气和妻子的爱，还有那新钢琴奏出的曲调——
> 在印度的六月即将结束时，哪一个才是你的依靠？

这些诗与霍克斯比夫人系列故事成就了吉卜林早期的声誉，并将当时英属印度的形象永久地保留了下来。在"机关小调"部分，除一首外，其余都是表面滑稽可笑，实则严肃认真的作品；他没有将过于辛辣的笔触用于描

---

* 人物名"波提乏"出自《创世记》第39章第1—23节：埃及法老的护卫长波提乏买下约瑟为奴，命其管理家务，波提乏之妻引诱约瑟未遂，便诬告他图谋不轨。

† 此处列举的诗篇来自该诗集在英国发行的第一版（1890年），在印度发行的原版中未收录《大利拉》一诗。——原注

写那些不忠的行为,而是将其用于表现(这些诗中所述的)由这些行为引发的官员腐败现象。据吉卜林自己所说,他写这些"是有目的的,也是为了宣扬自己以某种极为奇特的方式达成的道德目标"。[14]《乌利亚的故事》是这部诗集中唯一没有使用幽默笔法的一首,诗中的男主人公虽然觉得通奸只是图一时之快或看似无害而对其一再纵容,但面对令人痛苦的后果,他也会变得暴戾而凶残。年迈的文官正陶醉地安坐在西姆拉的办公桌前,他的妻子却给他戴了绿帽子——这是一回事,而背叛自己的丈夫并与情人密谋将他派去气候极为恶劣的俾路支斯坦(Baluchistan)则是另一回事。在这首诗中,杰克·巴雷特(Jack Barrett)在一年中最糟糕的季节被下令调往奎达,妻子则留在西姆拉,享受着他四分之三的薪水;他在炎热的天气里"干着两个人的活",没多久就死了,他至死也没弄明白为什么要把他调走;就像赫梯人乌利亚(Uriah the Hittite)一样,他的妻子拔示巴(Bathsheba)最后只是敷衍地表示了"哀悼"。讲完这个故事之后,吉卜林谈到了天谴的可能性,他猜测现在杰克的"灵魂知道了/从喜马拉雅的雪中/将他调走的原因",并断言在审判日到来之时,

> ……奎达的墓地再一次
> 将受害者送入空中,
> 我当然不愿成为那名元凶,
> 为杰克·巴雷特送终。

由于这是真实事件,所以诗的最后几节毫无疑问是想让这对有罪的男女感到难堪。多年以后,鲁宾逊写道,"'杰克·巴雷特'的确是个好人,而那个卑鄙的长官和不忠的妻子却将他调去别的地方'工作'并致其死亡,了解这一切的人都感受到了那灵魂的激愤,正是它激发了吉卜林创作这首诗的灵感,并成就了这寥寥几行诗句的不朽力量。"[15]

第三章　英印编年史

《机关小调及其他诗篇》于1886年5月出版，特意设计成了政府机关的文件袋样式，全部采用棕色纸张，书页以金属线装订，用红色系带捆扎，并在封面上煞有介事地写着收件人名称："各政府部门负责人及所有英印人。"第一版收录的篇目都由吉卜林在《军民报》上发表过，共印刷了500册，出版不久即告售罄。吉卜林颇受鼓舞，并做出了大致准确的判断，即认为英印人喜欢阅读关于他们自己的东西。于是他说服加尔各答的撒克－斯平克出版社（Thacker, Spink & Co.）于同年推出了第二版，后又在1888年和1890年相继出版了第三版和第四版（硬封精装版）。得知很多素昧平生之人在火车上和旅馆里阅读自己的诗，他感到欣喜而满足，同时也对各种各样的批评意见饶有兴致。评论者总体上都对他表示了肯定，但对作者意图和诗歌所要传递的道德训诫这类问题却存在分歧。

其中最具洞察力的评论来自威廉·亨特爵士（Sir William Hunter），这位退休的英国驻孟加拉文官兼历史学家于1888年9月在伦敦的《学园》（Academy）杂志上发表了自己的看法。亨特称赞了吉卜林机智、充满怨恨而又轻松的笔触，认为其笔下的角色虽然愚蠢却都很真实，并预言他会成为一名"举足轻重的文学之星"，他有更重要的事情要做，而不是在"西姆拉那些见异思迁的漂亮女人身上"浪费自己的才华。这是一篇发自肺腑的评论，因为就在几周之前，亨特自己也成了吉卜林讽刺诗里的受害者。当年夏天的早些时候，吉卜林因为亨特在《泰晤士报》发表多篇文章支持印度国大党一事而十分恼火，于是他决定用"一根小小的 bandillero*"来刺痛他，借此劝告人们不必太把他当回事儿。这首言辞尖刻的诗指责亨特企图通过在报刊上发表文章来为自己扬名，并以"这种宣传，即他鼓吹的东西"来蒙骗英国公众。亨特被激怒了，他就这首"小小的讽刺诗"给吉卜林寄了一封毫不客气的短信，对吉卜林把才华浪费在"这类抖机灵的琐事"上表示惋惜，并补充

---

* 此处应为 banderilla，即斗牛士用以刺入公牛身体的花标。

说这些鸡毛蒜皮之事确确实实限制了他的水准,只能写写"运动场和食堂"这类题材。吉卜林并没有把这件事放在心上。他钦佩亨特的学识,很感激他为自己的作品所写的评论,还把亨特的书推荐给了那些不了解印度的读者。但印度事务部的一位官员提醒他说,亨特是"认真的",千万不可"小觑"。听到这些话,吉卜林"气得像一头暴躁的熊",并下定决心,只要亨特再有任何"假装真诚的举动",他就会用"更多的讽刺文章"予以回击。[16]

吉卜林在二十岁那年的主要工作是写一部他称为《母亲马图林》(Mother Maturin)的小说,讲述一位在拉合尔经营鸦片烟馆的爱尔兰老妇人的故事。他承认这个故事"一点都不合时宜",认为它带有"某种严肃的道德寓意",并试图"讨论下层社会的欧亚混血人群和当地人难以言状的恐惧感,因为这种恐惧存在于各种各样的报道和报告之外"。特丽克丝说这部作品"极其可怕",艾丽斯则认为它"令人恶心却很有力量",但对于创作者而言,它却带来了一种"永恒的乐趣",特别是当他意识到自己创造的这些角色将一直陪伴自己的时候。截至1885年夏天,他已经写了237页,并预计至少可以分为两卷出版;几年以后,他在完成了《山里的平凡故事》之后曾公开表示,他正在重拾一部"永无止境的小说"。[17] 而实际上这部作品最终也没有完结。其中的一些叙述后来出现在了《基姆》这部作品中,而原先的作品已经被他放弃了,手稿也不见了踪影。

《山里的平凡故事》这部让奥斯卡·王尔德感觉自己正坐在"棕榈树下阅读人生,感受着璀璨的粗俗之光"[18]的作品,是《机关小调及其他诗篇》的散文版姊妹篇。该作品于1887年面世,翌年又加入了六个篇幅较短的故事集,分别为《三个士兵》(Soldiers Three)、《加兹比一家的故事》(The Story of the Gadsbys)、《黑与白》(In Black and White)、《喜马拉雅雪松下》(Under the Deodars)、《幽灵人力车》(The Phantom Rickshaw)及《威·威利·温基》(Wee Willie Winkie);封面上印有"印度铁路丛书"(The Indian Railway Library)字样,以每本一卢比(略高于一先令)的价格销售。这套"铁

第三章 英印编年史

路丛书"系列故事包括三十九篇"平凡故事"和三十七篇更长的故事,这对于一名兼职作家来说,产量可谓十分惊人;这些故事大致可以分为五类主题:西姆拉的英印人、平原地区的英印人、印度本地人的生活、驻印度的英国军队,以及有关儿童的伤感故事,这也是其中写得最不成功的一类。

另外还有一个题为《国王迷》(*The Man who would be King*)的故事无法分类。它被公认为吉卜林最出色的早期作品之一,其灵感来源于作者跟某个不知名的共济会成员会晤的情境,后者恳请他在印度大沙漠(Great Indian Desert)边缘的一处铁路交叉口给另一位不知名的共济会成员传递一则神秘的消息。吉卜林将这两名共济会成员塑造成了颇具传奇色彩的冒险家,他们在卡菲里斯坦(Kafiristan)*山区建立了自己的王国,后来却由于急剧膨胀的野心毁掉了自己征服来的土地和劫掠的战利品,甚至丢掉了性命。关于这个颇具斯蒂文森典型风格的冒险故事,一直存在某种看似很有道理的说法,即认为它是一则帝国主义的寓言。[19] 故事中的丹尼尔·德拉沃特(Daniel Dravot)与皮奇·卡内汉(Peachy Carnehan)通过训练部落民众击败了敌人,然后将他们团结在一个叫帕克斯·德拉沃提卡(Pax Dravotica)的国度,这些事迹通过以小见大的方式复制了从克莱武(Clive)到阿瑟·韦尔斯利(Arthur Wellesley)的历代英国人在印度创造的功绩;而因德拉沃特决意选择当地妇女做王后而导致王国衰落这一情节则可以视为一种警告——当被统治民族的风俗习惯遭到过度侵犯时,帝国便面临着倾覆的危险。

在西姆拉系列故事中,那位声名狼藉的霍克斯比夫人是最具代表性的角色。她是个机智风趣、愤世嫉俗、"喜欢搞恶作剧却十分坦诚"的女人。她在这座山城策划了不少阴谋,大部分都收到了不错的效果,至少对普拉弗尔斯(Pluffles)这样的人来说确实如此:她从骄横跋扈的赖弗夫人(Mrs Reiver)身边救出了这位"少不更事的"下级军官〔赖弗夫人"从头发到鞋

---

* 现名努里斯坦(Nuristan),今阿富汗东部省区,与巴基斯坦北部接壤。

跟全都一无是处,她的头发来自一个布列塔尼女孩,*而鞋跟的高度足有2.38英寸]。[20] 霍克斯比夫人生活的地方,到处聚集着搬弄是非、寻欢作乐、心痒难耐想与人私通之人。婚内出轨这一话题不仅反复出现在《机关小调及其他诗篇》中,也在《加兹比一家的故事》与《喜马拉雅雪松下》当中得以延续。同吉卜林的诗歌一样,这些短篇故事对该主题的处理并非以绝对的道德标准为依据,而是根据每个事件的具体情况做出判断。他曾在一篇故事中表示,这也是西姆拉这个地方处理通奸行为的一种"古怪"方式:"经过无数个社交季,某些早已成了既定事实并越来越稳固的不轨之恋,实际上已经被赋予了某种与婚姻同等神圣的地位,并得到了人们的尊重。"而其他一些同样历经多年的私通关系却从未获得"官方认可的地位"。有的人拥有保证自己获得"无限宽容"的天赋,有的人却没有。《在陷阱边》(*At the Pit's Mouth*)里就有一对得不到任何人——尤其是吉卜林本人——宽容的奸夫淫妇。这位第三者靠在她的肩膀上,一边看着她给丈夫写信,一边暗自发笑,而那位丈夫此时却"在平原地区忍受着酷热",每个月只给自己留200卢比;这两人还一块儿嘲笑她的丈夫寄来的一封回信;他们公然在西姆拉四处游乐,还在墓地的马毯上嬉戏;然后在一次骑马出游的途中,第三者和他的马从一处900英尺高的悬崖上摔了下去。[21†] 与《乌利亚的故事》一样,吉卜林的立场是明确的,他谴责的对象并非整个通奸者群体,而只是那些麻木不仁、厚颜无耻而又残酷无情的奸夫。

  潜藏在这些故事中的另一个主题是女性的力量,它不仅能操控男人,还能毁掉他们的事业。这方面最糟糕的例子要数雷斯利(Wressley)了,他写了一部关于印度中部地区的历史学著作,然后把它送给了他喜欢的一个傻

---

* 此处指赖弗夫人头发稀疏,需要靠买来的头发装扮自己。

† 这类致命的事故在现实中确有发生。默里(Murray)曾在《旁遮普旅行指南》(*Handbook to the Punjab*)一书中提醒游客,1875年以前"至少有22名男女在西姆拉坠崖身亡"。1884年在达尔豪西,吉卜林的马儿"乔"也在一天夜里逃出马厩后摔下山坡而死。——原注

第三章 英印编年史

女孩；而当那个女孩坦承自己看不懂（所有"那些令人导厌的箸佐[*]"）时，雷斯利竟然将他所有的书都扔进了山上的湖里。[22] 但即使是脑子不笨或心眼不坏的女人也可能会阻碍男人的事业：在加兹比上尉的婚礼开始之前，他的朋友马夫林"走了出去，心不在焉地唱道：

> 你可以把这话刻在他的墓碑和名片上，
> 年轻人一旦结了婚便会身心俱伤！

读者如果错过了这一点，还可以在《加兹比一家的故事》的"结尾诗节"中读到作者想表达的道德寓意：

> 无论堕入地狱还是登上宝座，
> 快步当先只因守得住旅途的寂寞。

吉卜林说过和写过的很多内容常常自相矛盾。同样，他在某些故事中透露出了明显的厌女情结，而在同时期创作的其他故事里却又表现出了对女性的同情和理解。在"平凡故事"《布朗克霍斯特离婚案》（*The Bronckhorst Divorce Case*）中，作者完全站在了那位嫁了个野蛮粗俗的丈夫并遭到恶意中伤的妻子一边；另一部作品《幻觉之丘》（*The Hill of Illusion*）写的是一对打算私奔的男女之间的对话，这个女人想到自己将来会被家人遗弃而犹豫不决，吉卜林对这一心理活动的刻画充满了感情和洞察力。

讲述平原地区的故事与讲述西姆拉的故事相比要严肃一些，因为前者主要涉及英国人与印度人之间的关系，或者是各司其职的英印人。在印度次

---

* 原文为 howwid wajahs，即 horrid works（令人讨厌的著作）的语音变异，吉卜林为模仿这个傻女孩口齿不清的说话方式而故意误拼。

大陆生活的中期，吉卜林渐渐发现了印度文职机构官员们身上的优秀品质。刚开始的时候，他就曾被旁遮普俱乐部里的文官所折服——此后也时有发生；当然他后来也在西姆拉与拉合尔遇到过一些平庸之辈，这才让他在诗歌和小说中对这群人多有贬低之辞。但是到了1885年年底，他已经意识到印度文职机构里有一群卓越而勤劳的工作人员，他们终其一生都在为当地人民谋福祉。[23] 在《城墙上》(*On the City Wall*)这篇出色的作品中，吉卜林在嘲笑印度自治这一构想的同时，也充分展示了他对印度人的生活有一种敏锐的洞察和体悟能力，此外他还在这篇故事中加入了一段长文，专门称赞了印度文职机构所做的工作：

> 年复一年，英国方面将一拨拨特遣队员派到这条官方称为"印度文职机构"的前沿战线。他们经常会有牺牲，要么因为劳累过度而亡，要么因为忧虑、健康受损或希望破灭而死。他们只希望这片土地免受死亡与疾病、饥荒与战争的侵害，最终能够自立。它永远不会自立，但这是个不错的想法，人们还都愿意为它赴死，而敦促、劝诱、斥责、抚慰这个国家提高生活质量的各项工作每年也都在稳步推进。一旦取得任何进展，所有荣誉都归当地人，英国人则擦拭着头上的汗水，退居二线。而一旦失败，英国人便会挺身而出并承担责任。

当吉卜林越来越敬佩这些地方官员所做的工作时，也越来越同情他们，理解他们生活和工作的处境，以及他们所面临的孤独、脆弱、猝死的威胁和身心的压力。这群少数派常常被调来调去，一到夏天就要与妻子分离，好几年才能和孩子见上一面，他们感觉自己像是身处某个暗藏着敌意的陌生世界，每天都生活在火山口的边缘。他同情那些身处偏远"驻地"却努力保持自尊与理智的男男女女。在维多利亚时代，身居热带地区的英国人即使是独自进餐也要精心打扮一番，现代人看到这副模样总觉得很滑稽，但吉卜林觉

第三章 英印编年史

得,这样的仪式对于抵御传统的崩塌或"衰败"至关重要。在他的另一篇故事中,一位林业官员独自一人住在树林中的一所平房里,每天晚上都会穿上一件硬挺的白色衬衫,为的是"在离群索居的生活中保持自尊"。吉卜林在拉合尔的家里也会这样做,即使家人不在也是如此,因为"人们知道,如果破坏了最后一餐的着装礼仪,就等于放弃了最后的希望"。[24]

即使周围邻居很少,住得又远,也不招人喜欢,仍然不能抛弃社交礼仪。在保持清醒的情况下,就算人们不喜欢彼此,也没什么可谈论的,他们还是得天天见面;惠斯特牌是英印人生活中必不可少的娱乐项目,因为它可以把一个人同另外三个人绑在一起,共同度过好几个小时,而他与那三个人之间可能毫无共同之处。《通道尽头》(*At the End of the Passage*)就是一个与惠斯特牌有关的故事。四个牌友当中,一个是助理工程师,来自某个偏远的火车站;一个是勘测员,平时"独自一人坚守在沙漠里",他先是"骑了30英里的马,又坐了100英里的火车"才来到这里与大家会合;然后是一名文官,他"跑到这么远的地方来,就是为了暂时躲避某个一贫如洗的土邦酝酿的一系列卑劣的阴谋";还有一名医生,他丢下了"一处暴发霍乱疫情的苦力营,把它撂在那儿长达四十八个小时不闻不问,像往常一样跑来这里跟他的白人同胞们厮混"。他们之间并不像朋友那样彼此尊重,事实上每次见面都会发生口角;打牌的过程也并不愉快,因为每次都有人"发火,总是为谁先出牌和应该跟什么牌争吵不休"。但他们还是经常在一起玩,就算天气再热——"伟大的印度帝国……有六个月的时间会完全变成一座让人备受折磨的大房子"——因为他们需要见到彼此,"就像干渴之人想要喝水一样。这群孤独之人最能体会孤独的可怕之处"。

《路边喜剧》(*A Wayside Comedy*)展现了另一种在小站驻地生活时面临的危险,这则故事运用了吉卜林尤为得意的"节省暗示"(economy of implication)手法。在多塞赫里山区的灌木丛和岩石群的深处,有一个叫卡希马(Kashima)的地方,住在这里的英国人只有两对夫妻和一名单身军官。

三个男人都喜欢同一个女人（而她只爱自己的丈夫），另外的两男一女因此感到十分苦闷，他们在痛苦和对彼此的仇恨中日渐消沉。但其中任何一个人都无法逃离。他们被困在自己编制的笼子里，为彼此之间的关系所折磨，同时又努力遵循着传统的中产阶级生存法则。

吉卜林在他即将离开印度时发表在《军民报》上的一篇文章里，提到了这样一个驻守在边远地区的人。此人外出一段时间后回到"旧驻地"时，竟发现他最亲密的朋友已经在不久前去世了。"你来晚了！"邻居对他说，"迪基三个星期前带了个什么东西出了趟门……我忘了那是什么了，但这事儿来得真是有些突然……可怜的老迪基！"[25] 每一个去过印度的人都知道，在这里生活要面临猝死的风险——只要看看那些墓碑和纪念碑上的文字就知道有多少英印人在这里英年早逝了。不论是因中暑、生病或过度放纵而死，还是在暴发瘟疫或饥荒的地区因公殉职，英印人都已经司空见惯了。他们必须接受，必须把它当作自然而平常的事情来看待，绝不会浪费时间沉浸在无尽的悲痛中。人死了，就找个地方埋了，短暂的哀悼过后，很快就会把他忘掉。就像吉卜林在《机关小调及其他诗篇》中所说：

唉，就让他在西姆拉的松树下安息——
用整整两周寄托所有哀思，
看呐，我们失去了一位好牌友，
餐桌前那把椅子永远为他而留。

——《可能》(*Possibilities*)

回到英国几年之后，吉卜林在《军民报》上发表了《流亡之路》(*The Exiles' Line*)。这首诗展现了"我们哀伤的东方大地上的灵魂"，它一直漂泊在往返于英国和印度间的"半岛"，即东方轮船公司的航船上。该诗再次采

第三章 英印编年史

用了菲茨杰拉德所译《鲁拜集》的格律（尽管缺乏原作的意趣），将这艘船表现为英属印度的一个缩影：

> 我们东方大地的悲剧之源，
> 是遮阳篷下那一片片白色的甲板——
> 出生、分离、渴望、欢笑、爱与泪，
> 乃至死亡，都将在发现这片大地之前消散。

这样的航行对于英印人来说毫无乐趣可言，只不过是逃不掉的差事罢了。这是一群"东方的吉卜赛人"，在旅途的起点和终点都没有自己真正的家：

> 这群东方国度的囚徒，从父亲到儿子，
> 被捆绑在帝国的车轮上，前赴后继，
> 每一次流亡之路都会抹去前人的足印
> 干完了活儿就送他们回家去。[26]

吉卜林的一位朋友认为，因为糟糕的视力而无法参军是他最大的遗憾。韦斯特沃德霍的那些"老校友们"如今都在印度当上了陆军尉官。当他听说这些人的英勇事迹时，不禁发出感叹，懊恼自己没能上得了桑德赫斯特学院（Sandhurst）[*]。或许这种遗憾和感叹不过是做做样子而已，因为很难想象，即使他视力完好，大概也不愿弃笔从戎。在拉合尔时，他加入了第1旁遮普志愿兵团（1st Punjab Volunteers），但因为缺席阅兵式而被勒令退役。尽管如此，他对军人的兴趣反而越来越强烈，终其一生都对英国士兵给予了最

---

[*] 成立于1801年的一所英国皇家军事学院，1812年由白金汉郡迁至伯克郡的桑德赫斯特镇。该校后于1947年与位于伍利奇（Woolwich）的另一所皇家军事学院合并，定名为桑德赫斯特皇家军事学院（Royal Military Academy Sandhurst）。

持续的关注。在印度期间,他结识了英国陆军的各阶层人士,* 包括弗雷德里克·罗伯茨勋爵以及普通军士和士兵,他将这些人物塑造成了他作品中的不朽角色:汤米·阿特金斯(Tommy Atkins)、丹尼·迪弗(Danny Deever)及"三剑客"马尔瓦尼(Mulvaney)、奥瑟里斯(Ortheris)与利罗伊德(Learoyd)。

吉卜林一直十分关注军队的动向,他和"老校友们"、第9皇家枪骑兵团的坎利夫、某高地军团的副官"娃娃"斯托克韦尔,以及因为在印度山区的军事远征中表现出色而获得晋升和奖章的"卷毛狗"汤森和"两便士"埃德华兹保持着密切的联系。1885年,一个叫杜里的陆军中尉在缅甸牺牲,吉卜林被这位"好人"的命运所触动,写下了这样的诗句:

> 边境驻地爆发混战——
> 他骑马徐行,山路在漆黑中蜿蜒——
> 上学花去的两千镑
> 沦为一支十卢比的吉塞尔步枪——
> 老师的得意门生,骑兵中队的骄傲,
> 像一只兔子被射杀在山间小道。
>
> ——《边区的算术》(Arithmetic on the Frontier)

后来他在《斯托基与同党》中也写到了一位"老校友"去世的情节,清晰地展现了情感的压抑正是源于人们隐忍克制、不露感情这一迂腐的民族气质。邓肯受了伤,躺在一辆马车底下,他"一只手支撑着身体,用左轮手枪"朝

---

* 1885年,英国陆军派驻印度的士兵人数为5.9万,而印度陆军中的本土士兵则达到了12.4万;这些部队均由5000名英国军官指挥。大部分英国军队驻扎在西部边境地区及北部城市,在印度南部,除班加罗尔(Bangalore)与马德拉斯以外,很少能见到白人士兵。印度帝国(包括今缅甸、巴基斯坦与孟加拉)的人口在1885年达到2.7亿,英军与当地居民的人数比则达到1∶4219。——原注

第三章　英印编年史

西北边境地区的阿夫里迪部落民*"不停地射击"。就在这时，一个多年没见的老校友从近旁的堡垒中冲了出来，跑到了这辆马车旁。后来，这位差点成功的营救者在重访母校时给那些兴奋的男孩子们讲述了当时的情形：

> 他的肺被打穿了，可怜的老兄。他当时很想喝水，我就拿了点水给他，然后坐在他身边。有意思的是，他居然叫我："嘿，太妃糖！"我说"喂，肥猪！希望你没事儿"，诸如此类的话。但一两分钟之后他就死了，靠在我膝盖上的脑袋再也没抬起来。[27]

吉卜林跟很多军官都打过交道，其中几位还是他的朋友，比如邓斯特维尔。吉卜林在《斯托基与同党》的最后一章对他赞誉有加，将他刻画成了一名富有进取心的边防军官，每次执行任务都奋勇当先，对那些冷漠而行动迟缓的长官们则经常爱搭不理。但吉卜林似乎并不喜欢军官，他在作品中虚构的那些指挥官大多都不招人待见，譬如加兹比。而那些军官对他似乎也没什么好感。当然这主要是因为吉卜林很羡慕军人这一职业，而这些军官对他的作家身份却不屑一顾。正如军需部的一名军官所说，"各位参谋非常反感"吉卜林，"认为他自以为是，妄自尊大"。[28]

普通士兵和军士可能也对这位爱管闲事的报社记者持怀疑态度，不过应该还不至于"反感"他。吉卜林曾经去过米扬米尔的军营，询问士兵们的近况，倾听他们的故事。据鲁宾逊所说，他"比军士或随军教士更加了解这些士兵们私底下的想法……"[29] 他最早的朋友都来自诺森伯兰燧发枪团，即人们常说的"第五战斗团"。他在韦斯特沃德霍的"老校友"希尔中尉曾将他引荐给了团里的军士长，说吉卜林"想通过直接与士兵接触，写一部关于军队生活的新作品"。这名军士于是带他去见了一个名叫麦克纳马

---

* 普什图人（Pushtun）的一支，现散居于巴基斯坦、阿富汗及印度北部地区。

拉的下士，这个人跟自己的一群"酒友"负责管理步枪靶场。一轮啤酒过后，两人便成了朋友。下士很欣赏这位"喝酒爽快，说话就跟我们自己人一样"的客人。不久之后，吉卜林便以这名下士为原型，塑造了二等兵马尔瓦尼这一角色。[30]

随后吉卜林又来到靶场继续跟大家"闲聊"，学会了军队俚语"down to the ground"[*]，他还喜欢发掘那些创作军歌的士兵。[31] 由于他对军营生活比较了解，驻西姆拉的部队总司令有一天还特地向这名骄傲的年轻记者打听士兵们"对他们的住宿、娱乐室等设施有什么看法"。几年以后，二等兵乔治·豪斯曼读到了吉卜林写的士兵题材的歌谣［乔治在缅甸时，他的兄长、诗人阿尔弗雷德·爱德华·豪斯曼（Alfred Edward Housman）把这些诗寄给了他］，他写道："从来没有——而且我觉得以后也不会再有——这样一个人，能够如此理解生活在艰苦环境下的'汤米·阿特金斯'。[†] [32]

吉卜林对士兵的同情甚至比他对印度文职机构官员的同情还深。至少那些文官对他们选择的职业还能有一些自己的想法，他们的工作也相对更有意思，而且每年还有机会到山中避暑地待上一段时间。相比之下，这些士兵们在来到印度之前对这片土地往往是一无所知，每天的工作单调乏味，而且很快就干完了，另外他们在西姆拉也不受欢迎。新的环境让他们不知所措，自然就会产生想家的情绪。正如"平凡故事"中的二等兵奥瑟里斯所说的那样：

> 我又想念伦敦了，想念她的嘈杂、她的名胜与风光，还有各种难闻的气味；橘子皮、柏油和煤气的味道远远地从沃克斯霍尔桥上飘了过来。我想念通往博克斯山的铁路，女孩儿靠在你的膝盖上，而你的嘴里正叼

---

[*] 意为"彻彻底底"。

[†] "汤米·阿特金斯"既是吉卜林作品中的人物，也是英国大兵的代称，用作代称大概始于18世纪，后于第一次世界大战期间广泛使用。

第三章　英印编年史

着一支崭新的土烟斗。看呐,河岸街的街灯亮了,所有人都成了你的朋友……[33]

乡愁尚未消散,行军的单调与无聊又接踵而至。他们在寒冷的天气里,沿南亚大干道(Grand Trunk Road)* 从乌姆巴拉(Umballa)† 行至坎普尔。(与吉卜林笔下征战非洲的步兵纵队一样:"靴——靴——靴——靴——又在上下跳动"。)但要是遇上炎热的天气就更糟了。除了疟疾、伤寒、霍乱、中暑和性病等诸多威胁,士兵们还不得不一直待在闷热的营房里,忍受这种乏味透顶的日子。清晨的操练一结束,几乎就没事儿可干了,出了一身汗之后便开始抽烟喝酒,把身边的苦力骂一顿,偶尔还要跟谁打一架,然后寻思着晚上去哪儿喝酒嫖妓。他们有足够的钱去干这两件事,因为平时的生活成本很低,发到手里的工资也没地儿花。

好色加上嗜酒,导致他们经常在集市上惹麻烦。寇松指出,在英国人和印度人之间的大部分冲突中,"惹祸的都是英国士兵,他们不是在纠缠哪个女人,就是喝得酩酊大醉"。[34] 军事当局意识到,单靠说教和开展禁酒运动是无法抑制人的本能的,因此开始尝试降低发生暴力事件和传染性病的风险。他们允许在军营中开设妓院,其中的妓女专门为白人士兵服务,平时还要接受体检。然而,这一制度却激怒了英国本土那些维护"纯洁性"的卫道士们。他们发起了一场运动,得到了身在印度的罗伯茨夫人的支持,她积极劝说丈夫关闭这些军中妓院。一位上校抱怨道,"在一帮病态的道德投机分子和一群性冷淡、不称职的女教众的煽动下",政府通过了一项议会法案,该法案巩固了他们的胜利成果,并直接导致了——用一位总督的话来说——

---

* 南亚地区最古老的一条交通要道,起点为今孟加拉吉大港(Chittagong),途经印度的豪拉(Howrah)、德里、阿姆利则,以及巴基斯坦的拉合尔与白沙瓦,终点为阿富汗首都喀布尔,全长约2700公里。

† 现名安巴拉(Ambala),今印度北部哈里亚纳邦北部城市。

"更严重的恶果……非常规的性犯罪越来越多",而对于那些被引诱到人群聚集区的士兵来说,染上性病的概率也大大增加。截至1895年,英国陆军中接受梅毒治疗的军人数量超过四分之一,直到军中妓院在罗伯茨及其夫人回国后再次秘密开放时,这一数字才有所下降。³⁵

吉卜林比罗伯茨以及后任总司令基钦纳勋爵更能理解士兵们的处境。罗伯茨曾要求所有士兵加入陆军禁酒协会,而基钦纳则主张加强士兵的军事训练和自制力,让他们远离这类疾病,这种病不仅会使他们的母亲蒙羞,还会导致鼻子溃烂脱落。³⁶ 这位熟悉军营生活的年轻人知道,经常去"咖啡馆"或者备有旧报纸的戒酒室,根本无法缓解他们心中的无聊与不安。即使那些给士兵们带去慰藉的东西没有被取缔,他们的生活也已经很不容易了。他在回忆录中写道:

> 我开始意识到那名士兵的生活有多么悲惨,基督教教义让他承受了多少不必要的折磨。按照其教义的规定,"罪恶的报应便是死亡"。有人认为,为街市上那些妓女体检,或者向男人们讲授基本的预防措施是亵渎上帝的行为。这种官僚化的道德准则使我们的陆军每年在印度损失的白人士兵多达9000人,这些花费了高昂的成本培养出来的战士往往在得了性病之后只能长期卧床。几次到性病医院(治病)的经历让当时的我——就像今天的我一样——由衷地希望能找来600名牧师——如果要选的话,就选英国国教的各位主教*——对我进行为期六个月的整顿,就像他们整顿那些跟我当年差不多大的年轻士兵一样。

吉卜林在这一时期对卖淫问题的看法显得有些与众不同。英国在维多

---

* 印度和锡兰(Ceylon)的圣公会主教们曾宣称:"扬善除恶应防患于未然,这比尝到恶果之后再去补救关键得多……"³⁷——原注

第三章 英印编年史

利亚时代后期出现了大量妓女,这说明嫖客的数量也在大幅增加。尽管如此,除了地下刊物的撰稿人之外,很少有人像吉卜林这样,以如此开明的态度和超越色情的视角公开撰文谈论这一话题。在其中一部名为《城墙上》的作品中,吉卜林讲述了一个叫拉伦(Lalun)的印度妓女的故事。东方人与西方人对拉伦所从事的工作表现出了截然不同的态度,后者"对拉伦的工作恶语相向,还就此事写下训诫并分发给年轻人,希望借此来维护传统道德"。在另一个以印度为背景的故事《女人的爱情》(Love o' Women)中,吉卜林对那名沦为妓女的白人妇女,以及那个玩弄她并使其身陷泥潭的士兵都表示了同情。诗歌《女士们》(The Ladie)则讲述了一名士兵与各种女人之间的风流韵事,包括缅甸人、混血儿、印度人和英国人,其中完全没有道德说教的意味。在性问题上,吉卜林比大多数维多利亚时代的自由主义者都更加开明。

吉卜林在印度时从未目睹过战斗场面,因此他只能根据自己平时读到或听到的冲突事件,凭借想象虚构出那些战斗的情形。1887年1月,他在《军民报》上发表的一篇新闻报道中,称第2女王团的五名士兵和一名司号兵脱光衣服,游过缅甸境内的一条河,并烧毁了对岸的一座村庄。几个星期后,吉卜林发表了《夺取隆通本》(The Taking of Lungtungpen)。故事里,马尔瓦尼以虚构的方式讲述了上述事件,并夸大了一些细节:士兵人数变成了原先的四倍,村子也升格为一座城镇。

人们经常指责吉卜林"对战争"怀有"浪漫主义情结",这种看法使他"误以为士兵都很愿意打仗"。[38]但不论其他地方、其他时代的其他士兵是什么样子,英国驻印度的部队确实喜欢打仗,这一点从他们的日记和书信中就能看出来。别的不说,至少打仗这件事能把他们从单调乏味、一成不变的军营生活中解脱出来。每次计划前往边境地区参加军事行动时,多德尔中尉都会给母亲写信,在一连串此类信件中,他提到约克郡轻步兵团的"每一个人"

都"精神抖擞""热情似火",他们"翘首以盼""兴奋得忘乎所以"。甚至有两名即将退役返回英国的上士为了参加兹霍布谷远征而选择重新入伍。尽管这样一来,他们就必须在这个令人讨厌的国家再服役五个年头。军团中的所有士兵都想参加战斗并获得奖章,他们只担心一件事,怕那些部落民众还没等开战就投降了。[39]

要考察人们对吉卜林的浪漫主义战争观的指责,可以将他与麦考利(Macaulay)、丁尼生或切斯特顿(Chesterton)等人进行比较。这些诗人并不了解真正的战士,才会以浪漫化的视角去塑造他们的形象。马尔瓦尼和他的朋友们都不是英雄,他们在遭遇强敌时不会奋不顾身地与对手交锋。在吉卜林的作品中,没有据守桥头抵御住所有敌人之后跃入台伯河的罗马人[*],没有义无反顾单骑闯入"死神之口"的勇士[†],也没有"在亚速尔群岛的弗洛雷斯"以一己之力挑战五十三艘西班牙战舰的疯子[‡],甚至没有在勒班陀身佩利剑、挫败土耳其人的"最后一位遗存于世的行吟诗人"[§]。吉卜林的士兵都是有血有肉的人,他们招摇过市、好酒贪杯、谈天说地、谈情说爱:他们有时会抢夺别人的东西[《战利品》(*Loot*)];有时会去偷别人家的狗[《二等兵利罗伊德的故事》(*Private Learoyd's Story*)];有时会因为嫉妒或情绪失控而相互厮杀[《丹尼·迪弗》(*Danny Deever*)、《女人的爱情》、《汤米的故事》(*The*

---

[*] 麦考利在其诗集《古罗马之歌》(*Lays of Ancient Rome*)中讲述的传奇故事。公元前508年,罗马勇士普布利乌斯·霍拉提乌斯·科克莱斯(Publius Horatius Cocles)与两名战友在台伯河桥头与入侵的伊特鲁里亚人(Etruscan)搏斗,意图阻止敌人过河,最后他在战友拆毁桥梁之际跃入河中并成功脱险。

[†] 丁尼生在其诗篇《轻骑兵的冲锋》(*The Charge of the Light Brigade*)中讲述的英雄事迹。1854年,克里米亚战争(Crimean War)期间,英国军官卡迪根勋爵(Lord Cardigan)在巴拉克拉瓦战役(Battle of Balaclava)中带领轻骑兵向俄军炮兵阵地发起自杀式冲锋,虽突击成功,但终因伤亡惨重而被迫撤退。

[‡] 丁尼生在其诗篇《复仇号:舰队叙事诗》(*The Revenge: A Ballad of the Fleet*)中讲述的悲壮故事。1591年,英军"复仇号"舰长理查德·格伦维尔爵士(Sir Richard Grenville)在弗洛雷斯海战(Battle of Flores)中孤军对抗强大的西班牙海军,最后壮烈牺牲。

[§] 切斯特顿在其诗篇《勒班陀》(*Lepanto*)中讲述的历史故事。1571年,西班牙将领唐·胡安(Don Juan de Austria)率领由欧洲天主教海洋国家组成的神圣同盟在勒班陀战役(Battle of Lepanto)中击败了奥斯曼帝国海军。

第三章 英印编年史

Story of Tommy）、《一名二等兵的故事》(In the Matter of a Private)]；有时会在酒醉之后拳脚相加，有时则会从战场逃跑，"假装受伤"，把步枪扔掉，然后"躲在床底下"[《那一天》(That Day)、《首尾军团的鼓手》(The Drums of the Fore and Aft)]。作为战士，他们表现最好的时候也往往不如他们的敌人。在《毛茸茸》(Fuzzy Wuzzy)一诗中，他们的表现更糟：

> 在开伯尔山上，我们把自己置于死地，
> 布尔人在一英里开外锤得我们眼冒金星。
> 缅甸人送给我们一阵伊洛瓦底寒栗，
> 祖鲁武士拿我们当菜，摆盘摆得很有形。
> 但和那毛茸茸的喂我们吃下的相比，
> 诸如此类的一切都是稀松平常的游戏。
> 报纸上说我们掌控了局面，气势很盛，
> 但若是人对上人，那毛茸茸的打得我们号出声。*

然而，尽管有这样或那样的缺点，他们都还是活生生的人，既有"身强力壮的士兵汤米·阿特金斯"（《三个士兵》即为他而写），也有"头发斑白、心地温厚又极为睿智的尤利西斯"——马尔瓦尼。吉卜林理解他们，对士兵的表现方式在莎士比亚以来的作家中也是从未有过的。正如他的官方传记作家指出的那样，自《亨利五世》(Henry V)问世以来，一直到吉卜林出现之前，英国文学中"对于英军士兵、他们对军官的看法，以及他们在战斗前夜聊了些什么这样的内容缺乏足够的关注"。[40]

长期以来，英国陆军的名声一直都不大好。威灵顿公爵曾好几次对英军士兵和他们的战斗素养表示过赞许，但人们只记得他的批评之辞：他们是

---

* 译文引自黎幺译《东西谣曲：吉卜林诗选》，北京：人民文学出版社，2018年，第66页。

"这个世界的渣滓",这些人入伍之前"要么有了私生子……要么犯了轻罪,[而]更多的则是嗜酒成性之徒"。⁴¹吉卜林觉得他们受到这样的诋毁实在不公,因此决定为此做点事情。他对一名跟他关系不错的下士说:"这种恶意中伤的危害在于,如果你所在的团里有十个恶棍,那么整个团都得为这几个家伙干的坏事背黑锅;而每次碰到只有六七个本该进监狱的酒鬼列队行进的情形时,人们又会到处跟人说:'咱们的军队就这副德行。'"⁴²吉卜林在《三个士兵》中表示,虽然"应该用一个新词儿来形容"汤米,"这样可以帮助他表达自己的意见",但他并非"粗野蛮横之辈",而是个"了不起的人";人们今天说他是"捍卫国家荣誉的英雄",明天又说他是"粗野蛮横、无法无天的兵痞",把他本人都弄糊涂了。在《汤米》(Tommy)一诗里,他也特别强调了这一点:

是啊,让日夜守卫你安眠的士兵饱受揶揄,
比那些士兵本身更可鄙,他们不过是无名小卒;
与其披坚执锐,厉兵秣马,
不如饮酒并醉,纵横喧哗。

如此又有人说长道短,"汤米,你气魄何在?"
但,当战鼓如雷,便可见那是"英雄突击,以一当十",
战鼓声声势如雷,兄弟们,战鼓声声势如雷,
啊,当战鼓如雷,便可见那是"英雄突击,以一当十"。

吉卜林为我们呈现了一个迄今为止最详尽、最全面、最生动的英属印度。几十年来,这一形象已深入人心,但在福斯特于1924年出版的《印度之行》(A Passage to India)中,狭隘而片面的描写却在一定程度上打破了吉卜林塑造的在印英国人的形象。而即使在其作品最受欢迎的时期,也一直有人质疑

第三章 英印编年史

这一形象的可靠性。现实中也是这样吗？那些人物是真的吗？有过军旅生涯的人也对此持不同看法，其中一些人批评吉卜林笔下的士兵与当时的军人比起来早就过时了，受教育程度也更差，而另一些人则称赞诗句中汤米的形象"完全就像照片一样"跃然纸上。[43] 第5诺森伯兰燧发枪团的军士长喜欢收集与作家和创作题材有关的一手资料，他认为吉卜林"比当时的任何人都更了解士兵的心理，至少曾经了解过……"[44] 而二等兵豪斯曼也持有类似的观点。

有一种很有创见的说法，认为读过吉卜林作品的军官们往往能够培养出好部下，让他们越来越接近吉卜林笔下的士兵。陆军少将乔治·扬哈斯本爵士在印度服役多年，刚开始并未听说过书中那些虚构的人物所使用的词语；他感到疑惑，于是询问了几位同僚，他们也不知道这些措辞到底是什么意思。但几年以后，他发现"士兵们思考和说话的方式，都与拉迪亚德·吉卜林在其故事中教给他们的如出一辙……是吉卜林造就了这群现代军人"。[45]*

吉卜林作品中普通民众的形象也引起了类似的混淆。1907年，伦纳德·伍尔夫（Leonard Woolf）在锡兰服役期间注意到，那里的英国人"与吉卜林故事中的人物极为相似"。但他一直无法确定，"究竟是吉卜林严格按照英印社会的样子塑造了他的角色，还是我们在严格按照吉卜林故事中的形象塑造着自己"。有时他甚至无法确定自己到底是不是一个真实的人，所做的工作是否真实存在，还是说自己其实生活在《喜马拉雅雪松下》这样的故事里。[47]

这里涉及一些更深广的问题，既包括大英帝国对吉卜林的影响，也包括他对大英帝国的影响。他在多大程度上体现并拓展了维多利亚时代后期的

---

* 按照普鲁斯特（Proust）的观点，雷诺阿（Renoir）也以类似的方式造就了现代法国女性，她们与雷诺阿画作里的人物越来越像。[46]——原注

帝国意识？对于这个问题以及萦绕在伍尔夫与扬哈斯本脑海中的谜题，答案肯定与上述"两方面"的影响"多少有些"关联。

人们经常说英印人通常不喜欢吉卜林为他们刻画的形象。不少人确实如此，尤其是那些一本正经、充满正义感的文官和小姐太太们，他们对暗示其轻浮和不忠的言论总是深恶痛绝。有个"疯子"曾给吉卜林寄了封匿名信，就"平凡故事"里的"伤风败俗之事"发了一通牢骚，又问吉卜林死后将何去何从。身在国内的一些英国人也感到很震惊。莫德·戴弗（Maud Diver）的《在印英国女性》（The Englishwoman in India，1909）驳斥了认为侨居印度的英国女性品行不端的观点；寇松勋爵则一边向维多利亚女王保证加尔各答并不是一个"心浮气躁、道德败坏或极度沉闷"的社会，一边又觉得必须纠正"外界盛传的不公正且不怀好意的言论带给人们的印象，而拉迪亚德·吉卜林笔下那些言辞恶毒的故事也在一定程度上加深了这种印象"。丹尼斯·金凯德（Dennis Kincaid）在《在印英国人的社会生活》（British Social Life in India，1938）一书中援引其祖母的证词，说吉卜林在西姆拉被视为无耻之徒、缺德之人、"搞破坏的写手——常常写文章非难那些比他优秀的对手"。[48]

吉卜林若要为自己辩护，他一定会说自己根本就没想为英印人画什么群像。尽管他成功地打入了各级文官和军官的阵营，但他清楚自己的眼界仍然有限，由于自身处境的掣肘，他不得不把精力集中在这个最近才并入大英帝国版图的小省区。如果他住在马德拉斯这座有着两百年英国殖民史且驻军人数极少的城市，可能会有截然不同的视角。虽然他时常谴责那些"伤风败俗之事"，但也并不认为西姆拉的人个个都举止轻浮，有失体统。在《喜马拉雅雪松下》的前言里，他试图"让那些不明真相的读者相信，生活在印度的人们并非只有那些天天打网球、违反第七诫*的男男女女"。不过他这本

---

* 即十诫（Ten Commandments）之第七诫"不可奸淫"。基督教各派对"十诫"的排序略有不同，东正教与新教的第七诫分别为"毋行邪淫"和"不可奸淫"，天主教的第七诫则是"毋偷盗"。

第三章 英印编年史

书里的大部分故事描写的恰恰就是这样的人，那些不明真相的读者看到以后大概也会质疑他的说法。但是吉卜林在他的新闻报道中对生活在印度的英国女人的描述却是一副和蔼可亲、可敬可佩的形象，只是缺乏魅力，因为"这里的气候扼杀了她们的美貌"。认为她们"生活放荡"简直就是"荒唐至极"，因为她们中的大多数"比国内的女人们要踏实可靠得多"；只有一些年纪稍大的女人——那些"印度的莉莉·兰特里（Lillie Langtry）*们"——稍微有些"放荡"。[49]吉卜林后来在他的小说《璐拉卡》（The Naulahka）中，塑造了一个与赖弗夫人或霍克斯比夫人完全不同的女性角色。这名文官的妻子尽职尽责，劳心劳力，因此很想有个假期，"她的全部心思……就是想要回家"，回到那所"位于瑟比顿附近、毗邻水晶宫的小房子里，她三岁的儿子正在那儿等着她"。

　　19世纪90年代，黑利勋爵（Lord Hailey）还是一名年轻的文官，他后来回忆说，当时的西姆拉"在思想方面是一个严肃正经的地方"，而吉卜林的那些故事里却存在着不少"含有贬损意味的内容，很容易误导读者"。[50]不过，一些作风正派之人常常对西姆拉怨声载道，的确说明它本身存在着浮躁的一面。只有不是在给维多利亚女王写信的时候，寇松才会承认自己身处这"轻浮靡丽"并"充斥着闲言碎语"的城市，他的苦恼在逐年增长。一些英国人为了找乐子，经常干些粗鄙不堪的蠢事，总督行政会的一名工作人员就曾对此颇感惊愕。[51]威廉·亨特爵士在他为《机关小调及其他诗篇》所写的评论中也承认西姆拉这座城市的双重性。他指出，除了那个在诗歌中自娱自乐的"愚蠢的小世界"之外，还有"一个英印人的世界，一个史无前例的世界，因为它有崇高的目标，因为它在个人对奋斗几乎失去兴趣之后仍坚定不移地奋斗着"。[52]吉卜林大概也不会否认这一点。

---

　　* 19—20世纪英国女演员，维多利亚时代伦敦社交圈最知名的美女，人称"泽西百合"（Jersey Lily），原名埃米莉·夏洛特·勒布雷顿（Emilie Charlotte Le Breton）。

漫长的谢幕

在吉卜林的作品问世以前,西姆拉的轻佻与浮躁就已经名声在外了,这一点似乎在李顿勋爵(Lord Lytton)执政时期就已初见端倪,里彭的这位前任可是个相当轻浮的人。人们有时会将这座城市与卡普阿(Capua)[*]相提并论。"平凡故事"面世前一年,即 1885 年,发生了这样一件事:一名年轻的炮兵军官拒绝前往西姆拉,因为他听说那里的"主要工作"就是"赌博、喝酒、违反第七诫"。毫无疑问,在西姆拉有很多忠贞而品格高尚的女性;吉卜林认为,他在《军民报》上发表的那些笔调轻松的故事和诗篇,并不适合以这类女性为原型。当然,这里也有其他类型的女性。乔治·麦克蒙爵士(Sir George Macmunn)认为霍克斯比夫人就像一个"精心绘制的样本";他还回忆起当时在西姆拉认识的几位女士,说她们都很像霍克斯比夫人。另一位退休军官皮尔斯将军(General Pearse)也回顾了当年见过的"几个活泼的年轻女士和一小撮调皮捣蛋、喜欢搞恶作剧的小伙子"。大部分女士都会让那些为她们抬滑竿的轿夫(jampannies)[†]穿浅色衣服,这样的话,"即使在漆黑的夜里也能看得清楚。而那些喜欢在月光下的马路上与人私会的女士则会为自己的佣人选择深色制服,月光掩映在路两旁的松树间,荫翳而幽暗。"[53]‡

对于吉卜林笔下的印度究竟有多可靠这一问题,最好的佐证并不是几十年后的那些人所写的自传,或者丹尼斯·金凯德的祖母后来的回忆,而是来自当时并不打算公开发表自己作品的那些人撰写的文章。19 世纪 80 年代和 90 年代,奥里尔学院(Oriel College)的研究员兼导师兰斯洛特·费尔普斯牧师(Reverend Lancelot Phelps)和许多已经离开牛津大学的印度文职机构的官员一直保持着通信。他们保存下来的回信包含大量与英印人的生活相

---

* 意大利南部一座重要的工商业城市,始建于公元前 6 世纪。
† 在山中避暑地度假的女士出行时,需要乘坐一种叫滑竿(jampan)的轿子,配备四名当地轿夫。滑竿于 1880 年被人力车(rickshaw)所取代。——原注
‡ 在吉卜林以西姆拉为背景的《两套衣服的故事》(The Tale of Two Suits)一诗中,一名喝醉了酒的男子在夜色中满怀热情地对着一位女士喋喋不休,误以为那是他的情人,殊不知除了他的情人,另一名陌生的女士也为自己的人力车夫配备了相似的衣服。——原注

第三章 英印编年史

关的内容,其中就提到有不少年轻的文官读过吉卜林的书。他们认为其作品"很棒""很优秀",还向这位曾经的导师强烈推荐了这些作品。这些信件还表明,人们当时就认为吉卜林的作品准确反映了英属印度的面貌。其中一人在信中说,印度次大陆的英国女性成天无所事事,似乎快要崩溃了,"坊间流传的恶意中伤的言论可谓数量惊人,而吉卜林笔下的那些女性则比大多数英印人愿意看到的样子要真实得多"。[54] 还有一名通信人对于自己曾经的导师很喜欢《山里的平凡故事》这本书颇感欣慰。他说,在印度他从未听说任何人对这本书提出异议;而让他感到惊讶的是,费尔普斯竟然认为其中的某些故事使得整本书"不适合女士阅读"。他写道,英印社会就像"一个非比寻常的谜题":各种各样的事情"在这里发生,在这里流传,却不会招来怨恨;这些事要是放在英国,可能早就臭名远扬了"。有时候这里的女士们说出的话会让他惊讶不已,"简直"让人"目瞪口呆"。为了说明英印人看待丑闻的态度,此人还提到了孟买管区的一名文官阿瑟·克劳福德(Arthur Crawford)的例子。

  三十五年来,他曾经跟两个女人私奔,同妻子分居,还在浦那(Poona)度假期间与两个他花钱从美国找来的女演员同床共枕。然而,这个人后来竟然还得到了社会各界的接纳,就像什么事都没发生过一样……仿佛每个人都把(这种行为)看作理所当然的了。或许是这里的气候会滋生出某种入乡随俗的冷漠吧。[55]

第四章　暗夜之城

吉卜林在《基姆》中引用了自己的诗作《双面人》(The Two-sided Man)中的两节,作为其中一章的卷首语。

> 我感谢需要滋养的生命——
> 更感谢生生不息的土地——
> 但最深的感恩致以安拉,他的恩赐
> 让我拥有双面的心灵。
>
> 我宁愿脱去衬衫和皮鞋,远离
> 朋友、烟草和面包,独自向前,
> 却一刻也不能失去
> 我心灵的任何一面。

毫无疑问,大多数人的内心都具有两面性,但很少有人能够像吉卜林这样兼容并包地保持着这两重自我的差异和冲突。其中一面跟他一块儿待在办公室和俱乐部里,嘲笑印度人的政治抱负和他们"东方式的不洁的……习惯"[1];另一面则对各种场景、气味和声音极为敏锐,在集市上闲逛,在各地土邦游

第四章 暗夜之城

历,体味着自己的所见所闻,完全没有了指责别人的心思。

在《山里的平凡故事》中,吉卜林塑造了一个叫斯特里克兰(Strickland)的警察角色,他在度假期间伪装成本地人,让自己"暂时沉浸于"印度的生活之中。斯特里克兰知道桑西人(Sansis)*的蜥蜴歌,还知道哈利-胡克舞。而他结了婚并在英属印度安定下来之后,还经常听到那些从集市上传来的声音,仿佛在召唤他回归过去的生活:继续流浪,继续发现新的东西。[2] 从这个故事中显然能看到一部分吉卜林自己的影子。斯特里克兰这一形象借鉴了理查德·伯顿爵士(Sir Richard Burton)笔下的人物。伯顿是伟大的探险家及人类学先驱,会说二十九种语言和十二种方言。他和斯特里克兰一样,是个伪装高手,曾成功地假扮成波斯人、伊斯兰教托钵僧及帕坦人(Pathan)† 前往麦加,但他早期在印度的工作却遇到过阻碍,原因是他的军中同僚认为他对卡拉奇(Karachi)的同性恋妓院所做的调查有些操之过急。

吉卜林无法效仿伯顿或斯特里克兰,因为他不是一名出色的语言学家:他对法国情有独钟,并十分欣赏法国文学,却一直说不好法语。在印度期间,他学习了乌尔都语(Urdu),还会讲不少印度斯坦语,但他可能无法读懂波斯-阿拉伯文(Perso-Arabic script)或天城文(Devanagari script)‡。然而,语言方面的短板并没有阻碍他深入了解拉合尔当地人的生活,也没有阻碍他将印度人的表达方式通过出色的翻译运用到自己作品的一系列对话中。

"记忆依赖气味而产生,"吉卜林在参观了印度的一处煤田后写道,"没有鼻子的男人是枯燥乏味的,就如同[因为不忠而被丈夫毁容]没了鼻子的

---

* 原生活在印度次大陆西北部拉贾斯坦地区的一支游牧部落,现散居于印度西北部及北部各邦。

† 分布在今阿富汗和巴基斯坦等地的普什图人。

‡ 自13世纪开始使用的一种印度文字,用于书写梵语、印地语、巴利语、尼泊尔语等语言。

女人一定是耻辱的。"[3*]在吉卜林的整个创作生涯中,他总喜欢把各种气味与不同的地域联系起来,以这样的方式表达他的怀旧之情。

> 气味比声音或风景
> 更易撩拨你的心弦——
> 它在每一个夜晚勾起阵阵可怕
> 的低语,"回来吧,老兄"。
> 正因如此,大事总会消失无影
> 而小事却徘徊不散,
> 就像利赫滕堡[†]附近那些篱笆
> 的气息,弥漫在这细雨之中。
>
> ——《利赫滕堡》(*Lichtenberg*)

在伦敦,《曼德勒》(*Mandalay*)中提到的那些英国士兵怀念起了缅甸"辛辣的大蒜味",而在印度,二等兵奥瑟里斯则是对伦敦"难闻的气味"——从沃克斯霍尔桥上飘过的柏油和橘子皮的味道——念念不忘。1913 年,吉卜林在距上一次到访东方国家二十多年之后来到了埃及。在开罗,一阵阵强风裹挟着刺鼻的气味,将他带回了熟悉的东方,"尤其是融化的黄油、清真面包、烤肉串、皮革、炊烟,还有阿魏[‡]、胡椒和姜黄粉混合在一起的诱人味道"。这位"正气凛然之人"很喜欢姜黄粉加热时那股浓烈的气味,因为它代表着

---

[*] 这种惩罚可谓历史悠久,最早见于古印度史诗《罗摩衍那》(*Ramayana*)。罗刹女首哩薄那迦引诱罗摩不成,便企图吞下他的妻子悉多,后来被罗摩同父异母的弟弟罗什曼那削去了鼻子。——原注

[†] 今南非西北省的一座城镇。

[‡] 一种伞形科草本植物,多产于今印度、巴基斯坦、阿富汗、伊朗等地,可入药,有祛风、镇痛作用,在印度等地也用作香料;又名阿虞、薰渠、芸台等。

第四章 暗夜之城

"所有人都回到了家里"的傍晚时分,"代表着晚餐时间,代表着其乐融融的家人把手伸进盘子里的瞬间,代表着一张面孔,一块脱落的面纱,然后是那支硕大的、忽明忽暗的烟斗"。[4]

吉卜林还采用将气味与场景相结合的方式来描摹某一场面在某个瞬间的本质特征:比如夜晚时分在拉合尔的德里门(Delhi Gate)感受到的那股热浪,它"混合了所有令人恶心的气味……一座高墙环绕的城市在一天一夜之内滋生出的混合气味";[*]"伟大的印度帝国"在高温下与"外形粗糙的煤油灯挥发出的臭味",以及"本地烟草、烧制完成的砖块与干涸的土地"散发出的恶臭交织在一起;黄昏中的南亚大干道,

> 灯光在同一时间迅速点亮,人们的脸庞、车轮和牛角都在一瞬间映成了鲜血般的红色。夜幕降临,空气的触感随之变化,轻匀的薄雾如同一袭纤薄的蓝色面纱,低低地伏在大地上。空气中传来木柴燃烧的烟气和牛群的气味,还有用炉灰烘烤小麦蛋糕的香气,强烈而清晰。

吉卜林的另一面有着敏锐的感受力,一种观察和聆听而非谴责的能力,此时的他已经完全沉浸在南亚大干道的美景之中,它就像一条"宽阔的、面带微笑的生命之河"。这种能力让他比大多数英国人更能够体验到最为天然淳朴的印度风貌。鲁宾逊回忆说,他用"最精巧细腻的笔触"描摹当地人的习惯、语言和思维方式,连印度人都认为他与其他白人老爷迥然不同。甚至"最可疑而又多疑的阶层——托钵僧"——也可以跟他随意交谈,曾经有"一位四肢修长、肮脏不堪但相貌堂堂、气度不凡的帕坦人",居然在同"古佩

---

[*] 出自《暗夜之城》(*The City of Dreadful Night*),吉卜林《生命的阻力》(*Life's Handicap*)一书中关于拉合尔的一篇短文,1888年出版的一部关于加尔各答的文集也使用了同一标题。该词来自詹姆斯·汤姆森(James Thomson)的同名诗篇。——原注

琳老爷*亲密交谈"之后结束了在阿富汗的流浪生活。[5] 吉卜林于1887年搬到了安拉阿巴德，据他在那里最亲密的一位朋友回忆，由于吉卜林对"当地人"的了解，他经常受到人们的邀请，去了很多外国人很少受邀前往的地方。在一个焰火绚烂的华丽夜晚，印度舞女"戴着嵌有钻石的鼻环和结实的金脚镯"载歌载舞；他的朋友看着"这位编织故事的年轻人正聚精会神地注视着眼前的一切，就知道他正在为自己的作品增添角色和场景"。[6]

吉卜林对种姓与宗教教义的了解给他的朋友们留下了深刻的印象。跟他父亲一样，相较于印度教徒，他更喜欢穆斯林，而且从不掩饰自己的态度。他认为每一个英国人在这两大宗教之间都有各自的倾向，取决于他一开始在印度的什么地方工作。吉卜林和他的很多同胞都认为穆斯林比印度教徒更为坦诚。混乱不堪的印度教诸神中存在着大量的人和动物，相比之下，伊斯兰教这种一神论的宗教更容易让他们产生共鸣。晚年的吉卜林也说过，他从来没有遇到过敌视伊斯兰教及其信徒的英国人，不过确实有一些英国人对其他宗教信仰感到厌恶。他曾引用过一句乌尔都语格言："有穆斯林的地方，就有一种易于理解的文明。"[7]

来自西北边境地区的帕坦人部落民是他最偏爱的穆斯林形象，因此在他的作品中，几乎所有的穆斯林角色都是好战的行动派。[8] 但他从来不把印度教徒与拉杰布达纳那些同样令人敬畏的战士放在一起讨论，而是将他们同那些坐在办公室里滔滔不绝却毫无建树的孟加拉巴布们相提并论。他研究了印度教的教义，从中了解了有关神灵、礼仪和习俗方面的知识，并创作了一些读者喜闻乐见的印度教人物，包括《丛林之书续篇》（The Second Jungle Book）里的普伦·达斯（Purun Dass）和《基姆》中的赫里·琼德尔·穆克吉（Hurree Chunder Mookerjee）。但吉卜林对印度教神话却非常不屑：他

---

* 原文为 Kuppeleen Sabib（"Sabib"在被引文献中为"Sahib"），即 Kipling Sahib（吉卜林老爷）的语音变异，吉卜林为模仿说话人的口音而故意误拼。

第四章 暗夜之城

在二十岁那年就断定《罗摩衍那》不过是一部"充斥着大量琐碎故事"的作品，而《摩诃婆罗多》就像一个"令人毛骨悚然的垃圾堆"，一通"令人绝望、漫无目的而又冗赘的废话（其中掺杂着愚陋不堪的污言秽语）"。[9] 伊斯兰教历来是一种积极而具有征服精神的信仰，而印度教似乎更鼓励宿命论、消极的处世态度和彻底的逃避主义。此外，吉卜林还认为正是这种教义导致了印度的大部分社会问题，不仅包括贝拿勒斯（Benares）*与加尔各答的污秽与破败，还包括歧视所有女性和非婆罗门男性的种姓制度及社会习俗本身固有的其他问题。

尽管吉卜林对印度教有些不以为然，却坚定地认为应该向那些奉行这一信仰的人们表示敬意。他对拉合尔旧城的考察使他意识到，英国人并不想了解当地人的生活，所以都不愿尽其所能去规划和管理这座城市。印度各地民众生活的世界基本上没有受到外国统治者的破坏和影响，只要"不出现明目张胆的盗窃或肆无忌惮的谋杀案件"，他们应该可以维持原本的生活状态。[10] 他们有权享受英国对印度的统治所带来的实际好处——和平与公正、奎宁与运河、铁路和疫苗接种——而不必屈从于西方人对教育和宗教的看法。吉卜林与印度文职机构的官员都不信任传教士，因为他们经常在当地挑起事端，引发骚乱，让这些文官的工作十分棘手，而且他们也"无法理解你们为何只顾保全躯体而抛弃灵魂"。[11] 吉卜林在一篇题为《栋加拉的审判》（*The Judgment of Dungara*）的故事里，站在了那位明智的助理行政官一边，这名官员觉得"各种宗教信仰都大同小异"；作者同时还讥讽了故事里那名愚蠢的传教士，他最后竟然失去了曾经被自己劝服了的所有皈依者。在吉卜林的一生中，他对宗教的看法一直都格外宽容。他曾经在《临战赞美诗》（*Hymn before Action*）中呼唤基督教的上帝去保护那些被征服的民众，他们都是准

---

* 现名瓦拉纳西（Vārānasi），今印度北方邦东南部城市，位于恒河岸边，是印度教七大圣城之一。

备为大英帝国而战的异教徒。

> 那些人跪伏在我们的身旁，
> 跪在不属于您的圣坛下，
> 他们没有那指引我们的光，
> 主啊，宽恕他们的信仰吧。
> 假如召唤他们是我们的错误，
> 荣誉也便成了他们的束缚；
> 不要向他们倾泻您的愤怒，
> 所有责难由我们来背负。

总的来说，吉卜林对生活中的印度人都颇有好感，跟他身边的那些印度人也相处得不错：佣人、印刷工、集市上的人们，还有在他去土邦的旅途中遇到的各种各样有趣的人。他二十岁那年给他在英格兰的表妹写的一封长信，就充分地体现了他对待身边的印度人的态度和方式。他在信中说，要获得印度人的信任，必须"要像对待小孩子或是小马驹那样跟他们相处"。比如在《军民报》工作时，他手下那些员工就"既像小孩一样敏感，又像成年男人一样固执，既像天神一般宽容，又像魔鬼一般恶毒，但通常都很可爱"，如果你善待他们的话。"对待他们的正确方式不是把他们看作'野蛮而冲动的乌合之众……［或是］……在外来独裁统治的残忍践踏下呻吟哀号的……百万蚁众'，而应该将他们视为这样一群人"：他们有自己的语言、谚语和典故，也有自己的情感。英国人该做的是去领会、借鉴、感受并掌握这一切。然而，这封由他的双重自我花了六个星期写下的长信，也说明了为什么几乎所有英国人，无论有多了解"对待他们"的办法，仍然没能真正地理解印度人。而要做到这一点，他们只能抛弃自己在国内学到的很多知识和观念。如果严格按照他们从小接受的学校与家庭教育的要求，他们必然对贿赂、不洗

第四章　暗夜之城

澡、虐待家中女性，以及成天除了图谋不轨之外没有别的想法这些行为感到不齿，可他们又"完全无法说出真相"。[12]

吉卜林认为，印度人对待女性的方式和态度是导致当地人与统治者的关系无法更进一步的主要障碍，因为当英国人无法透过深闺与格子窗看到生活在他们视线之外的另外一半印度人时，他们怎么可能理解这个国家？不过他也仔细思考过印度女性的处境，她们被传统习俗和专横暴虐的家庭氛围所禁锢，而她们的男人却在为自己申索各种西方式的自由权利，这种现象导致了印度次大陆最严重的社会弊病。吉卜林告诉他的老校长克罗夫茨，他"最热衷的主题"就是童婚与被迫守寡。年迈的婆罗门娶未成年女孩为妻的癖好必然导致年轻寡妇的数量激增，这些遭家人无视，又被禁止再婚的女人通常只能被迫出卖自己的肉体。吉卜林声称自己对这个问题有过"广泛而奇特的"体验，他估计每100名这样的寡妇当中就有75人沦为妓女。[13]

一件有关男性暴虐行为的事例让吉卜林尤为愤怒。有一位聪明伶俐、受过教育的印度女性，名叫鲁克马拜，在十一岁那年就嫁给了生性懒惰的浪荡子达达吉，但她不愿意和丈夫共同生活，而是一直住在母亲家里。她愈发厌恶自己的丈夫，决心永远不与他同住。在她二十二岁那年，达达吉为了获得夫妻同居权，到法院起诉她。鲁克马拜在法庭上为自己做了辩护，说她的丈夫不仅身患疾病，身无分文，而且道德败坏。但实际上她并不只是希望为自己讨回公道。从她以化名在《印度时报》(*The Times of India*) 上公布的两封信中可以看出，她当时就下定决心要让这个案子成为一起重大事件，如果必要的话，她甚至决定为改变印度女性的命运牺牲自己，并希望通过身体力行的方式去改善由童婚制度、繁重的劳作、被迫守寡及缺乏教育给她们造成的悲惨的生活境遇。

孟买高等法院的法官皮尼做出了有利于鲁克马拜的裁决。他表示，强迫她与达达吉一起生活会是一种"野蛮""残忍"而"令人反感"的做法；他还说，达达吉不会愿意"恢复她的人身自由，只会让她当牛做马"。[14] 几个月之后，即 1886 年 4 月，上述判决被推翻了，上诉法院裁定，根据印度教法，鲁克马拜必须与丈夫共同生活。第二年，另一名法官命令她搬到达达吉家居住，但鲁克马拜表示，她宁愿承受最高法律处罚，即六个月监禁。*

这起案件在印度人及英印人主办的报刊上引起了轩然大波。皮尼的判决是对印度教文化的打击，并预示着其社会秩序将被打破，印度教的保守势力对此感到害怕，而英国记者却常常用它来佐证其民族价值观的道德优越感。英国人此前一直不愿意干涉当地人的风俗，只有在遇到如殉夫自焚和杀婴这类谋杀行为的情况下才会介入。吉卜林通常情况下是支持这种不干涉政策的，但在印度女性遭受折磨这件事情上，他拒不妥协。在得知鲁克马拜案的二审判决后，他在《军民报》上发表了一篇观点鲜明的社论，谴责印度教法的"彻底腐败"，并声明这样一个对"懦夫般的残暴行为"持纵容态度的社会无异于将自己置于"一切文明线以下"。鲁克马拜因拒绝与丈夫见面而被判入狱时，吉卜林曾要求改革印度教的婚姻法，他认为印度社会的百万民众会欢迎任何对婆罗门的"恐怖暴行"形成打击的力量，同时他对英属印度政府"无端地惧怕一个装腔作势的印度教妖魔"感到痛心，"在这样的妖魔面前，只要保持坚定的决心，它就会不攻自破，继而不断退缩，直至消失于无形"。[16]

1887 年 1 月，在鲁克马拜的英勇事迹尚未完结的时候，吉卜林在《军民报》撰文指出，尽管英国人已经为"印度青年"做了大量的教育工作，但"我们还没有让印度的男性认识到，他和妻子生而平等"。[17] 这番评论是在他看到一篇支持达弗林夫人基金会（Lady Dufferin's Fund）的文章之后发表的，该组织旨在向印度女性提供医疗援助（主要由来自英国的女医生负责），由于传统习俗不允许当地女性同任何男性医生接触，因此她们的分娩死亡率高得惊人。三个星期后，拉合尔的一家妇女医院举行了奠基仪式，吉卜林在这

---

* 该案最终以庭外和解的方式收场。当鲁克马拜意识到自己的身体力行无法起到解放印度女性的作用时，她妥协了，放弃了她的自我牺牲，并同意付给达达吉 2000 卢比，条件是后者放弃自己的一系列诉求。[15]——原注

第四章 暗夜之城

之后发表了《为了她们》(*For the Women*),痛斥印度男性这群"牛的奴仆",并呼吁这些在诸多方面受西方文明恩惠的男人们允许自己的妻女享受医疗援助的福利。他在诗中描述了分娩的"恐怖场面",以及这一过程中污浊的环境、潜藏的危险和各种迷信活动,然后他恳求道:

快来帮忙——不必给我们恩惠,不必给我们财富;
救救那孩子,别让她死去,救救那母亲,别让她这般痛苦。
我们的要求那么过分吗?当我们的女同胞想方设法
帮助你们的妻女时,你们真的无路可走吗?

没有一句话会削弱她们的信仰,也不谈基督或信条,
只是女人帮助女人,只有职责和需要。
西方拥有的医疗手段,她们也能享有。为了她,
拉开深闺的帘幕,让我们的女同胞进去吧!

第二年,在达弗林夫人离开印度之际,一群孟加拉妇女表达了对她的感激之情,吉卜林据此创作了《她们的歌声》(*The Song of the Women*)一诗。这是一首伤感而充满力量的作品,讲述了达弗林夫人的开创性工作为印度女性带来的福祉。但吉卜林就印度女性问题发表的最尖锐的评论却出现在一篇文章中,该文嘲讽了当地英文报纸《印度镜报》(*Indian Mirror*)对鲁克马拜案"非常可耻"的判决。

"一切异常行为,无论多么残暴,都必须暂时忍耐一下,只要是为了维系社会传统,毕竟这是一个国家的支柱。"该文一直延续着这样的论调,在每一行流畅的英文背后,是极端正统派印度教徒狭隘而残缺的心理,他们认为婚姻关系的"神圣性"只应该约束女性。接下来,我们

的这位同行在履行了自己的职责之后，开始像往常一样，激情澎湃地大谈设立"代议制机构"的倡议，还举例说明印度人在智力上和英国人也不相上下，继而谈到当务之急就是要为孟加拉人提供支付薪资的职位。现在是放弃这种双重政策的时候了。任何阶级都不能以自己是一个古老而值得敬仰的民族、极其脆弱，还被神职人员的传统教条束缚住了手脚为借口，一边自诩具备西方文明的一切优点，一边逃避这一文明所要求的所有责任和义务。英国人天生就厌恶这种行为，我们认为，此刻还在大谈高端的大学教育，下一刻却对童婚制度的神圣性大放厥词的民族，简直就是一群文化混血儿，因此可以说是劣等民族。对于那些诚实本分的异教徒，在太阳底下裸露身体却泰然自若的人，大家可以理解并表示尊重；但有些奸猾狡诈的信徒，完全是一帮乌合之众，他们成天高喊："我们不都是兄弟吗？我让家中女眷当牛做马难道不是教法规定的吗？"对于这样的人，大家只能嗤之以鼻。从他自身来说，如果他希望被认真对待的话，"开化的"本地人所期待的一定是看到家人取得令他感到骄傲的进步，而不仅仅是得到一把武器，然后拿它去争取自己想获得的职位。[18]

吉卜林的另一个"最热衷的主题"是城市的卫生状况。他曾通过《军民报》告诉读者，印度人"在卫生方面尚未开化，孩子们无法理解环境污染的危害，而宿命论者对这些危害则往往是一副漠不关心的样子"。[19]他（在看到加尔各答的情况以前）以为拉合尔旧城是世界上最脏的城市，其市政当局全部由当地人组成，他们完全是一群生性懒散、玩忽职守，还"一意孤行、执迷不悟"之人。加尔各答的市政当局也好不到哪儿去，当地人还吹嘘他们的城市是一座大都市，而实际上它简直是一个急需水桶和扫帚的垃圾堆。1886年，一名英国人被任命为该市的卫生官员，这激怒了印度媒体，他们认为应该选择一名本地人来担任这个职位。对这种小题大做的行为，吉

第四章 暗夜之城

卜林非常鄙视，态度极为生硬。"对当地人的需求及其他一些事儿表示同情"是一种"冠冕堂皇的情感"，可要是把它放到卫生问题上，就会变成危险的欺骗。对"千百万人"报以同情或许是一种"伟大而理想的美德"，但英国人越少对他们关于卫生状况的意见表示同情，"对这'千百万人'来说就越好——这样他们才能活得更久些"。[20]

吉卜林总会时不时地回到这个主题上来，他敦促各地的市政当局在环境卫生而不是教育方面多投入一些钱。他私下里说过，一本"像样的卫生工程与污水处理方面的入门书"，要比"历史上所有神圣的大部头淫秽作品"更有价值。[21]但他从来没有指望市政当局主动采取改善卫生状况的措施：确实，由于他们太过懒惰无能，吉卜林希望，在未来的某一天，他们"徒劳的争吵"将会被一个"开明而顾全大局的城市专制政府所取代"。受过教育的印度人，特别是孟加拉人的一些做法让他非常愤怒，这些人一方面公开声明他们已经做好了自治的准备，另一方面又在"一切能想到的小事"上寻求英属印度政府的帮助，并表现得连"完成工作中最简单的职责"都无法胜任。他深信印度人需要英国人的监督，而且会持续很长一段时间；这种监督一旦消失，"这个古老民族的昏庸无能"就会卷土重来。在困境中，那种"无知的骄傲"、那颗"呆滞的大脑"以及对权力本身的迷恋，会统统让位于"迷惘的困惑"。有的时候，他几乎就是在暗示印度人先天就百无一用，低人一等。这种观点（他并不完全相信）至少可以解释这样一个事实，即三十年的和平和英国的努力并未培养出艺术家或工程师，或者说"在这片土地上存在的所有缺陷与弊病当中，没有哪一种不是人为造成的"。[22]但他似乎从来没有想过，一辈子被当成孩子看待的民众，自始至终都只是臣属，这样的人是不大可能具备领导力和主动性的。

吉卜林认为他最不喜欢的那些印度人身上总有一些与生俱来的缺点。首先是孟加拉人，1881年的人口为6900万；其次是受过良好教育的本地人，当时大概有5万人；然后是印度国大党的73名创始人，他们于1885年召开了第一次会议。但上述这些人吉卜林几乎一个都不认识,他甚至在拉合尔也很少遇到中产阶级的印度人。对孟加拉巴布缺乏信任当然是英国人的老传统了。历届印度总督和白厅的内阁大臣们时不时就要对这些人爱耍嘴皮子的习气贬斥一番,他们担心长当地人的志气会导致"巴布至上"的局面。[23] 基层的地方官员认为他们是"国家的祸根",将其比作蛇或法利赛人(Pharisees)*,他们更愿意同锡克教徒、拉杰布德人(Rajputs)† 和帕坦人这些更具男子气概的民族打交道。[24] 当时在印度最有资历的英国人当中,大概只有里彭意识到,未来的统治精英很可能不是来自王室,而是来自当地不断壮大的受教育阶层,其主体就是孟加拉人。

对巴布的蔑视是英印人当时的一种偏见,吉卜林未经考察便全盘接受了这种看法。在去孟加拉之前,他早就在《军民报》上发表过嘲讽他们的言论,说他们圆滑、有煽动性、成天喋喋不休且工作效率低下:他们身上除了"男人的顽固",还多了几分"小孩子般的无理取闹,总是因为害怕别人嘲笑自己而变得神经兮兮"。[25] 当吉卜林终于在当地看见这群被"一堆分类账本团团围住"的孟加拉人时,他终于承认他们确实是优秀的会计师——这就是他们本来的样子。但关键时刻,他们什么都做不了,要么跑去找英国人帮忙,要么干脆溜之大吉。[26] 在吉卜林看来,他们的问题在于其文化混杂性,那是一种将只学到皮毛的西方文明与印度次大陆的蒙昧主义嫁接之后结出的恶果。这种嫁接正是早期英国行政官员如威廉·本廷克勋爵及托马斯·巴宾顿·麦考利的目标。吉卜林完全不认同这样的方式。印度人应该研究对他们的国家和他们自身切实有用的课题,而不该去研究像华兹华斯(Wordsworth)这样的外国作家;他们应该保持印度人的本来面貌,而不该变成棕色皮肤的英国人。

---

* 古代犹太教四大教派中的一派,主张严格遵守犹太教的成文法和宗教传统,现常指墨守成规或言行不一之人。

† 原生活在印度次大陆西北部拉贾斯坦地区的一个武士族群,自称是刹帝利,现主要居住在印度西北部及北部各邦。

第四章　暗夜之城

从这一角度出发,吉卜林对印度国大党的反感也就不难理解了。印度国大党初创于 19 世纪 80 年代,最早是一个以城镇为中心、以印度律师为主体的小型组织。该党成立之初曾发表声明,表示将"坚决效忠"英国王室,并宣称保持印度作为大英帝国的附属国对于民族发展大计而言是"必不可少"的前提。早期的国大党曾多次呼吁让更多印度人加入文职机构,同时要求扩大印度人在立法会的代表权。这些目标都很小,他们的政治运动因此获得了达弗林与兰斯多恩的同情。国大党成立后的头十年,正值此二人就任印度总督期间。英国人刚开始认为国大党是一个忠诚而没有威胁的组织,但这种看法慢慢发生了变化,一是由于它对设立代议制机构的要求越来越高,二是官员们逐渐察觉到它很可能会对穆斯林群体的利益构成威胁。

吉卜林在二十岁时就清晰地认识到了印度国大党的性质和目的,而且一辈子都很清楚。他在印度期间就认定该组织除了一小撮受过大学教育的文化混血儿之外,谁也代表不了,尽管它到后来才开始全面致力于维护婆罗门的利益。吉卜林曾在 1930 年说过,该组织自始至终就是婆罗门的阴谋,"女婆罗门……加上贝利奥尔学院(Balliol)[*]",这是一场势必会对其他种姓的民众造成伤害的运动,因为婆罗门必定会以粗暴的统治去戕害他们眼中那些低人一等的人,那些为前世的罪孽遭受惩罚并在此生竭力赎罪的人们。[27][†]1888 年年底,吉卜林在安拉阿巴德报道国大党会议时,抨击了代表们只为自己却不为他们的女人争取权利的行为。

> 在这 1200 名男性代表中,思考过文明为何物的不到 20 人,而他们

---

[*] 牛津大学最古老的学院之一,由约翰·贝利奥尔(John Balliol)于 1263 年左右创建,曾培养出多名政界精英。

[†] 虽然寇松勋爵和米尔纳勋爵(Lord Milner)也都毕业于贝利奥尔学院,而且这两位殖民地总督对帝国主义的看法也与吉卜林大同小异,但吉卜林却和他的朋友塞西尔·罗得斯(Cecil Rhodes)一样,将牛津大学比喻为激进派知识分子的大本营,这些人企图通过煽动当地人的敌对情绪来颠覆大英帝国。洛克伍德也持有类似的观点,他曾指责贝利奥尔学院培养了一群"激进分子和温和的社会主义者"。——原注

所要求的权利、他们无法推卸的责任全都寄寓于这文明之中；能容忍他们的妻子"看一眼玉米如何生长"的不到50人；允许他们的姑娘长成少女再出嫁的不到100人；能靠自己动手或动脑改善同胞生活状况的则一个都没有。而这群人随后还要求获得那个被称为"自由"的东西，这个词出自他们之中最能言善辩的一名发言人之口。[28]

吉卜林在后续报道中还以鄙视的口吻提到了安德鲁·赫西（Andrew Hearsey），一位退役的陆军军官，当时是国大党的支持者。此人看了报道之后带着马鞭直接冲进报社，企图用鞭子抽打报社主编。但吉卜林还是一如既往地对各路民族主义者极尽揶揄和嘲讽。两年后，他与父亲合作发表了《议员佩吉特的启蒙》（The Enlightenments of Pagett MP），讲述了一个叫奥德的印度文职机构官员与自由党人佩吉特辩论的故事。这位佩吉特可谓造物主的败笔——蒙昧无知者的楷模。他强烈支持国大党，认为该党派代表了"广大人民内心的渴望与期盼"。但是当奥德介绍他认识了一些印度人之后，他开始感到焦虑，因为这些人对国大党的政治运动要么嗤之以鼻，要么干脆闻所未闻。接下来，受过教育的"印度青年"也让他大失所望，事实证明他们还是太"稚嫩"了。慢慢地他还发现国大党对很多问题的看法都是错误或混乱的。总之，佩吉特通过这一系列事件获得了启蒙。[29]这个"故事"更像是一次宣传习作，而非小说，吉卜林也故意没有将它收入任何一部作品集。

一些印度文职机构的官员认为自己的职责就是帮助印度能够在其离开之后独立生存，但又很少有人真的希望那一天马上到来。大部分官员都觉得文职机构里的印度裔同僚都是些水平很差的地方官员：虽然他们当上了"公正而庸弱的法官"，但在行政管理方面却是一群"无可救药的失败者"。[30]在印度国大党成立初期担任过主席的威廉·韦德伯恩爵士（Sir William Wedderburn）曾强烈要求寇松勋爵提高印度人在文职机构里担任高级职务的比例，这位总督的回复是，根据他的经验，身居高位的本土官员无法应对紧

第四章 暗夜之城

急情况，他们总爱推卸责任，甚至还会溜之大吉。[31]吉卜林在《城墙上》这篇作品中表达了自己的看法："过于温和的态度"已经让当地人觉得他们有能力管理好自己的国家，还有"不少英国人也发自内心地相信这一点，因为当地人在陈述这套理论时，不仅能写出漂亮的英文，还处处点缀着最新潮的政治辞藻"。但事实并非如此：印度"绝不"可能"自立"。

吉卜林从一名孟加拉省的分区行政长官拉金德拉·昌达·高斯的事例中找到了佐证自己观点的证据。高斯曾向英属印度政府辩解，说他还没走完自己管辖的整个分区，是因为有的地方发生了"骚乱"。吉卜林在《军民报》上评论道，"一个人居然能把如此懦弱而屈辱的声明毫无遮掩地写在纸上，这样的心态"实在难以"想象"。在吉卜林看来，"一名巴布，即使只是做了件很平常的羞耻之事，可能也会编造点借口来粉饰一番，维护一下自己身为官员的名声"。[32]在吉卜林随后发表的《地方官》这篇故事中，昌达·高斯变成了孟加拉人格里什·琼德尔·德，他受命接替即将离世的奥德（此时的他已不再跟佩吉特争论），成了西北边境地区的一名地方官。奥德是一位忠于职守的模范文官，在弥留之际，躺在印度河畔的病榻上，还记挂着临近边境的四个村子由于庄稼歉收需要一笔汇款的事。但格里什·琼德尔·德对边境事务一无所知（吉卜林在故事中将一名孟加拉人安排到旁遮普任职是很不恰当且不切实际的），因为他是个文化混血儿，"脑子里尽是些稀奇古怪的书本知识，比如撞船赛*的庆祝晚餐、板球比赛、追逐猎物，以及别的一些乱七八糟的外来运动"，对孟加拉以外的印度各地的事却知之甚少。只要当地部落一出问题，他便逃之夭夭（他的哥哥就因为被人误认为是他而身首异处），此时只能靠英国官员塔兰坦出手才能控制住局面，可这位塔兰坦却没能成为奥德的继任者。

《军民报》以及此类故事的读者可能会认为，吉卜林是个单向思维的作

---

* 后船追上前船并轻撞其尾部即判获胜的比赛。

者——这种思维的本质就是总爱对印度人指指点点,告诉他们怎么做才是对的,通常表现为一种略带几分吝啬和讥讽的家长式作风。但当他离开办公室,外出旅行或写故事的时候,他的另一面便会占据上风,胸怀也会重新开阔起来。印度某土邦的前任首席部长普伦·达斯是一位天生的领导者,"一个善于指挥的人";《基姆》中的那位巴布,精力充沛到"让那些因为其民族身份而嘲笑他的人都感到惊讶";而格里什·琼德尔·德虽然在边境地区碌碌无为,却也能"凭借智慧和……同情心管理好孟加拉东南部一个人口稠密的地区"。

在吉卜林青少年时期所写的印度题材的文章中,弥漫着一种自以为是、无所不知的语气。但他很快就抛弃了这种写法,转而以一种宽容、一视同仁的态度报道了不少盛大的节日场面,比如拉合尔的穆哈兰姆节(Mohurrum Festival),以及在沙利马尔花园举行的排灯节(Festival of Lamps)。每次到新的地方旅行,他都会沉浸其中,根本没有时间或心思去冷嘲热讽。在拉杰布达纳的旅行让他兴奋不已——他们睡在王宫里或是星空下的棉垛上,听老虎在山间咆哮,与"形形色色的人"分享各自的故事——全然忘记了……还有新闻报道这回事儿。[33] 他在这次旅行中所写的文章从1887年年底开始陆续刊登在《先锋报》上,他满怀激情地刻画了土邦人的性格特征,一改往日对他们的轻蔑态度。他对印度本土统治者以及他们在公共事务方面的工作不吝溢美之词,当然他称赞的都是土邦王公们而非巴布。杰伊布尔[Jeypore,即斋浦尔(Jaipur)]有一家不错的医院、良好的供水设施,以及全印度最好的花园和博物馆。乌代布尔(Udaipur)的情况可能正好相反,"杰伊布尔很发达,而它却很落后",但这也值得称赞:落后"尤其适合像乌代布尔这样的地方"。该地的土邦王公"非常明智,他坚决反对把铁路修到他所在的首府城市,因为这样才能使其免受游客的破坏和侵扰,否则他们可能会把自己的名字刻在迦楼罗神庙(Temple of Garuda)之上,还会在附近的湖边放声大笑"。[34]

第四章 暗夜之城

然而吉卜林也在《山里的平凡故事》和随后出版的几部关于印度题材的作品里，清晰地表达了他对身边各族群民众的深切同情。其中有四篇讲述了英国人与当地女人的爱情故事，均以女主角的悲痛与不幸为结局。在《越轨》(Beyond the Pale)与《没有牧师的恩典》(Without Benefit of Clergy)这两则故事中，发烧、身患疾病以及在尝试跨越种族鸿沟时面临的风险让主人公陷入痛苦之中；而在另外两篇《利斯佩思》(Lispeth)和《乔吉·波吉》(Georgie-Porgie*)中，这种痛苦则来自那些肤浅的英国男人的冷酷与无情。乔吉·波吉与他的英国新娘在晚餐后来到屋外的走廊上，听到远处传来一阵哭泣声。乔吉·波吉说："可能是哪个野蛮的山地人在打老婆吧。"而实际上那是被他抛弃的缅甸女子。她走了几百里路来这儿找他，"正独自一人在山坡上哭泣，她身旁是一条布满石头的小河，几个男人正在河边洗衣服"。

吉卜林在《基姆》这部小说中注入了一种不同寻常的、更广泛的同情。这是吉卜林关于印度的最优秀的作品，花了他八年的时间才完成，直到1901年才出版。批评家们在这部作品中发现了一些"东方主义"的瑕疵，其中的一些表达，如"东方人唯利是图的本能""亚洲自古以来就有的经手费""东方人对噪音置若罔闻的本事"，都是应该受到谴责的成见。[35] 然而吉卜林只不过单纯地记录了他和很多人在印度旅行时的所见所闻。无论如何，除了这一点小小的瑕疵，这本书总体上具有很高的成就：它展现了印度北方的全貌，包括当地各族人民及其宗教信仰、平原和山区的景象以及南亚大干道（福斯特认为吉卜林对南亚大干道的描写胜过任何英国作家在印度题材方面的成就）[36]，最成功的是小说塑造的四位主角［喇嘛、巴布、帕坦族马贩子和来自萨哈兰普尔（Saharunpore）的老夫人］以及大量生动的配角。这是一部精巧的作品，只有那种不论私下有多少想法，内心始终深爱着这片土地的人才能写出来。

---

* 该作品名应写作"Georgie Porgie"。

《基姆》被准确地形容为"回应了吉卜林受到的绝大多数指控,并驳斥了关于他的大部分毫无根据的猜测"。[37] 不过这本书的确没能很好地应对人们对其种族主义内涵的指控,除非将(当时极为普遍的)种族歧视的内容从中删除,并且只去谴责永远存在于所有人内心的种族优越感。吉卜林确实认为印度人在各方面都低人一等,尤其是在行政管理方面。这种看法在当时的英国或其他地方也很少会有人反对。但这并不是要表现种族优越感,正像罗斯金(Ruskin)也说过英国人是"混合了最优秀的北方血统的民族",丁尼生也写过"最高尚的人依我看得有教养 / 我们中的撒克逊 - 诺曼人⋯⋯"[38] 而事实正好相反,这类说法其实反映了当时较为普遍的一种观点,即英国人比印度人更能胜任某些工作。而这似乎也完全是自然而然的事,毕竟英国人拥有一个庞大而繁荣的帝国,以及长期以来相对平稳的政治发展历程,其国民因此具备了一种与生俱来的经验和自信。

吉卜林故事里的那些英国人当然也很少表现出道德优越感。每一名勤勉廉洁的官员周围总有一大批举止轻浮、声誉不佳的大人物,他们的缺点常常暴露在这些官员面前。一名陆军上尉曾因为把当地人称为"黑鬼"而遭到批评,一名圣公会牧师则对基姆身边的那位喇嘛"熟视无睹,按照他们的教义,全天下九成的人都是'异教徒'"。没有人能指责吉卜林对"异教徒"视而不见,或是指责他正儿八经地把所有非基督徒都称为"异教徒"。他喜欢他在拉合尔的共济会会所感受到的社区间的兄弟情谊,那些"黑色与棕色皮肤的兄弟"当中"没有类似异教徒这样的东西"。[39]

批评家们在指责吉卜林作品中的种族主义时,通常还会援引《东西谣曲》(*The Ballad of East and West*)里的诗句,这些诗句暗示了地球两端的人们是如此不同,只有到了审判日才会相互理解。

东方是东方,西方是西方,尾碰不到头,二合不成一,

第四章 暗夜之城

　　直到那一刻,天地齐出席,神灵做裁决,寰宇订新契。*

然而以上诗句所传递的显在意义与整首诗其余部分却是相互矛盾的。这首诗要表达的是,尽管阶级、种族、国家和地域存在诸多差异,但勇气和能力不相上下的两个人却可以是平等的。

　　除非既无东亦无西,让边界族群和出身,从此不再有意义。
　　两位强者彼此投契,世界尽头前来相认,面对面比肩而立。†

---

* 译文引自黎幺译《东西谣曲:吉卜林诗选》,第27页。
† 同上。

第五章　帝国意识

　　1887年年底，吉卜林离开拉合尔，来到安拉阿巴德的《先锋报》工作，这是一份比《军民报》知名度更高的报纸，也是其姊妹报。报社老板早在三年前就建议他去《先锋报》工作，但当时这位年轻的记者不想离开他的"家庭方阵"，跑到800英里以外的地方工作和生活。直到五年之后，他才决定离开旁遮普，而在此期间他也已经是《先锋报》的撰稿人了。他不仅获得了为全印度最具影响力的报纸工作的机会，工资也从500英镑涨到了540英镑，还不用经常待在办公室里。该报原本是为传递英属印度政府的声音而创办的，其后却对里彭勋爵的自由主义口诛笔伐，现在又成了专门辱骂印度国大党的阵地。

　　与拉合尔不同，安拉阿巴德没有一丁点儿边境城市的气息。它曾是莫卧儿帝国的都城，至今仍是印度教的圣地——该城位于恒河与亚穆纳河的交汇处，盛大的无遮大会（Kumbh Mela）*每隔十二年就在这里举行一次。1801年，安拉阿巴德被割让给英国，之后成为联合省（United Provinces）†的省会。

---

* 印度教宗教节日，每十二年举行一次，每次在印度安拉阿巴德、赫里德瓦尔、乌贾因、纳西克等四个城市中择一举行，每六年还会在安拉阿巴德与赫里德瓦尔两地间择一举行半礼，每三年举行一次小礼。节日期间，朝拜者会在恒河和亚穆纳河中洗浴。

† 该地区在吉卜林生活的时代称西北省（North-Western Provinces），这一称谓即使在当时也很难理解，因为它位于旁遮普的东南方向。1901年设立西北边境省（North-West Frontier Province）后，该地区才重新命名。——原注

第五章 帝国意识

其规模与拉合尔相当（有超过 15 万居民），但印度教徒与穆斯林（二者相加占全市人口的近三分之一）的比例与拉合尔正好相反，此外还有 5000 多名英国人、欧亚混血儿和其他欧洲国家的侨民，其中很多人住在城市中心区以北单独修建的宽敞的官员住宅区。

失去了家人的照顾与陪伴的吉卜林，住进了安拉阿巴德俱乐部（Allahabad Club）。没多久他便发现这地方实在是无聊透顶，男人们沉迷于赌博，女人们则是从图书馆里找来一些"胡说八道的东西"，躲在覆盖了一层粗呢的隔门后面"一会儿大笑，一会儿尖叫"。不过他终于在 1888 年夏天搬到了他两位新朋友的宅邸——"观景楼"。这两位朋友是安拉阿巴德大学（Allahabad University）最重要的部门缪尔学院（Muir College）的科学教授亚历克·希尔（Alec Hill）和他的美国妻子、人称"特德"（Ted）的埃德莫妮亚（Edmonia）。吉卜林曾表示自己简直爱上了希尔夫人，这位身材高挑又魅力十足的女士很快就成了这名年轻作家的知己和人生导师（但不是情人）。她读了吉卜林写的一些短篇故事，但并不满意，所以经常在女性角色和对话方面为吉卜林提供一些可资借鉴的素材。在希尔夫人离开安拉阿巴德时，他还发牢骚说自己再也没有了能交流思想的"知音"。[1]

吉卜林二十二岁就有了秃顶的征兆，这让他看起来像个四十岁左右的中年男人。希尔夫人也承认，要不是因为他那浓密的眉毛、又长又密的胡须和那副又丑又厚的眼镜，或许还算是个帅小伙。他身材矮小（1.68 米），面色发黄，但骑马的时候看起来还不错。希尔夫人觉得，他在热天穿着白色晚礼服佩黄色腰带的样子非常帅气。吉卜林是个风趣的房客，甚至让人有点儿跟不上趟。他喜欢打油诗和文字游戏，还喜欢与人巧辩；他总是"生机勃勃"，常常在宾客面前"妙语连珠"，讲起故事来总让人笑声不断。佣人们也都很喜欢他，特别是他那位"忠诚的仆人"卡迪尔·巴克什，他对吉卜林的照料简直比"任何一个小孩的父母都要细心"。[2]

对吉卜林而言，安拉阿巴德绝没有拉合尔或西姆拉那么有吸引力。现在的他已经是个"老手"了，多了几分偏执和狭隘，"经常出没的场所"都在离市区西北很远的地方。要是在几年前，他可能更愿到城里的各个市集探访一番，同穆斯林商人和工匠交朋友，亲自检验一下警察说的话是否属实，他们说安拉阿巴德是一座"非常糟糕的城市""流氓恶霸横行，他们的暴行和恶名简直无法形容"。³可现在的他，好奇心已经慢慢减退了。据希尔夫人回忆，吉卜林跟印度人一起参加过好几次庆祝印度教节日的盛大聚会，但现在的他认为自己是个"有身份的人"，不能再像以前那样"跟当地下层民众混在一块儿了"。有了身份，或许也意味着有了脾气：他向希尔夫人讲述了他在火车上如何被那些"本地人折磨"的事，尤其是一对嚼槟榔的夫妇，居然在他的车厢隔间里乱吐槟榔汁。在写给希尔夫人的信里，吉卜林还以嘲笑的口吻描写了他在安拉阿巴德车站看到的一幕："几个体态臃肿、邋里邋遢的英印混血女孩拖着沉重的步伐"在站台边"上蹿下跳"。⁴

吉卜林的好奇心在他离开这座城市的时候复活了，这一点从他1887年年底发自拉杰布达纳的一系列报道，以及次年早些时候对加尔各答和贝拿勒斯的尖锐的批评中都可以看到。《先锋报》的经营者非常明智，他们认为，与其让吉卜林坐在办公室里抨击政府，还不如让他多写点旅行见闻，这样对报社员工和整体业绩都有好处。但他每次从外地回到安拉阿巴德都会被安排更多的工作，还有一些不那么费力的日常事务。1888年年初，他被任命为《先锋报》的增刊《新闻周报》(*The Week's News*) 的主编，他通过这份报纸第一次让公众看到了他关于印度人和英印人的最优秀的短篇故事。

1888年5月，吉卜林被召回拉合尔，在凯·鲁宾逊暂时离任期间负责《军民报》的主编工作。希尔夫人在日记中提到，吉卜林非常"喜欢那些北方的野蛮人"，称他们为"自己人"；在同安拉阿巴德那些"青蛙般的"东部人相处了一段时间之后，他更愿意回到旁遮普，跟这群"野蛮、自负、傲慢而暴躁的人"待在一块儿。⁵不过在那么热的时节回到拉合尔，也没有其他能让这位代理主编感到高兴的事了。每天从早上八点到下午六点就一直"黏

第五章 帝国意识

在办公椅上,晚饭后还得去地狱般的印刷部门走访。而且他的家人都在西姆拉,他只能住在俱乐部里,重返那种"乏味而毫无信仰的无聊生活"——"一成不变的人、一成不变的话题、一成不变的台球"。[6]

吉卜林最后一次去西姆拉也是在夏天,那段日子并没有让他的心情有所好转。他把某次(有副省督出席的)宴会形容为一件"严肃而沉闷的事",而另一场"有音乐伴奏和朗诵"的宴会则充满了"悲伤和怪诞"的气氛,完全没能为他的写作提供哪怕一句话的灵感。于是他不再参加任何晚宴和舞会,并向希尔夫人保证,他没有到处"闲逛游荡",同时告诉她,西姆拉已经成了一座让他感到"厌恶"的城市。他有一次谴责了一名卖弄风情的中年妇女,然后问他的女性好友他这样做是不是很"残忍",他还解释说,每次到西姆拉,他都会变得很"野蛮",在这一季尤为严重。[7]

这些经历让吉卜林更加迫切地想要推行自己的"计划"——返回英国,成为一名能够在伦敦立足的作家。他对印度和他供职的两家报纸都已经失去了兴趣,而在西姆拉度过的那几个星期更坚定了他的决心——离开《先锋报》,离开新闻界,做一名小说家。和尤利西斯一样,吉卜林已经看过了"各色城市与各类人群",而现在的他需要的是看到更多,体验更多,并将其写下来。他还需要一个比英属印度所能提供的更新、更大的读者群。现在他已经不能只为"印度天空下的人们"——那群"愤世嫉俗、破落而干瘪"的人们——而写了,况且他现在对这群人也有了更加深入的看法。他内心仍然想写印度,只是现在要为英国读者而写,告诉他的同胞们,在这片他们最广袤的帝国属地之上,究竟发生了什么。吉卜林认为,印度一直遭受着那些"环球旅行者"的诬蔑,他们"凭着从库克旅行社买来的客票在印度待了五个星期,就敢肆无忌惮"地对这个地方发表看法,因此他要通过写作说出真相,为印度报仇。[8] 但这些动机之中也掺杂着一些私欲。在印度工作了六年之后,他感到了厌倦,每天的工作就是坐在编辑台前,娱乐活动就只有"去运动场排遣郁闷的心情——这里的每个人都互相认识,还有慢性中毒般的舞会活动——每一场的门票十天前……就预订完了"。正如他在《先锋报》的文章里坦言的那样，他渴望伦敦的音乐、女孩和剧院。希尔夫人曾写道，听他大谈自己的抱负，让人觉得很心酸。他希望拥有足够的钱和时间，能把英国首都的每一个剧院都走一遍。[9]

吉卜林在印度的最后几个月非常忙碌，写了很多东西，但也引起了不少争议。除了新闻报道之外，他的恃才自傲还把朋友和敌人都惹恼了。这段时间他还监督出版了六本关于印度人和英印人的"铁路丛书"系列故事，这些作品都是在《山里的平凡故事》出版之后创作的。吉卜林曾写诗抨击过达弗林勋爵和罗伯茨将军，前者是那首技艺精湛但有失公允的讽刺诗《一位总督的卸任》的主角，后者便是他笔下那位"袖珍版威灵顿"（pocket-Wellin'ton）的原型，吉卜林总体上还是很钦佩罗伯茨将军的，但在当时的情况下，他还是决定对其任人唯亲的做法予以谴责。吉卜林对罗伯茨的挖苦激怒了《先锋报》的老板，而此前印度国大党于1888年圣诞节期间在安拉阿巴德召开会议时，他的这名员工所做的报道就让他很不舒服了。鉴于吉卜林对国大党的敌视，以及《先锋报》对民族主义的蔑视，让其无拘无束地在自己的地盘上报道这样的会议，简直就是对他的挑衅。如此看来，安德鲁·赫西企图用马鞭抽打报社主编这种事，在那个时候就该预料到了。

果然，当这名下属宣布自己离职的决定时，报社经理"毫无惋惜之意"，还奉劝吉卜林（他觉得报社给吉卜林的薪水过高），靠写作是一辈子也发不了财的。[10]这话在同年就得到了《每日电讯报》（*Daily Telegraph*）老板的证实，他认为吉卜林的作品"完全没有达到"其报社工作人员"应该达到的标准"。而美国出版商哈珀兄弟（Harper Brothers）也将吉卜林拒之门外，据说工作人员的言辞相当生硬："年轻人，敝社只出版文学作品。"[11]不过《先锋报》仍然邀请他定期从国外投稿，尽管那名经理对此持保留意见。

1889年2月，吉卜林返回拉合尔与父母告别。看到旁遮普的男孩子们个个都成了"板球狂"，他觉得有些奇怪。不过让他高兴的是，他又回到了

第五章 帝国意识

"自己的地盘",又可以和这些跑来问候他的马贩子、木匠和文员们("在这些领域我们不养巴布")共处一段时间了。[12]3月9日,他从加尔各答启航,同亚历克和埃德莫妮亚·希尔一道前往旧金山。至此,他在印度次大陆一共生活了六年半。

吉卜林最后一次看到英属印度是他抵达缅甸的时候,他立刻嗅到了这里陌生的气息,并意识到这里大概已经不属于加尔各答行政当局的管辖范围了。他一下子就喜欢上了这个地方,因为他注意到当地建筑师极其巧妙地复制了大自然的形态,佛塔的剪影看上去就像一棵棵棕榈树,清脆的塔铃声像是树叶在窸窣作响。吉卜林平时是个精力极其充沛的人,此刻却在这个"惬意而悠缓的国度"感受着慵懒的氛围,"到处都是漂亮女孩儿和糟糕的方头雪茄"。他曾向《先锋报》的读者提过一个问题:如果你的身边围绕着"满脸笑意、亲切友善的小姑娘",还能在毛淡棉(Moulmein)*的古塔里"义无反顾地深爱上一个女孩儿"的话,那么工作的意义又是什么呢? [13]

在缅甸的短暂逗留对吉卜林的爱情生活和他对大英帝国的看法并没有产生影响,但他最出神入化的一些诗却跟这段经历有关。《曼德勒》既是对缅甸之美的赞美,又是一曲哀叹失落之爱的挽歌,还重申了他个人最青睐的主题——生活在英国和印度的人们心中的那份乡愁与怀旧之情,他们渴望再次获得这种最近才遗失的情感("如果你听过东方的召唤,便永远不会听从别的声音")。他在为《先锋报》撰写的一系列文章中,汇聚了所有的元素——女孩儿与方头雪茄、稻田与棕榈树、佛陀与佛塔、大象与被砍伐的柚木——然后用几个名词和几句诗将缅甸从读者的脑海中唤醒。

> 风儿穿过棕榈树,寺庙的风铃在唱和:
> "回来吧,英国大兵,回到曼德勒!"

---

* 缅甸东南部港口城市,位于萨尔温江口,紧邻安达曼海。

这首收录于《营房谣》(*Barrack Room Ballads*)的诗出版后，一些"缅甸专家"便觉察到，其作者只是一名游客，而非常住缅甸的居民。正如其中一人在写给《军民报》的信中指出的那样：缅甸女孩儿从不穿衬裙，不戴帽子，也不穿黄颜色的衣服（只有僧侣才穿）；她们也不会亲吻神像的脚，不会把他称作"佛陀"或者"伟大的上帝之佛"（在缅甸，他被称为"乔达摩"）；此外，在"等待黎明，像从海湾那边的中国传来的惊雷"这句诗里还出现了"很严重的破格"。[14]

据希尔夫人所说，吉卜林的军营歌谣系列是在缅甸与新加坡之间的海上开始创作的。吉卜林站在甲板上的护栏旁，哼着小曲儿（他在作诗的时候经常这样），把烟斗里的烟灰抖入大海，突然大喊道："有了，我要写士兵的歌谣。"[15]实际上，这个想法可能并不是那时候才出现的，因为他在几个星期前就提到了"军营歌谣"，但那一刻或许是他灵感突现的瞬间，他在那一刻参透了这一体裁的玄机，并以此成就了自己日后在英国的声望。与此同时，在去往新加坡的路上，他的想象力得到了拓展，开始以一种更广阔的视野看待大英帝国。正如他对一位亲戚所说的那样，他了解印度，"从军营和妓院到舞厅和总督行政会"他都十分熟悉，但这种了解却仅限于印度人或英印人的范围。而现在，当吉卜林踏上旅途，在世界各地穿梭时，他渐渐明白了印度在帝国版图中的角色，也渐渐意识到了大英帝国的影响范围和潜力。他在抵达新加坡后一度极为亢奋，于是开始展望未来——把这些目前还不够强大和成熟的殖民地凝聚起来，将其锻造成"一个环绕着全球的巨大铁环"。"在内部实行自由贸易，在外部则实施对抗性的贸易保护政策"，但这个铁环必须坚不可摧，就像"一个巨大的马蜂窝，任何外部势力的联合体都无法撼动它"。[16]

离开印度之后，吉卜林有了游历大英帝国其他地区的机会，特别是加拿大及南半球广大的移民殖民地（settler colonies）*，这些经历在此后的二十

---

* 指宗主国的移民人口超过并最终取代原住民的殖民地；另译"迁占殖民地"或"定居殖民地"等。

第五章　帝国意识

年间一直主导着他的帝国主义思想。同时也让他有机会从一个较远的视角去看待印度,发现英国在发挥自身作用方面的一致性,这一点厘清了他对帝国主义的认识,却在一定程度上降低了他的艺术水准。

在印度的那些年,吉卜林对政府治理工作的评价一直是不偏不倚,有肯定也有批评。尽管有不少可取之处,但吉卜林清楚,它有时也会出现决策失误,总是拖拖拉拉,效率低下,有的做法甚至荒唐可笑,所以偶尔谴责奚落一番也是合情合理的。他抨击里彭的政策和格兰特·达夫的所作所为,挪揄科尔文操纵预算数据的劣迹,而在短篇故事《托德修正案》(Tod's Amendment)中,一名六岁小男孩都比总督行政会的法律顾问更加熟悉农业用地的租赁业务,后者"对当地人的了解仅限于会说英语的行政人员和身边那几个红衣信使(chaprassis)"。1885 年在西姆拉工作期间,吉卜林曾在《军民报》发文,建议达弗林勋爵的顾问(印度内阁成员)在死后转世成"长尾叶猴"。三年后,他看到这群人"猴子般毛茸茸的苍白面容"后,曾在私底下说他们"像极了猿猴",[17] 不过在诗句里,他的表达要礼貌而准确得多。在《一位总督的卸任》一诗中,他将其描述为"认真、狭隘的男人,/但首先还是认真,他们帮你完成工作,最后再给《泰晤士报》写封信"。

他对印度文职机构的态度也不再像从前那么恭敬了。他作品中有一些虚构的官员确实令人钦佩,但也有一些迂腐的官僚、不切实际的理论家("船梁上引擎装得太多")或者危害社会的人("就像一只谄媚的大猩猩")。他通过报纸谴责那些道德堕落的官员,他们在加入印度文职机构的时候签署了一份禁止参与商业交易的"契约",但现在他们似乎已经无法达到这样的高标准了:H. E. 沙利文(H. E. Sullivan)先生是马德拉斯的一位高级文官,据说他买下了一处茶园。他看到《军民报》的文章之后,发现自己就是文中所说的那种"善于为自己开脱之人","为了[该]机构的名誉",他应该起诉这样的诽谤,或者直接辞职;要是他继续留在马德拉斯并成为代理省督的话,"[他]统治的每一刻"都将是"对这片土地的侮辱"。[18]

吉卜林对印度文职机构这一组织本身的态度要好一些，但即使如此，他仍然发现该机构有一些固有缺陷，譬如对自身目标与能力的认识常常天真得令人唏嘘，还容易轻信别人。他在《军民报》上写道：

> 三十年来，那些废寝忘食、精力旺盛的英国人一直在奉献着自己的青春，朝着某个特定而明确的方向，致力于提升他们精心呵护的那个共同体中某一小群人的影响力。他们用尽一切办法：全方位的帮扶、支持与督促，表扬加威胁，时时刻刻保持警醒，牵引弱者的手，勉励灰心的人，主动承担失败的责任，呕心沥血取得成功，却将成功的荣耀慷慨让与别人。这些英国人已经开始相信（而且一定会用自己的满腔热忱自我安慰）：得到帮助的手可以自力更生，受到呵护的头脑可以在危难之际为自己打算……[19]

但这不过是一种妄想，吉卜林这样认为，英印商人也是这么想的。这些非官员比文官更讲求实际，也清楚不能让当地人管理自己的事务。他援引孟加拉商会的话说，"欧洲人的监督"是"这个国家的一个基本要素"，他还称赞孟买拥有"强大的非官方成分，足以打破懒散至极的地方政府造成的沉重负担"。[20]

而在印度期间，吉卜林更喜欢写一些与军队和伦敦的印度事务部的派遣人员有关的故事。此后的重点发生了变化，出现了一种新的倾向，他的故事更加关注英印人所做的工作以及他们为之效力的大英帝国的命运，而对他们的生活和性格特征的关注则越来越少。[21] 两者之间没有明显的割裂，情绪上也没有根本的变化，只在批评与赞赏、讽刺与颂扬之间出现了某种微妙的变化。

吉卜林第一次对大英帝国表现出明确的认可，是在 1885 年年底，正值他印度生涯的中期，他当时在给表妹玛格丽特·伯恩－琼斯（Margaret

第五章　帝国意识

Burne-Jones）的两封长信中表明了这一态度。他一开始就解释道，生活在一个有人因为"完全可以避免的情况"而忍饥挨饿的国家，或生活在那些"由统治者的愚蠢导致管理极度混乱的土邦"，一名记者能做的，就是通过提醒公众以及管理部门的方式去完成一份有价值的工作，让他们注意到某一地区的问题，并坚持不懈地努力解决这些问题，直到取得一些成效。他对玛格丽特说："如果你生活在一个你不讨厌甚至很喜欢的省份，那么除了那些好玩儿又有趣的人以外，再也没有什么比意识到你一整年的工作确确实实为自己的生计带来了一些好处更让人心情舒畅的了。"玛格丽特的回信已经佚失，但从吉卜林在第二封信中回击她的一句话——"普通英国人真能体会当地人的幸福吗？"——倒可以看出他当时激动的情绪。

你要是见过我周围的人，就会把这句话删掉，还会流下眼泪。我们在这个国家所做的一切是为了什么［？］委员会中那些最优秀的人一个个累死或病死是为了什么，难道不是为了让当地人先活下来，再保障他们的健康吗［？］我们不惜把最优秀的同胞像流水一样派往这个国家，如果说有哪个国家的进步是用"烈士的鲜血"换来的话，那就是印度。我现在无法告诉你，这些人到底在做什么，不过你要是愿意的话，可以自己去了解一下，英国人为了这个国家的人民付出了怎样的努力和牺牲……当数万人因霍乱侵袭而陷入恐慌，或是因遭受饥荒而垂死挣扎的时候［，］你听说过哪里有"士气低落的地区"吗？你知道吗，英国人——那些花了大钱培养出来的牛津大学高才生是怎样被迫去"治理"那个地方的——在霍乱疫区布置难民营、维持社会秩序、赈济饥荒，要么努力干活、渡过难关，要么等死——碰上什么活儿全看上帝的旨意。然后又会有其他男人或者男孩来接替他。是啊，在印英国人对当地人的帮助真是太微不足道了，也没多少人领他们的情。[22]

吉卜林在英国和美国期间创作的有关印度的故事中，其帝国意识所强调的是为民众服务，而不是统治。他曾经在两篇故事中幻想自己与英国及欧亚定居者一起开拓克什米尔殖民地，[23] 但从他这一时期的大部分作品中可以看到，征服与吞并已不再是他帝国计划的一部分了。英国人现在留在印度只是为了道义，为了当地居民的福祉，他们有责任为这些人树立榜样，帮助他们走向更安全、更繁荣的未来。从 1896 年在佛蒙特州的时候开始，他甚至觉得已经可以断言："世界历史上从来没有能与英国在印度的统治相媲美的文明实验。"[24]

在《地方官》《祖先之墓》（*The Tomb of his Ancestors*）、《筑桥人》（*The Bridge-Builders*）及《征服者威廉》（*William the Conqueror*）等一系列后印度（post-India）时期的故事里，他对英国人的行政服务工作表现出了一种几乎不加批判的赞赏态度。以上每一部作品都有一位值得尊敬的主人公，每一个都是勇气与负责任的典范，《祖先之墓》还颂扬了那些"世世代代"为印度服务的家庭，他们就像"大海上列队行进的海豚"。故事里的钦（Chinn）家族完全清楚自己该做些什么："其中一个聪明的家族成员进了孟买文职机构"，而另一名"迟钝的家族成员则进了警察局或森林委员会"。正如吉卜林在那首沉痛的诗歌《流亡之路》中所表明的，他深知这些家庭需要付出巨大的自我牺牲。官员们知道，自己的大部分职业生涯都将在印度度过，孩子们则要留在英国上学或由家庭女教师照管，而父母在退休后就住到了伊斯特本（Eastbourne）或南部海岸的其他地方。

维多利亚时代后期的帝国主义者总爱强调"强者独裁"的重要性。帝国的框架已经成形，因此他们认为这项伟大的文明实验如果由继承了祖先美德的人们来实施，一定能取得成功。总督行政会的前法律顾问詹姆斯·斯蒂芬爵士（Sir James Stephen）将这种美德概括为"坚强的意志、强大的内心、活跃的头脑、沉着的心态、强壮的体魄"。[25] 吉卜林同样也相信这群人口中的"强者"，他们充满活力和创造力，在二十多岁的年纪就能管理 50 万人口

第五章 帝国意识

和4000平方英里的土地,他们遵守文明法则,但绝不墨守成规、唯命是从。在他后来创作的印度故事中,有一些角色的确展现了斯蒂芬所说的必备品质,他们过着孤独的生活,任劳任怨,病痛缠身,还有因疾病和过度劳累死亡的情况。这些作品生动而准确地刻画了印度文职机构官员的形象,但在人物性格、职业及责任感方面的雷同却在一定程度上降低了小说的质量。到了1895年,吉卜林已不再坚持他之前描述英属印度时采取的怀疑态度,因此他不仅可以塑造出《征服者威廉》中那位孜孜不倦赈济饥荒的斯科特(Scott),还描写了他和未来的妻子见面时充满温情的场面:

> 他并不想招摇而至,但巧合的是,当他摘下遮阳帽,想要感受一下傍晚的微风时,低垂的阳光恰好照在了他的额头上,让他无法看清眼前的一切。此时等在帐篷门口的一个人正用新奇的目光打量着这个像帕里斯(Paris)*一样俊美的年轻人——这位头戴金色光环的神。他正缓步走在他的羊群前面,一群赤身裸体的小丘比特在他的膝前跑来跑去。

印度文职机构的管理方式本质上是家长式的,它把所有印度人都当作孩子来对待,吉卜林对此只能接受。每一名年轻官员都得负责成千上万的臣民,因此必须主动践行那套他们要求其臣民遵奉的道德权威——对听话顺从的好孩子予以表扬,对叛逆淘气的坏孩子加以惩罚。吉卜林认为印度人本身也正处于其历史上的"孩童"阶段,接受成年人的监护将继续给他们带来帮助:如果《筑桥人》中的芬德利森(Findlayson)与印度劳工一起修筑桥梁,那么有一天(或许不会很快)他们也能学会修桥的方法。但家长式的英国人太少了,所以吉卜林明白,除了修路、开凿运河、建立司法体系,他们也无

---

* 希腊神话人物,特洛伊最后一位国王普里阿摩斯之子,卡珊德拉之弟,由牧羊人收养长大,后因诱拐斯巴达的王后海伦(Helen)而引发特洛伊战争。

法为这 2.7 亿人做太多事情。但他们能够提供和平与安全，对于少数群体来说尤为如此。他对玛格丽特·伯恩-琼斯说："如果我们没有占领这片土地，它六个月内就会成为地方王公短兵相接的大型斗鸡场。"[26] 吉卜林在十九岁时便发现了一个大部分人直到 20 世纪都不能意识到的真相：在所有适当条件均已具备的情况下，少数群体在帝国体制或多民族体制里往往要比在以多数群体的精神特质及民族性为主导的国家里生活得更好。

他还发现了一些威胁帝国事业的内部与外部因素，并决定通过自己的故事去提醒读者。在英国与沙俄因争夺战略优势而引发的两国军官之间的"大博弈"（Great Game）*中，吉卜林取得了很好的成绩。公众曾多次预测这场争夺可能会导致两国的军事冲突，但实际上并未发生。尽管他非常担心横亘于中亚边境线上的俄国人，因为他们的才能"仅次于我们，能将各个族群民众变成忠诚的支持者"，但这场"博弈"在其作品中占据的篇幅却很小：包括关于一名被俄国人监禁的骑兵军官的故事《那个人》（*The Man Who Was*），讨论俄国人口是心非的诗《熊的停战请求》（*The Truce of the Bear*），还有《基姆》里的一段非常离谱的情节，说的是一名俄国特工被基姆和巴布挫败并羞辱的故事。在吉卜林看来，英属印度真正的敌人是英国人：英国本土那些误入歧途的狂热的传教士（既有在俗教士，也有修道士），以及爱管闲事的政客。

吉卜林希望通过消除那些他无法容忍的事情来改造印度，这些事情包括诸如童婚这样的陋习，以及城市贫民窟肮脏而危险的环境。但他不想阻止印度人做他们自己，也不想把他们变成别的样子。他在私底下可能会赞同麦考利所说的那句臭名昭著的格言——"一座好点儿的欧洲图书馆里的任何一个书架，都抵得上整个印度和阿拉伯的所有本土文学"，但他又认为教印度

---

* 这一说法最早出自这场"博弈"刚开始时的一名受害者康诺利上尉，他于 1842 年被布哈拉的埃米尔处决，但该词直到吉卜林在《基姆》中再次使用时才广为人知。——原注

第五章 帝国意识

人学习乔叟或弥尔顿（就像旁遮普学院所做的那样）也是毫无意义的：他们应该学习他们自己的文化，或者像铁路工程这类实用的学科。[27] 1885年，吉卜林在阿杰梅尔出席了梅奥学院的开学典礼后表示，将"各地王公的子嗣"聚集起来，让他们"直接接受英式教育，感受充满智慧和同情心的英式管理所营造的健康的道德氛围……"这样做将会带来"无穷无尽的好处"。[28] 但这话连他自己都不信。为拉杰布德贵族打造一批印度版的伊顿公学是个很不错的想法，可除了能减少流血事件以外，这样做还能有什么作为呢？阿尔弗雷德·莱尔爵士几年前就曾坦言，"我们阻止了这些贵族间的武力冲突，可他们的素质却一点儿也没有提高"；[29] 而吉卜林则认为，一个好战的民族，要是不让他们发动战争的话，是无法长久保持其勃勃生机的。他在游览拉杰布达纳期间的一篇报道中说，所有人都知道，锡克教的达官显贵们"正在他们的土地上一点点腐烂"，拉杰布德人的王侯们也承认自己"越来越呆头呆脑"，而曾经身佩军刀、跨马驰骋的贵族武士现在也都变成了"一群缠着蓝色头巾的老古董"。[30] 这些"新伊顿公学"培养出来的印度人在印度并没有多少用武之地。

吉卜林对传教士的态度则没有那么矛盾。这一点跟他在政治和社会问题上的很多看法一样，都受到了他父亲洛克伍德的影响，洛克伍德一直很鄙视"福音派的热心泛滥"和"教士们夸夸其谈时夹杂其间的狂言恶语"。[31] 吉卜林在印度期间就反对传教活动，在之后很长一段时间里，他又继续通过小说和新闻报道与之对抗。他曾在1895年对一位美国长老会的领袖说，将基督教强加于不情愿而毫无防备的殖民地民众身上在他看来完全是错误的。

> 出生在被这群白人称为"异教徒"的国度，并在这里度过了成长中十分重要的时光，是我的幸运。虽然我承认每一个白人的首要责任是服从其信仰与良知的教导，成为"一个必须遵行全部律法的人"，但是在我看来，白人（其政府拥有世界上最致命的武器）将他们自己都无法完

全领会的救赎论,以及与这些民族的气质和秉性格格不入的道德规范,强加于自己的另一群同类,让他们感到惊慌失措,还屡屡践踏他们最为珍视的习俗,侮辱他们的神明,这样做何其残忍。[32]

吉卜林觉得西方不应该干涉各种非基督教信仰,因为这些信仰对于其信徒的文化和社会制度而言是不可或缺的。但他也认为,正因为基督教的历史也并不那么清白,所以理应向其他宗教传授经验。在他的黑暗故事《兽印》(The Mark of the Beast)中,他用令人恐怖的方式惩罚了那名侮辱印度教神像的英国醉汉。而在《他们》(They)中,叙述者默默反思了"基督教民族超越先天的残忍(因为还有后天的精心培育),与之相比,西海岸那些黑奴的异端信仰与行为则显得纯洁而天然"。

然而,对于吉卜林来说,大英帝国最阴险的敌人(至少在他意识到德国的威胁之前)其实是伦敦的激进派和自由派政客。他讨厌"来自英国的绅士……",他们"在印度待了几个星期,在这片神秘的广袤平原上走了一圈,就开始著书立说,对当地人的习俗与德行评头论足,以自己的无知对这片土地褒贬与夺"。[33] 让吉卜林更加厌恶的是,一些人回到威斯敏斯特之后,还会装模作样地大谈他们"治理过"的地方,而其实在这短短的几日里,他们就一直安逸地窝在总督府和列车的头等舱里。不光吉卜林有这样的看法,英属印度的大部分民众也是这么想的。当时印度文职机构的一名官员就曾在私底下抱怨,那些下院议员们总是在"寒冷的天气里"侵扰他们,而回国之后,这些"射杀了我们的猎物,喝了我们的酒,占尽了我们的好处的议员们,却在[英国公众]面前诋毁我们,在皮卡迪利大街(Piccadilly)上碰到的时候也对我们视若无睹"。[34]

吉卜林无法理解为什么所有人都越来越关注那些政治观光客的意见,却很少关注那些兢兢业业为印度工作的人们提出的观点。前者凭借自己的无知制造了一大堆理论,而后者则是在工作中尝试以切实可行的办法来缓解饥

第五章 帝国意识

荒和疾病的危害。正如一位敏锐的批评家所说的,吉卜林"没有时间去应付那些幻想家,他们对眼前的困境视而不见,只想着打造未来的乌托邦",[35]与此同时,他还经常在作品中讽刺这群人,同时赞扬他们的对手。在他发表于《圣詹姆斯公报》(St James's Gazette)[36]上的一段虚构的对话中,一名文官正在和一名士兵聊天(二人一直在嘲笑那群下院议员),士兵问这名文官为印度人做了些什么。"不太多,"他回答,"我修了几条运河给他们灌溉庄稼,这样他们就不至于饿死了;还铺了铁路,给他们运粮食,我尽可能不让他们因为污浊的生活环境而丢了性命,还给他们讲了点儿法律常识。"

相比之下,那名"代表下图廷(Lower Tooting)*的议员"则是一边"头戴高礼帽,身穿长礼服,在印度各地游荡,一边大谈英国的统治带来的好处,还提出当务之急就是建立一套完全符合法律程序的选举制度,并授予当地人公民权"。[37]但吉卜林私下里也会十分恶毒。1893年,当他听到安拉阿巴德的一位议员去世的消息时(此人生前一直在"向大家传授统治当地人的诀窍"),他说,由于此人是"自由之家的管理者",因此希望他是被霍乱杀死的。[38]

---

* 伦敦南部的一个地区,亦称"图廷格雷弗尼"(Tooting Graveney),北临图廷贝克(Tooting Bec)。

第二篇

帝国的使徒

第六章　漫漫回乡路

1889年,二十三岁的吉卜林离开印度,开启了他在各大洋的探索之旅。大海的召唤从此一直萦绕在他的脑际——"你听见近岸的风声在阵阵呼啸,/海洋深处的暴雨正汹涌而至"。在接下来的二十年间,他每年都要穿越大洋,有时甚至不止一次,除了在1890年,他只航行到了地中海的那不勒斯。他也从这些航行中获得了灵感,创作出一大批风格迥异的作品,包括大量有关海洋和水手的故事、一部讲述马萨诸塞州渔民的小说、几篇关于英国皇家海军的宣传文章,以及一部诗集《七海》(The Seven Seas),其中就包括那两篇假借勃朗宁之名而写的精彩的独白诗《麦克安德鲁的赞美诗》(McAndrew's Hymn)与《"玛丽·格洛斯特"号》(The Mary Gloster)。

回家的航程是一场探索之旅,让吉卜林意识到了帝国的潜能,也碰到过一些不大愉快的事。他不喜欢中国人的样子,也不喜欢广州城的气味,他觉得这里甚至比贝拿勒斯还让人无法忍受。香港或许要比加尔各答好一些,那里的英国商人也比他们在印度的同胞们更加成功。但让他感到气愤的是,他居然在妓院里碰到了英国妓女(他特别深入细致地调查过当地妓院);同样让他愤愤不平的是,他有一次在登船的时候看到一名来自欧洲的女乘务员正在为那群粗野的"混血儿"服务。前往日本的旅途终于让他如释重负,同船的日本女孩儿个个都漂漂亮亮、干干净净。但他对这个国家的一些看法却过于片面,他认为日本人不够坚定,还对他们在政治事务、服饰及建筑方面的西化横加指责。1

吉卜林在穿越太平洋之前就对美国和美国人怀有抵触情绪。他在横滨发现了一本美国版盗版书,竟是自己的作品,于是他冲出书店,扬言要写一篇檄文,专门揭露美国人的口语到底有"多烂"。乘船通过金门海峡时,他注意到那座守卫着旧金山港口的碉堡,只需两艘部署在香港的炮艇就能轻而易举地将其摧毁;想到这儿,他不禁有些幸灾乐祸。他刚到美国就连续发表了多篇文章和一些鲁莽的言论,猛烈抨击美国人,说他们滥用暴力、贪婪而腐化,对他们的餐桌礼仪、说话方式和随意吐痰的行为大放厥词,还说美国女性俗气,女孩们总爱"跟年轻小伙乱搞男女关系,玩儿暧昧"。2

然而,吉卜林对美国的看法总是充满矛盾。除了对某些当地人的习惯有些反感之外,他十分钦佩美国人的气度和进取精神,非常喜欢这里的山川美景,对美国作家也心怀崇拜:他在旅行途中专门拜访了马克·吐温,认为他"几乎是有史以来最伟大的人";几年之后,他还为保护埃德加·爱伦·坡的故居给相关人士寄去了50美元,因为虽然他不赞成"购买逝者的故居",但还是想通过此举感谢爱伦·坡在文学上对他产生的巨大影响。3 另一方面,美国跟其他地方一样,也不大容易获得新闻素材,因此他总是热衷于提出各式各样的问题,聆听各种各样的答案:在去往俄勒冈州的火车上,他就跑到了"吸烟车厢"跟别人"交换故事";还有一次,他听着"矿工和仓库保管员们亵渎神明的故事,一直到深夜";为了了解亚利桑那州和新墨西哥州印第安人的习俗,他还喋喋不休地向一名曾经与卡斯特上校(Colonel Custer)*共事的军官提了很多问题。

吉卜林独自一人完成了横跨美国大陆的旅程之后,再次与希尔一家在宾夕法尼亚州的比弗(Beaver)重逢,与他们共同生活。这段时间,他似乎没

---

* 19世纪美国骑兵军官,南北战争期间效力于南方邦联军,1876年在袭击蒙大拿州小比格霍恩河(Little Bighorn River)附近的印第安人营地时丧生。

第六章 漫漫回乡路

有之前在印度或远东地区那么好相处了。有一次乘出租马车的时候,他因为被安排坐在车夫旁边而大发脾气,这让希尔夫人十分惊讶,"因为他在印度的时候一直很喜欢跟当地人谈天说地"。希尔夫人后来回想起这件事,认为其根源是吉卜林在印度人面前地位更高,而现在这名车夫跟他的身份则是平等的。希尔家的仆人也被他弄得摸不着头脑,特别是他有一次竟然坚持躺在床上让理发师给他剪头发。[4] 吉卜林发现,就像他在船上遇到那名乘务员,在香港见到那些妓女一样,种族和阶级关系在印度之外的世界并不像他做少爷的时候那样简单明了。

这一时期还有一段不可思议的插曲——吉卜林开始尝试追求希尔夫人的妹妹卡罗琳·泰勒(Caroline Taylor),随后二人竟莫名其妙地订了婚,但是只维持了很短一段时间。希尔夫人在近六十年后透露,是她父亲阻止了这桩婚事,他"说自己已经把一个女儿嫁给了英国人,不会再让二女儿也嫁给英国人了"。[5] 该说法并未得到其他人的证实,这位未婚夫对此也没有任何记录。毫无疑问,吉卜林对卡罗琳献殷勤的举动正是源于他对这位姐姐的情愫,可事到如今,就连这种感情也在一点点消退。当亚历克·希尔于翌年去世的时候,他也没有主动尝试恢复与这位女主人早在安拉阿巴德时就建立起来的深厚友谊。此后他在伦敦与老情人弗洛·加勒德有过一次偶遇,接着又在1890年5月专程去巴黎看她,她当时在巴黎的一所艺术学校学习。但这次见面却让他非常失望和生气,甚至让他一度患上了厌女症。

吉卜林于当年10月抵达英国,并向公众宣布,他终于来到了伦敦,终于可以开启"那个被称为文学生涯的奇异之旅"了。他很快就在维利尔斯街(Villiers Street)找到了住处,离河岸街与泰晤士河之间的查令十字(Charing Cross)很近。这是一处颇具代表性的城市中心区,也是他一直向往的地方。这里既有汉瑟姆马车*、大大小小的剧院和皇家咖啡馆,也充斥着歌舞厅、卖

---

* 一种带顶篷的双轮双座马车,驾车人的座位设在车身后上方。

淫和犯罪。吉卜林曾在"夜里潜入"这座城市，走了"整整四英里，一路上尽是为非作歹的乱象"，他由此感受到了这种很值得玩味的反差。他后来回忆道，"从他们的举手投足和人口数量看"，这一地区的人们"充满了原始本能与激情"；而"经过人来人往、喧嚣吵闹的妓院区时，那位道貌岸然的男主人只能跟家人一起盯着脚下的路，从剧场区离开，一路上目不斜视，好像什么也没看到似的"。[6]

这里最大的乐趣就是去歌舞厅。他坐在书桌前就能看到加蒂歌舞厅的大门，他喜欢在晚饭后到这个"烟雾缭绕、欢声雷动，还能无拘无束交朋友"的地方坐一坐。这个地方为他"开启了一个新世界"，让他有了新的野心。毫无疑问，他也把这个想法告诉了希尔夫人："伦敦人需要一位歌舞厅诗人"。[7]他的愿望很快就实现了。吉卜林大部分歌谣的创作灵感都来自男女演员在舞台上演唱的歌曲，以及其中的节奏和人声。他坚信歌舞厅能促进英国文化，它是"我们文明的必要组成部分"。多年以后，他还在写给一位朋友的信中强烈建议对方把歌舞厅的历史记录下来：他希望这样的一本书能够促进"'国民'街曲的复兴，这些歌曲将有助于阻击那些长期以来折磨着我们的舶来品"。[8]

来到维利尔斯街之后，吉卜林曾坦言，自己之前从未有过这样的感觉，"一方面是彻底的与世隔绝，另一方面又如此紧密地与全世界相连"。但与世隔绝的生活和英国的气候却让他情绪低落。他渴望阳光，讨厌下雨和黄色的浓雾。到了圣诞节，他觉得自己比任何一个还没被冻死的伦敦人都"更加消沉""心情沮丧到了极点"。接下来的一个月，他的精神完全崩溃了，无法工作或思考，甚至无法阅读。

吉卜林回到英国才几个星期就成了受人追捧的名人，因为他的"印度铁路丛书"系列故事不久前在伦敦出版了。不过他很快就发现，他并不愿意扮演一个让自己"饱受宴会迫害"的角色，当贵族们把他逼到角落里，将一大堆"溢美之词"灌进他的耳朵里时，他总觉得不自在：这让他觉得自己像一

第六章 漫漫回乡路

只紫色的猴子，按照那根黄色棍子的指令做着逗人发笑的表演。媒体的一系列评论让吉卜林获得了公众的赞誉，而《泰晤士报》在1890年3月刊登的一篇评论更是让这种赞誉达到了顶点。实际上，他在私底下也是个令人敬畏和佩服的作家。《圣詹姆斯公报》的主编悉尼·洛曾惊叹，吉卜林将来很可能"比狄更斯还要伟大"，而《麦克米伦杂志》（Macmillan's Magazine）的主编莫布雷·莫里斯也曾欣喜地表示，这个"聪明伶俐而令人惊叹的年轻作者"为他提供了"充满生机的好东西"，这些东西终于让他从斯蒂文森那"令人厌倦"的文学技巧和丁尼生当年那些"愚蠢的小诗"中得到了解脱。[9]

吉卜林很幸运，在早期就遇到了很多优秀的批评家，特别是苏格兰文学权威 J. M. 巴里（J. M. Barrie）与安德鲁·朗格（Andrew Lang），以及《苏格兰观察家报》（Scots Observer）的主编 W. E. 亨利（W. E. Henley）。但他早期的崇拜者大多是维多利亚时代那些顽固而保守的文人，划时代的先锋文学家只有亨利·詹姆斯（Henry James）一人，他曾在1892年说吉卜林是他所知道的"最完美的天才"、第一流的作家。[10]这位"聪明的年轻人"非常感激大家对他的赞许，还加入了萨维尔俱乐部（Savile Club）*，赞助他入选该俱乐部的作家包括托马斯·哈代（Thomas Hardy）、赖德·哈格德（Rider Haggard）、亨利、朗格与詹姆斯（他在几乎同一时期还赞助了奥斯卡·王尔德，但没有成功）。然而，吉卜林回到伦敦之后，他好斗的天性表现得越来越明显，有时甚至会把矛头指向那些欣赏他的人。1890年年底，他与"哈珀兄弟"的工作人员发生了激烈的争执，而随后哈代与威廉·布莱克（William Black）以及他的另一位新朋友沃尔特·贝赞特爵士（Sir Walter Besant）却公开为美国出版商的诚信辩护，这让他非常愤怒。讽刺的笔锋立刻就变得尖锐起来，《三位船长的韵诗》（The Rhyme of the three Captains）应运而生，这是一首精

---

* 1868年成立于伦敦的一家社交俱乐部，曾是文艺界和学术界人士云集之地，今萨维尔酒店集团前身。

巧而冗长的歌谣，以双关的手法将讽刺对象融进了诗里——"拜占庭的金币真是又硬又黑呵"。吉卜林很少对自己说过或写过的东西感到懊悔，但写完这首诗之后他却有些自责。他曾向批评家埃德蒙·戈斯（Edmund Gosse）坦言，他攻击的矛头应该指向"大洋对面的那个美国粗汉"才是。戈斯很欣赏吉卜林，认为这位年轻的作家应该会成为"下一个沃林*"，并且应该"回到远东地区"。当吉卜林得知哈代并没有生气的时候，他终于松了一口气，并承诺"绝不会再有下次"，他还告诉戈斯，这首诗不会再版，因为他不想伤害"这三个好人当中的任何一个"。¹¹然而两年之后，这首诗却出现在了《营房谣》的"其他诗篇"部分。

吉卜林最有分量的支持者是亨利，他是高个儿约翰·西尔弗（Long John Silver）[†]的原型之一，也是位"血可流但绝不低头"的诗人。亨利个性强硬又乐善好施，热衷于搜罗年轻作家，还是个痛恨格莱斯顿的保守派帝国主义者，这一点让吉卜林很感兴趣。有一次，一名曾受亨利提携的年轻作家非常冒失地将亨利的一首自由诗比喻为"用没有倒钩的鱼钩钓鱼"，这位导师虽然对他鲁莽的言论反应"激烈"，但这并未影响他继续发现新人的热情。¹²据说亨利在读到《丹尼·迪弗》的时候，竟然拖着他那条木制假腿跳起了舞，并很快就在1890年的上半年将这首诗连同其他几首最能打动读者的军营歌谣——《汤米》《毛茸茸》《贡加·丁》（Gunga Din）及《曼德勒》——刊登在他主编的报纸上。

正如作家菲利普·圭达拉（Philip Guedalla）所说的那样，如果说这些印度故事里的异国情调震惊了"一代人"的话，那么这些歌谣的冲击力显然要大得多，因为在我们"这代人眼中，有关苏格兰人日常生活的情节就算是来

---

* 罗伯特·勃朗宁的诗篇《沃林》（Waring）中的主人公，其原型为19世纪英国政治家和诗人阿尔弗雷德·多梅特（Alfred Domett）。此处指吉卜林有望被勃朗宁那样的大作家看中，成为其作品中的主角。

† 斯蒂文森的小说《金银岛》中的海盗头领。

第六章 漫漫回乡路

自遥远北方的传奇见闻了"。[13] 这些歌谣完全不同于那群嗜酒成性的颓废派（Decadents）艺术家们创作的东西，同时也彻底摒弃了丁尼生或拉斐尔前派的主题和风格，它们在语言和内容上都是极具独创性的。难怪亨利及圈内人士都对其如此着迷。这位诗人不写虚妄的爱情或离奇的英雄事迹，不写玫瑰与美酒，也不写中世纪的传奇，他是一位吟游诗人，用伦敦工人阶级的方言，以传统歌谣的形式去表现英国士兵那些几乎不为人知的个人情感。

吉卜林在伦敦期间创作颇丰，作品数量与他在印度的最后几年不相上下。一些极为出色而感人至深的印度故事，包括《黛娜·沙德的求爱》（The Courting of Dinah Shadd）、《没有牧师的恩典》和《通道尽头》，先是被各类杂志刊载，之后又在1891年收入《生命的阻力》一书中。其他一些作品，如《在丛林里》（In the Rukh）和《女人的爱情》，都是在接下来的两年内完成的，收录于《机巧集》（Many Inventions）*。该文集还收录了《巴达莉娅·赫罗德斯富特的记录》（The Record of Badalia Herodsfoot），这是他尝试创作的唯——篇（但很成功的）关于伦敦贫民窟的故事，当时的读者如果看过包括该篇在内的同类作品的话，指责他患有厌女症的声音或许就会少一些了。故事里的女主人公被喝醉酒的丈夫殴打致死，而吉卜林的创作灵感就来源于他居住的维利尔斯街。他在多年以后写道，这条街曾经是"那么富于人情味，处处都是巴达莉娅这样的人"。[14]

吉卜林的作品数量非常可观，但质量却参差不齐。在《生命的阻力》这部文集中，或许有一些堪称精品的印度故事，但也有一些无聊至极[《拿律的高个儿》（The Lang Men o' Larut）]、索然无味[《赖因格尔德与德国国旗》（Reingelder and the German Flag）]、极其令人反感[《贝尔特兰与比米》（Bertran and Bimi）]的作品。而就在他创作这些歌谣和故事的同时，他还在

---

* 此标题出自《传道书》第7章第29节："我所找到的只有一件：就是神造人原是正直，但他们寻出许多巧计。"

尝试写小说，这简直就是个灾难。亨利·詹姆斯曾善意地批评他的《消失的光芒》(The Light that Failed)是"他所有作品中最羸弱的一部"。[15]这部小说毫无品位可言，充满了对女性的仇视，让读者完全摸不着头脑。该书出版之后，他又做了一个决定，再写一部结局圆满的简写本和一部结局悲惨的加长版，前者在《利平科特杂志》(Lippincott's Magazine)刊载。这两个版本更是让读者觉得莫名其妙。梅茜（Maisie）大概是英国文学中的第一个女权主义者形象，但她是个缺乏深度的角色，其灵感显然来源于创作者个人对弗洛·加勒德的不满。迪克·赫尔达（Dick Heldar）这位"英雄主人公"*体现了吉卜林内心的大男子主义。在和一位女士共同度过一整天之后，赫尔达竟然"迫不及待地想找个男人说说话，抽抽烟"；他跟他的朋友托尔彭霍夫之间有一种"冷峻的兄弟之情，这种男人之间的情感源于两人的同舟共济，是习俗和惯例，以及同甘共苦的默契将他们联结在了一起"。

虽然吉卜林成绩斐然，萨维尔俱乐部的文学家们也对他关爱有加，可奇怪的是，他从一开始就对伦敦的文学圈怀有一种挑衅的态度。他在回忆录中提到，贝赞特曾劝他"切莫惹是生非"，而就他从来未点评或批评过"任何一位同行的作品"这一点而言，他确实是这样做的。然而，就算他没有将矛头指向任何具体的个人，这种挑衅的态度还是太咄咄逼人了。他后来回忆说，他当年在伦敦"跟那些人斗智斗勇"的时候，体会到了一种"强大的感觉"。[16]

尽管在1889年并没有人跟他斗智斗勇，他自己却迷上了长头发，也迷上了长头发所代表的那种颓废感。那年年初他还在拉合尔的时候，有个"留着长发的唯美主义者"跟他大谈艺术的道德规范，让他非常恼火；而他刚到伦敦的时候，也对那些"留长发的文人"颇有微词。[17]吉卜林来伦敦还不到

---

* 原文为 hero，既指"主人公"，也有"英雄"的含义；主人公的姓氏 Heldar 来自德语中表示"英雄"的单词 held。

第六章　漫漫回乡路

一个月，便感觉到自己已经能为《军民报》的读者描绘出伦敦文学圈的面貌了。

> 可我成天和那帮长头发为伍，
> 他们爱穿有丝绒领的衣服，
> 总在谈论艺术的宗旨，
> "理论"和"目标"让他们着迷，
> 还老和身边的女人嘀嘀咕咕，
> 吹嘘自己的灵魂得到了祝福。

这群人的观点和形象让吉卜林震惊不已，于是这位诗人毫不费力地做出了自己的选择——不爱文士爱兵士。

> 很高兴遇到一名陆军战士，
> 他总是一丝不苟，英姿勃发，
> 从不信口开河，卖弄学识，
> 也绝不拾人牙慧，人云亦云，
> 走起路来从容自若，意气风发，
> 他脸上的胡茬总是又短又硬。

——《在非信徒的土地上》(*In Partibus*)

吉卜林在《营房谣》的"其他诗篇"中继续着他对这群人的抨击，其中《汤姆林森》一诗言辞尤为激烈，诗中的这位无趣之人是个毫无生活经验的书呆子，死在了位于伯克利广场的家里。汤姆林森来到天堂之门，圣徒彼得问他为人们做过什么好事的时候，他却语无伦次，答非所问。

"这是我在书上看到的,"他说,"我还听说过另外一件事,
对了,有人谈起过莫斯科公国的一位王公,我一直在想这件事。"

《消失的光芒》里也有类似的讥讽,参加过苏丹战役(Sudan campaign)的赫尔达曾抱怨道,"好几个乳臭未干、不男不女的异教徒"和一个最远只到过布赖顿海滩的男人,跟他大谈"何为艺术"。但吉卜林首次在公开出版的作品中发表人身攻击的言论是在他的回忆录里,其中提到"已故的奥斯卡·王尔德先生热衷的郊区梳妆俱乐部的风格"。[18]

当然也不能就此认为吉卜林是个坚决反对"为艺术而艺术"这一原则的死硬派,因为他自己的大部分作品,尤其是散文,也都是为艺术本身而写的。但在19世纪90年代的伦敦,他对那群鼓吹并实践这一原则的人,尤其是沃尔特·佩特(Walter Pater)是极为反感的。佩特对奥斯卡·王尔德产生了极其重要的影响,前者曾在一次"很不愉快的晚宴上……喋喋不休地对布莱克的诗说三道四"。[19]

吉卜林回到英国之际,正值王尔德如日中天之时:《道林·格雷的画像》(*The Picture of Dorian Gray*)这部唯美主义的巅峰之作刚刚于1890年夏天在《利平科特杂志》上发表。王尔德是"90年代"(至少是前期)的代表人物,而吉卜林则自然是被排除在外的。那个时候,这名年轻的英印人还没有开始关注艺术的定义或文学批评的功能这类问题。个人的幽默感让他更偏好闹剧这一表现形式,因此他无法欣赏王尔德所写的那些警句式的诙谐短诗和悖论式的隽语。而且他绝不可能(也不想)塑造出像亨利·沃登勋爵(Lord Henry Wotton)那样的角色,《道林·格雷的画像》中多次提到他说话时总是"无精打采"。

1895年,被判鸡奸罪的王尔德身败名裂,就连拉斐尔前派的画家们也对他弃之不顾,吉卜林的姨父伯恩-琼斯甚至认为他应该开枪自杀。如果王尔德一开始就像他后来身陷囹圄时那样离群索居的话,或许就不会遭遇这样

第六章 漫漫回乡路

的结局了。但王尔德所代表的是世纪末（*fin de siècle*）那种傲慢而张扬的潮流，他们的世界充斥着丝绒衣领和孤芳自赏的审美情趣，充斥着苦艾酒、巴黎的阁楼*和皇家咖啡馆的多米诺厅，充斥着一群模仿波德莱尔并对伦敦的市井生活一无所知的颓废派诗人。而吉卜林显然无法融入这股潮流。他与阿瑟·西蒙斯（Arthur Symons）以及可怜的欧内斯特·道森（Ernest Dowson）除了是同行以外没有任何共同之处，道森既渴望拥有西娜拉（*Cynara*）†的纯真，又希望过上与世沉浮的生活，因为"苦艾酒能让小妞儿变得更深情"。至于马克斯·比尔博姆（Max Beerbohm），吉卜林大概也不会对他有任何理解或同情，这个吹毛求疵的纨绔子弟后来竟成了抨击吉卜林最严厉的人。

一些颓废派艺术家也喜欢歌舞厅，不过原因却跟吉卜林有所不同。吉卜林担心"高雅"文化与流行文化之间的差距越来越大，几乎一生都在努力缩小这种差距。他之所以热衷于歌舞厅，是因为它能够以生动而富有创造力的方式展现工人阶级的生活面貌。颓废派艺术家们既没有他这样的热情，也没有他这样的兴趣。正如比尔博姆坦言的那样，他们去歌舞厅，就是为了能"沉浸在[他们]自己的优越感的光芒之中"，一边嘲笑那些"令人捧腹的小丑"，一边"得意忘形地"讨论安吉利科修士（Fra Angelico）‡与马可·奥勒留（Marcus Aurelius）§。[20]

吉卜林很难理解那些总爱写自己喜怒哀乐的作家。他想写的是他在世界各地遇到的人，以及这些人生活和工作的地方。他曾好几次在公开场合强调，作家在大千世界之中只是个卑微的角色。正如1906年他在皇家艺术学院发表讲话时所说的，作家们"必须认识到，有的人所做的事情是值得去书

---

* 阁楼在19世纪中后期成为法国第二帝国建筑风格中的典型样式，这一潮流迅速蔓延至欧洲其他国家和北美地区后，成为19世纪末20世纪初最时髦的建筑样式。

† 道森的诗篇《西娜拉》（*Cynara*）中的主人公。

‡ 15世纪意大利画家和天主教修士，其湿壁画创作对后世有很大影响。

§ 公元2世纪罗马皇帝和斯多葛派哲学家，罗马黄金时代最后一位帝王，代表作为《沉思录》（*Meditations*）。

写的,也有人写过不少值得称道的作品,但他们之间横亘着一条鸿沟,即使是最优秀的作家,也不会注意到哪怕一两个那样的人"。而早些时候他在称赞自己的母校时也说过,"培养做实事的实干家学生肯定比培养一群对别人做过什么或者该做什么评头论足的假文人要好得多"。[21]

如果他从事的职业成了他做"实事"的障碍,那他至少可以成为一名刘易斯(C. S. Lewis)所说的"劳作的诗人",或者更确切地说,去表现那些出色的劳作,表现那些他遇到过、关注过、钦佩过的人们所具备的技艺和勤奋。有批评家指出,吉卜林的"教导",其主旨就是"每一个人的日常工作都是神圣而必要的"。在吉卜林的《日常工作》(*The Day's Work*, 1898)这部作品集中,大多数故事都与工作和责任有关,而他最喜欢的一句格言(经常有不同措辞的表述)便是"如果让一个人去完成超出他能力的工作,他也能全部完成。如果只让他去做他能够胜任的工作,那他什么都不会做"。[22]

吉卜林于1889年回到英国后对这个国家越来越感到幻灭,而长头发与唯美主义只是使他产生这种幻灭感的一个方面,政治给他带来的厌恶感更是难以磨灭。七年来,他一直听到的都是他父亲和旁遮普俱乐部里的保守主义观点,他也越来越认同其中大部分人的看法,尤其是年长一些的人,他们认为社会主义者、爱尔兰民族主义者,还有格莱斯顿式的自由主义者都是大英帝国内部的敌人。前两类很快就跟第三类一样,成了诗人吉卜林抨击的目标。在《营房谣》的末尾,《帝国敕令》(*An Imperial Rescript*)一诗就是对社会主义的攻击,而《清除》(*Cleared*)则是他最早抨击爱尔兰人的诗篇。吉卜林曾认识一名爱尔兰议员,但只是泛泛之交。他只跟别人见过几次,就下定论说"那个爱尔兰议员看起来就像个可怕的无赖"。[23]1882年,都柏林发生了凤凰公园谋杀案,民族主义领袖查尔斯·斯图尔特·巴涅尔竟然对该事件的凶手持纵容态度。当得知巴涅尔判凶手无罪时,吉卜林谴责道:"统治我们的不是谋杀犯,只不过是他们的朋友而已。"

但是最让吉卜林感到不安的是,他敏锐地觉察到,大部分国人都不关

第六章 漫漫回乡路

心大英帝国的健康状况。或许他有些言过其实了。J. R. 西利（J. R. Seeley）那本重要的帝国主义宣传册《英格兰的扩张》（The Expansion of England）在19世纪80年代卖出50万本这一事实表明，人们关注帝国事务的情绪正在急剧上涨。[24] 但吉卜林在"协会"里遇到的很多人却看不上他那些"可怜的东方小神，并言之凿凿地说，在印英国人都过着作威作福的生活，经常'压迫'当地原住民"。[25] 无论如何，只有听到打仗的消息才能激起英国人的帝国主义精神，尤其是像1881年英军在马朱巴山（Majuba Hill）被布尔人打败，或是戈登将军在喀土穆遇害这类不幸的消息。似乎很少有人对帝国各领地的治理情况感兴趣。皇家咖啡馆里的颓废派艺术家们根本不关心他们在印度文职机构供职的同胞们，这些文官长年累月地忍受着当地的酷热，独自管理着多达50万人口的地区。

尤其让吉卜林感到震惊的是，英国人对帝国事务缺乏起码的认识，甚至一无所知，因此他决定改变这一现状，"通过自己的讲述，让英国人了解英国以外的世界"。他后来回忆说，这个想法不断拓展，慢慢呈现出"一个宽泛而笼统的全景……涉及大英帝国的一切，包括所有事物的全貌和意义、人们为之付出的努力及其来龙去脉"。[26] 这场改造运动的第一股冲击波《英国旗》（The English Flag, 1891）* 精准地击中了帝国子民的神经，当时已经年迈的丁尼生还专门嘱咐他的儿子向吉卜林道贺，说他的"诗既精湛又充满爱国情怀"。[27] 吉卜林刻意将整首诗的主旨句（得到了他母亲的建议）放在了第二行——"这群人只了解英国，可他们对英国的了解又能有几分呢？"——并将"他们"的所指放在了第三行和第四行。

> 那些可怜的市井小民，成天夸夸其谈，怨声载道，

---

* 吉卜林所写的实际上是大不列颠联合王国的国旗（Union Jack）。其实他自己对这面国旗并不十分尊重，他在1890年创作的军营歌谣《温莎的寡妇》（The Widow at Windsor）中提到，汤米把这面旗叫作"飘扬在空中的破布"。——原注

他们在平静的日子里抬起了头，朝着那面英国旗高声叫喊！

与这些狭隘无知、"嘀嘀咕咕"的小英格兰人（Little Englanders）形成鲜明对比的是，吉卜林将帝国主义思想中的责任、机遇和自我牺牲描绘成了一幅史诗画：

莲花从不在夜间开放，野禽从不在白天安眠，
而高尚的灵魂却在寒风中一去不返，一切为了英格兰——
不论男女，不分长幼，无论身为人妇，还是待字闺中——
因为在英国人的骨子里，这面旗帜已成隽永。

如果说吉卜林是通过《英国旗》说出了自己对帝国事务的看法，那么两年后的他则是通过《英国人之歌》（*A Song of the English*）成了一名可靠的预言家，这首诗早于同类主题的代表作《白人的负担》，但稍逊一筹。它的开篇言辞极为浮夸：

我们多么幸运，竟获得如此美好的礼物！
（我的同胞们，你们要谦卑，要懂得居安思危！）
因那至高之神——我们的主——
已使深渊干涸，
已为我们开辟通往普天下的道路！

但在接下来那几首结构松散的诗*里，却包含着充满活力的预言：

---

* 《英国人之歌》曾以组诗的形式发表，除主体部分外还有另外六首，以下引述的诗节即来自其中的《死亡之歌》（*The Song of the Dead*）。

第六章　漫漫回乡路

> 我们是做梦的人，梦得极深极沉，在这个让人窒息的小镇，
> 地平线的上方托着我们的渴望，在那背后，陌生的道路向下延伸，
> 带来了风的低语，带来了想象的风景，带来了欲望驱动的力，
> 直到那，并非人的灵魂的灵魂，借我们的生命指出一个目的。*

诗人吉卜林从此承担起了帝国预言家的使命。

---

* 本节译文引自黎幺译《东西谣曲：吉卜林诗选》，第159页。

第七章　旅美岁月

1892年，吉卜林第二部最不成功的小说《瑙拉卡》在伦敦和纽约同时出版。这部副标题为"一则西方与东方的故事"（*A Story of West and East*）的小说全然没有其诗集《东西谣曲》的神韵和光彩。该作品很好地表现了印度风情和一些常见的主题，如责任和工作的重要性、拉杰布德贵族因为不能打架斗殴而"到处闲游散荡"带来的问题，还有在印英国议员们干的那些荒唐事儿，这些议员"像麻袋一样压在马背上，没完没了地讨论什么才是好政府"。但人物的塑造很薄弱，情节虽然有可读性，但总体上没有逃离冒险故事的窠臼，满篇都是子弹、毒药和其他一些维多利亚时代情节剧的惯用手法。整部作品缺乏短篇小说的精确、简洁与控制力。

然而，这部作品的主要问题还在于它是两名作者的合著。沃尔科特·巴莱斯蒂尔（Wolcott Balestier）是一名刚刚来到伦敦的美国出版经纪人，他以其个人魅力、热情和勤奋在这里赢得了不少文学圈的朋友。吉卜林完全被他迷住了。最近有作家试图证明他俩是同性恋关系，虽然这种说法无法令人信服，[1]但他们当时确实是很亲密的伙伴。即使如此，对吉卜林而言，跟一名男作家，尤其是一名业余爱好者合作也是十分罕见的。作为一个吹毛求疵、占有欲极强的作家，他很少接受除了剧作家和编剧之外的人对他的故事在非事实性的内容上做任何修改。直到1916年他才又一次在其书面作品的完

第七章　旅美岁月

整性问题上做出让步，允许巴登 – 鲍威尔（Baden-Powell）*为《幼童军手册》（*Wolf Cubs' Handbook*）改写《丛林之书》（*Jungle Books*）系列，将其改编为一部具有道德教益的作品。

吉卜林很快就认识了巴莱斯蒂尔的家人，特别是他的妹妹卡罗琳（Caroline），这是个有着一头黑发、长相普通甚至有些男性化的女人，完全不像她哥哥那样有魅力。"卡丽"（Carrie）比吉卜林大三岁，做事雷厉风行、沉稳干练，她觉得吉卜林"不像典型的英国人，这一点让她耳目一新"。然而，尽管她有很多优点，洛克伍德与艾丽斯对她的印象却很一般，这两位家长从印度回国休假期间曾和她见过面。艾丽斯很快就意识到"那个女人要嫁给我们的拉迪了"，而她的丈夫则言简意赅而略带嫌弃地说了句："一个好男人被毁了。"[2]

1890 年年底，吉卜林开始追求卡丽，他的方式跟他一年前追求卡罗琳·泰勒时几乎一模一样，犹豫不决而漫不经心。第二年夏天，他们似乎已经发展到了准备订婚的阶段，或者已经秘密订婚，也可能在短暂的分手后重新订立了婚约。接下来吉卜林因健康状况不佳、过度劳累，以及对二人关系的焦虑情绪而身心俱疲，医生建议他出海旅行。

这位听话的病人马上就在当年 8 月去了开普敦，又从那儿去了新西兰和澳大利亚。他认为新西兰是"世界上最美丽的地方"，而澳大利亚则稍逊一筹，主要是因为它就像"美国的翻版"。尽管他声称自己在这两个地方找到了"一大堆逸闻趣事"，[3]但真正让他精神焕发的却不是写作，而是这两个大英帝国的属地。在新西兰的生活激发他创造出了一个重要而神秘的角色巴瑟斯特夫人（Mrs Bathurst），不过那是他离开奥克兰十年后的事了。他心目中第二"美丽的地方"不列颠哥伦比亚，则是和加拿大的其他地方一样，没

---

* 19—20 世纪英国军人、童子军创始人，曾在第二次布尔战争中成功地保卫了马弗京，并因此成为民族英雄。

有给他带来任何东西。而南部非洲这片他后来尤为青睐的土地也没有让他写出优秀的短篇故事，只有当地的政治事务和战争促使他创作了一些态度极其严肃、言辞极其犀利的政治诗歌。

由于轮船的行程无法改期，吉卜林被迫放弃了拜访在萨摩亚（Samoa）安度余生的罗伯特·路易斯·斯蒂文森的计划，只好继续西行前往锡兰，然后越过海峡抵达印度，穿越印度南部地区。这里是"地势平坦的红色印度，到处是棕榈树、扇叶棕和水稻"，跟他熟悉的北部地区极为不同。吉卜林于12月抵达拉合尔，与父母团聚。旅行期间，他沿着韦斯特沃德霍的许多"老校友"的"足迹"走了一遍，还在拉合尔遇到了邓斯特维尔。吉卜林在圣诞节期间突然离开了印度，尽管有过各种各样的计划，但此后他再也没有回来过。

他之所以突然离开，是因为收到了卡丽发来的电报：她哥哥沃尔科特不久前死于伤寒。接下来发生的事情尚无定论，大概是吉卜林非常冲动地给卡丽发了一封求婚电报。他于1月10日抵达伦敦，第二天便拿到了特别许可，并计划在18日举行婚礼。也许是他需要用沃尔科特的去世来逼迫自己下定决心，同时把婚期安排得如此紧迫，也是为了防止自己变卦。无论如何，在经历了"几个月的耽搁与考验"之后，他和卡丽终于在朗豪坊（Langham Place）的万灵堂（All Souls Church）＊"开启了新生活"。

根据亨利·詹姆斯的说法，吉卜林的婚礼很简短，"有些沉闷"，排场也"不大"。伴郎是吉卜林的表弟安布罗斯·波因特（Ambrose Poynter），参加婚礼的亲友包括亨利·詹姆斯、出版商威廉·海涅曼（William Heinemann），还有埃德蒙·戈斯及其家人。除此之外，二位新人的至亲都不在场，要么是因为生病，要么不在国内。负责将新娘交与新郎的詹姆斯后来形容他的这位临时女儿是"一个坚强、忠实又能干的小女子"，他"完全"不能"理解［吉

＊ 伦敦市区的一座圣公会教堂，建成于1823年。

第七章 旅美岁月

卜林］为什么要娶她"。⁴吉卜林的其他亲友也无法理解这一点,他们有时还会直接说出来。时间也未能化解他们的疑惑。卡丽的忠诚、坚忍和干练得到了证明和认可,但她也越来越专横和吝啬。她仅有的吸引力很快就消退了:结婚六年之后,在某次前往南非的轮船上,一名乘客曾形容她是个狼吞虎咽又邋里邋遢的胖女人。⁵

他们的关系并非某位传记作家暗示的那种"暗无天日的婚姻",也不必浪费时间去在意这样的说法,即吉卜林在"履行其婚姻义务"的过程中,实际上是"在鸡奸……沃尔科特"。⁶但他们的结合也确实谈不上愉快或浪漫。有一次,结婚不到两年的吉卜林给一位刚刚订婚的朋友提了一条有关婚姻的严肃而无关痛痒的建议:婚姻最大的好处就是让人学会"那些很难做到的美德,比如谦卑、克制、有条理和深谋远虑"。⁷但正是因为卡丽把他照顾得太好了,他才会那么依赖妻子,从而对她过于顺从。卡丽是家里的"女总司令",而吉卜林则是她的副官,这或许是句玩笑话,但也并非不准确。即使是他们那个既不秀气也不随和的小女儿埃尔茜(Elsie)也承认,卡丽主宰了她父亲的生活,她母亲"刁钻的性格""她的占有欲和爱吃醋的本性"把吉卜林弄得筋疲力尽。⁸

卡丽的发福也影响到了吉卜林的创作,倒不是影响了他的写作技巧,而是影响了他写东西的条理和步骤,以及作品的基调和内容。文风上的一些变化可以归结为步入中年之后内心的成熟,但婚后的吉卜林越来越依靠想象进行创作,对眼、耳、鼻的依赖越来越少。到了世纪之交,他已经很少从客栈、路边或军营中寻找角色了。他的创作题材也不再频繁涉及那些想要出轨的已婚人士,以轻松的笔调表现不忠行为的内容也从诗歌和散文中消失了。吉卜林作品中的叙述者在这位新的监管人的严密监视下逐渐发生了变化,已经很少有无忧无虑的"编年史家"了,甚至连幸福的丈夫也很难见到,只有孤独的男人、鳏夫和单身汉。⁹

按照计划,吉卜林与卡丽的蜜月旅行路线是这样的:头两周在伦敦,然后前往美国（包括去佛蒙特州看望巴莱斯蒂尔的家人），最后到达远东地区。吉卜林原本希望他的"小规模环游世界之旅"可以帮他"搜集些新故事"，结果他全程都在为《泰晤士报》撰写一系列言辞尖刻的批评文章。卡丽在4月的一篇日记里写道："拉德（Rud）很热情，跟他一块儿生活很甜蜜，可他竟然诋毁我的祖国。"[10]吉卜林当然不想因为自己刚娶了个美国人就向所有美国人做出让步：他马上就在文章中把纽约贬得一文不值，说它是"粗野的举止与肆意挥霍的恶习造就的废都"。他或许愿意承认美国人"在设计、享受安逸的生活、经济制度，以及……省力的家居用品方面比英国人领先了一百年"，但这一切还是没能把他们变成文明人。几个月后，这位批评者私下表示："本质上"（Au fond），美国还处于"野蛮状态——野蛮加电话、电灯、铁路和选举权"，"所有道德上的堕落"在每一个角落都显而易见，从糟糕的施工技术和粗糙的制作工艺中就可见一斑。他后来解释说，美国社会的问题在于营养过剩而内心空虚，无心付出努力将自己的国家变成文明社会。[11]

吉卜林夫妇在抵达日本横滨时才得知新东方银行（New Oriental Banking Corporation）*已经破产的消息（吉卜林的大部分积蓄都存在这家银行），因此不得不缩短他们原本的蜜月计划。面对这件意料之外的倒霉事儿，他们倒是相当镇定，于是再次踏上了横跨太平洋与北美大陆的旅程，最后在佛蒙特州租了一间小屋，这正好是卡丽第一次怀孕期间。这里的景色令人耳目一新，深深地吸引着吉卜林，于是他从那位脾气暴躁又嗜酒成性的内弟比提·巴莱斯蒂尔（Beatty Balestier）手上购买了土地，打算在这儿盖一所房子。在英国生活了不到两年的他，又一次成了旅居国外的侨民。

吉卜林现在生活在一个急速变化的国家，工业、铁路和数量庞大的移民让这个国家的面貌焕然一新，大城市与日俱增，垄断巨头们朝着资本主义的

---

* 1884年在原东方银行的基础上重组成立的一家英国银行，总部设在伦敦，1892年破产倒闭。其业务主要面向当时的印度等殖民地，曾在中国香港、上海、天津开设分行，旧译"新丽如银行"。

第七章 旅美岁月

未来蜂拥而上。这一进程正在使美国超越英国成为世界领先的工业强国,但它并没有为佛蒙特州和新英格兰的农村地区带来多少实惠,这些地区的情况在当时经济大萧条的背景下甚至还在不断恶化。各地都出现了人口减少的现象,城镇重又变成了森林;大部分年轻人都离家去了中西部或马萨诸塞州和罗得岛的城镇,只剩下了老人。这里有大量废弃的农舍,外墙通常为白色,四周覆盖着一层楔形护墙板,看上去还挺漂亮。或许吉卜林当时就购买并翻新过这样的房子。但他一生都在传统与现代之间徘徊,而在当时,他想要的就是盖一所属于自己的房子。

他那座名为"瑙拉卡"(Naulakha)*的房子即使在今天看来,大概也是佛蒙特州为数不多的几幢丑陋的房屋之一。周围是一片灰绿色的荒凉之地,毫无生气;向东眺望,可以一直看到康涅狄格河河谷的远端。尽管以现在的眼光来看,卡丽在装饰技巧上的不足已经不那么明显了,但房屋内部确实毫无亮点可言。吉卜林常常对美国人那些"省力的家居用品"赞不绝口,因此他们没有将屋子布置成维多利亚时代那种大事铺张又死气沉沉的风格。最重要的房间——书房——位于房屋的南端,外面是一间接待室,里面有卡丽的办公桌。

吉卜林也想搞点户外活动,盖盖房子、种种树、打理打理家里的动物,但他很不擅长这类实践性的工作,他承认老天爷没有赋予他"搭床架"的本领。1893年,"瑙拉卡"完工前的几个月,他们的女儿约瑟芬(Josephine)出生了,吉卜林为自己无法为她搭建一间小小的棚屋而懊恼不已。他自称"对马有些狂热",却连轻便马车或牛车都驾驭不了。

尽管如此,吉卜林很享受目前这种"平静而简朴的生活",心无旁骛地写作,"轻松而愉悦"。这里"钻石般晴朗的天气"让他感受到了一种前所

---

* 以此纪念沃尔科特,该词为印地语"九万"之意,但在小说中被拼错了。吉卜林在为自己的房子命名时纠正了字母"k"和"h"的顺序。——原注

未有的畅快与舒爽，空气中没有一丝"烟尘，也没有任何污染"。第一年的冬天，当他看到重叠的积雪和冰柱的时候，他感觉自己正置身于童话世界里——也"有人为自己仍然还活着而欢呼"。在其他季节，分辨当地的各类植物和鸟类成了他的业余爱好，而让他感到遗憾的是，毫无节制的猎杀已经把山野变得"越来越寂静，越来越没有生气了"。他在两年之后写道，什么样的文笔都无法描摹树叶的变化过程，只有他自己能够生动地描绘：

> 那些树精们在一年行将结束时对抗岁月流逝的种种努力。小枫树首先发难，他站在深绿色的松林间，突然迸发出血红色的光泽。第二天一早，漆树生活的那片沼泽地做出了回应。三天后，目力所及的山坡上和四通八达的公路旁全都覆盖上了一层绯红与金黄的色彩。接着吹来一阵潮湿的山风，吹乱了这支军队绚丽的制服；那些早就在养精蓄锐的橡树披上了笨重的古铜色铠甲，一动不动地挺立着，直到最后一片叶子被风吹落，直到一无所有，只剩下那一根根素描般光秃秃的树枝，让人一眼就能看透这片树林最隐秘的内心。[12]

"瑙拉卡"离布拉特尔伯勒镇（Brattleboro）有好几英里远，是一处与世隔绝的隐秘之所，但"生活设施非常齐全，完全可以自给自足"。吉卜林在当地没什么朋友，也很少过问当地事务：一次是他试图阻止在布拉特尔伯勒铺设电车轨道，但没有成功；还有一次是他成功地说服当地政府同意在他家附近建一所邮局。他称自己跟当地居民是"很要好的朋友"，但也承认邻居们都有点搞不懂他，因为他们举办的"鸡肉晚餐、教友联谊会、火鸡大餐"他一次都没参加过。邻居们并没有把吉卜林一家当成好朋友，还觉得这家人非常冷漠。吉卜林夫妇那套古怪的就餐仪式更是加强了人们的这种印象：二人每次都身着晚礼服自行用餐，显然是为了表示对家里的英国仆人的尊重——当时的吉卜林对这一群体还知之甚少。即使如此，这对夫妇在跟自

第七章 旅美岁月

家员工打交道方面还是有不少问题。有一次,他们的厨师和女佣在同一天离开了"瑙拉卡",后者离开的原因是她不想戴那种有蕾丝褶边的帽子。[13]

吉卜林住在"瑙拉卡"期间,一些朋友还长途跋涉来到佛蒙特州的乡间看望他们。阿瑟·柯南·道尔(Arthur Conan Doyle)在塑造那位无与伦比的杰拉德准将(Brigadier Gerard)的前夕,曾亲自教吉卜林打高尔夫,之后又给他寄来了一副瑞典产的滑雪板。乡村体育是吉卜林工作之余能够接受的一项消遣,公共生活却不是:那些让他去朗诵、开讲座和演讲的邀请都被他严词拒绝了,借口是吉卜林只会"写故事"。文学史上最见多识广的旅行者竟然暂时失去了旅行的兴趣。自从来到佛蒙特州后,他就从未去过他们家以西的任何地方,只偶尔去波士顿、华盛顿或纽约拜访一下政界和文学界的美国朋友。总而言之,他更愿意跟动物们一块儿待在家里。一名英国外交官证实,吉卜林宁愿在华盛顿的动物园里看熊和大象,也不愿出席乱糟糟的国会会议。[14]

在佛蒙特州,吉卜林终于可以扮演他自己喜欢并招人喜爱的角色了:孝顺的儿子、忠诚的丈夫、慈爱的父亲,甚至是别人家孩子们新奇的玩伴。女儿约瑟芬聪明漂亮、温婉可人,给他带来了无尽的快乐与自豪。这位父亲没有因为她"不幸与格莱斯顿同一天生日"而责怪她,反而经常花很多时间陪她玩游戏,给她讲故事,为她朗诵印度诗歌。然而,在吉卜林为自己的小家庭(埃尔茜生于1896年2月,约翰生于1897年8月)倾情付出的同时,他对"家庭方阵"的眷恋也丝毫没有减弱,尽管他的家人正经历着距离的煎熬和子女的婚姻问题的打击。吉卜林的父母于1890—1891年从印度回国休假,住在伦敦的伯爵宫(Earl's Court),这段时间他几乎天天陪在两位老人左右;而在1893年,父亲洛克伍德刚一退休便启程前往佛蒙特州,然后带上自己的儿子去了趟加拿大。洛克伍德说,拉迪亚德是个"对美国的一切都表示怀疑的老古董,老在我兴致很高或是赞赏某个东西的时候给我泼冷水"。[15]

吉卜林也分别于1894年和1895年的夏天专程到威尔特郡看望了两位

过着退休生活的老人。吉卜林很喜欢这里的风光——"羊毛般蓬松、丰饶而葱翠",却又不停地抱怨英国的气候就像"地狱一般","只有海怪才适应得了";没过多久他就开始想念佛蒙特州了,那里的太阳"简直就像泡在浓汤里煮过头了的荷包蛋"。到目前为止,英国对他来说还没有什么吸引力,他对这个国家的好感基本上也只局限于它是"大英帝国的总部"。[16]吸引他的只是他自己对英国的整体印象,而非现实层面,即对其实力与潜力的理性认知。

在佛蒙特州的幽居生活让吉卜林身体强健,精力充沛,创作上也卓有成效。在新英格兰的四年里,他写了很多诗歌和短篇故事以及一部小说,除了斯蒂文森去世的消息曾让他一度陷入沮丧之外,他基本上没有受到外界的干扰。可他在美国期间创作的作品却跟美国没有多少关系。1897年,吉卜林离开美国后,曾有人找他约稿,请他谈一谈美国人的"礼仪和习俗",但被他拒绝了,因为这个话题他可以在某部短篇小说里说上"十遍",却不想通过写文章的方式去谈论。[17]不过他确实也不想说太多。他声称自己对新英格兰的农民、小工厂和乡村小镇的生活都有所了解,却没有把它们写进任何一部作品里。唯一以佛蒙特州为背景的故事《工会巡视员》(*A Walking Delegate*)是一篇讽刺社会主义的乏味之作,其中的角色还全都是马。

吉卜林在美国的最后一年写了他唯一一部"完全关于美国的故事"——《勇敢的船长》(*Captains Courageous*)。当时的他对航船和大海越来越着迷,于是决定写一本关于渔民的小说,还专门到马萨诸塞州的格洛斯特港(Gloucester)待了一段时间。其间有一些报社记者认出了他并报道了他在这里考察"当地风土人情"的消息。这让他有些心烦,好在研究当地海员们的谋生之道和行为习惯还算是一件有意义的事。他沉迷于"各种奢靡纷繁的细节",走访渔民协会,在当地商店买了渔业方面的书,在船员餐厅吃饭,还

第七章 旅美岁月

在一艘捕狭鳕*的渔船上"吐个不停"。这是他当年在印度的时候十分热衷的一种调研方式,后来就很少有机会这么做了。

这部小说在描写海上风光和渔船上的氛围时一如既往地优秀,但其他环节却比较薄弱,尤其是道德说教和劝诫的内容。远洋邮轮上一个娇生惯养的富家子弟被冲到了海里,然后被一艘捕鱼的斯库纳纵帆船†救了起来。他必须在船上工作满三个月,其间他曾多次要求上岸,但都未能如愿。当然,经过一番任劳任怨的艰苦历练之后,他终于获得了救赎。

《勇敢的船长》是吉卜林第三部失败的小说。但他仍然"非常"想"写一部真正的小说——不是单卷本或两卷本,而是一部真正像样的"900页的"三卷本长篇小说"。尽管当时的人们都在谈论短篇小说,但他认为长篇小说才是"真正的文学载体。狙击手的单发射击固然精彩,但全营战士火力齐发才是清除前方敌人的关键。"[18] 吉卜林的《基姆》是一部了不起的作品,但这部不可思议的流浪汉准小说(half-novel)还是显得单薄了一些。他也想过续写《基姆》,甚至重拾《母亲马图林》,但最终都不了了之。

他在美国期间创作的作品中,最常出现的地点是印度。1889年,他回国一个月的时候就以怀旧的笔调写过一些关于印度次大陆的东西,那时的他已经领略过伦敦那片"沾满油污的汤碗"一般的天空了。

> 很高兴看见那灿烂的晨光,
> 照耀在杧果林的上方,
> 穿过回家路上露湿的甘蔗林,
> 一群小豺狗正大步流星,
> 远处的孟加拉人露出半个身影,

---

* 一种广泛分布于太平洋北部海域的鳕鱼,其中的黄线狭鳕在东北亚地区俗称"明太鱼"。
† 一种主桅高于前桅的双桅或多桅帆船,所有桅杆均挂纵帆。

漫长的谢幕

阳光的洗礼让他焕然一新。

——《在非信徒的土地上》

他对印度的怀念日久月深，常常盼望着能够重访拉瓦尔品第的赛马场或是米扬米尔的阅兵场。尽管与卡丽一起回印度的计划一直没能实现，但印度仍然是他想象力的源泉，这种想象力让他创作出了一系列有关英属印度和帝国使命的最发人深省的短篇故事。*

吉卜林平生最富想象力的作品便是他从 1892 年年底开始创作的《丛林之书》系列。他不仅塑造了一群拟人化的动物，还把它们放在了一个他从未去过的地方——塞奥尼丛林（Seonee Jungle）。他在印度的经历基本上仅限于旁遮普省的山地和农田、拉杰布德人气派的城市，以及恒河平原。由于他从未在中央省的韦恩根格河两岸见到过类似塞奥尼这样的地方，所以他只能依靠对话、照片、斯滕戴尔（Sterndale）的《印度哺乳动物》（*Mammalia of India*）一书和他自己与生俱来的地域感进行创作。在印度期间，他曾与森林管理员、当地狩猎向导（shikaris）和进入丛林猎杀过老虎的英印人交谈；虽然没有记日记，但他把这些学到的知识都记在了心里，为他的两卷本丛林故事提供了一幅迷人的景象。吉卜林自己曾坦言，他几乎把他所知道、"听到或梦见过的有关印度丛林"的所有东西都放进去了。[19]

他喜欢写这类故事，也喜欢回复孩子们关于这些话题的来信。当然，他并非只是写一些单纯的动物故事来取悦小孩子而已。这些故事同时也是含有道德教益和启示的寓言故事。聪明的棕熊巴鲁（Baloo）背诵的《丛林法则》（*The Law of the Jungle*）为个人、家庭和群体的安全制定了规则。个人主义与对整个部落的忠诚必须是相辅相成的，"因为狼群的力量来自每一头狼，

---

* 见前文第 99—101 页。——原注

第七章 旅美岁月

每一头狼的力量来自狼群",而能否生存则取决于是否遵守这些规则。只要狼群保持秩序、遵守纪律、服从法则,它们就能变得强大并取得成功。相比之下,猴群却因为游手好闲和不负责任的行为而遭到排斥,它们是"没有法则的群体——什么都吃"。这群夸夸其谈却毫无作为的猴子跟吉卜林最讨厌的那些人,比如喜欢空谈的民主人士、孟加拉巴布和知识分子如出一辙。

《丛林之书》系列中的角色显然不光是一群动物,虽然它们确实有一些动物的特征。另一些故事里的动物则完全是人性化的,比如《马耳他猫》(The Maltese Cat)中的马球驹、《工会巡视员》里那匹喜欢煽风点火的马,还有《蜂巢》(The Mother Hive)里支持社会主义的蜡螟。不过,虽然有伊索的先例可循,但除了《丛林之书》系列之外,这一题材的作品对吉卜林来说并不算很成功。

更不幸的是对机器和发动机零件的人性化处理。《筑桥人》和《魔鬼与深海》(The Devil and the Deep Sea)这类故事里含有大量的技术细节,它们不仅让人感到厌烦,还常常让那些对修桥和海洋工程毫无兴趣的读者摸不着头脑。还有一些故事读起来更让人腻烦,比如《007》里的一段:一个新的火车头在跟其他几个火车头交谈,而在另一篇关于团队精神的寓言《找到自我的那艘船》(The Ship that Found Herself)中,一艘新货轮里原本不和谐的零部件学会了相互协调,为这艘船赋予了灵魂。亨利·詹姆斯在评价他这位朋友的创作历程时既有夸大其词的一面,也有过度简单化的一面,他谴责吉卜林越来越堕落,"创作主题越来越简单——从英印人写到原住民,从原住民写到战士,从战士写到四足动物,从四足动物写到鱼类,又从鱼类写到发动机和螺丝。"[20] 但他说的确实有道理。

吉卜林在旅居美国期间还编辑了一部诗集《七海》,其中所展现的丰富多样的写作风格与主题一直延续到他后来的创作中。*从这部诗集中可以看到，之前创作的《日常工作》和《丛林之书》系列并没有耗尽他对印度和军队的兴趣：该诗集三分之一的篇幅都是新的"军营歌谣"系列，而像《异教徒》(The' eathen)和《回到军中》(Back to the Army)这样的诗则再一次表现了他对部队生活的深刻理解，以及对士兵们超乎寻常的同情。但是在将"军营歌谣"编排到诗集后半部分的时候，吉卜林做了一些调整，以突出重点。马尔瓦尼变成了麦克安德鲁；军营变成了船坞。吉卜林认为印度在帝国的统治中占据着核心地位，但它正慢慢被某种更为陈旧的帝国观念所取代，即通过探索和统治大洋实现扩张，这一进程始于伊丽莎白时代的海盗，并活跃至今。

《七海》中有一首题为《在新石器时代》(In the Neolithic Age)的诗，以幽默的笔调点出了该诗集的主题所涉及的人物和地理坐标：

世界依然辽阔——七海绵延，无边无际——
众生芸芸，却始终百态千姿；
邱园†的异想天开不过是加德满都的家常便饭，
克拉珀姆‡的罪行在马达班§早已司空见惯。

但诗中那名海员的戏剧独白却透露出一种极其严肃的语调，不禁让人想起巅

---

* 诗集的标题指的是北大西洋、南大西洋、北太平洋、南太平洋、北冰洋、印度洋及地中海。本书当时由梅休因出版社（Methuen）在伦敦出版，但其散文作品的版权归麦克米伦出版社（Macmillan）所有。在纽约，吉卜林曾与多家出版社有过合作。1899年之后，他将自己的作品委托给了他的朋友——道布尔迪与麦克卢尔出版社（Doubleday and McClure）的弗兰克·道布尔迪（Frank Doubleday）。——原注

† 英国伦敦西南郊的一座大型园林，曾为皇家植物园，是目前世界上种类最丰富的植物园之一；另译"奇游植物园""基尤植物园"等。

‡ 英国伦敦南部一地，建有大型公园克拉珀姆公地。

§ 缅甸南部港口城镇，位于萨尔温江口，紧邻安达曼海；又名"莫塔马"。

第七章 旅美岁月

峰时期的勃朗宁。《"玛丽·格洛斯特"号》与《麦克安德鲁的赞美诗》表现的是对勤勉、责任、自我牺牲和坚韧的赞美。安东尼·格洛斯特（Anthony Gloster）是个粗人，他白手起家，后来成了一名腰缠万贯的船主。临终前，他把儿子叫到身边，情绪激动地训斥儿子没有坚守上一辈的生活方式。安东尼干这行已经有五十年了，冒过很多险，也赚了不少钱（并非每一笔都很清白），可现在的他却后悔当年没有把儿子迪基（Dickie）送去当海员，而是资助他去了哈罗公学和三一学院（Trinity College）。迪基之所以被父亲责骂，是因为他把"书本和图画，还有瓷器、蚀刻和扇子"扔得乱七八糟，因为他在剑桥的住所"一片狼藉——完全不像个男人住的地儿，更像是妓女的屋子"，还因为他娶了"那个瘦弱的女人，苍白而干瘪得像一副骨架"，她给迪基带来的只有"社会上的破事"，却一直没能给他生个娃。诗中提到哈罗公学和三一学院，可谓颇有深意，因为他的表弟斯坦利·鲍德温就在这两所学校上过学。吉卜林对鲍德温的态度非常友善，不过诗中的格洛斯特一家与这对现实中的表兄弟之间显然存在着某种关联。由于父母没钱供他上大学，吉卜林十六岁便离开了学校，在严酷的环境中学了一门很普通的手艺。而他的表弟鲍德温则一直过着衣食无忧的生活，上的是重点私立寄宿学校，后来又进了剑桥大学最好的学院。这让吉卜林非常羡慕，但后来他却开始怀疑这种特权待遇。虽然他也想获得奖学金，后来还斩获了不少荣誉博士学位，但他从不认为鲍德温所受的那种教育是一笔多么了不起的财富。他更认可学徒制教育，即针对某种特定的手艺开展的培训。

麦克安德鲁与安东尼·格洛斯特则截然不同。这位神色忧郁、敬畏上帝的苏格兰工程师遵奉着一则严苛的信条："法则、秩序、责任与克制、服从、纪律！"他工作枯燥，收入又低，而且不像上层甲板的高级船员那样经常能收到顾客的感谢，但他是船上的关键人物，他懂得船只的工作原理，也是保障乘客与船员安全的终极负责人。麦克安德鲁和格洛斯特与吉卜林一样，对那些喜欢在人前装模作样的男男女女极为反感。有一次，他碰到一个穿网球鞋、戴游艇帽的"傻帽子爵"（Viscount loon），这个"该死的蠢贺[*]"问他："麦克安德鲁先生，你不觉得蒸汽破坏了海上的浪漫气氛吗？"麦克安德鲁还抨击了浪漫主义诗人及其继承者：

> 我厌恶他们所有的矫揉造作——他们梦中的爱情和白鸽——
> 主啊，请赐予我一位罗比·彭斯[†]那样的人，为人们吟唱《蒸汽之歌》！

吉卜林自然很得意，在他之前还没有一位作家看到过工程师生活中的"浪漫与英雄主义"，同时他对自己的诗也很满意。柯南·道尔还听过他用戏剧的表现方式和持续不断的格拉斯哥口音朗诵自己的诗。尤其让吉卜林感到得意的是，美国海军蒸汽工程局（Navy Bureau of Steam Engineering）局长梅尔维尔（Melville）少将给他写了一封信。梅尔维尔说他很庆幸，世界上至少还有一名乘客，除了看到上层甲板上那些铜纽扣[‡]，还看到了用双手和头脑保障船只安全的"那个真正的男人"。吉卜林回信请梅尔维尔帮他检查一下这首诗是否存在技术上的错误，让他感到欣慰的是，梅尔维尔告诉他完全没有问题。[21]

在亨利·詹姆斯看来，《七海》里"全都是小号和响板一样的白话——没有一丝小提琴的音色或夜莺般的奏鸣"。但他也承认，这部诗集"以其自身的方式展现出了卓越而精湛的技艺，有一种极为隐秘的艺术美感"。[22] 一位杰出的美国评论家认为，该诗集显现出一种新的爱国主义风格，一种大英

---

[*] 原文为 ijjit，即 idiot（蠢货）的语音变异，吉卜林为模仿其俚语发音而故意误拼。

[†] 即18世纪苏格兰民族诗人罗伯特·彭斯（Robert Burns），代表作有《一朵红红的玫瑰》（A Red, Red Rose）、《友谊地久天长》（Auld Lang Syne）等。"罗比"（Robbie）是"罗伯特"的昵称。

[‡] 指制服上镶有黄铜纽扣的高级海员。

第七章 旅美岁月

帝国的风格，它以共同的精神纽带，以及共同的信念、原则和目标，将遍布世界各地的帝国属地凝聚在了一起，而这种风格就来源于母国的教义和传统。[23] 这段话用来评价吉卜林接下来的两部诗集或许更加准确，不过这一点在上文提到的《英国旗》和另外一首《土生裔》（*The Native-Born*）中也很明显。叙述者在诗中邀请读者斟满酒杯，为"四个新国家"（加拿大、澳大利亚、新西兰、南非）的人们，以及组成"这个空前绝后的庞大帝国"的所有地区和民众（也包括他们那些不近人情的英国兄弟）干杯。

这四个新国家和英国一道，被吉卜林纳入了他的下一本诗集《五国》（*The Five Nations*）之中。吉卜林有时也想把美国加入进来，还开玩笑说，应该把《英国掷弹兵进行曲》（*The British Grenadiers*）、《进军佐治亚进行曲》（*Marching through Georgia*）和其他一些曲目合成"一首举世无双的乐曲——风靡世界的盎格鲁－撒克逊萨迦"。[24] 但是在美国，政治与社会名流的结合摧毁了他的梦想——由盎格鲁－美利坚联盟共同管理世界上一半以上的地区。政治与社会名流的结合也摧毁了他对美国田园诗般的想象。

吉卜林刚到美国的时候就了解或接触过华盛顿的知识精英，包括后来的国务卿海约翰（John Hay）和历史学家亨利·亚当斯（Henry Adams）等人。1895 年，他遇到了几年后成为美国总统的西奥多·罗斯福（Theodore Roosevelt）。见面没多久，罗斯福就入选了他心目中富于实干精神的殿堂级政治家名单。在这座 19 世纪 90 年代后期的"万神殿"里，还供奉着塞西尔·罗得斯、约瑟夫·张伯伦（Joseph Chamberlain）与阿尔弗雷德·米尔纳（Alfred Milner）。同年，吉卜林还会见了时任美国总统格罗弗·克利夫兰（Grover Cleveland），这是个喜怒不形于色、强硬而极为保守的民主党人。二人见面的时候，他的第二个任期即将结束。克利夫兰没有进入"万神殿"。吉卜林私底下曾把他和他的随行人员贬斥为"一大群散发着臭气的粗俗之辈"，[25] 这话无论对于这位诚实忠厚、直言不讳的总统，还是对于他那些彬彬有礼、品格高尚的政府同僚而言，都是有失公允的。不过，就算吉卜林想放他们一马，这个念头也会被委内瑞拉的边界争端所扼杀，况且宽以待人本来就不是他的强项。

半个世纪以来，英国和委内瑞拉在英属圭亚那与这个南美洲共和国的边界划定问题上一直存在分歧。此前这件事并未引起人们的重视，但后来该争议地区发现了黄金，美国于是三番五次提出仲裁申请；1895年夏天，危机终于爆发了，生性好斗的新任美国国务卿理查德·奥尔尼（Richard Olney）差点使英美两国陷入一场荒唐的战争。奥尔尼以粗暴的态度重申了他们的门罗主义，他命令其派驻伦敦的大使告知英国政府，美国"拥有这片大陆的实际统治权"（这对加拿大和墨西哥等地的民众来说一定是件新鲜事儿），欧洲与北美的政治联盟是"勉强而不妥当的"（又一件让加拿大和纽芬兰民众大开眼界的新鲜事儿），所有拉丁美洲的共和国都是美国的"伙伴和盟友"，因为双方"地理位置接近"，拥有"天然的认同感"和"相似的政治制度"（这又是件新鲜事儿，会看地图的人都知道智利离美国有多远，拉丁美洲人当然更认同他们在葡萄牙、西班牙和意大利的亲戚和教友，而任何人都分得清独裁与民主，即使二者都自称共和制）。[26]

第三次当选英国首相的索尔兹伯里勋爵（Lord Salisbury）忍不住以一种居高临下和讥讽的口吻回应了奥尔尼的表态。索尔兹伯里勋爵是一位精明而愤世嫉俗的政治家，他的成功很大程度上要归功于他的谦虚和低调。他发现奥尔尼的表态咄咄逼人（即使其"措辞"经过克利夫兰的润色已经"温和了"一些），因此没能克制住自己尖酸刻薄的本性。他公开声明，门罗主义理论上是合理的，但不符合国际法的准则，不适用于当前的形势；事实上，在委内瑞拉共和国成立之前的很长一段时期，对于"英国王室属地的边境"划界问题，美国从未表现出任何合理的担忧。此时的克利夫兰正在北卡罗来纳州享受着猎鸭的欢乐时光，当他读到这条消息时"简直被气疯了"，他威胁道，如果英国不接受美国的仲裁申请，他就会使用武力。这一做法在新闻界、政客与民众（尤其是贡献了10万名士兵的爱尔兰裔美国人）当中引发了强烈

第七章 旅美岁月

的反英狂潮，他们不顾一切地要求开战，因此忽略了最关键的问题：如何用他们仅有的一艘现代化战列舰与强大的英国皇家海军抗衡，从而维护门罗主义？*吉卜林的新朋友罗斯福倒是意识到了美国沿海城市将会遭到轰炸的可能，但他觉得发动战争是值得的，因为美国可以借此机会占领加拿大。不久便出现了股市崩盘的情况，主要原因是英国人撤回了他们的投资，好让这些好战分子清醒清醒。

无论如何，此时正在为南非事务忧心忡忡的英国大臣们根本无暇顾及美国人的叫嚣：他们也意识到自己无法向选民甚至同僚解释这场争论究竟有何意义。于是他们放弃了原先的立场，同意仲裁，并在三年后获得了回报：一个包括美国首席法官在内的委员会接受了英国提出的大部分主张。

两个国家竟然差一点打起来，这让吉卜林感到惊讶：这是他听过的"最蠢的事"，当时就应该写"一组诗，调侃一下这件旧事"。他也无法理解那些人反英的敌对情绪为什么突然就爆发了。他感到困惑和不安，这就像"在融洽的氛围中，突然被餐桌对面扔过来的分酒器砸中脸"一样。[27] 美国媒体对英国的中伤还在继续，吉卜林开始怀疑他是否还要继续待在这样一个大多数居民都想跟自己的祖国开战的地方。他曾经跟一位和自己关系不错的美国富商说，他希望在平静的环境中写故事，但总统"仅仅因为猎鸭时的得意忘形就对自己的友邦前后夹击"，在这种情况下，他怎么可能安心创作呢？1896年1月，他终于意识到"这件蠢事"已经摧毁了他和家人在美国"幸福美满的日子"，他们必须换个地方开始新的生活。[28]

即使没有克利夫兰和委内瑞拉，吉卜林一家在佛蒙特州的生活可能也会变得越来越不幸福，越来越不美满，或许还会越来越不安全。卡丽和住在隔壁的弟弟比提之间长期以来一直摩擦不断。比提在很多事情上都要依赖姐

---

* 美国海军在这次危机之后发展迅速，截至1914年，其战列舰数量已仅次于英国和德国。——原注

姐和母亲，包括抵押自己的农场这样的事。他挥金如土，饮酒无度，卡丽经常教训他，其实也是在帮他，但他认为姐姐的态度专横而傲慢，因而心怀怨恨。家庭纠纷终于在 1896 年 5 月爆发了，当时喝醉酒的比提在去布拉特尔伯勒的路上遇到了刚从自行车上摔下来的吉卜林。比提指责他的姐夫在家人面前污蔑他，还编造了不少关于他财务状况的谎言。吉卜林让比提去跟他的律师谈，比提却威胁说要打烂他的脑袋。吉卜林问他是不是真要这样做，然后得到了肯定的回答，于是他第二天便提交了一份起诉书，接着比提就被逮捕了。随后在布拉特尔伯勒举行了一场听证会，在律师的强制要求下，吉卜林当着一众记者的面回答了一系列有关家庭纠纷的问题，这让他感到屈辱，而他一直严密保护的个人隐私也荡然无存了。

卡丽在日记中写道，这场纠纷让吉卜林受到了"严重的打击"，在接下来的几天里，他变得有些"呆滞"，总是一副"无精打采""闷闷不乐"的样子，看上去"非常痛苦"。当地的《凤凰报》(The Phoenix)告诉他，"布拉特尔伯勒的百姓"希望他继续留在"瑙拉卡"，还说"他的天才创造力的果实"将会在佛蒙特州成熟。[29] 可他已经受够了。6 月，他去了加拿大。卡丽希望钓鲑鱼能舒缓一下他疲惫的身心，让他"在这场毫无意义的闹剧中耗费的……精力"得到恢复。[30] 回到"瑙拉卡"后他便开始收拾行装，并在听证会重新开始前的一个星期离开了美国。至此，克利夫兰总统与内弟比提共同结束了吉卜林的侨居生涯。

第八章　先知的负担

不知为何，吉卜林回到英国后选择在托基（Torquay）落脚，这个地方并不比佛蒙特州好多少。这座小镇有一种"不可一世的英式"气息，让吉卜林老想在屁股上"拴满粉红色的羽毛四处裸奔"。镇上的生活"沉闷而缓慢"，别墅里住着"大腹便便的老太太们"，屋外的树篱和草坪都修剪得整整齐齐。虽然回到这幅"蓊蔚洇润的英伦美景"中的确令人高兴，但他不喜欢这个地方"凛然肃穆"的气氛。[1]

当然他也在努力让自己喜欢上德文郡，有时和卡丽一块儿骑着双人自行车在乡间小道上游览，有时还会跑到小河边钓钓鳟鱼。他也尽量让自己喜欢上他的新家"岩石屋"（Rock House），尽管他承认这所房子属于"最糟糕的1860年的建筑风格"。它坐落在悬崖上方的山坡上，面朝大海，写作之余一探头就能看到海面上渔船的甲板。然而，乡村的美景却被那"永无休止的"降雨破坏了，就像这所房子遭到了"风水——'岩石屋'里的幽灵"——的破坏一样，这让他感到非常压抑。在潮湿而阴冷的海雾中熬了八个月之后，吉卜林一家终于在1897年5月离开了托基，再次回到伦敦。几个月后他们在面朝大海、背靠萨塞克斯丘陵的罗廷丁（Rottingdean）安顿了下来，此后五年，他们一直住在一所名为"榆树之家"（The Elms）的房子里。

在德文郡的时候，吉卜林在达特茅斯（Dartmouth）遇到过一些海军军官，从此便和皇家海军建立起了长期而稳定的关系。而在伦敦停留期间，他还去了查塔姆造船厂（Chatham Dockyard），在一艘鱼雷艇驱逐舰上度过了"地狱般的"三个小时，它在泰晤士河口的海域以"让人备受煎熬的"三十"节"的速度横冲直撞。接下来的一个月，吉卜林受邀参观了在爱尔兰北部海域举行的海峡中队的演习，这是一段非常愉快的经历；虽然他认为那名新上任的舰队司令"简直就是头蠢驴"，但是对于这支队伍他是极为钦佩的。一年后，他又观看了几场海军舰队的演习，给他留下了深刻的印象，于是他在《晨报》（Morning Post）发表了一系列文章，希望能够唤起公众的"兴趣"。这段时间，他还参加了一次在舰艇上举办的音乐会，并朗诵了几首诗，还被欢呼的人群带去参观了上层的后甲板区。

《麦克安德鲁的赞美诗》和其他以航海为主题的诗歌为吉卜林赢得了海军官兵的赞许，就像《营房谣》为他赢得了陆军战士的赞赏一样。吉卜林喜欢各式各样的船只及有关航海的话题，并因此被称为"轮机舱里的诗人"：上帝终于实现了麦克安德鲁的愿望——"请赐予我一位罗比·彭斯那样的人，为人们吟唱《蒸汽之歌》"。而实际上，在他还是一名年轻记者的时候就采访过拉合尔附近的军营，还曾作为贵宾与皇家海军的官兵们一起巡游，并受到各级军官的盛情款待，不仅因为他了解船只，还因为在举办女王登基六十周年庆典的1897年之前，他就已经是一位著名作家了，同时被公认为大英帝国的新使徒。上述第一次经历为他带来了马尔瓦尼、丹尼·迪弗与汤米·阿特金斯等角色，而第二次经历之后，他写了一系列支持皇家海军的文章和书信。名望阻断了吉卜林降至下层甲板的可能。他写过不少关于大海的优秀诗篇，却从未写过一篇关于皇家海军的好故事。

1895—1896年冬天发生的两件事让大英帝国成了吉卜林关注的焦点，也让他意识到英国正面临着一系列突如其来的危险。委内瑞拉危机将美国变成了一个始料未及的危险敌人，而为推翻布尔人在德兰士瓦建立的共和国而采取的"詹姆森袭击"（Jameson Raid）则招来了一个更可怕的敌人——德国。

第八章 先知的负担

詹姆森医生入侵布尔人的领土得到了开普殖民地*总理塞西尔·罗得斯的支持，而詹姆森的同谋正是殖民事务部（Colonial Office）的约瑟夫·张伯伦。但这场行动触怒了德国，德国人刚刚在东非和西南非洲获得殖民地，正在与布尔人密切接触。吉卜林对南非知之甚少，也不大关心这类荒唐的入侵行为对地区局势带来的影响。† 但让他感到害怕的是，德国与美国可能会结盟，到那时，这两大工业强国便会联合起来对付英国。同时他也对德国皇帝威廉（Kaiser Wilhelm）‡ 的干涉感到愤怒，后者在元旦当天宣布德国已成为世界帝国之后，又发表了一则公开的电文，祝贺德兰士瓦共和国总统保罗·克鲁格（Paul Kruger）挫败了那个"武装团伙"和那群"扰乱和平的破坏分子"，从而"捍卫了国家的独立"。

吉卜林并不知道，威廉发这封电报是为了报复索尔兹伯里勋爵。一年前的夏天，威廉在考斯看望来到他游艇上的外祖母维多利亚女王，他当时觉得索尔兹伯里对他有些怠慢。吉卜林也不知道这位德国君主一直在拿英国的孤立主义政策嘲弄英国驻柏林的武官，还叮嘱他派驻伦敦的大使：一旦白厅表现出支持詹姆森的立场就立即回国。他大概也不知道，克鲁格曾为威廉祝寿，希望与德国"建立有史以来最稳固的友谊"。但从那一刻起他就明白，德国将在20世纪成为英国最大的敌人。

后来成为南非总理的扬·史末资（Jan Smuts）曾明确指出，"在这场英国人与布尔人的大规模冲突中"，"詹姆森袭击"就是"一次名副其实的宣战"。[2] 吉卜林曾错误地将这次袭击看作"1914—1918年这场战争的首场战役——比整个战争开始的时间稍早了一些，但是对于清除麻烦来说却是必要的"。[3] 他曾令人惊讶地准确预言了两次世界大战的爆发，但他那些有失偏颇的历史

---

* Cape colony，大英帝国昔日的一个殖民地，位于现在的南非境内，于1806年至1910年间存在。

† 见后文第166—169页。

‡ 德意志第二帝国末代皇帝威廉二世。

记录并不能帮助今天的人们理解第一次世界大战的起因。"詹姆森袭击"事件并非 1914 年倒计时的起点，而是让吉卜林对德国耿耿于怀的开端。1890 年，他在《帝国敕令》一诗中委婉地讽刺了威廉推行的旨在解决社会问题的计划；第二年，他发誓永远不再乘坐德国客轮，因为"炖猪蹄和酸菜"都不是他的"理想食物"。然而他于 1893 年发表的《在丛林里》却塑造了一名供职于印度林业部（Indian Forest Department）的极富同情心的德国人。正是威廉的那封电报把他变成了一个彻底的"恐德症患者"。1897 年夏天之前，他一直有种预感，他们跟德国人将会有一场"激烈的交锋"，争夺的对象要么是南非，要么是其他地区；不过他近期跟随皇家海军巡航的经历也让他坚定了信心，认为他们轻轻松松就能把德国人"踢出局"。[4] 次年，德国便决定加快其海军建设，以降低被踢出局的风险。

  1898 年签署的《英德协定》（Anglo-German Agreement）并没有削弱吉卜林对自己判断力的信心。英国的大臣们长期以来十分担忧德国在德兰士瓦的影响力会越来越大，德兰士瓦是当时世界上最大的黄金出产地和该地区的关键地带。他们的恐惧可能有些被夸大了——克鲁格打德国"牌"并不意味着他想成为第二帝国的一部分——但他们还是说服索尔兹伯里与德国签订了一份协议，德国非常干脆地接受了英国在南部非洲拥有至高无上的权力这一条款。张伯伦抱怨说，英国在葡属非洲殖民地问题上做出让步，就是接受那帮德国人的勒索，诱使他们不去干涉他们"无权干涉"的地区。[5] 但他也承认，有时候支付勒索金也是值得的，比如在这件事情上。尽管德国媒体和舆论表现出了反英情绪，但德国在布尔战争中还是保持着中立，威廉甚至在作战问题上向他的舅舅威尔士亲王献计献策。

  这一切并未缓和吉卜林对德国的态度，因为他注意到德国海军正在日益壮大。1899 年，吉卜林在纽约患上了肺炎，病情危急，威廉以个人名义给他发了一封慰问电报，但吉卜林的态度仍然没有缓和。同年，吉卜林预言了"大战"（the Great War）的爆发，准确说出了这场战争的名称及开战时

第八章 先知的负担

间。三年后,他公开表达了对德国的不满。柏林方面当时提出一项计划,建议由英国皇家海军收取委内瑞拉欠英国和德国的债务,愤怒的吉卜林发表了一首言辞尖刻的诗《划桨手》(*The Rowers*),该诗的最后两行引起了轩然大波——"带上受骗的舰员,重新/与哥特人以及无耻的匈奴人结盟!"* "哥特人""匈奴人"和"条顿人"很快成了他形容德国人的习惯用语。在"大战"期间,他曾要求一位报社主编不要大写"匈奴"一词的首字母,并且在提到某个匈奴人的时候要用"它"来指代。[6]

吉卜林在《临战赞美诗》(1896)中对克鲁格电报事件及早前的委内瑞拉危机做出了回应,透露着一种更加沉重的心情和近乎谦卑的态度。

> 大地的愤怒在弥漫,
> 海洋在怒火中没入黑暗,
> 那些全副武装的国度
> 阻挡着我们前进的道路……
>
> ……他们的先头部队正在集结,
> 我们面临的战斗将异常激烈——
> 您曾向我们的先祖伸出援手,
> 请再次让我们获得您的助佑!

英国人或许不配得到上帝的护佑,他们或许是一群蒙昧而冷漠的傻子和罪人,但吉卜林仍然发出了恳求:"雷霆万钧的耶和华、争战的万军之主,助我一臂之力吧!"对于《泰晤士报》的副经理莫伯利·贝尔(Moberly Bell)来说,这首诗里尽是些危言耸听的预言和草木皆兵的臆想,因此认

---

* 见后文第 255 页。——原注

为不适合在这个时候发表。然而就在几年之内，其他人也以相似的口吻发出了类似的警告。1902年，索尔兹伯里在一次告别演说中，以一种末世降临般的悲观态度警告寇松，敌人正在聚集，"大规模集结的军队"正显露出"越来越凶恶的嘴脸"，他们混在"危险的捣乱分子中间"，威胁着我们的帝国。[7]

《临战赞美诗》是吉卜林创作的第一首帝国赞美诗，在内容与形式上，以及在表现面对上帝时的谦卑方面，为《退场诗》做了铺垫。吉卜林经常在《泰晤士报》发表其创作的赞美诗，而且从不收稿费，因为这些诗是具有"民族精神"的东西。这种姿态表明他已经自觉地承担起了预言家的使命，提醒他的同胞警惕即将到来的危险。这些诗听起来可能会像一篇篇押韵的社论，充满了《旧约》里那种浑厚的力量和咒语般的魔力，但又远不止这些。《圣经》中的语言和典故不仅吸引了受过古典学教育的人们，也让那些学习福音书、使徒书信和希伯来先知著作的读者饶有兴致。他们能够理解并认同其中的寓意。在此期间，吉卜林也写了一些比较粗糙的作品，比如歌颂英国人既彬彬有礼又蛮横无理的《虽以礼相赠》(Et Dona Ferentes)，吹嘘英国人将埃及人变成士兵和学者的《法老与中士》(Pharaoh and the Sergeant)和《基钦纳的学校》(Kitchener's School)。然而能让人产生共鸣的还是他的赞美诗，而且至今依然如此，尽管现在的人们对《圣经》越来越陌生，信息越来越庞杂而聒噪。从《临战赞美诗》到《岛民》(The Islanders, 1902)，吉卜林在六年间创作的一系列作品展现了他在引导读者方面的非凡天赋，他总能让读者相信，他们所读到的就是他们所感受到的。

1892年，任桂冠诗人达四十年之久的丁尼生去世。在他之前获此头衔的是华兹华斯，再往前数是骚塞（Southey）。如果依照先前的惯例，这一职位应该任命给斯温伯恩，因为女王曾对第四次担任首相的格莱斯顿说过，斯温伯恩是"我所统治的疆域之内最卓越的诗人"——这话也可能是别人告诉她的。[8]然而，在格莱斯顿及其继任者罗斯伯里勋爵（Lord Rosebery）

第八章 先知的负担

任首相期间，这一个职位却一直空着，直到保守党于1895年上台后才开始物色新的人选。索尔兹伯里的外甥及政治继承人阿瑟·贝尔福（Arthur Balfour）举荐了那位旅居佛蒙特州的英国侨民，并适时地"打探了［他的］口风"。吉卜林谢绝了，然后索尔兹伯里选择了阿尔弗雷德·奥斯汀（Alfred Austin）。或许就是这个不可思议的决定惹恼了这位文学界的权威：我们的首相以自己的庸俗品位为傲（实际上这位权威人士有些夸大其词了——索尔兹伯里闲暇时都爱读歌德和索福克勒斯的书）；他还给首相的私宅哈特菲尔德庄园（Hatfeild）取了个新名字——"加沙（Gaza），即非利士（Philistia）的都城"。[9]

吉卜林拒绝这个职位，部分原因是他鄙视官方授予的荣誉，还有一部分原因是他不愿意按照别人的要求去写作。就像他对一位想要改编他故事的编辑所说的："听命于人的写作意味着失去自主权，失去对故事的现实性的信念，最终便会失去作家的自尊。"[10]除了内心的抗拒，他也确实无法为了某个自己都认为不重要的事件去写一些他不愿意写的东西。1897年的上半年，有人三番五次地邀请他为女王的周年庆典写一首颂诗。他抱怨道，写和女王有关的东西超出了他的"专业领域"，怎么说那都是奥斯汀的工作，伦敦到处都是忠心耿耿的诗人，信笔就能胡来一气。[11]直到庆典即将结束时，他才写了那首不少人一直翘首以待的颂诗。

吉卜林从1897年6月开始创作的两首诗，成了此后英语世界最著名的诗篇。但作者当时并不满意，他一直对这两首诗缺乏信心：先是《白人的负担》被他束之高阁，然后在他跟随皇家海军出海巡视期间，《退场诗》的草稿［原来的题目叫《后来》（*After*）］也被他丢到了一旁，据说他回来后就把它扔进了废纸篓。《退场诗》是一首广为人知却令人费解的作品，其中的寓意和情绪既让人激情澎湃，又常常引起争议，在语言、形式和内容上似乎借鉴了《圣经》和其他一些文本：可以确定的有《旧约》中的《约伯记》《申命记》及《诗篇》的第51篇和第90篇，还有《新约》中的《罗马书》，此外，按照伯肯黑德勋爵的看法，吉卜林对爱默生（Emerson）[*]、纽曼（Newman）[†]及弗朗西斯·夸尔斯（Francis Quarles）[‡]的借鉴已近乎剽窃了。[12]尽管如此，这仍然是一首诗歌史上不可多得的佳作，它清晰地展现了一个民族在特定历史时期的某种情绪和瞬间。

退场诗[§]

我们祖辈敬奉的上帝，自古闻名，
我们旷远绵延的战线，由你主宰，
在你威严的手底，我们受命
统治棕榈与松柏——
万军之主啊，请与我们同在，
以免我们忘怀——以免我们忘怀！

喧哗与骚动终归寂灭，
长官与国王驾鹤西行：
你古老的祭品仍旧在此陈列，
一颗谦卑和忏悔的心灵。
万军之主啊，请与我们同在，
以免我们忘怀——以免我们忘怀！

---

[*] 19世纪美国哲学家、诗人，代表作为《论自然》（*Nature*）。

[†] 19世纪英国宗教人士、学者，原为圣公会牧师，后皈依罗马天主教并任枢机主教，代表作有《生命之辩》（*Apologia Pro Vita Sua*）、《大学的理念》（*The Idea of a University*）等。

[‡] 17世纪英国诗人，代表作为《寓画集》（*Emblems*）。

[§] 《牛津英语大词典》（简编本）对"recessional"一词的释义为："礼拜结束后……牧师和唱诗班退场时"所唱的赞美诗。选择该词做这首诗的题目，可能是因为它被安排在了庆典接近尾声的时候。该诗创作于大英帝国迈向巅峰的时期，以《退场诗》为标题即使对于悲观主义者而言也显然是不恰当的，因为这个词隐含着退却和帝国衰落的意味。然而从吉卜林和他一生对大英帝国发展轨迹的观察来说，这个词再合适不过了。——原注

第八章 先知的负担

我们的舰队,在遥远的呼喊中消融;
熊熊的战火,在沙丘和岬角上熄灭:
瞧啊,所有我们往昔的光荣,
都被归入尼尼微和推罗*的行列!
请饶恕我们,万国万民的仲裁,
以免我们忘怀——以免我们忘怀!

如果,我们陶醉于权力的幻影,
放任野性的舌头,逾越对您的恭敬,
口吐狂言,像异教徒惯有的劣行,
或是不知法律为何物的小族蚁民。
万军之主啊,请与我们同在,
以免我们忘怀——以免我们忘怀!

为了未开化的心灵,它只信赖
冒烟的枪管和纷飞的钢珠,
为了在尘埃之上筑成的,所有勇猛的尘埃,
他们只求自保,却不呼求您的保护,
为了疯癫的大话和愚蠢的妄语——
您的子民求您怜悯,啊,上帝! †

据吉卜林所说,这首诗是根据《永恒天父,大能救赎》(*Eternal Father,*

---

* 尼尼微是古代亚述帝国的都城,公元前612年被巴比伦人和米底亚人的联军摧毁;推罗(另译"提尔")是古代腓尼基人的重要港口和贸易中心,公元前322年及公元68年先后被马其顿人和罗马人占领。

† 译文引自黎幺译《东西谣曲:吉卜林诗选》,2018年,第43—45页。

Strong to Save)"那套简单平缓的曲调"创作的,[13] 恰到好处的叠句("今为海上众人呼求,／使彼安然,无险无忧")使其呈现出一种恰如其分的庄重感。* 然而,《退场诗》的精神实质却来自《旧约》,尤其是《申命记》中那位"善妒的上帝"。

> 那时,你要谨慎,免得你忘记将你从埃及地为奴之家领出来的耶和华。你要敬畏耶和华你的神,事奉他,指着他的名起誓。不可随从别神,就是你们四围国民的神,因为在你们中间的耶和华你神,是忌邪的神。惟恐耶和华你神的怒气向你发作,就把你从地上除灭。(申6:12—15) †

吉卜林所说的"万军之主"与《临战赞美诗》中的"雷霆万钧的耶和华"是同一个神,即与蒙恩的百姓立约的那个上帝,作为"万国万民的仲裁"准予他们"统治棕榈与松柏"‡ 的那个上帝。但这位现代先知担心他的同胞会像古代以色列人那样,不再"恭敬"上帝。他们越来越喜欢自吹自擂、妄自尊大、亵渎神明;除非他们改邪归正,除非他们显露出"一颗谦卑和忏悔的心灵",否则他们将重蹈尼尼微和推罗的覆辙。因此,这首诗既是在祈求上帝的怜悯,也是在呼吁他的同胞悔过自新。

这位特殊的先知并不相信《旧约》或《旧约》中的上帝。不论在现实中

---

* 《永恒天父,大能救赎》(英文标题通常写作 Eternal Father, Strong to Save)是英国作家威廉·怀廷(William Whiting)于1860年创作的一首赞美诗,表达了对海洋的敬畏,据说其创作灵感来自《诗篇》第107篇。1861年,作曲家约翰·戴克斯(John Dykes)为该诗谱曲,并将曲调定名为"梅利塔"(Melita),这一名称来自《使徒行传》第28章保罗在地中海获救登岸的马耳他岛。19世纪后期,这首赞美诗开始在英美等国的海军中流行起来,并逐渐成为海军圣歌。

† 译文引自和合本《圣经》,本书中出现的《圣经》译文除专门注明外均出自"和合本"。

‡ 虽然这行诗不过是爱默生那句"将松柏赐予栖息于此的众生／主宰棕榈和蔓藤"的缩减版,但这寥寥数语却呈现出大英帝国从加拿大到锡兰的广阔图景。——原注

第八章 先知的负担

还是在内心世界,他都不是一名"教会信徒"。但他认为人们可以从希伯来先知那里获得教训,而钦定版《圣经》是最适合传授这些教训的文本。

吉卜林返回到《丛林之书》系列寻找自己的创作主题:遵守法律的群体比那些"不知法律为何物"的群体拥有更高级的文明。但是他把这些群体变成了人类,而不是将其限定在狼群和猴群的范围内,从而招来了麻烦。奥威尔以其独特的视角评论道,"不知法律为何物的小族蚁民"这句话在"粉红色左派人士中间总是被当作嘲笑的对象",对他们来说,这就是指那些被"头戴软木帽的英国老爷"踢来踢去的"原住民"或"苦力"。[14] 这种看法在印度和其他地方至今依然存在;而在 1964 年,循道宗教会从其圣歌集中删除了《退场诗》,因为循道宗的黑人信徒认为这些诗句中有"明显的种族歧视语"。[15]

吉卜林的这一措辞很不恰当,或许还有些粗俗,然而对于这首诗或早前的《临战赞美诗》,任何解读方式都无法得出上述结论。《临战赞美诗》里也出现了祈求上帝宽恕殖民地人民的内容,*还用了形容词"无法无天"来形容大英帝国的敌人。在《退场诗》所借鉴的《圣经》文本《罗马书》中,使徒保罗写道:

> 凡没有律法犯了罪的,也必不按律法灭亡;凡在律法以下犯了罪的,也必按律法受审判。……没有律法的外邦人,若顺着本性行律法上的事,他们虽然没有律法,自己就是自己的律法。(罗 2∶12,14)

根据上下文可知,这里所说的外邦人即罗马统治者,他们没有基督的律法,所以随心所欲地行事。[16] 吉卜林把外邦人变成了与之对等的现代人——德国皇帝及其党羽,而"小族蚁民"既指德国人,也可以指其他任何人,尤其是

---

* 见前引文献,第 75 页。

美国人，或许还包括布尔人，他认为这些人都是有罪的，他们无法无天，还引以为荣。

7月16日，吉卜林将《退场诗》投给了《泰晤士报》，并解释说："我们一直在为白人吹响'新月的号角'*，而且是有过之而无不及，现在该冷静一下了。"[17]结合这首诗本身的主旨，这句话透露出他少有的一种态度——谦卑和忏悔。不过从他这一时期创作的其他作品来看，他当时的态度可能还要更复杂一些。在着手写《退场诗》之前的一个星期，吉卜林开始了《白人的负担》的创作，这首诗提倡以一种全心全意但不必过于谦卑的态度承担起帝国的责任。1897年，十一位殖民地总理在伦敦与张伯伦共同出席了一场会议，有人为此写了一篇题为《现任总理》(*Premiers at Play*)的匿名文章，表现了周年庆典期间帝国各方通力合作的可喜局面。吉卜林在写给赖德·哈格德的一封信里表示，他在《退场诗》中真正想说的是"不要空谈，而是要让人们接受惩罚"，但最终"只传达出了这个想法的前半部分"。诗歌发表后仅仅四天，他就在写给莫伯利·贝尔的一封信里承认，一想起自己那首"虔诚的赞美诗"，他就（像克莱武勋爵一样）"为自己温和的态度感到惊讶"。[18]

《泰晤士报》于7月17日刊发了吉卜林的《退场诗》，与维多利亚女王的一篇谢词排在同一个版面，女王感谢她的帝国子民在庆祝她登基六十周年之际所迸发出的那种发自内心的忠诚与爱戴。报社就这两篇真情流露的稿件写了一篇评论，文章称不论是女王那篇言简意赅而气势恢宏的谢词，还是吉卜林先生那首荡气回肠的诗歌，都清晰而响亮地提出了一个重要的概念——"道德责任"。《泰晤士报》对《退场诗》的评价着实出乎意料，连作者本人都有些受宠若惊，他说"这样的构思肯定在过去就流传甚广，否则人们也不会对诗里那些押韵的表达方式这么宽宏大量"。[19]人们称赞这首诗非常感人，来得正是时候，它说出了"正确的话"，"说到了我们所有人的心坎里"，它

---

* 出自《诗篇》第81篇第3节："当在月朔并月望、我们过节的日期吹角。"

第八章 先知的负担

"触动了那一排排凛然肃穆的音栓",把"我们这个民族内心深处的声音"释放了出来。而这首诗的作者也声名鹊起。他继承了丁尼生的衣钵,他将莎士比亚"炽热的爱国心"、弥尔顿"庄严的虔诚"和德莱顿"适度的庄严"结合在了一起。遭到鄙视的奥斯汀当年之所以能当选桂冠诗人,或许只是因为索尔兹伯里勋爵的心血来潮,可如今吉卜林才是那个广受赞誉的"大英帝国的桂冠诗人"、那个"代表英国人民神圣权利的桂冠诗人"、那个"无须任何一位首相为其加冕的大英帝国的桂冠诗人":十年后,在接受剑桥大学荣誉博士学位时,现场发言人用拉丁语称赞他为"我们皇家海军、陆军及整个大英帝国的桂冠诗人"。[20]《退场诗》和其后的一些诗歌产生了巨大的影响,马克·吐温指出,吉卜林是"唯一一位不是国家元首,但一发声就能让全世界听到的当代人,他的声音是唯一一个不是通过缓慢的轮船和火车,而是通过电缆以最快的速度传遍世界的声音"。[21]

吉卜林因《退场诗》而被奉为国家的象征——大英帝国的代言人,因为他具有一种在公众情绪尚未明晰之前就做出预判(并推动甚至影响公众情绪)的能力。但与丁尼生不同,他不是那种满怀崇敬之情歌颂民族英雄的歌匠:H. G. 威尔斯(H. G. Wells)*作品中的一个角色所说的吉卜林"在声音和色彩中、在帝国特殊的气味中抒发情感的兴致",[22] 让他能够为读者描绘出一幅宏大的帝国图景,即他亲眼所见的进取精神所覆盖的范围,从西姆拉的总督行政会一直到加拿大西部的骑警队。在这番对大英帝国的全景式观察之后,吉卜林立刻意识到了它所面临的危险,因此在19世纪90年代中期,除了帝国的桂冠诗人这一身份外,他又承担起了民族预言家的角色。有了这个新的身份,人们便认为他拥有了布道的权威,就像他之前所做的那样,在诗歌中直言相告,在故事里则婉言相劝。小说家

---

* 19—20世纪英国小说家、历史学家、社会活动家,代表作有《时间机器》(*Fiction: The Time Machine*)、《星际战争》(*The War of the Worlds*)、《世界史纲》(*The Outline of History*)等。

赖德·哈格德评价他是"我们大英帝国真正的守护者",而贝赞特则认为,这位守护者将 J. R. 西利告诉学者们的那些东西传授给了"普罗大众"。"我想把你变成帝国主义者。"吉卜林曾对钢铁巨头、慈善家安德鲁·卡内基（Andrew Carnegie）这样说。[23] 实际上,他还想把世界上所有的盎格鲁-撒克逊人都变成帝国主义者。

扩张主义思潮在美国蠢蠢欲动,为他提供了一个好机会。由于在委内瑞拉问题上没能跟英国开战,美国国内的好战分子一直在寻找新的目标,现在,他们要求清除西班牙帝国在美洲的残余势力。罗斯福则明确提出了一个受到广泛认可的观点,他说美国需要一场战争,还在私底下把麦金利总统（President McKinley）称作"胆小鬼",因为他在打击西班牙军队的问题上一直犹豫不决,此时的西班牙人正在残酷镇压 1895 年开始的古巴分裂主义叛乱。知书达礼的麦金利既不想发动战争,也不希望古巴独立,至少在刚开始的时候是这样的,而他与马德里方面的友好谈判也进展顺利。在此期间,他还曾呼吁交战双方尽快停火,并在古巴实行自治。然而在"缅因"（Maine）号战列舰在哈瓦那港神秘爆炸并沉没之后,面对受赫斯特（Hearst）与普利策（Pulitzer）等报业巨头煽动的民众,麦金利只好将战争与和平的选择权交给了国会。尽管总统已经提醒过议员们：西班牙已经在所有重大问题上做出了让步,但他们最终还是选择了对西班牙开战。美国军队在 1898 年 4 月宣战后的几周之内,就彻底击败了古巴和菲律宾的西班牙人,并于同年 7 月占领了波多黎各。在随后的和平条约中,西班牙放弃了古巴。古巴虽然名义上取得了独立,实际上却变成了为曼哈顿各大银行生产单一作物的经济殖民地。此外,西班牙还放弃了波多黎各、关岛及菲律宾（美国为获得菲律宾向西班牙支付了 2000 万美元,而镇压菲律宾人的叛乱则花费得更多；菲律宾人发现,殖民者从西班牙人变成美国人并没有带来什么好处）。随着新世纪的来临,美国成为世界强国,此时的它已经准备好去接受拉迪亚德·吉卜林

第八章 先知的负担

关于帝国主义的指导了。*

这位无冕的桂冠诗人关注着美国的局势，心中感到振奋。当他意识到美国"将轻松获得古巴"时，他对一位铁路大亨说："我和你们感同身受……如今世界上已经没有什么地方能容得下那些疲惫不堪的国家了。"²⁵ 随着美国一步步取得胜利，他开始变得亢奋，畅想着大西洋彼岸的那个国家最终将一起分担教化世界上落后地区民众的重任。他看到美国人"慢慢站到了［他们］这边，并开始干正事儿，不再像以前那样朝对方扔石块，或是派民兵镇压铁路工人的罢工"。他给康涅狄格州的一位朋友写了封信，其中提道："这些事是我们这个民族的天职。"所以看到美国人这样做的时候，他的"欣喜之情简直无以言表"。到了8月，他意识到1898年确实是"白人的辉煌之年"。美国人不再将英帝国主义者视为劫匪和伪君子了。他们自己也承担起了和英国人同样的任务，因此他们中的一些人得到了一位自称了解所有相关事宜之人的鼎力相助。1899年2月，菲律宾人发动了一场持续三年的叛乱，吉卜林在写给朋友的信中说，殖民地"就像婴儿""一开始总是令人恼火，但仍然值得为其付出"。²⁶ 然而，这位导师并没有意识到自己的傲慢。毕竟，现在的美国人"值得与之交谈"。他们是"平等的"，他们能"明白事理"，他们——"感谢上帝"——"即将肩负起……白人的使命：把一套健全有序的治理体系引入地球上那些笼罩在黑暗中的地方"，这是他们的分内之事。作为这个有着"八百多年悠久历史"的并"在为帝国效力的观念下成长起来的"

---

* 吉卜林的美国朋友在美西冲突问题上存在分歧。美国派驻圣詹姆斯宫（Court of St James）的大使海约翰认为这是一场"精彩的小型战争"，罗斯福在辞去海军部副部长后曾带领"莽骑兵"（Rough Riders）参加了战斗。但安德鲁·卡内基是反帝国主义联盟的成员，马克·吐温也是，后者曾用吉卜林擅长的方式戏仿了《共和国战歌》（Battle Hymn of the Republic）的歌词：

> 我的双眼看到了刀光剑影的杀戮；
> 他在寻找陌生人存放财富的仓库；
> 他挥舞命运的闪电，灾难与死亡不计其数；
> 他的欲望势不可当。²⁴

——原注

漫长的谢幕

大英帝国的代言人,吉卜林对一位曾在佛罗里达的自由古巴营加入第 50 艾奥瓦志愿兵团的教授说:

> 光是今年春天我就召集了 60000 名[士兵],他们刚刚在印度边境的人堆儿里打了一场长达八个月的仗,其中的 22000 人现在正准备跟埃及南部那群快活的野蛮人达成协议。这些人前赴后继,很多都死于发烧、灼热的阳光、霍乱、刀伤和梅毒。在他们身后,是我所有的行政人员,他们不指望获得回报或者人们的赞许,也不指望得到任何言语上的认可,甘愿在异国他乡的土地上献出生命,只为了让那些在他们的羽翼庇护之下的人民过上美好的生活。我在各地除邪惩恶,我把剑磨出双刃,而过去它一直只有单刃:我为那些战乱不断的地方带去了和平;我使饥荒越来越少,挑选最得力的人去消灭瘟疫。这就是我所做的,提阿非罗(Theophilus)*啊,不是一年就这一次,而是五十年来年年如此。²⁷

1899 年 2 月,《白人的负担》在英国的《泰晤士报》和美国的《麦克卢尔杂志》(*McClure's Magazine*)上发表。这首专门写给美国人民(并委婉地敦促他们吞并菲律宾)的诗,刚好出现在菲律宾人发动叛乱的当天,而第二天就是美国参议院按照吉卜林的要求投票的日子。

> 扛起白人的负担——
> 派出你养育的精英——
> 捆绑你的儿子将他们流放,
> 去为你抓来的俘虏们效命;

---

* 《路加福音》第 1 章第 3 节和《使徒行传》第 1 章第 1 节中的人物,具体身份不详,字面意为"爱上帝"或"为上帝所爱",常用于称呼受尊敬之人。

第八章 先知的负担

让他们套上沉重的马具,
去伺候那群躁动的野蛮人——
那群刚被捕获、面露愠色之人,
一半是魔鬼,一半是孩子。

扛起白人的负担——
在忍耐中惟命是听,
收起令人恐惧的威吓,
藏起趾高气扬的神情;
用简单直白的话语
千百次不厌其烦地重复,
去为他人谋求福利,
去替别人争取利益。

扛起白人的负担——
为野蛮人发起和平之战——
填满饥饿的嘴巴,
消灭肆虐的疾病;
当你的目标即将实现,
为他人的归宿找到了答案,
当心懒惰与异教徒的愚蠢
使你的希望荡然无存。

扛起白人的负担——
不能靠国王玩弄的花招,
要靠农奴和清洁工的辛劳——

漫长的谢幕

平凡的点滴成就的传奇。
那些港口你永不会进入,
那些道路你永不会踏足,
用你的生命去建造,
用你的牺牲去标记。

扛起白人的负担——
收获那古老的奖赏:
那些不如你的人的抱怨,
那些你保护之人的憎恶——
你对这帮主人们百般迁就,
(可渐渐地!)他们却朝着光明哭号:
"为何将我们从奴役中解救,
远离我们所爱的埃及之夜?"

扛起白人的负担——
你既不能向卑微低头——
也不能为掩饰你的疲惫
毫无顾忌地呼唤自由;
听到你的喧哗或低语,
看到你的逃避或担当,
那些沉默而面露愠色之人
便据此衡量你和你敬仰的众神。

扛起白人的负担——
结束那些幼稚的日子——

第八章 先知的负担

毫不费力就得到桂冠,
轻而易举就获得赞美。
来吧,去追寻你的男子汉气概,
在那些费力不讨好的岁月中历练,
冷却它的是用高昂的代价换来的智慧,
那是你的同代人做出的审判!

艾奥瓦志愿兵团的战士们非常喜欢这首诗,六个月前就如愿收到了它的散文版。其他美国人却不怎么喜欢它,甚至连那位活泼开朗、精力充沛的扩张主义者罗斯福也是如此。除了委内瑞拉边界争端这件事,罗斯福在大部分问题上都和这位朋友意见一致。*"相当糟糕的一首诗,"他对亨利·卡伯特·洛奇(Henry Cabot Lodge)†说,然后又勉强地补充了一句,"从扩张主义的立场来看,还是很有道理的。""诗倒是写得比你说的好,"这位对英国十分反感的参议员回应道,"除了里面讲的那些道理。"²⁸ 这些道理也遭到了美国媒体的抵制,从《布法罗快报》(Buffalo Express)到《艾奥瓦州纪事报》(Iowa State Register),各大报纸争相刊登了《黑人的负担》《穷人的负担》《白人女性的负担》甚至《老女仆的负担》等讽刺作品。一位孜孜不倦的吉卜林纪念品收藏家在自己的剪贴簿上贴了八十多个这样的戏仿作品。²⁹

这首诗的题目和《退场诗》中的"小族蚁民"这一说法一样,很容易引起争议和误解。与之前的情况一样,这一措辞也很不恰当,或许还有些粗俗——即使在一百年后的今天,这种感觉仍然非常明显。不过这里的"白"

---

* 他们在美国印第安人的悲惨命运这件事情上也存在分歧。吉卜林在自传中写道,他"一直没弄明白一件事,有这样一群人,他们真诚地相信自己是新英格兰这片狭小土地上的虔诚的居民,却在灭绝这片大陆上的原住民时比任何一个现代民族都更加彻底,为人类的残暴树立了榜样。我曾向西奥多·罗斯福解释过我的困惑,可他驳回了我的质疑,他的声音把[史密森学会]那些装有印第安人遗物的玻璃罩都震得瑟瑟发抖"。——原注

† 19—20世纪美国政治家、历史学家,与西奥多·罗斯福私交甚笃。

显然是指文明和道德品质，而非肤色。"白人"就是那些以法律约束自己并为他人着想的人：贡加·丁虽然长了一身"脏"皮肤，但他"内心是白的，纯净的白色"。在《圣经》中，白色代表善良与纯洁：洁白的天使与邪恶的黑暗对立，就像维克多·雨果所说，"在上帝面前，所有的灵魂都是白色的"。[30] 又如布莱克的《黑人小男孩》(*Little Black Boy*)里的主人公所强调的，"但是呵！我的灵魂是洁白的"。当以色列人"学习行善"的时候，以赛亚以上帝的口吻告诉他们："你们的罪虽像朱红，必变成雪白。"（赛1：18）就连伯蒂·伍斯特（Bertie Wooster）最近都不再拿他那位贴身男仆吉夫斯的肤色说事儿了，而是常常夸赞他"真白"。*

即使如此，正如一位值得尊敬的评论家所说的，这首诗"在情感上有很深的种族主义色彩"。[31] 菲律宾人（以及很多没有直接提到的其他非欧洲人）都是野蛮、阴郁、懒散且尚未开化的。他们既不懂事又穷凶极恶，阻挠一切"改良"他们的努力，拒绝挣脱法老对他们的长期奴役，却不愿奋力一搏，与摩西一起走向应许之地。

对美国人来说，这番话与吉卜林习惯性地为英国在印度的统治给出的理由如出一辙，他们肯定不喜欢有人把他们的过去说成是"幼稚的日子"。这些统治者在占领当地以后，仍继续辛苦工作，为当地服务，预防饥荒，医治疾病，无私奉献，甚至为这群"刚被捕获、面露愠色之人"献出了生命。这完全就是件吃力不讨好的差事：没有气派的场面，没有物质上的回报，"不能靠国王玩弄的花招"，只有那群"不如你"的当地人对你求全责备、怀恨在心。同吉卜林的大部分作品一样，这首诗里没有吹嘘，没有提到荣誉和荣耀，也没有刻意表现军人如何英勇无畏。不管他当时以至后来的名声如

---

* 纨绔子弟伍斯特与全能男仆吉夫斯是英国小说家 P. G. 沃德豪斯（P. G. Wodehouse）的幽默短篇系列中的人物，最早出现在沃德豪斯于1915年创作的《解救年轻人古西》(*Extricating Young Gussie*) 中，并在其后续作品中频频亮相。最后一次出现是在1974年的《阿姨们不是绅士》(*Aunts Aren't Gentlemen*) 中，时间跨度长达60年，根据相关作品改编的广播剧曾在20世纪90年代末播出。吉夫斯是一位肤色黝黑的白人男仆。

第八章 先知的负担

何,这从来都不是他的风格。

尽管《白人的负担》在表达上带有偏见和暴力色彩,但它所传递的信息是理想主义的。与19世纪20年代支持南美独立的英国外交大臣坎宁(Canning)一样,吉卜林也在呼唤"新世界的诞生,从而恢复旧世界的平衡"。[32]但他的呼吁却跟国际政治没有多少关系。这是个责任问题,世界上最发达的两个国家肩负着将那些最落后的地区拉向"光明"的重担。*《旁观者》(Spectator)杂志称赞了这首诗,并宣称"白人的责任是征服和控制世界上所有处在黑暗中的民族,这个过程可能要持续几个世纪,这样做不是为了白人自己,而是为了他们的利益"。[34]这比吉卜林本人的意图更直白、更丑陋、更漫无边际。但得出的结论倒也大同小异。在那个还没有乐施会(Oxfam)†和联合国的时代,为极度贫困地区的人们提供援助是那些最富裕、最文明的国家的责任,这不是出于虚荣心或是为了扩大自己的影响力,而是因为维护和平、彰显正义、提供教育机会、保护少数族群、防止人们死于疾病和饥荒是他们的义务。这些国家派去的官员不会得到感谢,他们在当地的工作也不会持续很久,但他们有责任去尝试,尽最大的努力减轻他们目所能及的痛苦。尽管他们也有一些经济方面的考量(吉卜林对此知之甚少),而且有时还会被夸大,但这个目标本身并不是不光彩的。吉卜林以自己的方式表达了这一点,为帝国的统治提供了一个看似合理的道德理由。

吉卜林有个习惯,同时写好几部作品,这些作品不仅在内容上大相径庭,在风格、语气、质量上也有很大差异。这让他的崇拜者非常困惑,因为《退场诗》或《白人的负担》可能给他们带来了极大的振奋,但阅读写于同

---

* 海约翰在担任驻英国大使期间也对英美伙伴关系的实质发表过类似的看法:"身为部长和大臣,我们共同担负着自由和进步这一神圣使命,承担着因无法抗拒而不能逃避的责任……因为世界各国都将不同程度地直接受益于英国的商业和企业乃至启蒙事业的每一次进步,而这一切与这个国家是密不可分的。"[33]——原注

† 即牛津饥荒救济委员会(Oxford Committee for Famine Relief),成立于1942年的一家英国慈善机构,旨在为世界各地遭受饥荒和自然灾害的民众提供救援和赈济。

一时期的学童故事却没有同样的感受。吉卜林当年陶醉于写作《斯托基与同党》那段时间，常常大声地给兄弟姐妹们讲解故事里的内容，让他们苦不堪言，有时还会对着自己写的笑话狂笑不止。他很喜欢韦斯特沃德霍，还喜欢把他学生时代的那些小事、恶作剧、跟老师耍的花招、宿舍和教室里的玩笑都写进自己的作品里，这一切经过他的润色之后，最终都变成了那些"令人捧腹的"场景。

《斯托基与同党》里虽然有不少粗俗甚至野蛮的内容，但它并不认同维多利亚时代普遍的道德观。作品的背景当然是大英帝国（大部分在这里接受训练的男生将来都要为军队效力），但并未出现与帝国事务相关的课程。学校和板球场上的道德规范在作品中也没有得到认可。斯托基的同党麦克特克与比特尔（Beetle）虽然经常搞破坏，但性情都很温和，在权威面前常常摇摆不定。他们也不跟大家一起玩儿，从不担心比赛是否公平，甚至不去看板球比赛；有位老师就曾批评他们对自己宿舍楼的"荣誉"都漠不关心。此外，这些人物也没有表现出任何侵略主义的迹象，而这正是学校创办者当时受到的指控。有一天，学校里真的来了个名副其实的侵略主义者，一名"举止得体的保守党人"。这位议员对他们说，"他们不会永远只是一群男孩"，有一天"祖国的荣光"将由他们缔造。他还说，他们中的一些人肯定"早就迫不及待地盼望着能够领导自己的人民迎击敌人的子弹了"。他并没有注意到听众已经对他"极其反感"了，还在继续他的总结陈词；他朝同学们挥舞着一面国旗，对大家说，除非他们下定决心要让这"不朽的光辉"更加耀眼，否则任何人都没有资格注视它。同学们尴尬地、充满怀疑地听着这场粗鄙的演说，直到他们拖着疲惫的脚步走回宿舍的时候，才开始指责这个"大腹便便的摇旗手"。吉卜林认为这面旗是值得追随的，还把这个想法说了出来，但他自己并不是摇旗手。

19世纪90年代末以前，对吉卜林怀有敌意的批评几乎可以忽略不计，而《斯托基与同党》和那几首帝国赞美诗发表之后，自由派、激进派和唯美

第八章 先知的负担

主义者终于找到了打击的目标。罗伯特·布坎南（Robert Buchanan）声称，《斯托基与同党》的作者可能是个"被冷酷无情的民众宠坏了的孩子"，还说吉卜林所展现的是"这个时代浮躁、无知的暴民生活中"最令人发指的东西，"最倒行逆施、最野蛮的"东西。[35] 政治作家则更直接地把矛头指向了《白人的负担》。威尔弗里德·斯科恩·布伦特（Wilfrid Scawen Blunt）是一名支持爱尔兰和埃及民族主义的作家，他希望成为（他妻子的外祖父）拜伦（Byron）那样的诗人和情人。他在诗里嘲讽道："他渴望／为了他洁白的良知，用他那副撒克逊人的白色脊梁扛起"白人的负担，布伦特还借撒旦之口揭示了事情的真相：白人的负担其实就是"金钱的负担"。[36] 还有一位非常激进的记者，名叫亨利·拉布谢尔（Henry Labouchere），经常对帝国主义和上议院口诛笔伐，他的讽刺更加直白：

> 不断增加棕种人的负担，
> 你若唤起他内心的仇怨，
> 就必须用最时髦的箴言
> 迎合他那套陈腐的观念；
> 用一枚枚炮弹和达姆弹
> 千百次不厌其烦地重复——
> 棕种人的损失理所当然
> 会成为白人手里的财富。[37]

王尔德的小圈子在批评家当中也很突出。被王尔德喻为"天使加百列"的诗人理查德·勒加利纳（Richard Le Gallienne）很欣赏吉卜林的写作技巧，认为他"能把最普通的素材运用得精彩绝伦"，在《曼德勒》中，他居然能够从那堆"陈词滥调"中变出新的花样。但让勒加利纳感到震惊的是，某些国家竟为了"拓展贸易这一出于原始本能的极度自私的目的"去征服他国，这是违背基督教精神的行为,而吉卜林竟然利用基督教的术语去为这样的行径正名。《退场诗》和《白人的负担》是"埋藏在激扬的赞美诗里的政治口号",它们不是诗人吉卜林的作品,而是"为大英帝国的财产代言的非正式议员"吉卜林的作品。总的来说,这部作品证明了"英国人的残暴"和庸俗。吉卜林总是用很多高尚的话来告诫大家,"忠于职守,生活中要坚忍克己、保持清洁和愉悦的心情",但与此同时,"[他]那充满偏见的托利主义的旧式恶习"却让他变成了一个对"进步思想"产生消极影响的危险人物,与"我们最优秀的诗人、哲学家、社会经济学家一直为之努力的一切"为敌。[38*]

勒加利纳至少对吉卜林的创作主题做过一番思考,还写了一本严肃的研究著作;而那位把自己的导师王尔德奉为"上帝"的马克斯·比尔博姆在批评吉卜林的时候就纯粹是跟着感觉走了。可奇怪的是,他对吉卜林的感觉又很不符合他的性格。这位精于世故、长着厚厚的眼皮、乖戾怪异却鲜有作品问世的牛津大腕儿,一想到吉卜林就会勃然大怒。因此,在他原本那套朴实无华的作品之外,又增加了几篇批评文章、一篇模仿作品,还有至少九幅讽刺漫画,全都把矛头指向了那位拒绝还击的人。他嘲笑吉卜林是"集市里的偶像",鄙视他作为诗人和预言家的身份——讨厌"他总爱用'您''上帝''律法'这样的词儿",还厌恶"鲜血、啤酒和'烟草'的味道"。他说一打开那个人的书,这些气味就会从书页里飘出来。比尔博姆本人可不是那种允许这样的气味"在风和他的高贵之间"随意飘散的人。他在吉卜林的一本书的扉页上写道:

作者:R. K.[†]

灾难般的无耻之徒

---

* 直至1919年,勒加利纳才逐渐认识到吉卜林是"一位严肃而深刻的诗人",一位在道德上对他们那代人产生过重大影响的现实主义者和预言家。——原注

† 即拉迪亚德·吉卜林。

第八章 先知的负担

他

能写出如此精巧的作品

但

通常更喜欢站出来

(踮着脚尖,声嘶力竭)

支持一切

低贱

而肮脏的东西。[39]

第九章　罗得斯与米尔纳

吉卜林全身心地投入到了一系列政治事务中，除了喜欢，有时也得动动脑子。这些事务包括：英国在印度的统治、帝国联邦、关税改革、法国的生存、义务兵役制、确保阿尔斯特不被爱尔兰自治政府兼并、保护英国免受德国的威胁、工会主义、争取选举权的女性、自由贸易和自由党。但他将大部分时间和精力都投入到了促进英国在南部非洲的控制权这件事情上了。

19 世纪 30 年代末至 40 年代，自称阿非利卡人或布尔人（意即"农民"）的荷兰定居者为躲避英国人的统治，越过瓦尔河（Vaal River），在林波波（Limpopo）河以南地区建立了自己的共和国。1877 年，这个被称为德兰士瓦的地区被英国吞并，但三年后爆发了一场叛乱，布尔人最终在马朱巴山取得胜利，基本上恢复了独立。根据在比勒陀利亚（1881 年）和伦敦（1884 年）签订的协议，德兰士瓦恢复内部自治，外交权继续由大英帝国控制。英国还提出了宗主权要求，遭到布尔人的反对和拒绝；但奇怪的是，英国人并未将德兰士瓦视为其殖民地或整个帝国的一部分。

自 19 世纪 70 年代以来，英国出于战略考虑，一直想把整个统一的南非纳入帝国的版图，但在发现钻石和黄金之前，英国人对内陆地区的兴趣并不大。随后，德兰士瓦成为世界最大的黄金出产地，并有望成为南非的政治和经济中心，这再次引起了英国人的重视。阿非利卡人的数量在开普、德兰士

第九章　罗得斯与米尔纳

瓦以及他们建立的另一个共和国奥兰治自由邦（Orange Free State）都超过了英国人。后者很快就意识到他们正在失去对整个地区的控制，未来何去何从可能要取决于两位同样固执的领导人之间的缠斗，一位是"开普殖民地的巨人"塞西尔·罗得斯，另一位则是熟读《圣经》的德兰士瓦斗士保罗·克鲁格。张伯伦在殖民事务部的副手塞尔伯恩勋爵（Lord Selborne）无法做出判断，南非究竟会是下一个可能对英国怀有敌意的美国，还是会成为像加拿大那样的安全的自治领地。克鲁格和他那些虔诚的上帝的选民不会接受任何对他们的生存构成威胁的答案。在詹姆森暴露了英国的侵略意图之后，他们从欧洲购买了大批武器，包括 37000 支德国制造的毛瑟枪。

吉卜林曾在 1891 年前往澳大利亚和新西兰的途中到过开普敦，但 1898 年年初的第二次到访才让他对这个地方产生了浓厚的兴趣，当时正是布尔人与英国人剑拔弩张的时候。在印度期间，他认识了一位总督和一位总司令，可到了这个年纪，他不能只停留在认识几个高级别行政官员的层次了。在南非，他主动结交了开普殖民地最有权势的两个英国人——塞西尔·罗得斯和阿尔弗雷德·米尔纳（这种友谊从他自己的角度来说近乎英雄崇拜）——也从他们身上看到了帝国的未来。他还争取到了同样有权势的殖民事务大臣约瑟夫·张伯伦有些爱搭不理的友谊，并与罗得斯的助手、那次臭名昭著的袭击行动的指挥者利安德·斯塔尔·詹姆森（Leander Starr Jameson）这位次要人物成了志同道合的好朋友。吉卜林被詹姆森的魅力所折服，表示自己对"这位医生""崇拜"得五体投地。1905 年，在詹姆森担任开普殖民地总理期间，他曾激动地说过这样一番话："想想看，一个没有任何私心的人，之所以选择挑起这副担子，是因为这件事必须有人去做！"又在几年之后称赞詹姆森是"他们之中最高贵的罗马人"，并表示《如果》这首诗就是根据他高贵的品格写成的。[1]最后这点有些让人费解，因为即使詹姆森和这首诗各有优点，也很难看出二者有何共同之处："如果你能保持理性，当你／身边所有人都已失去它，并为此指责你""如果你能等待，且不会倦于等待""如果你能做梦,且不受梦的支使"*——用这些诗句来形容那个闯入德兰士瓦的冒失鬼岂不新鲜?事发之时,詹姆森刚被荷枪实弹的布尔人包围起来就立刻投降了,被抓起来的时候还哭得眼泪汪汪的。

1898年,吉卜林偕家人乘船前往南非,从此开创了一项持续了十年的传统,这样不仅能让孩子们一年有两个夏天,还能满足他自己对政治的满腔热忱。平日里他可以快乐地在草原上穿行,或是在桌山(Table Mountain)树荫下的一座白色小屋里写写东西。吉卜林在4月份写给朋友的信中说,他们正在经历一个"真正不朽的时代",见证着"一个新生国家经历诞生的阵痛"。他只身一人到北方旅行了一个月,发现了"一个生活在布拉瓦约(Bulawayo)†附近的新族群",然后经由金伯利去了约翰内斯堡。回到伦敦后,他做了一次演讲,称赞了那些为南非带来文明的人。他对英非作家俱乐部(Anglo-African Writers' Club)的听众说,他们最大的障碍是开普殖民地的荷兰人:这帮人不讲卫生,反对铁路,反对教育,反对接种疫苗,反对一切"文明的基石"。他还说,尽管如此,英国人必须对他们有耐心,必须"言传身教,循循善诱地引导他们走上土地资源开发这条道路"。²

此时的吉卜林身上正散发着塞西尔·罗得斯的气质。他们二人在1891年就见过面,最近又一起在吉卜林入选雅典娜俱乐部(Athenaeum Club)‡的宴会上与米尔纳共进晚餐;吉卜林此前还写过一些未发表的诗歌,对这位"巨人"大加吹捧。但直到现在,他们才能经常长时间地交谈。吉卜林夫妇在抵达南非的第二天便与罗得斯共进午餐,随后又一块儿度过了"难忘"的几天。吉卜林很快就被罗得斯身上散发着的权力感深深地吸引了。"你的梦想是什么?"罗得斯问他,像是在要求他说出答案的时候必须把提问者也"包

---

* 译文引自黎幺译《东西谣曲:吉卜林诗选》,第74—75页。

† 位于今津巴布韦西部。

‡ 1824年成立于伦敦的一家私人会员俱乐部,其会员主要是来自科学、文学和艺术等领域的佼佼者。

第九章 罗得斯与米尔纳

括进去"。在南非待了一个月以后，吉卜林在写给一位朋友的信中说："光是罗得斯一人就值得我远道而来。"[3]

这位"巨人"虽然只有四十五岁，但事业已经在走下坡路了。他靠钻石生意发了财，也消耗了他大部分政治资本。五年来，他以总理身份统治着开普殖民地，还以皇家特许的不列颠南非公司（British South Africa Company）董事长的身份统治着以他名字命名的国家罗得西亚（Rhodesia）[*]。在开普殖民地，他与阿非利卡人的政党阿非利卡人大会（Afrikaner Bond）结盟，并在一项允许白人鞭打仆役的立法问题上支持该党派对抗那些更宽容的英国资深议员。在更远的北方，他派詹姆森去蛊惑非洲首领罗本古拉（Lobengula）[†]，说服他放弃了大部分领土，随后又镇压了马塔贝莱人的叛乱。他还策划了那场企图夺取德兰士瓦的袭击，虽然随即便意识到时机还不成熟，并试图中止行动，但最终还是演变成了一场灾难。他不负责任的行为导致他最终失去了这两个职位，也失去了开普殖民地的荷兰人对他的支持。阿非利卡人大会在开普殖民地的经营使当地民众出现了政治化的倾向，而随着该党与罗得斯的决裂，德兰士瓦的民众更加拥护克鲁格，而克鲁格还有奥兰治自由邦的支持。他们的戒心再次被罗得斯唤醒了。

罗得斯二十四岁时曾写过这样一段话：英国的责任是"抓住每一个机会获取更多的领土"，因为"我们是世界上最优秀的民族……我们在世界各地的居民越多，对人类就越好"。后来他还在温莎向维多利亚女王表示，他正在"尽力扩大女王陛下的领土"。他最初的目标比较容易理解：在南部非洲建立一个隶属于大英帝国并由英国政府管辖的政治联邦。罗得斯的好大喜功让满腔热情的吉卜林和其他追随者大开眼界：他气度不凡、梦想远大，喜欢"从各大洲的视角考虑问题"；他谈到要将整个非洲染成红色[‡]，修一条从开普

---

[*] 位于非洲中南部，后独立为津巴布韦（Zimbabwe）与赞比亚（Zambia）。
[†] 19世纪后期南部非洲马塔贝勒人（Matabele）的末代（第二代）国王。
[‡] 在当时的世界地图中，英国及其帝国属地通常以红色标示。

到开罗的铁路；他谈到了自己的雄心壮志，希望有一天能吞并其他星球，还希望自己的名字能流传四千年；他还说要靠自己来实现这一切。[4]

吉卜林以自己的臆断接受了罗得斯。"他不是政客，"吉卜林对《旁观者》杂志的主编圣洛·斯特雷奇（St Loe Strachey）说，"他就是整个政治舞台……你一定要去非洲亲自领略一下这个男人的气魄。"罗得斯去世后，他还说过："罗得斯就是非洲。"[5] 在他三十年后写的一封信里，吉卜林甚至将通常用来指上帝的大写字母授予了这位"巨人"："我认为没有近距离接触过他（Him）的人都无法真正了解他（He）。他的存在（His Presence）拥有无穷的力量（Power）。"[6]

在罗得斯笨拙的外表背后，吉卜林看到了一种"女性的直觉"，从某种程度上来说，这样的人"简单得像个孩子"。奇怪的是，罗得斯不善言辞，"他要用各种动作来暗示和补充"自己的想法，还曾求助吉卜林（作为"提供语言的人"）说出他自己"想表达"的内容。[7] 这大概不是很困难，因为他们有共同的梦想和偏见。他们把人分成干活的人和游手好闲的人；他们不喜欢"贝利奥尔学院那帮自命清高的人"，罗得斯认为这类人"大概是这个世界上最糟糕的人"；[8] 他们对民主化进程的局限也持相似的看法。"罗得斯不完全是你们所说的那种自由派，"贝利奥尔学院的异类、从不自命清高的爱德华·格雷爵士（Sir Edward Grey，后来曾担任英国外交大臣）在1892年同他会面后这样说，"他为南非推出了新版的'一人一票'制，也就是说，他本人应该有一票，但其他人不应该有。"[9]

吉卜林与罗得斯的关系必定是不对等的，一个是学生，一个是导师，吉卜林会在导师去世后将他学到的东西继续传下去。当然罗得斯很看重他们之间的交情，认为吉卜林是"自迪斯累里（Disraeli）以来做得最多的人，他向世界表明，不列颠民族有着坚实的内核，从未衰退或堕落"。[10] 罗得斯很好客，也比较关心别人，曾邀请吉卜林共进晚餐，并向他保证不会有其他人来打扰。赫罗特斯许尔（Groote Schuur）是罗得斯的庄园，原本是荷兰人的谷仓，由赫伯特·贝克（Herbert Baker）整修为一座庄园。罗得斯甚至在自

第九章　罗得斯与米尔纳

己的这座庄园里为吉卜林盖了一所名为"议长席"（The Woolsack）的房子。这是一栋单层建筑，门口的阳台周围环绕着松树和橡树，还有一个可以远眺山景的花园。

在吉卜林1898年到访南非的这段时间，米尔纳也很感激"拉迪-吉卜尔（Ruddi-Kipple）的"陪伴。他写道，吉卜林不仅是伟大的诗人，而且是"最好相处的人，一点都不难伺候，这一点真是太棒了"。米尔纳和他相处的时间并不多，这让他有些遗憾，但让他高兴的是，这位作家识破了"那场彻头彻尾的骗局——那群头脑简单的布尔爱国者，这最能满足英国激进派人士的想象"。[11]

这位新任高级专员曾涉足法律界、新闻界，做过牛津大学的研究员、财政部官员，还在后来受封克罗默伯爵（Earl of Cromer）的伊夫林·巴林爵士（Sir Evelyn Baring）统治埃及时期做过他的助手。米尔纳才智出众，他吸引吉卜林的地方在于，他是个学者型行政人员，也是一位有着坚定的信念和一点点虚荣心的领导人，在别人高谈阔论的时候，他已经为帝国做了很多"实事"——事实上，他比詹姆森更符合《如果》这首诗所宣扬的典范形象。吉卜林看到了他在布尔战争期间所做的工作，他钦佩"这个沉默寡言却能力过人的男人……在面对一切可能出现的挫折时，总能凭一己之力设法找到前进的道路"。作为一名行政官员，米尔纳"非常厌恶某一种类型的政客"——在吉卜林看来，这意味着他又获得了某种额外的资格，因为在政治家的缺点这个问题上，他与米尔纳和罗得斯有很多共同的看法。[12]*米尔纳曾在1885

---

* 然而他们三人对牛津大学贝利奥尔学院的评价可能存在一些分歧。米尔纳是该学院培养的另一位从不自命清高的毕业生；在南非期间，他充分发掘了母校的人脉资源。虽然他对寇松等毕业于贝利奥尔学院的统一党人有一种天然的好感，但是在布尔战争期间，他仍然得到了该学院的自由派帝国主义者H. H.阿斯奎斯（H. H. Asquith）及爱德华·格雷爵士的支持。毕业于剑桥大学的自由党领袖亨利·坎贝尔-班纳曼爵士（Sir Henry Campbell-Bannerman）一直在努力将这个分裂的政党再次凝聚起来，他对战争期间贝利奥尔学院的自由党人向米尔纳效忠这件事极为愤怒，并将其称为"拜米尔纳教"（religio milneriana）。据他的官方传记作家所说，他认为"这种对贝利奥尔学院的英雄盲目崇拜的行为……是牛津人心智上的一种缺陷"。[13]——原注

年成为自由党候选人,但他后来对英国议会("那群威斯敏斯特的暴民")越来越蔑视。他以吉卜林的口吻称其为"傻瓜的把戏",只会"浪费热情和精力",让一小撮帝国的行政官员"在那些无望的事情上白费力气……为那群铁了心要抛弃大英帝国的人维持大英帝国的存在"。[14]

1897年,为弥补詹姆森的惨败造成的损失,米尔纳被派往南非。他对这次愚蠢的袭击和行动过程中令人不齿的行为感到震惊。不过他认可此次行动的目标——把德兰士瓦共和国并入大英帝国的版图。在一意孤行和毫不退让方面,他与克鲁格和罗得斯可谓旗鼓相当。

米尔纳内心的杰基尔医生(Dr Jekyll)与海德先生(Mr Hyde)*往往很难和谐相处,一个才华横溢、彬彬有礼、品格高尚又温文尔雅,另一个却是固执己见、近乎狂热的种族主义者。作为派驻南非的高级专员,他在这两个角色中都发挥了同等的作用。他认为南非是"帝国链条上最薄弱的一环",因此决心将它融合为一个统一在联合王国旗帜下的"白人自治体,并获得从开普敦到赞比西河(Zambesi)的黑人劳工的支持,他们都是在公正的治理体系下得到善待的人"。[15] 有一种说法,认为米尔纳和英国政府同布尔人开战是为了攫取金矿,是一场由尤利乌斯·韦恩赫尔(Julius Wernher)与阿尔弗雷德·拜特爵士(Sir Alfred Beit)操纵的资本主义阴谋,但这种说法已经被现代史学家们所摒弃。还有一种观点,认为他们是为那些"外侨"的权益而战,这群以英国人为主的移民生活在德兰士瓦的兰德金矿区。实际上,他们发动战争是为了将来能够把两个力量悬殊的民族纳入同一个隶属于英国的政治联合体当中,这样,阿非利卡人将逐渐失去自身的民族特征,同时在人口数量上也会被英国移民所超越。米尔纳坚持认为,取缔阿非利卡人的独立国地位是将来建立新国家的先决条件。否则农村地区的阿非利卡人将永远无

---

* 斯蒂文森的小说《化身博士》中的人物,文质彬彬的杰基尔博士喝了自己研制的药剂后,分裂出了另一重人格——邪恶的海德先生。后人用"杰基尔与海德"喻指具有双重人格的人。

第九章 罗得斯与米尔纳

法被英国人同化,克鲁格的"中世纪单一民族的寡头统治"也会把这些外侨"永远踩在脚下"。[16]

英国首相索尔兹伯里勋爵曾在私下承认,"让南非受益的真正意义当然是要由我们而非荷兰人说了算"。[17]但由于这一政策既缺乏吸引力,也不大有市场,英国政府不得不想其他办法。米尔纳曾公开表示,他的目的是让德兰士瓦陷入危机。他认为,要刺激英国的舆论,最有效的手段便是将克鲁格拒绝为近期移居当地的外侨授予公民权这件事公之于众。他鼓励这些人申诉自己的委屈和不满,而且很快就得到了回报:1899年3月,22000名英国侨民请求王室恢复他们的各项权利。米尔纳在发回伦敦的一份极具煽动性的报告中声称,这些请愿者的处境就跟"希洛人"(helots)*一样悲惨。

这个理由看似很有道理。外侨缴纳的税款占了大头,并为德兰士瓦创造了大量财富,却没有任何政治权力,同时还得臣服于这样一个腐败无能的政府,其领导人完全是个没有教养的原始人,至今依然认为地球是平的。不过他们不大可能真的沦为希洛人,因为他们都是为了发家致富而自愿去那里掘金的。此外,正如索尔兹伯里几年前所说的,"在以采矿投机分子为主体的流动人口中实行普选"不可能是"理想的政体"。[18]布尔人的文明很可能还处于蒙昧的原始阶段,但毕竟那是他们自己的文明:如果他们不得不尊重别人的权利,那应该是在他们之前就生活在这里的非洲黑人部落的权利。克鲁格认为,让外侨拥有公民权对于荷兰人来说无异于自杀。他这话确实有些夸张,但生活在草原地区的加尔文派阿非利卡人也的确被这些外侨在兰德地区新建的"所多玛与蛾摩拉"†给吓坏了。就连罗得斯也公开承认,如果他是克鲁格,也不会让这些外侨获得公民权,因为那意味着他将失去自己的权力。无论如何,由米尔纳和吉卜林等反民主人士提出的这套英国人的主张确

---

* 古希腊斯巴达城邦的农奴。

† 古代巴勒斯坦的两座城镇,可能位于今死海以南地区。据《圣经》记载,这两座城镇的居民堕落邪恶,罪孽深重,于是天降大火将其毁灭。喻指"罪恶之城"。

实没什么说服力。在英国男性尚未实现普选（尽管英国公民已经在那里生活了很多个世纪），女性仍被完全排除在外的时代，让德兰士瓦那群"流动的……投机分子"获得公民权绝对是一件不可思议的事。

米尔纳在内阁中的主要支持者索尔兹伯里和张伯伦都赞成他在德兰士瓦制造一场危机的设想。不同的是，这两位支持者希望通过这场危机迫使布尔人让步并达成和解，而米尔纳想要的则是一个以战争或克鲁格的彻底屈服为终结的战略契机。随后的冲突在当时被称为"乔的战争"，"乔"是张伯伦的名字"约瑟夫"的昵称。这个说法并不恰当，如果说这是某一个人的战争，那它也应该属于米尔纳。1899年6月，克鲁格与米尔纳在布隆方丹迎来了一场正面交锋。克鲁格提出一项妥协方案，将外侨获得公民权所需的居住年限减半；米尔纳却态度强硬，还在私底下把克鲁格称作"穿长礼服的尼安德特人"。这句话激怒了克鲁格，他咬牙切齿地回应米尔纳："你们想要的是我们的国家。"8月，由于开普殖民地的阿非利卡人施压，克鲁格做了更多让步，愿意将居住年限降至五年，并将（设在比勒陀利亚的）人民议会中的十个席位授予兰德地区。张伯伦终于松了口气，庆幸自己避免了一场战争，但索尔兹伯里却有一种不祥的预感：一直在"摩拳擦掌、憋足了劲儿想要干一仗的"米尔纳"……不想再把衣服穿上"。[19]

这位英国首相抱怨米尔纳把英国拖入了战争。但这一指责并不公平。[20]没有米尔纳，就不会有战争；但即使派往非洲的人是他，索尔兹伯里和张伯伦作为他的上级，也是可以阻止战争爆发的。到8月底的时候，张伯伦和克鲁格原本还有机会消除二人之间的分歧，但那两位最具影响力的内阁成员此时已经被米尔纳的顽固不化深深地传染了。索尔兹伯里和张伯伦虽然接受了布尔人的让步，但他们在一份措辞傲慢的照会中表现得相当无礼，甚至还威胁德兰士瓦当局，如果他们的答复不"及时且令人满意"，英国方面就会派遣军队。这样一来，克鲁格只好撤回了他的承诺。

这位阿非利卡人的总统在整个夏天的表现就像一位明智而值得尊敬的

第九章　罗得斯与米尔纳

政治家；如果有人在面对尼安德特人的行为时感到羞愧的话，那个人就是米尔纳。但是到了9月，愤怒的克鲁格退回了防御阵地，并且再也没能卷土重来。次月，他给英国政府发了一份任何国家都不可能接受的最后通牒，要求英国政府在四十八小时内撤回部署在德兰士瓦边界的军队，将过去三个月内登陆的部队全部撤离，并命令游弋在公海上的增援部队不许在任何一处南非港口登陆，否则就开战。这份最后通牒反而让索尔兹伯里松了一口气，因为有了它，"［我］就不用向英国人民解释我们为什么打仗了"。他在上议院说的一番话揭示了这场冲突的真实原因：现在已经"到了做出决定"的时候了，"未来的南非究竟会成为一个由实力不断壮大、人数不断增加的荷兰人控制的国家，还是会成为英国女王统治下的安全而稳固的国家"，就在此一举。[21] 10月，德兰士瓦的布尔人为了速战速决，以四倍于英军的人数，在奥兰治自由邦的支持下侵入英国人的纳塔尔（Natal）和开普殖民地。

那是1899年。1909年之前，吉卜林一家每年都会前往南非，除了那一年。为看望卡丽的母亲和刚刚当选纽约州州长的西奥多·罗斯福，也为了暂时告别灰蒙蒙的天空和煮土豆，享受一下灿烂的阳光和便宜的牡蛎，他们那一年去了美国。事实证明，这个决定是一场灾难。三个孩子在1月份的航行中都生了病，他和卡丽也在到达纽约后一病不起。吉卜林得了肺炎，连续好几天神志不清，差点在2月的最后一天晚上撒手人寰，之后才开始慢慢恢复。由于他身体太过虚弱，家人都不敢告诉他，他最疼爱、最漂亮可爱的女儿、只有六岁的约瑟芬已经在3月初去世了。卡丽在照顾他时表现出了极大的坚韧和隐忍，一直没有让吉卜林觉察到她内心的悲痛，这是这个家庭第一次经历丧亲之痛。

吉卜林在美国度过了三个月的康复期，然后在仲夏时节再次横渡大西洋回到英国，此后便再没有踏上过美国的土地。他后来解释说，那片土地承载着他太多的欢乐与悲伤，因此他无法再回到他的"小姑娘"去世的地方。

吉卜林的表外甥女安吉拉·麦凯尔（Angela Mackail）回忆说，约瑟芬去世后，她就再也没看到过他"原来的样子"。他很少说起自己的女儿，在自传中也没有提到，不过他在一首题为《梅罗丘陵》（Merrow Down）的诗歌和三篇魔幻故事里表达了对约瑟芬的缅怀。吉卜林住在"议长席"期间，为他的另外两个孩子写了《第一个字母》（The First Letter）*和《字母表是怎么来的》（How The Alphabet was Made），两篇故事均收录在《原来如此故事集》（Just So Stories）里。这两篇描写父女亲情的作品显然受到了女儿约瑟芬的启发。在《他们》这篇故事里，一个失明的女人住在一所满是小孩子幽灵的屋子里；其中有一段充满爱意的仪式般的场景：叙述者坐在椅子上，他感觉到，

有人托住了那只刚刚放松的手，在一个孩子柔软的双手之间静静地转动着……轻轻的一吻落在我的掌心——那是一份礼物，就像以前那样，一触碰到就想把手合上；那是一种极为真实而略带责备的信号，就算大人们再忙，那个曾经在等待中度过每一天的孩子也不曾忘记的信号；那是一段碎片，来自很久很久以前发明的无声密码。

吉卜林在美国的医生建议他年底前一定要注意休息，暂时不要写东西了。然而，布尔战争带来的兴奋感似乎比漫长而沉闷的康复期更有疗效。吉卜林以这场战争为主题的第一个作品是《老问题》（The Old Issue）。这是一首晦涩难懂的诗，如果不是《纽约时报》的评论做了解读的话，读者大概永远无法明白他要表达的意思。文章说："本刊今晨刊登了拉迪亚德·吉卜林先生的一首振奋人心的诗歌，他希望通过这首诗告诉全世界。"布尔人还在他们那套"声名狼藉的专制主义阴谋"中寻求栖身之所，而那套东西"早在

---

* 篇名全称为《第一个字母是怎么写出来的》（How the First Letter Was Written）。

第九章　罗得斯与米尔纳

几个世纪前就被我们的祖先彻底摒弃了"。[22]10月31日，吉卜林在《每日邮报》(*Daily Mail*)上发表了《漫不经心的乞丐》(*The Absent-Minded Beggar*)一诗，为声援这场战争做出了更大的贡献。

> 当你高唱《统治吧，不列颠尼亚》和《天佑女王》之时，
> 当你用唇枪舌剑将克鲁格杀死之际，
> 请你行行好，在我的铃鼓里放上一先令可以吗？
> 为的是一名穿卡其装的绅士，他奉命将向南进发。
> 他是个漫不经心的乞丐，浑身上下满是缺点——
> 但我们和保罗必须找到他，把他带走——
> 他擦了擦身旁的石板，义无反顾奔赴前线——
> 把一大堆无足轻重的东西留在了身后！
> 公爵之子——厨师之子——众王之子——
> （五万战马和步兵正开赴桌湾！）
> 他们每一个人都在为国效力，
> （可他们留下的东西由谁照管？）
> 为了你的荣誉，请把帽子递过去，
> 捐钱——捐钱——捐钱！

吉卜林自己也知道，这首诗和随后的几首质量都不高。他觉得有些尴尬，曾经向（给这些诗谱曲的）阿瑟·沙利文爵士(Sir Arthur Sullivan)坦言：它们太"丢人"了。同时他又很敏感，很久之后发生的一件事可以证明这一点：有一次，牛顿勋爵(Lord Newton)在上议院批评了他的作品，吉卜林于是给他发了一份怒气冲冲的抗议书。[23]但他似乎也没有想过再写一首令人振奋的赞美诗。为慈善和宣传的目的，他在形式、情感和语言上又故意回到了"军营歌谣"的路子。他用所有人都能理解的语言，不仅成功地表现了汤

米·阿特金斯的困境，还展现了他一直没有写过的那些人的生活处境，譬如"他秘密迎娶"的女孩、她周围的"孩子们"，还有"煤气、煤块、食物和即将到期的房租"。现在"不是布道的时候，因为冬天就要来了"：我们必须帮帮这个女孩，不能把她和她的孩子们送去济贫院，因为汤米正在前方教训克鲁格，为拯救大英帝国而战。这首诗对人性的关注和其中简单明了的寓意引起了巨大的反响：其中的诗句连同一幅表现汤米负伤后仍顽强奋战的画，被印在了马克杯、烟灰缸、香烟罐、盘子、饼干盒等纪念品上，摆满了全英国各家各户的餐桌和壁炉台。在吉卜林放弃版权的情况下，这些物品的销售为士兵家庭筹集到了30万英镑的巨额资金。

1897年周年庆典期间，英国舆论掀起了一波歌颂帝国的热潮。次年，基钦纳在恩图曼（Omdurman）为戈登"成功复仇"，然后又在法绍达（Fashoda）*逼退了法国军队，实现了索尔兹伯里将法国人赶出尼罗河上游地区的目标。这两件事再次使英国舆论陷入狂欢。但外侨在南非的困境却没有引起特别的关注，英国舆论也没有表现出愿为同胞而战的意向。派遣军队的举动和《漫不经心的乞丐》激发了公众对战争的兴趣，后者的作用虽小却更能打动人。然而英军在战争开始阶段即以非常典型的英国人的方式惨败，这反而点燃了人们的热情。英军在"黑色星期"（Black Week）这一周之内连续三次失利后，维多利亚女王明确表示，她"对失败的原因不感兴趣"。这句话似乎可以代表全国人民的态度，也一定在吉卜林的内心激起了波澜，因为他能够比他的君主更加准确地辨别出这种情绪。尽管对战况感到沮丧，还因担忧前方部队的状况而失眠，但他仍对胜利充满信心。元旦当天，他预言南非将从战争中崛起，成为"一个屹立于世界民族之林的国家——一个属于白人的自由国度"，这个国家的公民将按照过去的加拿大人和现在的澳大利亚人开发自己的土地的方式发展自己的国家。[24]

---

* 现名科多克（Kodok），今南苏丹东北部法绍达州首府，东临白尼罗河。

第九章　罗得斯与米尔纳

吉卜林毫不犹豫地接受了英国政府为这场战争的正当性所做的辩护。他也欣然接受了其背后的真实原因——索尔兹伯里提出的"谁是老大"（who's boss）理论——就像他当时毫不犹豫地支持外侨争取自己权利的事业那样。他对他的美国朋友们说，这场冲突的"价值在于，它是一场直接针对所有白人的基本政治自由这一基本问题的战争"。他还说，即使是美国独立战争，其"正当性"也不及"这场纠纷的十分之一"。[25] 由于没有记录下来，我们不知道大西洋彼岸的朋友们读到这封信时该有多么惊讶。这当然也超出了约瑟夫·康拉德（Joseph Conrad）的认知；就在几年前，康拉德刚被《旁观者》杂志喻为"马来群岛的吉卜林"。当这位小说家意识到布尔人是在"真心实意地为独立而战"时，他对南非的某些看法竟与那位"印度的康拉德"不谋而合：布尔人"不知自由为何物"，只是"一群彻头彻尾的专制主义者（un peuple essentiellement despotique），就跟所有的荷兰人一样"；"在全世界范围内，只有在英国国旗之下才能找到"自由；这场战争与其说"是对德兰士瓦的打击，不如说是对德国势力的所作所为的打击。是德国人的咄咄逼人导致了这个问题"。但吉卜林的《老问题》这首诗却差点让康拉德"笑死"。这首诗拐弯抹角地将英国人与布尔人之间的冲突同英国人为争取自由反抗查理一世国王的斗争相提并论。"我要是信了吉卜林的话，这岂不成了一场为民主事业而发动的战争。真是笑死人了。（*C'est à crever de rire.*）"[26]

吉卜林并不相信德兰士瓦只是"为独立而战"。他认为，阿非利卡人的目标和英国人一样，就是吞并整个南部非洲。他曾在战争期间指责布尔人想"把英国人赶到海里，虐待他们的黑人仆役，用枪而不是投票箱来统治南非"。[27] 这是个令人不安又很有远见的预言。吉卜林对非洲原住民的政治权利的关注，并不亚于他对印度次大陆人民的宪法权利的关注。但他和米尔纳一样，在非洲原住民的社会福利问题上持家长式的态度，他可能还谴责过对其实施种族隔离的做法。在《老问题》中，他还谈到了"我们窗户下的看守"和那些"会为我们伸张正义……"的"拿他薪水的雇工"。

漫长的谢幕

仇恨与分歧相伴,间谍四处横行;
金钱秘密涌入,腐尸滋养着苍蝇……

暗地里残忍刻毒,阳光下奸诈诡谲,
他的教义将远远超越他自身的边界。

吉卜林曾先后准确地预言了维沃尔德博士(Dr Verwoerd)[*]的警察国家和马兰博士(Dr Malan)[†]的种族隔离政权。他在战后谈到布尔人的时候说:"是我们让他们得以维护并扩大其自身对民族统治的原始欲望。"[28]

吉卜林认为阿非利卡人确实很落后,也不喜欢他们对待那些"黑鬼"(Kaffirs)的方式,但他尊重德兰士瓦和奥兰治自由邦的"市民"。他们也许举止粗鲁,但每个人都是急先锋,他们为自己的信仰而战,打起仗来干净利落。不过吉卜林对他们在开普殖民地的荷兰同胞并没有什么好感,他说这群人也曾把英国人看作"被统治的民族,一直持续了二十年",现在却"充满了不忠"。[29]这种粗浅的看法是受了米尔纳的影响,后者对这种所谓的不忠行为深恶痛绝,还把这群荷兰人形容为德兰士瓦人的"同胞公民"。两个如此聪明的人居然没有把开普殖民地的阿非利卡人的情况弄清楚,这让人很费解。荷兰人与这些外侨不同,他们不是在外国掘金的移民:他们的祖先在拿破仑战争期间、英国占领开普地区之前就已经生活在那里了。不论如何,扬·霍夫迈尔(Jan Hofmeyr)和他在阿非利卡人大会的同僚一直与罗得斯保持着盟友关系,直到1895年,詹姆森和他手下那群冒失鬼终于摧毁了他们的

---

[*] 20世纪南非政治家,1958—1966年任总理,任内推行了一系列强化种族隔离的政策。1960年3月21日,南非东北部小镇沙佩维尔(Sharpeville)的黑人群众在反对扩大种族隔离政策的示威活动中遭当地白人警察开枪射击,致69人死亡,180余人受伤,史称"沙佩维尔屠杀"。

[†] 19—20世纪南非政治家,1948—1954年任总理,任内确立了以种族隔离制度为标志的独裁统治。

第九章 罗得斯与米尔纳

信任。不过即使是这次袭击事件也没有把他们变成叛乱分子。三年后，这位阿非利卡人大会的主席表示很庆幸自己是英国臣民，还说自己生在英国国旗下，将来"也愿意死在这面旗帜下"。如果开普殖民地的阿非利卡人将"地域爱国主义"（即他们与北方布尔人的联系）同他们对大英帝国的忠诚结合在了一起，这些关系也就不需要成为互不相容的隶属关系了：苏格兰和爱尔兰就有类似的融合。但米尔纳很抗拒这种错综复杂的感情，吉卜林也一样。这位诗人虽然不是自然界的鹦鹉，但在米尔纳、罗得斯，部分情况下还有张伯伦这些有权势的政治家的熏陶下，偶尔也会重复一下主人的口头禅。在他眼里，开普殖民地的荷兰人永远是一副又脏又懒、唠唠叨叨、不讲信义的形象。[30]

吉卜林既不是好战分子，也不是侵略主义者。年轻时的温斯顿·丘吉尔曾在印度和南非四处奔走，追寻个人荣耀，而他却完全没有这种不切实际的想法。但他支持这场战争，因为它将为南非、不列颠、大英帝国和英军带来诸多好处。在英国旗帜下实行联邦制的南非将成为一个新国家，成为另一个加拿大。经过战争洗礼的英国将蜕变为一个更加坚韧、更加务实、不再那么傲慢的国家。随着各殖民地纷纷出兵支援他们的"母国"，整个大英帝国将会空前团结。最重要的是，这场战争将为英国军队带来"无法估量的好处"，让它变得更强大、更高效、更胸有成竹地去面对即将到来的与德国的"末日大战"（Armageddon）。[31]

第十章　来自布尔人的教训

1899年的夏天,吉卜林收到了两份热情的邀请,希望他在即将到来的冬天一起工作。寇松邀请他去加尔各答,但被他以总督的工作"我确实不在行"的理由拒绝了;而面对几乎相当于总督的罗得斯请他去开普敦的召唤,他却很有兴趣。当年秋天发生在南非的一系列事件"太令人激动了",吉卜林很想借此机会亲自去看一看。在战争爆发后的几天里,他写下了自己的愿望——在毫无悬念地打败布尔人之后,亲眼见证这个国家的重建。"黑色星期"让他的信心稍微受到了一些打击,但仅仅两周之后他就对萨瑟兰公爵夫人(Duchess of Sutherland)说,"也许我们看待这场战争的态度过于悲观了":如果这几次失利戳破了"国民的虚荣心",那么"从长远来看",这"反倒"能给英国带来"真正的好处"。他之所以信心倍增,大概是因为他对前往开普殖民地的旅途充满了期待。在圣诞节期间,他们全家和保姆都得了流感,现在终于可以离开英国,好好享受一下惬意的旅行时光了,等到了那儿,还有明媚的阳光和蔚蓝的天空。[1]

吉卜林夫妇于2月初抵达开普敦,此时布尔人刚刚在斯皮温山(Spion Kop)取得胜利,而英国人也在积蓄力量准备反攻。吉卜林在桌山山坡上的一家酒店住了两个星期,然后便开始了他的旅程。他先是乘医院列车去了莫德河(Modder River),英国人于前一年的11月曾在这里以惨重的代价赢得

第十章 来自布尔人的教训

一场胜利。3月,他和罗得斯一起视察了斯泰伦博斯(Stellenbosch)的大本营。此前,罗得斯被围困在金伯利达四个月之久,这位"巨人"在此期间的表现非常令人反感:傲慢、对战局持悲观态度、喜怒无常,还经常在自己一无所知的军事问题上对身边那位能力出众的指挥官指手画脚。张伯伦后来说,如果不是这位凯克威奇中校宽宏大量的话,罗得斯早就被关进监狱里了。[2]

尽管如此,当吉卜林踏上奥兰治自由邦刚被英军占领的土地时,没有任何东西能冲淡他内心的亢奋。卡丽在日记中写道,他正在享受"这最欢欣鼓舞的时刻",并"把他所有的想法与过去思考过的那些东西全部串联了起来"。[3]3月中旬,新任总司令罗伯茨勋爵邀请吉卜林一起为驻守布隆方丹的军人办一份报纸。布隆方丹是奥兰治自由邦的首府,刚刚被英军占领。这份名为《朋友》(Friend)的报纸在欢迎吉卜林加入时,发表了一篇重要的评论文章,称吉卜林"为巩固大英帝国所做的贡献很可能比任何人都要多",并称赞他在"向世界展现英国士兵的真实内在"方面具有独到的能力。[4]

吉卜林对这些溢美之词并不十分在意,让他觉得有意思的是自己又回到了报社,各种各样的气味、忙碌的场面、一群人一块儿工作,像是回到了"印度的旧日时光"。他在这儿只待了两个星期,但非常珍惜这段经历。其间,他鼓励同事们用"士兵的白话"而不是"女王的英语"来为战士们写诗。[5]他也在这份报纸上发表了几首自己的诗,其中有一首是为布尔人的指挥官皮特·朱伯特将军(General Piet Joubert)之死而写的挽歌。但最有趣的稿件是他与人合写的一份宣言,其中包括好几项"英国人的原则":"个人享有绝对的独立""对所有人……的裁决都应及时而公正""反对一切带有军事独裁色彩的事物",以及"所有族裔均享有宗教宽容和信仰自由"。[6]其中并不包括"所有白人享有基本的政治自由",这是他为当地的外侨声索的权利,但如果将其理解为男性普选权的话,他甚至不建议英国行使这项权利。

3月底,这位复出的记者在布隆方丹为罗伯茨和米尔纳举行的晚宴上发表了一场演讲。他怀着必胜的信念，提议为"那个人的健康"干杯，因为：

> 他让大英帝国明白了自己的责任，让世界认清了自己的力量；他让军用运输船布满整个大洋，让全副武装的军人踏遍所有土地；他让开普敦的桌湾（Table Bay）见到了他前所未见的景象，但愿上帝永不再见；他把伦敦街巷里的"二流子"变成了男子汉，他把我们的部队引到了坎大哈却不知道自己干了什么；他让南非的英国侨民跟新西兰的巡边骑手肩并肩站在一块儿，教新南威尔士人清理那些戴着枫叶徽的伤员——所有的一切都是为了支持我们的祖国。先生们，让我来告诉你们这位帝国缔造者的名字吧，他就是斯特凡努斯·保罗·克鲁格。[7]

就在同一个星期，这位马尔瓦尼的作者和一名记者同事乘马车到前线观看了第一场战役。这是一场小规模战斗，发生在布隆方丹以北几英里的卡里坡（Karee Siding），最终并未决出胜负。英国骑兵队原以为可以悄无声息地来一顿"野餐"，但他们同时朝一个方向移动的时候，引起了敌人的注意并遭到攻击。吉卜林几年以后回忆起当时的情形时，说自己"差一丁点儿就被射杀了"，因为工兵队的一名副官告诉他，前方有一片"安全的"灌木丛：结果到了那儿才发现"一点都不安全"，他只能趴在地上"待了好几个小时，身体和精神都高度紧张"。[8] 即使是单数形式，"小时"这个词大概也有些夸张了。

但是可以毫不夸张地说，在南非期间，他"在普通士兵中的地位私下里甚至超过了大多数将军"。[9] 这位写过《汤米》和《漫不经心的乞丐》的作家在视察奥兰治自由邦的军营时曾受到热烈欢迎。在开普敦，他几乎每天都要去当地医院看一看，而那些伤员对他的喜爱也让他非常感动。一位评论家回忆说，吉卜林对那些军官总是言辞尖刻，对这些人却只有赞美，称赞他们有"坚韧的毅力和敏锐的感受力"。[10] 朱利安·拉尔夫（Julian Ralph）是吉卜林

第十章 来自布尔人的教训

在布隆方丹期间共事的一名记者,有一次,他和吉卜林一起去了一家陆军医院,在离开时,他听到很多人都在说:"愿上帝保佑他,他真是我们这些士兵的朋友。"拉尔夫后来回忆,"他跟战士们聊天的时候"就像"一位战友","还跟他们聊自己过去的事情。水手、殖民地居民、修道士、帕坦人,他跟所有人都能聊"。[11]

最让吉卜林高兴的莫过于在南非见到殖民地派来的军队了:"三个自由国家"赶来"为自己的姐妹同胞争取一个像样的政府",这样的"场面"实在"太令人振奋了"。[12] 英国的所有殖民地,除了开普,都一致支持"母国",新西兰与澳大利亚殖民地还开展了一场"爱国主义竞赛",都迫不及待地想要向南非派遣军队。当最初的五名志愿者从昆士兰的矿产小镇查特斯堡出发时,一位少校说:"虽然这支小分队人数不多,但它向世界表明了一点:帝国的每一寸土地都有人代表。"[13] 吉卜林欣喜若狂,尤其是发现了"一个新国家——澳大利亚";他 1891 年曾在那里短暂逗留,当时的他并不十分喜欢这个地方。他看到大批澳大利亚的军队来到了非洲,还说自己从未见到过如此"干净、朴实、理智而能干的一群人"。[14] 他以抒情的笔调记述了澳大利亚军队骑马进入利赫滕堡的场面,篱笆被雨水浸湿后的气味让他想起了自己的祖国。而在《纵队解散》(*The Parting of the Columns*)里,汤米则回忆起了那段营火旁和医院列车里的战友情:

> 你我的血液已经相融——流动在红十字会的列车里。
> 我们还在"布隆方丹伤寒"号上咬过同一支体温计……
>
> 回想那篝火边的故事,那些长途跋涉中共度的时刻——
> 它们发生在卡尔加里*和惠灵顿,还有悉尼与魁北克……

---

* 加拿大艾伯塔省南部城市。

他感谢殖民地的军队"教会了我们如何扎营、如何做饭、如何偷马、如何侦察",这一切还让他明白了一个道理——"这世界并不比一座栅栏围成的村庄大多少"。让他感到高兴的是,殖民地之间的关系越来越紧密了。

这"三个自由国家"的贡献从数字上来看并不大:不足3万人(其中一半以上来自澳大利亚),不到参战的英国军队总人数的10%。但正如吉卜林所说的,其意义在于人们展现的参与精神和满腔热忱。有评论家认为此时的大英帝国正在走向衰落并逐渐丧失尊严,而实际上则是越来越强大,越来越有凝聚力了,只不过布尔人开始的几场胜利损害了它在人们心目中的形象。在战争期间联合起来的澳大利亚各殖民地,开始在帝国内部找到了新的民族身份。因为参加了这场战争,新西兰在与澳大利亚的竞争中发展了自己的民族主义,它们和加拿大都变得更加自信了,只不过这一切都是发生在帝国语境之下的蜕变;这三个国家都在后来的两次世界大战中为大英帝国做出了巨大的贡献。尽管英国没有像吉卜林所希望的那样摒弃自身的优越感和"物质上的骄奢淫逸",但作为母国,它还是有了一些改变。[15]这场战争或许没有展现出很高的战术水平,但它是一场义无反顾、坚持到底的战斗。虽然英军后来在佛兰德(Flanders)战场上的表现说明他们在南非的战术训练还很不充分,但军队改革问题在这之后终于得到了英国政府的重视。

吉卜林在南非期间得到了很多赞扬和激励,但还是于4月中旬返回了英国,因为他认为在国内他可以做更多有用的事。但证据表明,他没有做到。他回国后的工作是写信和劝诱别人;他还在《旁观者》杂志上发表了一篇文章,对某些将军的任命提出抗议;时不时跟这场战争的监督人张伯伦共进晚餐,他认为张伯伦是"一位特别有趣的人",是"内阁中唯一的男人",还是"多少钻石都买不来的精英",因为他懂得生意之道。[16]但是更多的时候,他都在扮演爱国乡绅的角色:他组建了一支志愿兵连队,在村子里建了一间训练房,还在他常去的萨塞克斯丘陵修了一个步枪靶场,他就在那儿监视这些人练习枪法。

第十章　来自布尔人的教训

1900年10月，吉卜林在"卡其"选举（Khaki election）*期间首次发表了他关于政党政治的演讲。他慷慨陈词，表示支持他父母选区的统一党†候选人。一直以来，他在政治上的忠诚是毋庸置疑的：他在19世纪80年代曾多次批评格莱斯顿，并在1895年对索尔兹伯里的保守党与自由统一党联盟的胜利表示欢迎。但这是他第一次为一个他终其一生都坚定支持并为之大声疾呼的政党发声。

索尔兹伯里遭到了很多人的口诛笔伐，尤其是年轻气盛的自由党人戴维·劳合·乔治，他们认为索尔兹伯里选择在这个时候解散议会举行大选是一种投机行为。事实上，在历时七个月的马弗京（Mafeking）之围于当年5月解除之后，侵略主义的欢呼声便已甚嚣尘上，而此时的索尔兹伯里并未屈服于他的同僚要求解散议会的强烈呼吁。顺便补充一点，劳合·乔治后来在1918年年底也是在同样的情况下，出于几乎同样的原因召集了一次选举。毫无疑问，吉卜林并不反对这套策略以及张伯伦所说的"在政府中失去的每一个席位，都将由布尔人获得"这句话的内涵；而当发报员误将"获得"（gained）发成"出卖"（sold）的时候，这个口号就更显得有挑衅意味了。[17]

吉卜林对英国的备战情况却远没有那么宽容。他在写给朋友的信中说："我当然知道我们很蠢，但我不知道我们的愚蠢究竟有多深、有多广、有多么地一如既往。"英国政府"固执己见、效率低下"，大臣们也都"懒懒散散、稀里糊涂"，尤其是那位陆军大臣——"软弱的倒霉蛋兰斯多恩"。[18]这些都是吉卜林经常抨击的目标，当然也是其他人的靶子。兰斯多恩勋爵作为一名公职人员，在某些领域表现得确实很出色，但在掌管英国陆军部期间的怠惰与自满情绪让他跌入了职业生涯的低谷。

---

* 泛指英国在战时或战后举行的全国性选举，得名于英国陆军的卡其色制服。英国历史上共举行过三次"卡其"选举，分别在1900年、1918年和1945年。

† 1886年，部分反对爱尔兰自治的自由党人脱离自由党，成立自由统一党（Liberal Unionist Party），后于1895年同保守党联合组建统一党（Unionist Party），1912年正式合并为保守统一党（Conservative and Unionist Party），但习惯上仍称"保守党"（Conservative Party）。

战争开始前,陆军部既没有考虑在南非发起一场战役,也没有制定保卫开普殖民地和纳塔尔的预案;皇家医疗部队(Royal Medical Corps)的问题在当时也是每个人都心知肚明的,后来的统计数据显示,牺牲的英国人当中只有四分之一(21942人当中的5774人)是战死的。米尔纳于1899年6月在布隆方丹会见克鲁格时,战争已不可避免。当时英国部署在南非的军队只有10000人,这些人为保卫自己的殖民地,要和大约54000名布尔士兵抗衡,可是兰斯多恩似乎一点都不担心。甚至当他意识到,要在不到四个月的时间内将一整个军团从英国本土运送到德兰士瓦边境是绝无可能的情况下,他似乎仍然无动于衷。其政务次官乔治·温德姆(George Wyndham,吉卜林一年前曾给他讲过外交政策)也同样泰然自若,他还向寇松保证:现在没有必要调集驻印度的英军。幸好寇松仍于当年9月将部队派往了南非,及时阻止了朱伯特占领纳塔尔的行动。米尔纳后来写道,如果不是寇松总督的及时援救,布尔人的旗帜在10月底之前就会插遍德班(Durban)和彼得马里茨堡(Pietermaritzburg)的土地。[19]

南非的将军们更是吉卜林经常抨击的对象。索尔兹伯里对军官们的无能感到困惑,他甚至怀疑英国人当年和"印第安人"的军队并肩作战时是不是都打不好仗。寇松将这个问题归咎于缺乏头脑,他无奈地将这场战争比作美国内战——在那场战争中,北方一直失利,直到把"那些在漫长的和平时期步步青云的草包将军尽数清除"之后才有所好转。[20] 吉卜林的笔伐(虽然大多只出现在私人信件中)所针对的,主要是那位人高马大的总司令雷德弗斯·布勒爵士(Sir Redvers Buller)。战争伊始他便接连失利,于是他很快就获得了一个外号——"常败爵士"(Sir Reverse)。《斯泰伦博斯》(Stellenbosch)一诗中那位"大屁股的外行老头",那个为了获得勋章,绝不冒险,只会"原地踏步"的将军,显然是受了布勒的启发。除此之外,吉卜林对军官团也同样不屑一顾,说他们是一群"极不称职的外行",一帮"不愿花心思学习业务"的贵族。他们的表现让吉卜林感到厌恶,于是他对发生

第十章 来自布尔人的教训

在这支"昏头昏脑的军队中"那些"愚不可及的行为"大发雷霆。但这不光是布勒一个人的错,而是"我们的错,是英国的错。镜子再脏,映在里面的脸还是我们自己的"。[21]

"黑色星期"之后,罗伯茨勋爵被任命为总司令,布勒则负责指挥纳塔尔的部队。"作为罗伯茨阵营的人",吉卜林对这一变化颇感欣慰。虽然他在印度的时候曾讽刺过这位将军搞裙带关系,但他仍然很钦佩《鲍勃斯》(Bobs)一诗里这位小巧玲珑的"袖珍版威灵顿"。也许是党派偏见让吉卜林夸大了这名"小个子"和他的参谋长基钦纳在南非处理乱局的能力。[22] 想为布勒正名将是一项艰巨的工作,还可能白费力气。罗伯茨的拥护者在新闻界和军队中针对他散布的一些言论,掩盖了他英明睿智的一面。布勒此前就提醒过兰斯多恩,保卫纳塔尔需要调集更多部队,也提醒过怀特将军(General White)不要进入图盖拉河以北地区,以免中了设在莱迪史密斯(Ladysmith)的埋伏,他还提醒怀特不要执行米尔纳要求他将所有部队集中在开普地区并完全放弃东部殖民地的命令。这些部署都是十分明智的。另外,他在1900年进军并穿越纳塔尔的行动也取得了成功,同时最大限度地避免了伤亡。吉卜林之所以断言布勒"实际上是败退到了莱迪史密斯",是因为他既不了解前方的战局,也不知道布勒在解除莱迪史密斯之围的行动中发挥的作用。[23]

在罗伯茨与基钦纳的率领下,英军向德兰士瓦挺进,消灭阿非利卡人的独立王国此时已指日可待。2月,英军解除了金伯利和莱迪史密斯的封锁,3月占领布隆方丹,5月攻克马弗京,并很快占领了约翰内斯堡和比勒陀利亚。夺取了克鲁格的首都之后,罗伯茨断定,战争"实际上已经结束",于是他于11月递交了回国申请,并由基钦纳接替他的职位。

然而,他这支数量远超敌人的强大军队,表现得并不像表面上那样让人放心。罗伯茨与基钦纳在战争中期取消了运输兵团建制,这造成了连布勒都无法预料到的混乱局面,并导致了一系列问题,其中最严重的是让布尔人在瓦特法尔渡口(Waterval Drift)截获了200辆车。喀土穆的基钦纳

（Kitchener of Khartoum）变成了"陷入混乱的 K",这个绰号至少和"常败布勒爵士"（Sir Reverse Buller）一样实至名归。他们二人还犯了很多战术上的错误,特别是基钦纳在帕尔德贝赫（Paardeberg）的正面进攻,可谓愚蠢至极,创下了英军在整个布尔战争期间单日伤亡人数最多的纪录。罗伯茨最大的误判则在于他天真地以为他面临的是一场传统战争,只要占领布隆方丹就能征服整个奥兰治自由邦,只要夺取比勒陀利亚就能赢得整个战争。布勒曾在 1900 年 3 月提醒过他,在部队快速推进的过程中,要注意身后可能会有敌人的游击队进行突袭。但罗伯茨未予理睬,于是给基钦纳留下了后患,这场非常规战斗持续时间长达常规战役的两倍,损失惨重。

1900 年,吉卜林先是被布勒的无能所激怒,而后又为英国民众松弛的战备和宽待敌人的行为感到愤怒。布尔人随时随地都在猛烈打击他们的对手,而英国人则表现出典型的"礼貌、慷慨和高傲"的态度,向他们进攻的时候,"就好像对面是一群我们不想伤害的街头斗殴人员"。[24] 吉卜林和家人在第二年圣诞节回国期间,被英国当局采取的"诉诸情感的愚蠢"战术惊呆了。如果由美国的谢尔曼将军（General Sherman）指挥,"大概六个月就能结束战斗",可英国人似乎"总是喜欢中途停下来抚慰一下敌人"。开普敦也没有实行戒严,虽然这里到处都是跃跃欲试的叛乱分子,这些人背信弃义却只受到了最低限度的处罚。[25]

焚毁敌人的农场显然算不上安抚政策,于是基钦纳意识到,必须为布尔人的家庭做点什么,否则他们就会因为庄稼被毁而饿死。1900 年年底,这位总司令决定将他们安置在专门为其修建的救济营中,这一政策让保守派和激进派都大为震惊,但他们的出发点却截然相反。吉卜林无法相信,居然可以让那些布尔游击队员像"阿帕切人（Apache）*那样……享受生活",有英国人"帮他们照顾妻儿,他们就能高枕无忧了"。他在一封信里写道,英

---

* 北美印第安部落族群,现主要居住在新墨西哥州、亚利桑那州与俄克拉荷马州等地。

第十章 来自布尔人的教训

国的工人阶级"非常愤怒,这些女人的丈夫正在战场上跟我们作对,我们还要给她们提供吃的"。[26]

英国人设立救济营并为俘虏提供基本的生活条件,对于他们的敌人来说简直是意外之喜,而自由党领袖坎贝尔-班纳曼却对这样的"野蛮行径"破口大骂,并敦促劳合·乔治对英国政府这项"蓄意的既定政策"予以谴责,说这是"种族灭绝"。"集中营"即出自这两位激进派议员之口,后来还被纳粹用于反英宣传,他们声称,是英国发明了这一概念。其实,该词来自西班牙语"*campos de reconcentración*"。在1895—1898年的那场战争中,西班牙军队把古巴平民关进了集中营;但无论是在古巴还是在南非,集中营都不是为种族灭绝而建。由于工作人员玩忽职守,医疗设施严重匮乏,物资供应时常遭到游击队的破坏,基钦纳的集中营里死亡率一直很高。但这也不及英军在临时营地的死亡率,甚至低于此前布尔人的国家在和平时期的儿童死亡率。就在战争结束前,布尔人的军队中最杰出的将领路易·博塔(Louis Botha)曾坦言:"得知我们的妻子现在正处于英国人的保护之下,真是感激不尽。"[27]

和平谈判于1902年春天开始,吉卜林于此前一周回到了英国。他在开普殖民地已经度过了三个冬天。《弗里尼欣和约》(Treaty of Vereeniging)于5月的最后一天签署。接下来的一周,吉卜林听说有人在南非的和平仪式上唱了他的《退场诗》,他感到很欣慰。在罗廷丁,他寡居的姨妈乔琪·伯恩-琼斯情绪激动地在家门口挂了一条蓝色横幅,上面写着"我们杀了人,占了别人的土地",以此表达她对这场战争及其结果的看法。一群愤怒的村民叫嚷着聚集在一起,要把那条横幅扯下来,她的外甥只好从"榆树之家"赶来,平息了这件事。

战争的结束终于让吉卜林松了口气,但塞西尔·罗得斯的去世以及他自己对目前不稳定的和平局面的忧虑,又让他再次陷入了焦虑。罗得斯长期患有心脏病,他在2月份从英国回到开普敦时,正值南非的盛夏,不久之后便去世了。他的医生曾提醒他不要远行,但他一定要执行最高法院的传唤,出席针对凯瑟琳·拉齐维乌王妃(Princess Catherine Radziwill)案的听证会。这位波兰王妃是个投机分子,通过勒索和伪造签名的方式骗走了罗得斯的部分钱财。罗得斯在这场当事人并未出席的听证会上作完证之后不久,病情便开始恶化。于是他白天都在赫罗特斯许尔庄园里散步,尽量多呼吸一些新鲜空气,晚上则乘车去往海边的一间小屋,希望凉爽的空气能帮他入眠。吉卜林几乎每天都要去看望罗得斯,要么在庄园里,要么在海边小屋,直到罗得斯于3月底去世。罗得斯的遗体庄严地停放在开普敦国会大厦内,随后由送殡队伍护送至大教堂。吉卜林跟随灵柩一起缓缓行进,他后来称这场葬礼是人们所能梦到的"最华丽的盛典和最壮观的仪式":"这座六万人的城市就像是一个人在缓缓行进,所有人怀着同样的悲伤与崇敬。"[28] 就在前一天,吉卜林在赫罗特斯许尔举行的私人追悼会上宣读了自己对这位英雄的深切悼念:

> 虔诚的梦想家,他的远见卓识
> 让我们永远无法企及,
> 他以讷言敏行的精神,造就了
> 眼前的这一座座城市。
> 强大的内心让他能掌控一切——
> 然而生命却如此短暂——
> 他默默无言,将各国连成一线,
> 向世人证明他的信念。
>
> 放眼未来,展望他赢得的疆域,
> 是他一直不变的心愿——
> 那块来自远古北方的花岗岩——
> 洒满阳光的壮阔之地。

第十章 来自布尔人的教训

> 他将泰然自若地在那里安坐
> （就像面对死神时的沉着），
> 并耐心等待着朋友们的脚步
> 踏上他亲手铺就的道路。
>
> 他会在那里看到壮丽的景象，
> 天地浑然，迤迤尽东西，
> 还会看到帝国新邦齐聚一堂，
> 于苍穹之下高谈阔议，
> 到那时，他博大而深沉的灵魂
> 仍将容光焕发，统揽全局。
> 这片土地是他生前创造的伟绩，
> 他的灵魂将与之长存！

——《葬礼》(*The Burial*) 第 2—4 节

在罗得西亚的马托博丘陵（Matopo Hills）举行的葬礼上也有人朗诵了这首诗。此地为罗得斯生前所选，可以俯瞰"洒满阳光的壮阔之地"。吉卜林没有前往北方参加葬礼，但他一生都忠于罗得斯和他的梦想；继罗得斯之后，只有米尔纳获得了吉卜林这种程度的尊重。几年后，吉卜林又写了一些诗，赞美了那双"警觉而贪婪"的眼睛和"掌控一切的专横之手"，这两句诗和上面所引的部分诗句后来被刻在了赫伯特·贝克设计的罗得斯纪念碑上。与以往不同的是，吉卜林接受了法老时代那种气势恢宏的纪念碑样式，包括一座神殿和一尊巨大的雕像，临近道路的位置设计了很多用青铜铸造的狮子和狮身人面像。他欣赏的其实是贝克这一颇具古典韵味的（同样用到了狮子的）构思所强调的"朴素感与分量感"，于是他怀着虔诚与热情关注着这项工程的进展。吉卜林在几番犹豫之后成了罗得斯奖学金*的支持者——他渐渐发现，该奖学金是"他所有作品中最伟大的一个"——又在几年之后成为罗得斯信托†的受托人。[29]

1902年4月，情绪低落的吉卜林孤身一人待在开普敦，他给朋友们寄了几封信，谈到了关于南非的情况，字里行间充满了悲伤。他对老朋友希尔夫人说，罗得斯的去世是一场"巨大的公共灾难"，任何文字都无法为他描述"这颗伟大灵魂的力量和这个国家对他的崇拜程度"。没有他，英国的政局早就恶化了。和米尔纳一样，吉卜林也认为开普殖民地的宪法应该中止，这样才能获得"体面而有序的王室统治，直到人民冷静下来喘口气"。罗得斯如果还活着，他会安排好这一切。但是现任总理——那个叫约翰·戈登·斯普里格爵士（Sir John Gordon Sprigg）的"干巴巴、闪着光的老浑球儿"——现在正"神气十足地四处招摇，幻想着自己能够用宪政体制管理并顺便〔统治〕开普殖民地"。[30]

《弗里尼欣和约》中宽待布尔人的条款让吉卜林与米尔纳感到气愤，米尔纳甚至认为布尔人应该无条件投降。他们既不想赦免这群开普殖民地的叛乱分子，也不希望布尔人的共和国将来在联合王国的统治下实现自治。吉卜林似乎并不担心米尔纳提出的那个臭名昭著的让步条款，即在阿非利卡人实行自治之前，不考虑是否将公民权扩大至非洲原住民的问题。该条款使非洲原住民在此后的九十二年间一直处于被压迫的地位，也让张伯伦的努力成了笑柄——他曾提出，不能"以将有色人种的地位维持在战前水平为条件来换取可耻的和平"。让吉卜林感到震惊的是慷慨大方的金融条款——为布尔人提供贷款，并向其支付300万英镑，用于偿还战争债务和弥补战争造成的损失（随着时间的推移，这个数字越来越大，并超过了付给英国殖民者和德兰

---

* 即"罗得奖学金"，此处为保持人物译名统一而作此译。

† 即"罗得信托"，同上。

第十章 来自布尔人的教训

士瓦的外侨的补偿款)。[31] 这些条款不仅让大英帝国的效忠者感到"屈辱",而且极为愚蠢,因为吉卜林断定,布尔人不会将这笔钱用在他们的孤儿寡母身上,他们只会用它来重新武装自己,并以开普殖民地为据点继续发动战争。[32]

吉卜林的悲观情绪一直持续到 1902 年年底。9 月,他拒绝了寇松请他参加德里杜尔巴(Delhi Durbar)*的邀请,因为"与见证印度的长治久安相比",他觉得自己更应该回到开普敦,享受一下"幸福时光——看看南非如何被'当今时代最强大的政府'缓慢而有条不紊地摧毁"。[33]1903 年 1 月,吉卜林回到了开普敦,住在赫罗特斯许尔的"议长席"。这段时间,他曾一度乐观地认为这个国家正在"突飞猛进",他甚至打算在开普殖民地北部地区盖一所房子。然而,他十分拥护的统一党政治家张伯伦在战后的一次安抚性访问,却又让他回到了原先的状态。"他来了,"吉卜林在信中对正在约翰内斯堡负责管理前布尔共和国的米尔纳说,"他看了,他被骗了。"当时的罪魁祸首是开普殖民地的总督沃尔特·希利-哈钦森爵士(Sir Walter Hely-Hutchinson),他让张伯伦相信,霍夫迈尔及其阿非利卡人大会与大英帝国的效忠者一样忠诚。吉卜林还遭到希利-哈钦森夫妇的驱逐,因为他们认为荷兰人才是"这里土生土长的贵族",当然比英国"商人"更适合成为盟友。而对于张伯伦,被绑在这位政治家"车轮上"的吉卜林只剩下了绝望——这位"内阁中唯一的男人"一定是被霍夫迈尔及其阿非利卡人大会那套信誓旦旦的谎言欺骗了。但是出于"对过去的感谢",他还是写了一首"心平气和、息事宁人的诗,如实反映了当时的情况",并把它寄给了这位殖民事务大臣。

在这阳光明媚的广阔大地上,

---

* 英属印度各土邦王公及社会名流向大英帝国表示忠诚的官廷社交聚会。历史上共举办过三次,分别是 1877 年(维多利亚加冕为印度女皇)、1903 年(爱德华七世登基)和 1911 年(乔治五世登基)。

> 在错误尚未深入骨髓的地方，
> 我愿意把手放在邻居的手里，
> 然后心甘情愿同他一起赎罪，
> 为不变的愚蠢和红色的裂隙，
> 以及它滋生的所有黑色垃圾；
> 每个人都在出谋划策相互劝慰，
> 在那道圈牛的畜栏旁集会。
>
> ——《殖民者》(The Settler)

吉卜林还在随诗附上的书信中质疑了霍夫迈尔的诚意，并怀疑他是否能够"控制或疏导他自己引来的祸水，1881年以来，他就一直在拐弯抹角地开掘这样的水渠。"张伯伦感谢他写了这首诗，认为它比那封信更令人愉快些，并表示魔鬼并不"像他描绘的那么邪恶"，同时承认自己的确对霍夫迈尔的"贤明与真诚"有很高的评价，"比国内和南非的一些英国朋友都要高"。[34]

当时的读者可能曾期待过吉卜林在小说中表现出英属南非的某种精神，就像他曾经捕捉到了英属印度的典型特征那样。但其实他在这方面并没有花费太多心思。约瑟芬去世后，他把所有的精力都投入到了1900年年底完成的《基姆》以及《丛林之书》系列的剧本改编上。* 从那以后，他的想法越来越艰深晦涩，越来越偏激，再也无法写出好的小说。《他采取的方式》(The Way That He Took)以明快的笔调展现了南非草原的幽静之美，《局外人》

---

* 吉卜林在1900年年底至1901年仲夏期间完成了《丛林故事剧》(The Jungle Play)。他原本希望能将其搬上舞台，但这部作品随后却由于混到了他各种各样的稿纸堆里而无法找到，直到1998年8月才被托马斯·平尼教授发现并确认。[35]——原注

第十章　来自布尔人的教训

嘲讽了军官阶层的势利与刻板,而《巴瑟斯特夫人》(Mrs Bathurst)这篇充满力量、极具神秘色彩的故事则是以开普敦和罗得西亚为背景。但总体而言,这一时期的作品都比较平庸。在吉卜林的创作生涯中,他经常一边写散文一边写诗,品质也都很高。但到了后期,他的诗歌已无法同那些出色的短篇故事相媲美了。只有在南非的那段时间,他的诗歌始终比小说更胜一筹。

这一时期,桂冠诗人阿尔弗雷德·奥斯汀写了一些十分糟糕的关于士兵的诗篇——他们为英格兰牺牲,最终得以与上帝共眠(躺在"南方那绿色的草地之下")。[36]而此时的吉卜林却已经放弃了豪言壮语和庸俗的爱国主义,他极力回避任何沾沾自喜的民族自豪感,在人们的欢呼声中,他抵御住了取悦大众的诱惑,没有为解除莱迪史密斯、金伯利和马弗京之围的事迹歌功颂德。尽管他有自己的政治信仰,但不少诗歌都表现出他对双方参战人员的同情和悲悯:《利赫滕堡》表达了他与澳大利亚士兵共同的思乡之情,《军靴》通过拟声和移情的手法表现了他的情感共鸣;他用《悼念逝去的姐妹》(Dirge of Dead Sisters)致敬在南非牺牲的护士,用《殖民者》提出了和解的意愿;《皮特》(Piet)赞扬了布尔战士的优秀品质,而《朱伯特将军》(General Joubert)则称赞了布尔人的指挥官。在他的同情对象中,始终被排除在外的是英国的上层和中上层人士,这些人要么是殖民事务部和军官团的专制者,要么是成天在国内打球狩猎,对战备情况漠不关心的有闲阶层。

在吉卜林以南非政治为主题的诗歌中,没有一首是歌颂帝国成就的。几乎所有诗歌,尤其是发表在《泰晤士报》上的那些,都谈到了"教训"——大英帝国若要生存,就必须从这场战争中吸取教训。《斯泰伦博斯》的教训是,游手好闲的老将军就不要再发号施令了;晦涩难懂的《改革家》(The Reformers)的教训是,英国人应该适当放弃舒适的生活和"让人难以自拔的积习",还要"清白做人,严于律己";而同样晦涩的《临门》(Rimmon)则猛烈批评了英国陆军部,它就像个垂垂老矣的无用之人,或是一尊"镀着金身、大腹便便的神像",被一群大呼小叫的太监围在中间。吉卜林的另一首诗《教训》(The Lesson)却毫无晦涩之处。一开始的灾难是"我们的过错,我们铸成的大错,而非天意"。既然意识到了这一点,我们就要吸取教训,摆脱"所有那些积重难返、我们听之任之的旧事物,它们一直压在我们身上,快要让我们窒息了"。现在我们要学会乐观,要感谢战争教会我们的一切:"我们吸取了无数的教训,它将为我们带来无尽的好处!……我们吸取了帝国的教训,它会为我们缔造一个新的帝国!"

但吉卜林最严肃的说教,也是这位先知最严厉、最激愤也最精彩的斥责,则出现在《岛民》一诗里。1901年12月,罗伯茨勋爵建议吉卜林写一些"激动人心的诗句",提醒公众义务服兵役的必要性。[37]该诗以读者熟悉的《旧约》风格开篇,这一次是从《约伯记》第12章里的"你们真是子民哪"开始,但省去了后半句"你们死亡,智慧也就灭没了"。接着便进入主题:当下英国人的轻浮与懒惰,正在将他们的祖先所构筑的和平与安全置于十分危险的境地。他们由"细心的父亲"围绕着,被"铅灰色的大海"包围着,已经习惯了平静安逸的生活。

> 腐朽而安逸的生活井然有序,如此日复一日,
> 长久以来平静的日子,让尔等小辈渐渐忘记——
> 生活的缔造者既非莽莽群山,亦非深渊幽谷;
> 是人而非神将它创造,也必须由人们去维护。

上层阶级总想过清闲日子,沉湎于那些"愚蠢的学问",成天惦记着自家"狩猎场里的猎物",却忘了他们世代生活的岛屿需要有人去守卫,现在终于为自己的漫不经心付出了代价。

> 然后所有评判都不再严厉;而你的耻辱将暴露无遗,
> 因为敌人让你原形毕露,他们人数虽少却骁勇无惧。

第十章 来自布尔人的教训

他们只喜欢驯犬和驯马这样的消遣，却不愿训练能打仗的战士，所以只能用牺牲年轻小伙儿的性命来回应布尔人的进攻。

> 备受呵护的都市男儿，一个个乳臭未干，缺乏磨炼，不胜其任。
> 他们成了尔等从大街上挑选的新兵，未经训练便被迫冲锋陷阵。

他们绝望地向殖民地求援，然后"为了得到几个会开枪、会骑马的人向那几个年轻的国家摇尾乞怜！"。可只要胜利一到手，他们就又回到了老路上。

> 然后尔等又开始沉迷于手中廉价的饰物；心满意足地观看
> 球场上那群穿法兰绒的傻瓜，球门前那帮浑身是泥的蠢蛋。

很难有比这更令人愤怒的事了，但吉卜林见识过。那些不愿在国防上花钱的人认为，那样做会"破坏"他们舒适的生活，影响他们的生意。吉卜林于是质问他们是否要：

> ……等到飞溅的弹片袭来才去学习如何瞄准枪炮？
> 等到那红色的熊熊火焰向南蔓延，将海岸城镇烧成灰烬？

如果他们苟且偷安，等着敌人进犯，又会是怎样一番景象呢？

> 尔等是否要搭起白色的看台，为了获得与对手势均力敌的机会，
> 用球网、球门、球棒，或者球拍、球板、球棍为他们加油助威？
> 那位蹩脚的击球手是否愿意同你的敌人激战，那头红鹿是否愿意受雇于你，为你上阵杀敌？
> 而你畜养的野鸡是否愿意奉养你？——他可是好几个郡的主子。

他不仅与乡绅、游猎者、枪手、士兵、商人、政客为敌，现在还把矛头对准了知识分子、神职人员、民主人士和工会主义者。

乏味、冷漠、麻木、毫无想法、不知感恩、萎靡不振，

尔等是否要纵容你们的学校，以示对敌人的蔑视，等待那令人胆寒的队伍片甲无存？

尔等是否要为此祈祷、布道，是否要发表檄文、发起投票，想借此御敌于国门之外？

你们的工人是否会发布命令，要求敌人不再四处为害？

《泰晤士报》在刊登《岛民》的同时，发表了一篇头条文章，批评英国的教育制度鼓励的是"一种对体育技能的变态崇拜"，它让"这么多统治阶层的年轻人成天除了板球场和足球场，就再没有更远大的理想了"。报刊评论与诗人的观点激起了读者极大的愤怒。一名读者在信中说，"穿法兰绒的傻瓜"这个说法简直就是一种侮辱，并将其斥为"粗暴的诋毁"；另一名读者则在信中抱怨道，这首诗"只会给欧洲大陆那群诽谤者猥琐的嫉妒心理和恶意中伤提供新素材，那群阴险怯懦的家伙一直在不遗余力地诋毁英格兰和大英帝国"。苏格兰洛雷托学校（Loretto School）的校长也被"浑身是泥的蠢蛋"这个说法激怒了。他说，在去南非当志愿兵的"老校友"当中，有四分之三的人都参加过橄榄球队。与"猎人［和］追猎者"一样，足球运动员参军的比例也是极高的；同胞们应该感到庆幸，因为他们从事的项目"比其他任何一项，或许除了打猎……都更能培养我们的军队最需要的素质——主动性"。[38]

在吉卜林的父亲洛克伍德看来，读者的反应并没有他预料的那么激烈。他的儿子把自己变成了"众矢之的"，可奇怪的是，他如此"挑衅，居然还［被］这么轻易地放过了"。拉迪亚德并不后悔。他觉得板球很无聊，但还不

第十章 来自布尔人的教训

至于厌恶这项运动,不过据贝雷斯福德回忆,他"一听到 W. G. 格雷斯（W. G. Grace）*的名字就会不寒而栗"。另外,板球场与生活中的很多领域都有相似之处,团队精神也总是值得推崇的。[39]吉卜林甚至在《岛民》中也很赞赏这项运动所需要的深思熟虑和未雨绸缪,并认为可以将其作为军事训练的样板。

> 精挑细选,艰苦训练,一切郑重其事从不例外,
> 在这岛上出生的每个人都要在年轻时上场比赛——
> 因为那可是板球运动,绝非轻而易举便能掌握,
> 不断的磨炼让他们学会克制,过上正派的生活。
> 因为那可是板球运动——那可是你自己的比赛,
> 除了日复一日的训练,还需权衡、思索与热爱。
> 因此当躁动的闪电划过天际,当战云悄然袭来,
> 当各国人民在惊惧中战栗,尔等必当严阵以待。

板球运动本身或许是好的,但它过于看重商业利润以及妄自尊大的态度却很荒唐。正如《泰晤士报》所指出的,与澳大利亚的比赛结果往往被看成"关乎民族命运的大事",就好像可以和"特拉法尔加或滑铁卢"的决战相提并论似的。对于一些批评家所说的确实有不少板球运动员在战场上献出了自己的生命,吉卜林在私底下讥讽道:他们不过是找了几个"碰巧是板球运动员的好人",证明那群在战争期间仍在赚钱的专业人士干的那些事儿都是合情合理的。"我当时就该写成'花钱雇来的'傻瓜,"他对朋友赖德·哈格德说,"而不是'穿法兰绒的'。"[40]

---

* 19—20世纪英国板球运动员和教练,为板球运动的发展发挥了重要作用,被公认为历史上最伟大的板球运动员之一。

当然，他并非维多利亚时代唯一一位瞧不起"竞赛伦理"（games ethic）的作家。罗斯金就说过，改善乡村环境比"徒劳无益地截断河流"更有用。有人看见网球场上的王尔德就像"一块正在尝试用下手发球的摇摇晃晃的牛奶冻"，因为他平时就不怎么爱打网球：后来有人问他最喜欢什么运动，他说自己根本不玩户外运动，只是偶尔会在法式咖啡馆外面玩玩多米诺骨牌。[41] 不过这样的态度完全可以不予理会，因为那些古怪的唯美主义者一向如此。但吉卜林不同，他得罪了那些把他奉为偶像的人。奥威尔写道，在20世纪"初期那段浑浑噩噩的日子里，那群老顽固终于发现了一个能称得上诗人的人，而且这人还站在他们一边，于是将他推上神坛"，还把包括《如果》在内的几首诗提升到"与《圣经》不相上下的地位"。[42] 而现在的他却站在自己的神坛上，把那群"老顽固"的所有偶像都奚落了一遍。

维多利亚时代后期的英国将"竞赛伦理"（及与之关联的"强身派基督教*"）视为大英帝国扩张和获得巩固的重要组成部分。体育运动被看作能为帝国的未来培养军人与管理者的必要手段。它塑造了国民的品格，向他们灌输吉卜林本人也一直赞同的美德：勇气、忠诚、服从、自制、领导力和耐力。1895年在印度西北边境地区解除吉德拉尔（Chitral）之围的那场军事行动就是维多利亚时代的这种大无畏精神的集中体现。哈罗公学的校长、后来成为加尔各答教区主教的 J. E. C. 韦尔登（J. E. C. Welldon）在那次行动后表示，那支仅有寥寥数人的卫戍部队和救援纵队展现出了极高的战斗素养，这些都是在英国公学的运动场上学到的。他还说："据记载，在大英帝国的历史上，国家主权永远离不开体育运动。"韦尔登大概没有意识到，他就是吉卜林在《斯托基与同党》中讽刺的那位"大腹便便的摇旗手"，在他看来，英国之所以能够"扛起白人的负担"，是因为它具备"体育竞赛的团队精神"。[43]

---

* 19世纪中期发端于英国的一场哲学运动，主张通过体育运动来加强道德教化，包括培养爱国情怀、自律能力、牺牲精神和男子气概等。

第十章　来自布尔人的教训

奥威尔认为，虽然滑铁卢战役有可能是在伊顿公学的操场上打赢的，但"此后每一次开战，头几场仗也都是在这里输掉的"。[44] 在《岛民》一诗中，吉卜林准确地预言了四十年之后那几次战役的结果：如果英国公学的态度持续存在于军队中，英国人必定一败涂地。即使吉卜林不知道威灵顿从未说过这样的傻话（别的不说，至少在他还是个小学生的时候，学校的"球场"并未用于体育比赛），以他在南非期间对英国陆军和军官团的了解，也应该能意识到"竞赛伦理"这样的主张是站不住脚的。他还在《岛民》中痛斥了英国"人民"及其统治者在战争初期让布尔人占得先机的糟糕表现，并警告他们，战备上的不足将会导致更严重的后果。当然，他说得没错。但是在布尔战争之后，尤其是在自由党上台以后，吉卜林的角色发生了变化。他不再是那个所有人都愿意倾听的帝国使徒了，而是陷入了卡珊德拉的境地——无奈自己说出的预言注定无人理会。

第三篇

卡珊德拉的疆土

第十一章　发现英格兰

吉卜林夫妇一开始就没打算在罗廷丁长住,只是把它作为逃离德文郡之后的中转站,他们一直想找一所典型的英式乡村住宅。当年他俩刚刚在绿地环绕的"榆树之家"安顿下来,便和托马斯·哈代夫妇一块儿去了多塞特郡找房子。

其实吉卜林很喜欢这套租来的房子,还曾打算从那位斤斤计较的房东手里把它买下来。他也很喜欢这座村庄,姨父伯恩-琼斯一家、表弟斯坦利·鲍德温妻子的娘家人也住在这里。他还非常喜欢"萨塞克斯丘陵,那圆润的轮廓活像一头弓头鲸";他在《萨塞克斯》(Sussex)一诗中说过,这里是全世界他最喜爱的地方。可住了没多久,他便开始抱怨罗廷丁的人越来越多;还有一些从布赖顿来的游客竟趴在他们家爬满常青藤的院墙上往里窥探,想一睹这位大人物打理花园的样子。周边海岸还是尚未"充分开发的郊区,非常恐怖",他后来还被吓到过。可他就想找个安静点儿的地方,一个约瑟芬不曾玩耍过的地方。

吉卜林在找房子的过程中和汽车结下了不解之缘,也让他发现了一个全新的英格兰——他所到过的"最美妙的异域之邦"。"驾驶汽车的真正乐趣"在于它能带我们去探索这个国家的历史,因为汽车就是一台"时光机器","只要推一下操纵杆,就可以从一个世纪滑到另一个世纪",在短短六小时之内就能把罗马人、诺曼人、诸侯战争（Barons' War）*和摄政时期（Regency）†的景象全部体验一遍。几年前，吉卜林第一次在伦敦见到出租车。当他"看到一台冰冷的机器载着只需花四便士就能体验一趟新奇之旅的乘客兴奋得手舞足蹈时，简直乐坏了"；而现在他对汽车的热衷和当时的心情如出一辙。从哈罗德百货公司到查令十字，整整节省了十八分钟，他激动得把汉瑟姆马车都抛诸脑后了。¹

马儿在这个国家也被忘得一干二净。没有了马匹，他也就不需要"马车夫、马具师、玉米贩子、铁匠和兽医这些人"了。这样一位既领略着英格兰的乡村风貌，又在自己的作品中对这个国家的历史与传统赞不绝口之人，竟会欣然接受这样的新鲜事物，真是有些奇怪。吉卜林对这片土地和它的过去有一种强烈的直觉，他尊重先辈们传承下来的智慧，还常常谈及重建乡村的必要性。与此同时，他还为机械工业的进步欢欣鼓舞，而这种进步只会摧毁农村地区的传统职业。他内心的两面性又开始显现了。

1900年8月，吉卜林夫妇第一次看到他们未来的新家——"贝特曼之家"，可他们当时一直犹豫不决，所以被别人抢先一步租了下来。两年后，他们终于花费9300英镑买下了这座占地33英亩的古宅，后来又购入大量新的房产。吉卜林非常喜欢这栋坚固的詹姆斯一世风格的房子。它坐落于伯沃什村（Burwash）山脚下威尔德林区（Weald）的山谷里，房屋内部为"镶有嵌板的木梁结构，用老橡木制作的楼梯全都是真材实料，至今完好无损"，没有一丝维多利亚风格的"改造痕迹"。尤其让吉卜林得意的是，这所房子

---

* 英国历史上共爆发过两次诸侯战争。第一次发生在1215—1217年，由于英格兰国王约翰一世拒绝承认他于1215年6月15日签署的《大宪章》（*Magna Carta*），大批拥有土地的贵族（诸侯）由罗伯特·菲茨沃尔特（Robert Fitzwalter）领导，在法国王储路易（后来的路易八世）的支持下，发起了反对国王的战争。第二次诸侯战争发生在1264—1267年，由于英格兰国王亨利三世在教皇支持下拒不遵守《牛津条例》（*Provisions of Oxford*），西蒙·德·蒙福尔（Simon de Montfort）领导诸侯军队与支持国王的保王党军队展开激战。

† 通常指1811—1820年的摄政时期。英国国王乔治三世因精神状况不佳，由其长子（后来的乔治四世）作为其代理人摄政。

第十一章 发现英格兰

悠久的历史,还曾添油加醋地向别人夸耀,他这个"新"目标早在"五月花"号启航前往美国之前就已经存在了,而屋外那台水车更是从《末日审判书》(Domesday Book)*问世那会儿就在纳税了。[2] 亨利·詹姆斯认为这是一座"很有韵味的老房子,绝对是来自查理一世时代一件保存完好的珍宝"。这栋建筑的风格似乎"跟它的主人身上强烈的现代精神和新闻人的气质有些格格不入",但吉卜林"对它的格外欣赏与喜爱",加之夫妇二人的"审时度势","圆满地弥合了这种错位"。[3]

吉卜林从不故弄玄虚,他认为"贝特曼之家"并不是一座庄园,它不过是17世纪萨塞克斯郡一位发迹的铁厂老板的宅院而已。他很喜欢这座古宅里的花园、烘房和鸽舍,而让他感到欣慰的是,这座宅子没有庭园和门房"这类毫无用处的东西",当然也没有必要专门修一条很长的私人道路,因为村道离别墅的大门就只有50码。拥有河岸的所有权对他来说似乎也不是什么社会负担,因为这条达德韦尔河(River Dudwell)只能在地图上看到,即使有人到了附近,也得用一根杆子穿过桤木丛才能探到。或许他是这么认为的。但每次大雨过后,这条平时看不见的"小溪"便会漫过河岸,将他的花园淹没,"和草坪与玫瑰玩起了撞柱游戏"。[4] 这个地方湿气很重,导致吉卜林一家人经常感冒。

这位新来的乡绅在履行他的职责时有自己的偏好:他不参加礼拜或乡村聚会,只是一门心思耕耘自己的土地。他上午一般都待在书房里,有时伏在书桌前,有时在房间里踱来踱去,午饭后则与卡丽一道在泥泞的园子里散散步。他的体型多年来几乎没有什么变化,虽然头顶的头发少了,眉毛越来越浓,胡须也慢慢垂了下来,但体重基本上没有变化。在乡下,他总是穿一条"半长裤",头上戴一顶软毡帽或破帽子,到了雨天就再加一副皮绑腿。在自

---

* 一份11世纪的英格兰自然与社会资源普查报告。征服者威廉为加强统治和征税,下令从1085年开始对英格兰的土地、人口、财产和自然资源等情况进行综合性调查,1086年完成。

己的领地溜达的时候,他会顺便把荨麻和杂草除一除,在那条变幻莫测的河里钓钓鳟鱼,还会跟工头聊聊(或是让卡丽跟他聊)庄稼、排水沟、修理谷仓这些事。

吉卜林正努力成为一名农学家。他不仅栽种落叶松,照料生病的苹果树,还尝试养蜂,刚开始被蜇得双手肿胀,酿出的蜂蜜也无法入口。[5] 为了学习耕种技术,他还向赖德·哈格德征求意见,甚至极力劝说《泰晤士报》办一份关于农业的增刊,但没有成功。而他对英国农村真正的贡献在于他对乡村知识和农民的观察和了解。

他对卡丽的妹妹约瑟芬说,一位上了年纪的"乡下人"就是"一座智慧的宝库,他对树木、树篱、庄稼、土地都了如指掌"。虽然他干活的时候动作比手表的时针走得还慢,但他总是锲而不舍,"即使刮风下雨也不为所动"。看着他把旧树篱砍倒并从土里挖出来,不禁让我们"对人类刮目相看"。吉卜林在自传中提到的那位修整树篱的人大概是伊斯特德先生(Mr Isted),吉卜林称赞他是"天生的偷猎者"——"'一个浑然天成的人',和那群会客厅里的诗人完全不同"。他成了这位特殊的诗人"专业上的依靠和顾问",后来又被塑造成一位获得永生并精通农事的智叟——主宰者霍布登(Master Hobden)。[6] 吉卜林在这首轻松愉悦的诗歌《土地》(The Land)中,追溯了他居住的河流下游地区从罗马时代、丹麦人入侵和诺曼征服以来的历史。历代占领者都觉得这条小溪有些蹊跷,于是纷纷向霍布登求助,人们由此得出结论:"不论谁纳税,这片土地都属于主宰者老霍布登。"吉卜林既有独断专行的一面,也有同情弱者的一面,然而前者总是屈服于后者,这一次也不例外,他并未为难这位老人。

> 他逝去的祖先躺在这墓地里——三十代人均在此安息。
> 他们的名字在《末日审判书》问世之时便已记录在案。
> 家族中的每一代人都充满激情与虔诚,人人身怀绝技,

第十一章 发现英格兰

在法律赋予的土地上耕耘播种、生根发芽、开花结果。

我绝不会为了高飞的鸟儿或穴居的野兽,
而将他的谆谆告诫和那犀利的眼神抛诸脑后。
他是百户长、护林人、车轮匠、测量员、工程师,
即使他是个明目张胆的偷猎者,也没有我置喙的余地。

吉卜林对霍布登们的同情是真诚的。他曾对《旁观者》的主编说,"那些可以无忧无虑'过周末的人'"一个个都跑来萨塞克斯的乡间买房子,"粉刷装饰一番之后取个'小木屋'(The Crib)之类的名字,最后还要把那个没有周末、只有18先令工钱的工人给撵走",这样的行为简直"令人发指"。[7] 但这一次,吉卜林也没有找到解决这类社会问题的办法。自从发明了汽车这一新事物之后,他便迷上了内燃机,似乎没有想到这东西可能会毁掉工人们的生计,还会让更多的周末游客涌入乡村。

吉卜林喜欢萨塞克斯丰富多彩的自然风光——拉伊(Rye)和罗姆尼(Romney)的沼泽、南部丘陵(South Downs)的白垩岩、威尔德林区的树林和草地。这里是印度之外最能激发他创作灵感的地方,大量小说和诗歌作品均以该地为背景。他在这些作品中多次提到霍布登的故事所反映的主题思想,即土地属于耕种土地的人,新来者若要了解当地的风土人情并为当地人接纳,就必须入乡随俗。在《友善的小溪》(Friendly Brook)中,溪水淹死了一名来自伦敦的勒索者,像是在履行自己的职责似的。《儿媳》(My Son's Wife)讲述了一名"极左分子"获得救赎的故事,主人公不愿再与那群激进的知识分子为伍,于是回到乡下,住在祖辈传下来的房子里,还和村里面那群心地善良的猎人成了朋友。而《强迫居住》(An Habitation Enforced)里那群富有的美国人则一直在萨塞克斯郡过着幸福的生活,因为他们明白自己的角色:"这不是我们的土地,我们只是付了钱。我们属于它,而它属于当

地人……"

吉卜林非常清楚，农村生活绝不像田园诗那般充满诗情画意，也知道它必将有所改变，农村生活的本质是世代传承，延绵不断，而非一成不变。他希望布尔战争能让不列颠民族和大英帝国焕发新的生机，当然，他并不相信（也不抱希望）英国乡村及其社会结构能免受战争的影响。我们不能指望在南非战斗过的人回到家乡之后还会迫不及待地去给乡绅家修剪草坪。

> 如我所是的那个我——
> 如我所往的那个我——
> 如我所见的那个我——
> 怎能安然
> 回到昔日可怕的英格兰，
> 再次看到那街边的屋舍、
> 巷子里家家户户的篱栏，
> 走在路上的牧师和绅士，
> 见面时碰了碰我的帽子——
> 如我所是的那个我？
>
> ——《异教徒圣歌》(*Chant-Pagan*)

吉卜林热爱自己的祖国，但有时也会怀疑其价值观和道德观。"英格兰是个沉闷闭塞的小地方，"他曾在布尔战争即将结束时对罗得斯说，"在精神上、道德上和身体上都是如此。"[8] 有时他甚至会怀疑眼前的一切是否真实。

> 如果英格兰就是眼前这副样子，
> 与我们梦中的英格兰相隔千里，

第十一章 发现英格兰

只有油灰、黄铜和油漆，
那我们很快便会将她抛弃！好在她不是！

——《归来》(The Return)

这些以萨塞克斯为背景的故事并不是吉卜林职业生涯的插曲，他也没有因为悠闲的田园生活而忘记呼吁他的同胞承担起自己的责任。他于1904年开始创作的《普克山的帕克》(Puck of Pook's Hill)及其续篇《报偿与仙灵》(Rewards and Fairies)中的故事和诗歌，反映的并不仅仅是他头脑中与帝国思想无关的另一面。其实这些作品本质上都有说教的意味，只是各有侧重。这一点是它们与《岛民》或《白人的负担》不同的地方。吉卜林曾问道："这群人只了解英国，可他们对英国的了解又能有几分呢？"如果要说服英国人保卫大英帝国，首先必须让他们了解何为大英帝国。但也要让他们了解自己的国家，学会珍惜和欣赏它，明白它为什么值得保护。保卫英国不是一个孤立的问题，而是涉及整个帝国，因为没有这些岛屿，大英帝国便不复存在。

萨塞克斯让吉卜林对历史和地域有了一种深切的感悟。根据在英国的土地上发现的从新石器时代到克伦威尔时代的各种遗迹，他勾勒出了英国历史的脉络。人和环境在每一个历史阶段都会发生变化，但都受到前一个历史阶段的影响，两个阶段之间存在着密不可分的关联。人们为开辟牧场砍伐森林，几百年后又重新栽种树木，然后为了获得木材再次将其砍伐，但无论如何变化，这片土地永远存在。乡村就是这样一代一代地进行着自我更新。

吉卜林在受邀发表关于英格兰和大英帝国的演讲时回答说，上天的安排已尽善尽美，他只能通过写作来"折磨"一下自己的邻居。和他通信的一位女性朋友表示"完全同意"，"必须让英国人了解大英帝国"，但她觉得，虽然吉卜林很想"插手并'唠叨'两句",但他最好还是"用故事和诗歌来发挥"自己的"作用"。[9]在写这封信的时候,他刚刚开始通过创作精灵系列故事的方式发挥自己的"作用"。这些故事围绕着丹(Dan)和尤娜(Una)——即约翰与埃尔茜·吉卜林——展开,来自古代的精灵帕克将他们带回了过去,认识了各式各样的人,也见到了各种各样的场景。这样写是为了让"我们美好国度"的历史能"让孩子们开心一点"。让人们了解大英帝国并非要采取强迫的方式,具体的历史时期和战况都无关紧要,历史事件的先后顺序也不重要:诺曼人的故事被放在了罗马百夫长的故事之前。但这些故事给孩子们带来了一种奇妙的感受,让他们爱上并理解了自己国家丰富的历史。让人欣慰的是,通过死记硬背来学习历史(如熟记历代君王的先后顺序)的方式已被摒弃,取而代之的是以不事体系的方式来教授历史,只需要让孩子们知道两个时代即可:一个是他们现在所处的铁路时代,另一个则是"旧时代"。他们可以通过阅读《普克山的帕克》来了解更多。后世最优秀的儿童文学作家之一、真正继承了吉卜林文学衣钵的罗斯玛丽·萨克利夫(Rosemary Sutcliff)[*]指出:

> 孩子们在成长的过程中,往往会把历史看成一系列静态的微观画面,它们都属于"过去",与"现在"毫无关联。这两部精灵系列中的故事和歌谣将英格兰某个偏远地区的过去和现在串联了起来,一定能让孩子们感受到这是一段有从未间断的鲜活历史,而他们自己也是这个进程的一部分,也一定能让他们对自己的根有些许的了解,为他们观察自身所处的时代提供一个更好的视角……[10]

---

[*] 20世纪英国小说家,以历史小说和儿童文学见长,代表作有《第九军团之鹰》(*Eagle of the Ninth*)、《黑暗女王之歌》(*Song for a Dark Queen*)等。

第十一章　发现英格兰

这段话发表于 1960 年，当时的她已经意识到，精灵系列故事"几乎已经失去了光芒"，这让她感到非常遗憾。而四十年之后，"几乎"一词完全可以省略了。

精灵系列故事的时间顺序是故意打乱的。诺曼人的故事之所以放在开头，是因为真正意义上的英格兰的诞生及历史传承都归因于诺曼征服。征服者与被征服者的和解、诺曼人与盎格鲁-撒克逊人的"种族"融合，这一切的真实情况并不像吉卜林在作品中所描述的那样。但和解与融合促进了英国的诞生这一观点已深入人心，也是一个良好的开端。里夏尔爵士（Sir Richard）对新家的迷恋也是如此。

> 坠入爱河之前我便追随我的君主，
> 从英格兰获得领地和封邑；
> 但这场游戏却以另一种方式结束——
> 英格兰已将我的心扉占据！
>
> ——《里夏尔爵士之歌》(*Sir Richard's Song*)

罗马人的故事与其说是关于不列颠的历史，不如说是关于帝国与文明的寓言。吉卜林曾表示，他并不想写寓言，"但当情况如此相似，甚至到了荒唐可笑的地步时，还能怎么办呢？"他对乔治·温德姆这样说道。[11] 哈德良长城与西北边境或许并不是一回事；皮克特人与伪装的帕坦人也不尽相同；百夫长们不一定是指驻守印度的英国军官，虽然他们也有印度文职机构官员们身上那些明显的特征：家长作风、自我牺牲、清正廉洁。故事里那位雄心勃勃想要飞黄腾达的将军说："当你站在长满石楠的城墙上时，一定会哭泣，因为对你而言，坚守正义比得到罗马皇帝的青睐更重要。"但这些相似之处都是显而易见的，吉卜林无法抗拒，因为守护文明免遭野蛮和愚昧的侵蚀需要恒久的品质。守护者必须像罗马百夫长那样，恳求教宗特使不要将他派去罗马——"那个可以获得桂冠的地方"。

> 请让我留在这儿为不列颠效力——绝不挑三拣四——
> 不论是排干沼泽、修筑道路，还是训练当地部队。
> 不论在西部营地（我了解皮克特人）或花岗岩筑造的边境堡垒，
> 还是长满石楠的海上荒岛——我们昔日那群老伙伴安眠的土地！
>
> ——《罗马百夫长之歌》(The Roman Centurion's Song)

只要这些守护者能将百夫长的勇气、自律和自我牺牲精神保持下去，他们的文明就不会有危险。但他们如果变成了一群性格软弱、生活奢侈又骄傲自满的人，那他们注定会失败。当一个"全副武装、反应迅速的国家"（比如德国）对邻国构成威胁的时候，必须以武力相抗，而不是用贿赂的方式请它离开。

> 富足而懒惰的民族总是在自吹自擂
> 和虚张声势中走火入魔，谈空说嘴：——
> "我们自信能将你击败，只是无暇与你相会，
> 我们决定向你支付钱财，请你赶紧远走高飞。"
>
> 这便是传说中缴纳的丹麦税；
> 可我们已经一次次得出结论，
> 一旦你向他缴纳这笔丹麦税，
> 便永远无法摆脱那群丹麦人。
>
> ——《丹麦税》(Danegeld)

《蓬头彼得字母书》里的帝国偶像

左上:离开印度、踏上"流放"之路的拉迪亚德·吉卜林,© Mary Evans Picture Library
右上:英印编年史家吉卜林,© Topham Picturepoint
下图:"这座奇妙、肮脏而神秘的'蚁丘'":拉合尔,© The Royal Photographic Society, Bath

上图：西姆拉的商业街，© British Library

下图：威廉·尼科尔森为吉卜林画的肖像画，选自《十二幅肖像画》，© The Art Archive / Eileen Tweedy，经 Elizabeth Banks 许可转载

上图：佛蒙特州的"瑙拉卡"
下图：萨塞克斯郡的"贝特曼之家"，© Hulton Archive

左上："米尔纳所说"穿长礼服的尼安德特人"：德兰士瓦共和国总统保罗·克鲁格，© Mary Evans Picture Library

右上："最明智之人"、布尔战争的总设计师阿尔弗雷德·米尔纳，© Mary Evans Picture Library

下图："诗人兼预言家"：威廉·斯特朗为吉卜林画的肖像画，© National Portrait Gallery, London

左上:"一台必须勤奋工作的机器":受命出任印度总督的乔治·寇松,© Mary Evans Picture Library

右上:决心证明在南非"要由我们而非荷兰人说了算"的首相索尔兹伯里勋爵,© Hulton Archive

下图:索尔兹伯里的继任者,一个"难以捉摸、推三阻四、摇摆不定之人":阿瑟·贝尔福,© Hulton Archive

上图：吉卜林陪同乔治五世视察战争墓地，© Hulton Archive
下图："我喜欢博纳·劳，因为他心怀怨恨"，吉卜林夫妇与安德鲁·博纳·劳在法国，© Topham Picturepoint

拉迪亚德·吉卜林与卡丽·吉卜林夫妇,© Topham Picturepoint

第十一章 发现英格兰

精灵系列故事的第二部从青铜时代一直讲到了乔治·华盛顿，结尾的《正义之树》(*The Tree of Justice*) 是一篇关于和解的极富感染力的故事：四十年前在黑斯廷斯（Hastings）阵亡的哈罗德国王（King Harold）*出现在了诺曼时代的君主面前，亨利国王（King Henry）†拿出自己的酒杯让他喝下了一杯葡萄酒。与罗斯玛丽·萨克利夫一样，吉卜林最成功的历史故事都是关于 12 世纪及之前的故事。

吉卜林非常喜欢写这类"逸闻趣事"，并尽量写得简单明了。他不希望读者把注意力放在他的个人风格上，也不希望用"注释"去打扰他们，而是要让文字这种"媒介变得尽可能地透明和隐蔽"。在他较成熟的作品中，他总是非常执着地删除一些冗余的词句，而实际上，如果保留这些词句，他要表达的意思也许会更清晰。吉卜林曾责备可怜的埃德蒙·戈斯："累赘的表达会显得婆婆妈妈，让人无法忍受。"多余的词句会"削弱作品的力量"，降低"语言的功效"。吉卜林过去在《军民报》拟写电文的时候掌握了这套删繁就简的原则，还说自己的写作风格完全得益于这份收发电报的工作。[12]

他挥舞着一支蘸满墨汁的驼毛笔，边读自己的作品边把多余的文字涂掉。等墨迹"晾干"之后，他会读第二遍，同时再涂掉一些词句，直到满意为止。他把这叫作手艺活，也一直觉得自己是个手艺人。但是在过去，所有真正的艺术家都是手艺人，就连莎士比亚也不例外，他"首先是一名密切关注着演员们一举一动的好工匠"。伊丽莎白时代的吟游诗人也是手艺人，而非"不负责任的半神（demi-god）"，"心灵的成长"并不重要。[13]真正的艺术家是那些每天早晨都要郑重其事地走向自己的书桌、画架或钢琴的人。他们的世界里没有烟雾缭绕的鸦片，也没有加了糖和冰块的苦艾酒的"绿色时光"。

---

* 英格兰盎格鲁-撒克逊时代最后一位加冕的国王哈罗德二世。
† 英格兰诺曼时代的第二任国王亨利一世，征服者威廉之子。

漫长的谢幕

《普克山的帕克》与《报偿与仙灵》中穿插了不少诗歌,其中一些是吉卜林写过的最温柔、最轻松愉快的诗。这些诗没有任何说教的意味,但人们若是年轻时便读过这些作品,一定会永远记得诗中描写的历史教训和场景。每一个读过《圣赫勒拿摇篮曲》(*A St Helena Lullaby*)的孩子都能明白,命中注定的失败与万丈雄心之间有怎样的联系。每一个听过《丹麦妇女的竖琴曲》(*Harp Song of the Dane Women*,一首没有使用拉丁文歌词的北欧挽歌)的人,脑海中都会浮现出这样一幅画面:维京人的妻子站在大海边,看着她们的男人驾着大船向北海深处驶去。

> 那女人是否安好?自从你离她而去,
> 阔别那温暖的炉火和养育你的故土,
> 你便踏上了古老而晦暗的不归之途。

每一个读过《城市、宝座和权力》(*Cities and Thrones and Powers*)的人都会认同吉卜林的看法:人类建立的一切体系终将是短暂的,就算是罗马帝国和大英帝国也不例外。

> 城市、宝座和权力
> 在时间之眼的凝视中,
> 如繁花般朝生暮死,
> 在昼夜之间消逝无踪;
> 然而,如蓓蕾初放
> 总有后来者驻足观赏,
> 城市也在这片凋敝
> 的大地上一次次崛起。

第十一章 发现英格兰

命令和规劝的口吻则寥寥无几。在《孩子们的歌》(*The Children's Song*)一诗中,作者祈求上帝用维多利亚时代寄宿学校里男舍监的方式,"教导我们要约束好自己,/严于律己,洁身自好,始终如一"。《如果》则是以戏仿的手法,不露声色地讽刺了英国公学对坚定意志的推崇,整首诗都在要求我们完成各种各样不可能完成的任务。

> 如果你能承受,你说出的真相被
> 卑鄙地扭曲,借以诱使愚人中计,
> 或者目睹你置于生命中心的事物,被粉碎,
> 只默然躬身,操着残破的工具重新建起。
>
> 如果你能留住每一次你赢得的,积少成多,
> 也能冒险孤注一掷,押上所有积蓄,
> 输了就重新开始,一次次反复来过,
> 呼吸之间,从未流露一个有关失败的词语。*

如果你真能忍受这种种考验,那你将成为众人心目中"真正的男子汉!"——就像詹姆森医生和米尔纳勋爵那样。可如果你无法忍受这一切,你也许就会变成一个无情之人。

精灵系列故事没能完全满足吉卜林想要鼓励孩子们探索历史的初衷。他在这部作品即将完成时,开始与历史学家 C. R. L. 弗莱彻(C. R. L. Fletcher)合作,编写了《英国史》(*A History of England*)一书,并于1911年由牛津大学出版社出版。他知道自己写不了历史,因为他无法保持不偏不倚的态度,在"进行理论阐述和选择"符合理论的史料这一过程中,他"很

---

* 译文引自黎幺译《东西谣曲:吉卜林诗选》,第75页。

可能会……半途而废"。但他很想为这本由牛津大学的老师编写的儿童历史书写一些诗。这位老师跟他有共同的政治主张，还非常热衷于历史比较研究，但其分析往往都不大可靠。在自由主义日益堕落的情况下，吉卜林认为"这项工作必不可少……极为迫切"。[14]

合作的结果十分尴尬。吉卜林认为弗莱彻是一位严肃的历史学家，他的文本"非常出色"。他大概根本没有仔细阅读，或是在情绪不好的时候草草看了一眼，因为弗莱彻的文本其实非常糟糕，充斥着各式各样偏激的观点，通篇都是种族主义、反爱尔兰、反天主教、反议会的主张，以及自吹自擂的政治宣传。《曼彻斯特卫报》(Manchester Guardian)认为，这不仅是"一本几乎毫无价值的书"，而且是该报社见过的在"影响儿童的心灵"方面"最有害"一本书。[15]几十年之后，金斯利·埃米斯(Kingsley Amis)曾指出，虽然吉卜林当时已"开始转向保守党右翼"[16]，但这样的合作仍然很令人费解。

这本书唯一的优点，是其中有几首吉卜林创作的关于英国和探讨国家主题的诗歌：《罗马百夫长之歌》《丹麦税》《梅德韦河上的荷兰人》(The Dutch in the Medway)以及《花园的荣耀》(The Glory of the Garden)。其中《梅德韦河上的荷兰人》对人们忽视海军的防御这一问题提出了警告，《花园的荣耀》出现在该书的结尾，它告诫人们，只有脚踏实地的艰苦奋斗才能保障英国的强盛。

> 我们的英格兰是一座景色壮丽的花园，
> 花坛、花圃、灌木丛、草坪、林荫道一应俱全，
> 住宅区的街巷雕塑林立，孔雀昂首阔步；
> 但花园的荣耀不仅仅局限于赏心悦目……
>
> 我们的英格兰是一座花园，然而造就它

第十一章 发现英格兰

却不能靠坐在树荫下啧啧称叹"多美啊",
而要靠从不耽于享乐的同胞不辞辛劳,
用破损的餐刀清除石径上斑驳的杂草。

第十二章　殖民地姐妹情

"印度到处是斯托基那样的家伙,他们来自切尔滕纳姆(Cheltenham)、黑利伯里(Haileybury)和莫尔伯勒(Marlborough)。我们对其一无所知,可他们一旦闹起来准会让人大吃一惊。"谁会大吃一惊呢?答案是:"另一群人,那些坐头等舱去前线的绅士们。想想在欧洲南部随心所欲的斯托基,他手下有足够多的锡克教士兵,还有望获得战利品。你仔细想想。"

这是吉卜林在《灯之奴》(*Slaves of the Lamp*)中所写的一段对话。该作品发表于维多利亚女王登基六十周年的1897年,距布尔战争爆发还有一年半。此后无论是在生活中还是在作品里,他都没有再表达过类似的看法。他也不再相信那群英国公学的毕业生能够指挥印度军队击败任何一支欧洲国家的部队——哪怕是一路上骄奢淫逸惯了的队伍。南非的战况耗尽了他内心仅存的那一丝骄横与得意。不论那群彬彬有礼的门外汉在公学里受过什么样的教育,具备怎样的品质,此时他们都必须让位于训练有素的专业人士。

吉卜林在1902年年初发表《岛民》之前就曾号召英国的年轻人积极参军,而他这样做正是基于他对英国陆军的了解。他在1901年12月的一封信里写道,"所有"在这场战争中"痛击过敌人的小伙子",似乎"都对征兵这件事抱有极大的热情"。二十多万个训练有素的小伙子很快就会从南非回到国内,他们早就"按捺不住"了。这些人现在可都是宝贵的国有资产,回国后必须

第十二章 殖民地姐妹情

将自己受过的训练注入英国人"懒散的日常生活"之中。这是吉卜林下定决心要去解决的问题,用他自己的话来说这叫"知难而进",因为他相信那些"普通人"已经准备好了。其实他遇到的大多数人似乎都已经准备好了。他曾问过一名驻守南非的军官:"你过去给战士们传授了哪些可靠的射击知识,如何把你在第十二至十五年服役期间接受的训练教给你的部下,而不是在一个月之内仓促地组建一支毫无准备的队伍?"[1]

吉卜林的记者朋友们在此期间连续收到他的各种建议。他对《旁观者》杂志的斯特雷奇说,要想"引起关注和争论",就得发起征兵倡议;他还鼓励《标准报》的主编、后来成为吉卜林在英国报界的代言人的"威尔士佬"H. A. 格温(H. A. "Taffy" Gwynne)"大胆地"讨论国民兵役制问题,并让他呼吁当局就这一问题举行全民公投;而克林顿·道金斯爵士(Sir Clinton Dawkins)则是在《国民兵役报》(*National Service Journal*)上刊登了吉卜林的一封信,信中指出英国公学早就有了一套"高效的征兵制度"——为各种体育比赛选人的制度。按照这套制度的要求,这群十几岁的"应征者"必须在板球和足球项目上"操练"几千个小时;每年都有近一万名男孩从各自的学校涌现出来,他们都是在这些运动项目上训练有素的佼佼者。然而,如果"能将花费在板球和足球训练上的时间拿出"十分之一"用于军事训练和完成既定目标",那么五六年之后,这些男孩子们也能成为训练有素的军官。吉卜林一直未能分清体育比赛和战争的关系,时而认为二者互为补充,时而又将其看作辩证统一的整体。在为一项呼吁人们参与军事训练的宣传活动出谋划策时,他建议组织者不要在冬天搞"动员",而是要"在春天,在板球和足球训练的间歇,这样才能把大家吸引过来"。[2]

精湛的技艺让吉卜林能够以丰富多彩的方式表达自己的观点。有的作品,如《梦中的军队》(*The Army of a Dream*),就像是伪装成短篇小说的政治宣传,读起来枯燥乏味。而《岛民》这样的作品则通过和谐的韵律将劝诫和忠告表现得淋漓尽致。也有少数像《改革家》这样的作品,作者的观点几乎被深奥隐晦的表达方式所淹没。但鼎盛时期的吉卜林也在不断挖掘不同地域和各个时代的素材，创造出了鲜明而贴切的形象。他过去不大喜欢荷兰人是因为他们的同胞在南非的所作所为让人愤怒，后来他的态度依然没有改观，则是因为荷兰人在第一次世界大战期间保持中立。但他欣赏荷兰人的坚韧与勤劳，正是这种品质造就了一个独立的民族。他们建造的堤坝既有防止海水倒灌的实用功能，也是一个历史隐喻，象征着他们不屈不挠的民族精神。如果没有了那些堤坝，海水便会将陆地淹没；如果一个国家的防御体系无人把守，敌人就会乘虚而入。在这两种情况下，玩忽职守之人既背叛了自己的祖先，也出卖了子孙后代。

如今我们只能等待那一天的到来，在等待中分摊我们的耻辱，
这是我们的祖辈世代留传的堤坝，可我们总是对它视若无睹。
我们一次次听到修筑堤坝的告诫，却又一次次在观望中拖延：
如今我们在它将倾之际杀死子孙后代，也背叛了自己的祖先。

——《堤坝》(*The Dykes*)

布尔战争爆发之前，吉卜林一直秉持立足帝国、放眼全球的政治主张，其中不乏远见卓识。而此时，这些主张已成为全民族的共识，这一变化使他越来越认同保守党*的立场：要想实现自己的改革主张，就必须同该党合作，至少它还不是最糟糕的。虽然他在有望获胜的选区赢得了一些支持，但他本人并不想从政。1904 年，他拒绝代表南爱丁堡（Edinburgh South）参选，理由是威斯敏斯特并非他的"地盘"。[3]

---

* 保守党是内阁的主要合作力量。在 20 世纪的头二十年里，该党曾与自由统一党联合，史称"统一党"。——原注

第十二章 殖民地姐妹情

遗憾的是,内阁成员中唯一一名让吉卜林心存敬佩之人却不是托利党。那位对佩戴兰花和单片眼镜有着严格要求的张伯伦表面上看似保守主义的坚定支持者,实际上却是个激进分子,不论是早前在伯明翰的政治圈,还是后来踏入帝国的政治舞台时都是如此。索尔兹伯里于 1902 年退休后,具备领导意识的内阁成员就只剩张伯伦一人。然而他代表的是自由统一党,虽然获得了《泰晤士报》的支持,但于保守党而言,新首相当然要出自自己的政党。

阿瑟·詹姆斯·贝尔福的性格则与张伯伦和吉卜林截然不同。他充满魅力、妙趣横生,却又非常懒散,他的陆军大臣曾说他"总是聪明得看不清事实"。有一次,在面临究竟是与德国皇帝共进午餐,还是观看伊顿公学与哈罗公学的板球比赛时,他选择了后者。[4*] 一开始,他对于自己是否将接替他的舅舅(索尔兹伯里)出任首相这件事表现出了一副毫不在意的样子,然后又若无其事地组建了自己的内阁,其成员大都是贵族出身的亲戚和朋友,包括他的弟弟、表弟和表妹的丈夫,以及他在伊顿公学念书期间的跟班和大哥,还有一个他不久前刚给人家当过伴郎的哥们儿。

就个人而言,几乎所有人都喜欢贝尔福,吉卜林也不例外,但他非常讨厌那群涉足政坛的没落贵族。吉卜林是个名副其实的保守派,但并非顽固的反动分子。在帝国事务、国防及税收问题上,他更倾向于托利党的政策,反对自由党的主张。但他不是那种成日哀叹 18 世纪业已逝去的乡绅,而是

---

[*] 吉卜林并未意识到这种两难的处境。作为客人,他或许会破一次例,赞成贝尔福将体育运动排在公务活动之前的做法,但他十分了解贝尔福的想法。1925 年,在英国出版同业会(Worshipful Company of Stationers)举办的一次午宴上,二人相邻而坐,吉卜林在贝尔福的节目单背面写下了这样几行字:

哲学的怀疑
大都基于这样一个前提:
"我能出去吗?
能及时赶到温布尔登打网球吗?"[5]

贝尔福曾在 1892 年的大选中失利,不过这正合他意,因为这样他就能给自己放个长假,专心修订他的《为哲学的怀疑辩护》(In Defence of Philosophic Doubt)一书,这一新版本直到二十八年之后才与读者见面。——原注

科学发展与技术进步的忠实信徒。他的保守主义与贝尔福散漫悠闲的生活方式毫无关联。后者的日常生活就是去猎场打打松鸡，到乡间别墅参加各种聚会，或是跟"心灵会"（Souls）*那帮出身名门的知识分子谈天说地。吉卜林很快就看透了这位新首相，在他表面的睿智背后，是内心的轻浮和各种各样的缺点。安格斯·威尔逊认为《岛民》中那句"乏味、冷漠、麻木、毫无想法、不知感恩、萎靡不振"所针对的就是贝尔福本人。他或许弄错了——暂且不论其他形容词是否恰当，至少贝尔福并非"毫无想法"之辈。不过《磨坊水坝之下》(Below the Mill Dam)里那只灰猫的原型倒是很容易辨认，这则故事发表于贝尔福就任首相刚满两个月的时候。这只猫简直就是贝尔福本人的写照——优雅而慵懒，生性保守，害怕变化和"各种该死的新事物"，崇尚过去，捍卫特权，喜欢生命中"那些似是而非的朦胧之美"。这只猫说过的一句话很好地概括了这一点。

你的设想非常全面，但我想指出的是，矜持与端庄并不一定意味着对所有问题都茫然无知——这话要是由威尔顿（Wilton）修道院那位敬爱的老院长用他那口洪亮的修道士拉丁语来说，一定比我说得好。

在贝尔福担任首相的第一年，张伯伦仍是内阁成员（但与各位同僚并非同道中人）。有人指责他在南非期间表现软弱，早些时候还试图与德国结盟。但在吉卜林看来，他仍是"内阁中唯一的男人"——英国政坛中真正肩负着启迪未来这一使命的那个人。他甚至比罗得斯和米尔纳更能体现这个波谲云诡的职业所需要的优秀品质。他做了很多事，同时劝说人们一起去做。他清理了伯明翰的贫民窟，在爱尔兰自治问题上粉碎了自由党的图谋；他展望着帝国的未来，并努力将它变为现实。他从不在下议院夸夸其谈，而是到全国

---

* 活跃于19世纪末的一个英国知识分子精英社团。

第十二章 殖民地姐妹情

各地实地走访,宣传他为之奋斗的改革运动。

张伯伦于1895年开始担任殖民事务大臣,因为他想担起"管理和教化热带地区民众的重任"。他在处理西非地区的边界问题和应对热带疾病方面取得了一些成就,但他最关心的还是广阔的移民殖民地。这自然对吉卜林也很有吸引力,他心中的牵挂已经从印度扩展到了大英帝国的所有属地。同样吸引他的还包括建立起拥有广泛民众基础的帝国统治,让英国民众明白何为大英帝国以及它所代表的一切。殖民地不只是一堆分散的领地,也不是碰巧获得的,它们是一个能够随时凝聚在一起的整体。

在1897年的殖民地会议(Colonial Conference)上,张伯伦就曾指出,各殖民地虽然"还只是孩子,但很快就会成年",现在就应该让它们建立起一种"真正的伙伴关系",既能共享特权,也要分担责任,尤其是在涉及国防开支的问题时。随后他又在1902年的会议上引用了马修·阿诺德的话,将英国比喻为一位"疲惫不堪的巨人",在"她自身命运的巨大压力"下苦苦挣扎,迫切需要她的"孩子们"伸出援手。三年后,他对伯明翰的市民说,大英帝国已今非昔比:其殖民地已不再是过去的殖民地了。"现在我们与各国成了姐妹,……基于过去的传统,曾经的母国可以以大姐自称,当然这是建立在平等基础之上的。"[6]

英国与各属地(吉卜林所说的"五个自由国家")建立伙伴关系,是张伯伦的这位崇拜者长期以来所倡导的。1907年,诗人吉卜林在加拿大公开表示,近二十年来,他一直在努力增进这些"姐妹国家"之间的感情。现在这一目标终于得以实现,还得感谢布尔战争,这"五国"在战争中一起经历了同样的"麻烦"。他赞成张伯伦在布尔战争接近尾声时发表的声明,即开普殖民地政府无权将南非变成一个无法被各属地人民接受的殖民地。与此同时,吉卜林还积极呼吁帝国内部各成员之间尽早实现更紧密的合作。[7]他和张伯伦都喜欢用体现女性亲缘关系的概念来解释这类新的政治关系。吉卜林于1900年为即将成立的澳大利亚联邦创作了《年轻的女王》(*The Young*

Queen)一诗,在他的笔下,"老女王"(英国)莫名其妙地把澳大利亚称作"妹妹,而不再是女儿,她是双重身份的女儿……"但是在战争爆发前的1897年,吉卜林却在《雪中圣母》(Our Lady of the Snows)一诗里把加拿大的角色限定为女儿。这首诗遭到了大西洋对岸读者的批评,因为该诗的题目似乎在暗示,天寒地冻的加拿大或许并不适合移民。

> 这是一国对一国所说的话,
> 女王对君主如是说:
> "女儿是我在母亲家里的身份,
> 在自己的家中我便是女主人。
> 每一扇大门都由我自己开启,
> 每一扇大门也由我自己关闭,
> 我还把自家收拾得井然有序。"
> 雪中圣母如是说。

张伯伦在1887年访问加拿大时受到了启发(他认为加拿大是帝国殖民地中的佼佼者),决定将"帝国联邦"(Imperial Federation)的构想付诸实施。很多时候,他也认为大英帝国可以一直沿着其传统的自由贸易的发展道路缓步前进。但他又比大多数同代人更早注意到美国和德国在经济上给他们带来的挑战。要应对这些挑战,一是要通过加强教育提高英国的竞争力,二是要在文化和感情纽带的基础上,通过经济利益将帝国凝聚起来。看到英国的教育水平竟落后于德国和美国,张伯伦颇受震动。他因此不遗余力地投入到了创建伯明翰大学(Birmingham University)商学院的过程中,而重视应用科学也从此成了该校的传统。也许他更适合教育委员会(Board of Education)主席一职,而不是殖民事务大臣。当然,张伯伦政治生涯中的最后一次重大改革——为帝国成员提供特惠贸易条款,以增强经济发展的凝聚力——也和

第十二章 殖民地姐妹情

此前他在爱尔兰问题上反对格莱斯顿的结局一样,不仅没能成功,还给自己的党派造成了危害。1886 年,他在爱尔兰自治问题上的立场导致了自由党的分裂,此后二十年内,英国政坛一直由保守党及其新盟友自由统一党把持;而现在,他又因为关税改革的问题使统一党内部出现分化,帮助自由党人连续十七年出任英国首相。再没有哪位政治家能像他这样,每次选举都会给自己的两个政党带来厄运。

自由贸易与贸易保护之间的争论,使爱尔兰及公民权问题成了 19 世纪和 20 世纪初持续时间最长的政治事件。在张伯伦发起这场运动的时候,这一问题并不复杂。既然大英帝国在交通、移民和共同经验方面越来越难解难分,那么究竟是该继续推行这套已经蓬勃发展了半个世纪的自由贸易政策,还是该建立一个奉行保护主义的殖民地联盟(colonial bloc),以抵御日益强大的德国和美国?吉卜林把自由贸易视为"异端邪说",[8] 但它当时已深入人心,受到几乎所有自由派和不少统一派的支持。这些"小英格兰人"过去认为,没有殖民地,英国会更加繁荣。如今,这样的想法已不复存在,就连这种观点的支持者——干瘪的约翰·莫利(John Morley)——都要出任印度事务大臣了。然而,这群自由贸易的继承者、科布登(Cobden)与布赖特(Bright)的接班人不仅要保留殖民地,还希望扩大同全球其他地区的贸易。他们想要的是后世历史学家所说的"自由贸易帝国主义",一种"非正式的帝国"形态。这样一来,英国无须派遣大规模海军和卫戍部队就能在中国和拉丁美洲等地获得商业利益。[9]

统一党的贵族领袖们也支持自由贸易,索尔兹伯里勋爵就曾指出,"帝国联邦"这一构想就像"无须论证的结论"。[10] 商业统计数据显示,英国与世界各地的贸易增长速度高于整个帝国的贸易增速,这一点证实了他的看法。但自由贸易也涉及道德层面,人们认为它是资本主义、民主制度和自由主义不可或缺的搭档,是推动世界进步和文明发展的力量。

帝国特惠制也不仅仅是个经济问题。张伯伦解释说,推行这一制度显然是为了促进殖民地的经济发展,但其根本目的则是"增强不列颠民族的凝聚力"——将这"五国"和其他殖民地团结起来,组成一个联盟,各成员通过经济和军事上的相互依存,保障联盟的生存与发展。这位殖民事务大臣表示,大英帝国不能"只为眼前的得失斤斤计较"——这听起来与吉卜林的论调如出一辙。他有时也的确会这样说:那应当是一种"注入整个民族血液之中的精神力量,这种力量让我们超越日常生活中那些琐碎而肮脏的算计"。大英帝国"就建立在一群敢于牺牲的民众的基础之上"。[11]

财政政策的决策者当然不是殖民事务大臣,而是大力提倡自由贸易的财政大臣查尔斯·里奇(Charles Ritchie)。1903年4月,里奇因为在其预算案中取消了所有进口玉米的关税而激怒了张伯伦。后者一直极力主张对殖民地出产的小麦实行帝国特惠政策。此时的他当然不愿退让,于是在接下来的一个月内采取了报复行动——在伯明翰的选民中发起了他的改革运动。他告诉选民们,英国人民正面临着一个绝无仅有的机会,即表明他们"发自内心地"愿意尽一切必要的努力来巩固大英帝国的繁荣。[12]

不久之后,吉卜林访问下议院时见到了张伯伦,他"一直在谈自己的特惠关税政策",并且认为这个问题将会使各党派产生新的分歧。确信该计划"基本可行"之后,吉卜林对自由贸易者的主张表达了不满。后者认为这是个道德问题,而非"简单的商业问题——全面实施,部分实施,还是不实施,均可视情况而定"。[13] 只是后来他也变得和自己的反对者一样教条。吉卜林在私人短信中为统一党的政治家们解释了自由贸易的内涵,同时也阐明了当时"英国贸易的基本规则":

"凡任何可想见之物品因任何理由可由任何外国人生产,且成本仅比任何英国人生产的同类物品便宜一厘,则该物品理应进口英国而无须缴税或受到任何阻碍,由其导致的劳动力转移应算作给予消费者的惠益。"

第十二章 殖民地姐妹情

这项仁慈的法律还进一步规定,任何英国人若发现自己无法与任何享有国家资助或补助的欧洲人抑或任何衣不蔽体且住宿简陋的亚洲人竞争,则完全享有更换工作的自由,以及从事自己力所能及的行业或职业的自由,一切费用自理……

如果你任由一个人从一个行业被驱逐到另一个行业,他最终一定会流落街头。而这就是社会主义者们希望看到的……

因此,自由贸易就是社会主义的"生身之母",因为"英国工人无法靠他那帮受到保护的欧洲和亚洲同胞——而非资本家——留给他的那点儿工资生活下去"。[14]

张伯伦于1903年秋天辞职后,开始在全国各地宣传他的改革理念。贝尔福则恢复了内阁各派系的平衡,他解雇了三名支持自由贸易的大臣,然后跟平常一样,优雅地保持着观望的姿态。张伯伦与关税改革联盟(Tariff Reform League)说服民众的任务十分艰巨,因为几乎所有的新闻界人士,以及英国议会和政府都在反对他。不过他们很快就得到了《标准报》和《每日快报》(*Daily Express*)的支持,这两家报纸的主编分别是格温和R. D. 布卢门菲尔德(R. D. Blumenfeld),后者是一位侨居英国的美国人,曾提出"关税改革,人人就业"(Tariff Reform Means Work for All)这一毫无新意的口号。

此二人均是吉卜林的朋友,也是英国报界为数不多的常青树——布卢门菲尔德作为《每日快报》的主编一直工作到1929年,格温离开《标准报》之后成为言论大胆而反动的《晨报》负责人,直到1939年*。他们在办公桌前的大部分时间都花在了阅读和回应来自"贝特曼之家"的劝告上:用什么人,派他去哪儿,写什么,哪句话该采纳,哪些该强调,哪些该删除。格温

---

* 应为1937年。《晨报》于1937年被《每日电讯报》收购,不再独立发行。

很享受吉卜林对待他的这种方式,还经常跑去萨塞克斯当面求教。吉卜林认为他"和大家所说的一样坦率而真诚",卡丽也表示赞同——对于这位英国报界最臭名昭著的阴谋家来说,这番评价真是太不可思议了——"真是个好人,"卡丽在日记中写道,"对帝国事务充满热情。"[15]

吉卜林在鼓动人们支持关税改革的同时,自然更关心在帝国巩固的过程中所展现的人的面貌。他为旨在培养"五国"年轻人"意识"的协会组织"帝国儿女"(The Children of the Empire)提供援助,敦促各殖民地向英国人民更好地宣传自己,在伦敦开设店铺展示自己的产品,因为英国人"甚至"还没有"开始从商业的角度了解大英帝国"。[16]不过他做得最多的还是鼓励英国人向海外属地移民。

正如自由党政治家查尔斯·迪尔克爵士(Sir Charles Dilke)指出的那样,英国移民并不关心他们一块儿去的那个地方是否飘扬着英国国旗,他们是"在好奇心而非情怀的驱使下"穿越大洋的。[17]统计数据证实了这一点:在维多利亚统治的最后四十年间,离开英国本土的人有一半以上都选择在美国定居。吉卜林对这一趋势深感不安,他谴责这种管理不善的行为让美国从大英帝国吸走了"数百万精明能干而又敬畏法律的优秀人才",把他们全都变成了美国"公民"。[18]尤其让他担忧的是南非的局势,布尔人虽已战败,但人口仍比英国人多,因此他主张制定一系列向德兰士瓦和当时的奥兰治河殖民地(Orange River Colony)移民的计划。也许土地所有者不愿失去他们最得力的自耕农,但还是得鼓励各郡挑选合适的人,同时为他们募捐,这样他们才能在南非开始新的生活。[19]

吉卜林深信,如果不加以阻挠,布尔人很快就能控制整个国家,但他不明白,为什么大多数人都没有意识到鼓励英国人到那里定居的紧迫性。他告诉他的两位好友,他"有点恼火",那些人竟然在南非需要他们的时候移民去了阿根廷,他们在南非照样可以像在南美洲那样靠养马过上好日子。更让人恼火的是兰德地区那帮金矿巨头缺乏远见的态度,他们宁愿受"荷兰人

第十二章 殖民地姐妹情

的摆布",也不愿从"他们的百万资产中"拿出"一点"来安顿英国农民。"叫醒那位兰德矿区的百万富翁",吉卜林吩咐格温,还叮嘱他一定要"开发这个国家。他在那次突袭中挫败了我们,要是不把他踢出局,他就会把我们搞垮"。[20]

贝尔福于 1905 年年底辞职后,自由党上台执政。吉卜林随即预言南非将被"出卖"并移交给阿非利卡人。于是他把自己的感情寄托转移到了罗得西亚,并号召英国移民去那儿定居,因为那是该地区"最后一块保持忠诚的白人殖民地"了。他向一位朋友保证,它拥有"无尽的未来",同时恳求这位朋友"引导"所有"优秀的白人青年"走进罗得斯创造的那片乐土。他甚至打算在那儿买一座农场,然后雇个人"专门守着,还要在上面挂一面旗子"。[21]

加拿大的情况要乐观一些,在 20 世纪的头十年里,它接受的英国移民人数与美国不相上下,在第二个十年内,这一数字翻了一番。可吉卜林仍不满意,他认为"加拿大的问题是人口太少,而英格兰的问题则是选民过剩,他们甚至要求牺牲国家利益来保障自己的生活"。因此,将一个人口过剩的小岛上的居民分散到那些幅员辽阔、人烟稀少的殖民地,显然是符合帝国利益的,可吉卜林不明白英国政府为何不愿意推行这样的政策。惰性导致的后果,是"那些埋头工作但没有组建委员会的民族"*正在如潮水般涌入这个国家。这让他"心生嫉妒,害怕看到外国人获得那么多宝贵的财富——好运连连,生活幸福——而且这一切还都是靠正当的手段获得的"。[22]

吉卜林这番充满怨气的沙文主义言论掩盖了其中的合理之处。1891 年,他在新西兰遇到了救世军(Salvation Army)†的创始人威廉·布斯(William

---

* 大概指德国人和斯堪的纳维亚人。——原注

† 1865 年成立于伦敦的一个以军队组织形式为架构的国际基督教慈善公益组织。其主要职责包括宣扬宗教博爱主义,举办慈善活动,提供社会服务。原名为"东伦敦基督教传道部"(East London Christian Mission),1878 年更名为"救世军"。

Booth），并对其心生敬佩。布斯同样极力主张把"过剩"的英国人安置到各殖民地。在 1930 年以前，他所在的组织推行的协助移民政策已经在加拿大成功安置了 20 万英国工人阶级的移民。政府推广这类计划无疑会违反自由贸易和自由放任主义（*laissez-faire*）*的原则，但这样做一定能促进商业发展。英国首先是一个贸易国家，因此明智的做法是鼓励殖民地人口增长，从而扩大其工业产品的市场。

吉卜林对加拿大的关注和他对加拿大未来的信念，是他所有热情中最持久、最不可动摇的。1896 年以后他就再也没有去过英属北美洲（British North America），他当初去那儿度假，是为了远离格罗弗·克利夫兰和比提·巴莱斯蒂尔。不过他在 1897 年创作了《雪中圣母》，对加拿大愿意给予英国产品特惠关税表示衷心的感谢。许多年后，他仍然觉得那个决定是当时的大英帝国"所经历的最重大的事件之一"。[23]

加拿大还激发了他一生中唯一一次演讲之旅。1907 年秋天，吉卜林夫妇渡过大洋来到加拿大，卡丽见到了自己的母亲，而吉卜林则在麦吉尔大学发表了演讲，该校曾于 1899 年授予他荣誉学位。吉卜林在一份报纸上公布了他此行的目的，其中第三条是为了躲避"过去几年内"（自从自由党上台以来）"在英国［已经］根深蒂固的毒瘤"，第四条是想要看看（最近刚从女儿的身份晋级的）"咱们的大姐"在做"什么"。不过这次旅行最主要的特点是没有任何计划。在这趟旅途中，他应邀在加拿大俱乐部（Canadian Club）遍布各地的分会发表了一系列演讲。他从温哥华乘坐私人火车抵达渥太华，一路上不失时机地向当地人宣扬有关帝国的一切，他称赞了加拿大的忠诚、远见卓识和开拓精神，提醒人们社会主义和军事上的羸弱会带来哪些危险，并呼吁加拿大政府把"好人"和资本吸引到这里来。他的演讲被广泛报道，受到了热烈的欢迎，就连身在远方的母亲也十分欣喜。她很惊讶，作为一名

---

* 指政府对自由市场不加干涉的经济政策。

第十二章　殖民地姐妹情

牧师之家的后代,自己的儿子为什么不早一点开发一下这份天赋。对吉卜林而言,这趟旅行就像一场"嬉戏,但又是一件非常艰苦的工作"。[24] 此后他再也没有重蹈覆辙。

与加拿大的亲密接触并不总是像大西洋彼岸的姐妹情谊那样令人愉快。火车停靠在哪里,哪里就会有欢呼的人群,但这些人都是乌合之众,他们"少不更事、麻木不仁、举止怪异、因缺乏信仰而自私自利",他们夺走"你的一切,却没有任何回报"。然后是以魁北克人为主的法国裔加拿大人的问题,他们反对参加布尔战争,而且"本质上……跟布尔兄弟非常非常像"。就连自由党首相威尔弗里德·劳里埃(Wilfrid Laurier)*领导下的加拿大政府,也算不上吉卜林期待的兄弟合作的典范。在澳大利亚和新西兰赞成为帝国的军事合作建立某种机制的时候,加拿大人却表示反对,他们认为这不符合殖民地自治的原则。在1907年的帝国会议(Imperial Conference)†上,他们再次对这一动议加以阻挠。吉卜林对此很不以为然,他无法理解,为什么在"我们所有人"当中,偏偏是加拿大人选择与布尔人"拉帮结派","阻挡[我们]前进的步伐"。[25]

尽管如此,它仍然是一片"神奇的土地",是乐观的态度、物质文明的进步和人们对大英帝国的深厚信念拯救了它。当时,伦敦的自由党人正在"扼杀"人们想在战后开发南非的希望,然而加拿大的希望却是连帝国政府都无法扼杀的。在城市不断发展和开拓非洲大陆广阔地区的探索过程中,潜藏着太多的可能性。吉卜林喜欢这里"清新的气味",那是"锯过的木材、未经开发的土地和木柴燃烧的烟气混合在一起的气味"。他喜欢拿加拿大和南边那个强大到几乎无法抵挡的邻国做对比,还总是夸大其词:"虚线的一侧……是安全、法律、荣誉和服从,而另一侧却是毫不掩饰的、野蛮的未开

---

* 19—20世纪加拿大政治家,1896—1911年任总理。

† 1887—1937年间,大英帝国自治殖民地和自治领政府首脑定期召开的会议。1907年之前称"殖民地会议"。

化状态"。[26]

加拿大很可能会成为北美联盟（North American Union）*里的苏格兰。随着贯穿整个北美大陆的南北交通线不断增加，地理位置的优势成了促进这一趋势的有利因素。美国投资的增长也起到了促进作用。1900 年以前，美国在加拿大的投资基本上可以忽略不计，但是到 1922 年却超过了英国。美国通过提供诱人的条件，同加拿大签署了一系列贸易协议，这一切都在吉卜林的注视之下，而他的主编朋友们也适时地收到了他关于这些不公正行为的提醒。但他总体上还是很乐观的，因为他相信加拿大人的忠诚和理智。他在 1907 年回国时对格温说，没有必要担心被吞并的问题，因为加拿大人"不喜欢美国佬"。[27]

四年后，当劳里埃的自由党为了同美国达成互惠贸易协定而四处奔走时，他的乐观完全消失了。美国总统塔夫脱（Taft）曾宣称互惠贸易将使加拿大成为美国的"附庸"。吉卜林担心加拿大被眼前的经济利益所蛊惑，于是接受了《蒙特利尔星报》（Montreal Star）的邀请，就这一问题发表了自己的看法。他以极其严肃而凝重的口吻告诫该报的读者，如果这 900 万同胞与 4000 英里的开放边界之外那 9000 万陌生人达成了这样的协定，一定会失去自己国家的完整性。在 10∶1 的实力对比下，他们将在所有事情上被迫接受美国人制定的标准，甚至连谋杀率都有可能跟美国保持一致。互惠政策对美国来说无疑是有好处的，但加拿大却得不偿失，继而陷入"旷日持久的悔恨"之中。[28]

事态的发展与此前的预测正好相反，劳里埃在 1911 年 9 月的选举中败给了罗伯特·博登（Robert Borden）†的保守党，后者的竞选口号是"不跟美国佬打交道，不跟美国佬做生意"。[29] 吉卜林夫妇对这个结果非常满意，因

---

* 一个理论上由北美大陆各国组成的经济和政治联盟，通常包括加拿大、美国和墨西哥，有时扩展至格陵兰岛以及中美洲和南美洲等地。

† 19—20 世纪加拿大政治家，1911—1920 年任总理。

第十二章 殖民地姐妹情

为它"确定了"加拿大在大英帝国中的位置,并为澳大利亚和南非树立了榜样。卡丽兴高采烈地写道,这是她的国家遭受的"第一次打击",而她的丈夫则向米尔纳坦言,他已经有七八年没这么高兴过了。刚刚成为英国下院议员的加拿大商人马克斯·艾特肯(Max Aitken)后来告诉吉卜林,他发表在《蒙特利尔星报》上的那封信对选举结果产生了很大影响。[30]

这种乐观的局面已经很久没有在英国政坛出现过了。而在吉卜林看来,自从索尔兹伯里退休和张伯伦辞职以后,一切都在走下坡路。二十年来,统一党的统治越来越举步维艰,已是日薄西山,这位诗人的"万神殿"中幸存的巨人们在政治上越来越黯然失色,身体也越来越衰弱。1905 年,米尔纳从南非回国后,吉卜林写了一首名为《地方总督》(The Pro-Consuls)的诗。奇怪的是,标题中用了复数形式,而它歌颂的对象却是一个人,此人凭借自己的力量、孜孜不倦的努力和自我牺牲精神扛起了白人的负担,为南非美好的未来奠定了基础。*

在佣人们已经歇息的晚上,
  他们却无法入睡,便独自

---

* 吉卜林担心标题中的复数形式会让读者以为他所称赞的还有那位更加光彩夺目、即将卸任的印度总督寇松勋爵,于是在诗的开头加了一段话,引自《泰晤士报》7 月 16 日的一篇社评,该文称赞米尔纳在南非打下了"坚实而牢固"的基础。
  现任驻印度总司令基钦纳一直在想方设法对付寇松,企图废除印度政府的军事部门,从而将英军驻扎的所有地区置于自己的控制之下。吉卜林似乎对此不甚了解,但他与基钦纳的看法并无二致,因为他认为"保卫"印度"比如此'费力地'管理印度"更加重要。毫无疑问,他受到了基钦纳在英国最得力的盟友格温的影响。格温曾在《标准报》上莫名其妙地宣称,全国人民都希望这位恩图曼的英雄成为印度的"军事独裁者"。[31] 基钦纳的独裁是第一次世界大战期间印军在美索不达米亚遭遇惨败的主要原因(见下文第 330—331 页)。
  吉卜林支持由军方而非文官来管理印度次大陆,这是一种出于本能的选择。1899 年,一群西肯特军团(West Kent Regiment)的士兵受到指控,说他们在缅甸仰光强奸了一名当地老妇人,吉卜林对"这件小事的看法"是,那个女人招致这样的暴行(后来发了疯,不久后便死了),是因为她属于"那种举止虽无不当却在不经意间引起了别人注意的人"。[32]
这种带有萨塞克斯地域风格的观念在印度并不适用,甚至军事当局也不认同。由于西肯特军团的军官试图包庇那群肇事者,寇松于是在征得部队总司令(基钦纳的前任)的同意之后,对整个军团做了处罚,将其派往亚丁(Aden),两年内不得离开。——原注

> 前去检查那道无眠的拱廊
> 和那块被委以重任的基石,
> 是否能满足需要,他们知道
> 那是隐匿在历史中的依靠。

米尔纳在南非推行的一系列极具争议的政策,导致统一党在1906年1月的选举中一败涂地。应兰德地区那帮矿业巨头的要求,他批准了为加速金矿区的复兴引进契约华工的计划。虽然这些中国人的住房和饮食都还不错,但他们全都生活在劳工营里,处于半奴役状态,得不到任何法律的保护。他们的处境引发了公众的抗议,人们认为这是"奴役华人",这个说法比坎贝尔-班纳曼口中的"野蛮行径"更具感染力和影响力。这一口号让自由党人又一次占据了道德制高点,也使得工会主义者首次团结起来,谴责英国政府在南非采取的政策。但这场争论让吉卜林感到厌恶。1906年年初,他考察了一处劳工营,发现那里既没有围栏也没有上锁,还说那里的食物和卫生条件比英格兰的农舍还好些:苦力们的生活在"吃的方面"比英国陆军"要好得多",他看到这些人买的都是腌牛肉、小麦面包和醋这类东西。[33]

贝尔福指责米尔纳,认为他的失败导致统一党失去了60%的席位,使其沦为一个只有157名下院议员的少数党。允许监工体罚中国人这件事简直"蠢得不可思议",这样做违反了"国际道德、法律和制定政策的所有准则"。[34]然而,这次惨败还有其他原因:一是首相领导不力,二是党内在关税改革问题上出现了分歧。最重要的是,选民们已经彻底厌倦了这帮长期掌权、还在战争期间屡屡犯错的统一党人。

人们普遍认为这一结果意味着关税改革的失败,但吉卜林对此并不认同,只能"敬而远之"。他在开普敦过冬期间对格温说,问题不在于自由贸易,而在于"奴役华人"这一做法,确切地说,是自由党人利用了这件事。他还指责英国政府在张伯伦辞职后便进入了一种"地狱般万劫不复的松懈状

第十二章 殖民地姐妹情

态"。多年来，吉卜林一直在批评统一党，此时他发现，这么多名内阁大臣相继失利是一件"非常振奋人心的事情"。当然，贝尔福的离任并没有让他觉得惋惜，他希望这位在东曼彻斯特（East Manchester）随随便便就被击败的政治家永远不再担任首相。然而，尽管他非常鄙视这群托利党人，但他知道自由党的命运会更糟。吉卜林指出，在南非，布尔人已经开始欢呼了，他们认为坎贝尔-班纳曼领导的新政府会回到格莱斯顿的老路上去——采取一系列软弱无力、妥协退让的政策。"多年的努力"将会"因为英国选民的一时兴起而化为乌有"。[35]

此次选举中最反常的现象，是张伯伦在伯明翰获得了成功，他和他的追随者赢得了这座城市所有的七个席位。这是他职业生涯的最后一次胜利。六个月后，张伯伦罹患中风，结束了他的政治生涯，后于1914年去世。

张伯伦的关税改革运动虽然带有堂吉诃德式的空想色彩，却仍是一份辉煌的事业。然而，这份事业有些操之过急，调研也不够充分：对于食品税无法赢得选民支持这一问题，当时乃至事后都没有找到解决办法。回想起来，"帝国联邦"或许只是个泡影，却被爱德华时代的帝国主义者们急不可耐地拥入怀中。他们高呼着"希望与荣耀之地"，借此缓解内心的悲观情绪，消除他们对于历史潮流同自己背道而驰的怀疑。然而，这是一次正视国家衰落问题的严肃尝试，并在大萧条时期获得了新生——1932年的《渥太华协定》（Ottawa Agreements）同意将帝国特惠制作为加强海外属地经济发展的手段，这一原则直到1972年英国加入欧洲经济联盟（European Economic Union）才被完全放弃。与此同时，帝国合作的信念持续了相当长的一段时间，催生了建立英联邦的构想。

对吉卜林而言，张伯伦一直是"一位[卓越的]政治家。晚年的他，带着岁月和荣耀铸就的光环，凝望着我们大英帝国的未来；他跳出了那帮小家子气的政客们趋之若鹜的羊肠小道，让他们如释重负，轻装前行，并毫不吝啬地向他们伸出友谊之手；他甚至牺牲了自己的健康，只为激励和带领年轻一代踏上新的道路"。³⁶ 与此前歌颂罗得斯和米尔纳一样,吉卜林也为张伯伦写了一首铿锵有力的动人诗篇。

> 震荡的大地之基不再平静,
> 他发出的质疑亵渎了神明。
> 他将所有神谕一分为二,
> 露出一根根纤细的绳索。
> 他义无反顾在荒漠中漂泊;
> 引领他的灵魂、事业和族人
> 稍稍远离那些平庸之物。
> "很久以前,曾有人在此驻足。"
>
> ——《物与人》(*Things and the Man*)

第十三章　自由党的背叛

要做出疑罪从无的裁决对吉卜林而言并不容易。当然，在谴责新一届自由党政府的政策存在社会主义倾向、不合时宜、不爱国和好高骛远之前，他也没怎么花时间去研究这些政策。他曾断言，这届19世纪最人才济济的一党内阁将毫无建树："各种不胜其任的表现"已经"形成一个巨大的托拉斯——把所有的少数凝聚成多数——玩着一场叫作'政府'的游戏"。[1] 此后的十年，吉卜林对政治问题的抨击达到了最猛烈的程度。

英国的政客们是一群"靠附庸风雅的花花公子撑腰的家伙"，他们的才能和行为准则从来就不在吉卜林的关注范围内。在他所有的信件中，除了罗得斯，米尔纳，张伯伦和那位郁郁寡欢、滴酒不沾、后来接替贝尔福成为统一党领袖的钢铁商人安德鲁·博纳·劳（Andrew Bonar Law）之外，他对这帮人几乎就没有说过一句好话。相比之下，政治圈的各种不良习气却总能引起他的注意，就算有时碰巧没有暴露出来，也逃不过他的眼睛。当自由党人的措施受到指责的时候，其制定者与支持者也必定会惨遭波及。这样一来，吉卜林自己的行为准则也陷入了人身攻击的政治窠臼。

首相的待遇则要好一些。在坎贝尔-班纳曼提出"野蛮行径"说之后，吉卜林以一种轻松的方式将他称为"外表温和、内心邪恶／极其疯狂而野蛮的／乞丐，总是限制无烟火药的供应量"。²* 这样一位身材魁梧、头脑精明又镇定自若的美食家很难让人不喜欢，他跟贝尔福一样，都是那种懒散的苏格兰人，只是他做事的方式更容易让人昏昏欲睡。即使身为首相，他也毫不讳言，说自己是"床榻的忠实信徒，喜欢一直保持水平"。³ 然而，当坎贝尔－班纳曼在 1907 年 11 月突发心脏病之后，吉卜林"欣喜地"注意到，"C. B."†的情况"极为不妙"。接下来的一句话——"作为首相，他最好赶紧卸任"——则略微缓和了这种令人不快的语气，这说明吉卜林实际上并不希望他就这样一命呜呼。⁴ 无论如何，吉卜林那些令人不快的言辞本质上是对事不对人的。他很少会厌恨他认识的人，他厌恨的是那些代表他所反感的原则和理念的人。他当时也发现了自己不喜欢这类人的原因。

坎贝尔－班纳曼的继任者 H. H. 阿斯奎斯，是连续第三位作风懒散的首相。他和他的朋友、统一党领袖贝尔福有着同样的嗜好，酷爱葡萄酒、高尔夫、桥牌和时髦的社交圈，这都是他的第二任妻子、恶毒得令人窒息的玛戈特（Margot）亲自培养的爱好。不过要是严肃认真起来，阿斯奎斯则要比贝尔福好一些，他足智多谋，深谙议会斗争之道，还有一套自己的政治议程。吉卜林不承认这一点，他认为阿斯奎斯纯粹是个酒鬼，他只是需要一份收入来供养那位奢靡的妻子罢了。他曾经问过一位议员朋友，在这个国家选了个"酒鬼"当首相的情况下，人们为何还会对"下班后那些微不足道的通奸行为大惊小怪呢"？这个问题同时反映了吉卜林的豁达与狭隘。一个男人不能"和他的姘妇一块儿参加辩论，但他可以带着装了一夸脱半混合酒精的身体去制定法律，还屡试不爽"。吉卜林补充道，他"最在乎的还是那个女人，

---

* 1895 年 6 月一个星期五的晚上，由统一党人组成的反对派提出了一项针对陆军大臣坎贝尔－班纳曼的谴责动议，指控他未能向陆军提供足够的无烟火药。首相罗斯伯里勋爵本可以扭转选举结果，继续掌权，但由于其内阁成员桀骜不驯，各执己见（坎贝尔－班纳曼是唯一一名与所有同事都能友好相处的阁员），罗斯伯里正好抓住这次机会，果断辞职。——原注

† 即坎贝尔－班纳曼。

第十三章　自由党的背叛

其次才是酒"。[5]

很多时候，内阁的违规行为一旦被发现，就会有一连串牢骚满腹的指示从"贝特曼之家"发送到弗利特街。吉卜林曾在一封信里要求布卢门菲尔德评论一下地方政府委员会（Local Government Board）主席、"老实人"约翰·伯恩斯（John Burns）和陆军大臣 J. R. 西利，后者曾决定"把索马里人出卖给那个'疯毛拉'（Mad Mullah）[*]"——即放弃索马里兰（Somaliland）内陆地区一部分难以防守的阵地——并为自己的主张辩解。J. R. 西利的主要罪行，首先是在贸易保护问题上背弃了统一党，其次是作为自由党的殖民事务部政务次官，在下议院阐述了内阁关于南非的政策。这些恶行与温斯顿·丘吉尔的做法如出一辙，而后者也遭到了更猛烈的批评——吉卜林认为，"你可以劝一名普通妓女从良"，却"无法让一个政治妓女放弃卖身，改邪归正"。[6][†] 然而，诗人吉卜林谴责得最多的还是腐败问题，在阿斯奎斯内阁执政的这些年里，这种谴责越来越激烈。他认为所有的自由党内阁大臣，除外交大臣格雷之外，都"对薪资有一种极度强烈的依赖"，[‡] 于是他不假思索地断定，这帮人要牢牢守住自己的位子，就是出于这个原因——尤其是那位"挥霍无度的"阿斯奎斯。这帮"老奸巨猾、满嘴谎话的强盗"让吉卜林想到了"一群比赛日的扒手，被一帮笨手笨脚的

---

[*] 指19—20世纪索马里宗教领袖、政治家穆罕默德·阿卜杜拉·哈桑（Mohammad Abdullah Hassan）。这一绰号中的 Mad（疯）与其名字 Mohammad 谐音，而 Mullah（毛拉）则是穆斯林学者或宗教领袖的头衔；另一种说法认为该绰号源自当时一名索马里诗人阿里·贾马·哈比勒（Ali Jama Habil）用索马里语创作的诗歌《疯子穆罕默德》（Maxamed Waal），后演变为 wadaad waal（疯子毛拉）并进入英语语汇。

[†] 丘吉尔当时似乎并不知道吉卜林对他怀有敌意。他很喜欢吉卜林的诗，住在查特韦尔庄园（Chartwell）的时候，他经常一边懒洋洋地躺在浴缸里，或是坐在藤椅上凝视着远处的威尔德森林，一边朗诵这些诗句。丘吉尔还背诵了吉卜林的一些散文。他在敦刻尔克撤退后所做的那次著名演讲（"我们要在海滩上作战，我们要在登陆点作战，我们要在田野和大街小巷作战……"）就是得到了《丛林之书》里那群海豹的启发："它们在浪花里打斗，它们在沙滩上打斗，它们在磨得光溜溜的玄武岩小窝上打斗"。——原注

[‡] 索尔兹伯里-贝尔福时代的内阁大臣几乎全是贵族出身，而后来的内阁大臣多数都得靠薪俸生活。20世纪初的工资（5000英镑）实际上远高于一百年以后的水平。——原注

警察追赶着，在滑铁卢火车站的各个月台间来回穿梭"。吉卜林说过，只有地主和实业家具备天然的忠诚，因此他建议《观察家报》的主编 J. L. 加文（J. L. Garvin）"披露所有内阁成员"除月薪之外在全国范围内持有的"极其有限的股份"。由于这些大臣成天无所事事，加文或许还可以开一个"每周更新的专栏，用完全非政治性的平实语言，把他们每周都做了些什么原原本本地记录下来"。[7]

自由党上台后不久，吉卜林便开始担心他最关注的南非、英国陆军和皇家海军的问题。另外两件事更让他焦虑不安，一是他的缴税金额提高了，二是人们正在就上议院的前途展开辩论。

1910 年以前，参与南非事务一直是吉卜林最热衷的政治活动；自由党在这一年建立了南非联邦，他认为这样做无异于断送南非的未来。让他感到震惊的是，张伯伦并未中止开普殖民地的宪法，布尔战争的胜利果实于是在 1904 年落入了那群异想天开的当地选民手中。不过在吉卜林的某些言论的帮助下，进步党（Progressive Party）在选举中获得了胜利，詹姆森医生被任命为开普殖民地总理。老朋友的当选让吉卜林恢复了往日的乐观，但这种情绪并没有抵挡住自由党在英国本土的胜利。他似乎忘了自由派帝国主义者曾经支持过米尔纳。相反，他认为宣扬自由党观点的人都是些异见分子，比如曾经把布尔战争的支持者称为"蠢货联合体"（Union Jackasses）的威尔弗里德·劳森爵士（Sir Wilfrid Lawson），还有劳合·乔治，他把布尔人称为"自由党的前锋"[8]——即使吉卜林没有被要求缴纳附加所得税，这样的观点也会让他产生敌对情绪。布尔人为坎贝尔－班纳曼的胜利欢呼雀跃这件事，让吉卜林看"清"了他自己早就知道的事实——"那群叛乱分子与自由党之间的关系是多么亲密无间"。[9]这样一来，新内阁的南非政策将充满无知与恶意，而米尔纳的重建工作也将以失败告终。

自由党人在就职仪式上宣布，德兰士瓦与奥兰治河殖民地很快就能实现完全自治。这让吉卜林更加确信自己的判断，他预计此举将使"荷兰人在

第十三章　自由党的背叛

宪法的支持下一劳永逸地接手"南非，并感叹"被自己人炮轰实在是令人恼火"！[10]米尔纳知道，他之前所做的工作正在土崩瓦解，只能同意上述决定。1906年2月，他在上议院的首次演讲中抨击了该决议。后来他解释道，面对这项可能导致南非经济崩溃、让南非人民脱离英国的政策，他不可能继续保持沉默。[11]

接下来的一个月，一位自由党的后座议员在下议院提出了一项议案，谴责米尔纳允许当地白人鞭打中国劳工的非法行为。激进派非常敌视米尔纳，因此这样的举动应该不难预料；同样，在过去由布尔人统治的地区，某个政党正在将权力交还给那些动不动就鞭打非洲原住民的人，该党派这种惺惺作态的愤怒情绪多半也是可以预料的。难以预料的是英国政府的发言人丘吉尔的回应。布尔战争期间，他曾是米尔纳的崇拜者，之后在1900年的"卡其"选举中以统一党人的身份当选下院议员。*这位副职官员提出了一项修正案，谴责鞭打劳工的行为，但要求下议院"不要对个人提出谴责"。丘吉尔对那位备受尊崇的行政官员采取了一种居高临下的傲慢态度，而他不久之前才刚被贝尔福任命为殖民事务部的政务次官，同时行使相当于印度总督的职权。†在宣判米尔纳"在公共职责方面严重玩忽职守"之后，丘吉尔表示，没必要再追究他的责任，因为他已经沦落为一个无足轻重的小人物，一个失去权威、丢掉工作、毫无影响力，甚至连退休金都没有的人。[13]米尔纳一生都无法原谅他。吉卜林也一样，并公开谴责他那些"丢人现眼的行为"。尽管丘吉尔和他最喜爱的诗人在从印度到纳粹德国的几乎所有问题上都有着一致的看法，但这位政治家永远无法获得宽恕。即使他重新加入了托利党，镇

---

*　他在奥尔德姆（Oldham）的竞选宣传比张伯伦更胜一筹。他的海报上写着："要知道，给激进派投出一票，就意味着在克鲁格的背上轻轻拍两下，同时给自己的祖国两记耳光。"[12]——原注

†　时任殖民事务大臣额尔金伯爵（Earl of Elgin）对殖民地情况不甚了解，而丘吉尔则知之甚详，丘吉尔因而经常代表殖民事务部在下议院发言。

压了总罢工（General Strike）*，学会了"奉迎谄媚"之道，也无法获得吉卜林的信任。吉卜林直到 1935 年还说，他确定政治路线的唯一标准"就在于［是否］追随 W. 丘吉尔先生"。[14]

米尔纳退出了公共生活，成为伦敦金融界的一名管理者。吉卜林在开普殖民地过冬期间，为米尔纳提供了不少关于南非的消息；二人在英格兰也经常见面，每年轮流到对方家中过 5 月 24 日的帝国日（Empire Day），一直持续到第一次世界大战爆发前。在诗人吉卜林的"万神殿"中，米尔纳始终是首屈一指的英雄人物，他"是学者，是行政官员，是最明智之人"。他认为帝国主义具备"任何一种宗教信仰所蕴含的深度和意义"，这种意义是"道义上的，而非物质上的"。这样一位公职人员的风范、成就与远见，一直让吉卜林十分敬佩。他努力说服米尔纳重返政坛。有的时候，他相信"号角声"会让他回心转意。[15] 直到 1914 年阿尔斯特的号角响起，米尔纳才终于做出了回应。两年后，劳合·乔治看到了米尔纳在行政管理方面的才干，于是邀请他加入战时内阁，几年后又任命他为殖民事务大臣。

1907 年 1 月，阿非利卡人在德兰士瓦赢得了多数选票；7 月，他们在奥兰治河殖民地（过去的奥兰治自由邦）获得胜利；六个月后，他们又在开普殖民地击败了詹姆森。在比勒陀利亚，当年那位精明能干的路易·博塔将军，现在成了德兰士瓦共和国的总理。吉卜林断定，当年那场仗完全是白打了。阿非利卡人在这场斗争中几乎没什么损失（何况他们还得到了丰厚的补偿），现在又获得了和平安定的生活。目前的情况实际上与战前没什么区别："一个占据着优势、受到上帝眷顾的荷兰民族正骑在向他们缴税的英国侨民的脖子上作威作福"。我们的敌人竟然在投降四年之后控制了"这片被征服之地"的财政收入和行政管理！"而这一切都是因为英国国内的一些人在'奴

---

* 1926 年 5 月 3 日至 12 日在英国爆发的一次大规模罢工运动。为争取提高工资和改善工作环境，来自煤矿、交通运输、钢铁、建筑、印刷等行业的共 200 多万名工人，在英国工会联盟（Trades Union Congress）的号召和组织下参加了此次罢工。

第十三章 自由党的背叛

役'问题上撒了谎"。[16] 更糟糕的是,南非一旦落入布尔人之手,当地的效忠派就只能屈服于那群叛乱分子。吉卜林在他一首愤愤不平的诗里,把侨居南非的英国人比作获释后被再次转卖的奴隶。

> 他们犯了什么罪,无缘无故
> 成了这场叛乱的合法猎物?
> 这就是他们的罪:屡遭背叛
> 却仍旧时时处处与人为善。

吉卜林将这首诗发表在了格温的《标准报》上,[17] 希望借此唤醒沉睡的英国民众。

> 你以高昂的代价解开了桎梏
> 我们的兄弟姐妹曾被它禁锢
> (你的祖辈尚未破产便已逝去
> 如今早已化作尘土了无痕迹)。
> 你以为是你以如此代价将其解救?
> 醒醒吧,你的辛劳只是枉费!
> 我们的统治者总是懂得循循善诱,
> 变戏法般让你再次将它赎回……

——《南非》(*South Africa*)

然而英国公众已经厌倦了与南非有关的一切。与此同时,那群擅长弄虚作假的统治者也在下议院获得了绝大多数席位。

1908 年 1 月,吉卜林夫妇回到开普敦,"只是为了"在终结詹姆森总理任期的一系列选举期间"亲自见证一下这具尸体被（不甚）体面地埋葬的过程"。他以讽刺的口吻对米尔纳说："葬礼安排得十分体面，现场一片肃静。"[18]他和詹姆森跑去温堡（Wynberg）打了场高尔夫，希望暂时忘掉目前糟糕的政治局面，但他心里知道，是时候永远离开南非了。可他又舍不得离开，因为他几乎每年都会来这里过冬，到现在已经有十个年头了，他已经"在这片奇异而倔强的土地上扎了根"。他喜欢这里的阳光和广阔的天地，喜欢站在桌山上眺望远方，在这幅美景面前，那不勒斯湾的风光都黯然失色。*然而他的朋友们有的已经走了，有的正准备离开，而他追随罗得斯与米尔纳的事业也永远没入了黑暗。

索尔兹伯里的女婿、接替米尔纳担任高级专员的塞尔伯恩勋爵邀请吉卜林前往约翰内斯堡，希望能让他相信，目前的形势并没有他想象的那么糟。吉卜林没有去，也没有被塞尔伯恩的话说服；后者认为，虽然"米尔纳的工作在很多细节上"被打乱了，但这项事业本身是"坚不可摧的"。"在英国国内，米尔纳的朋友们"一直沉浸在"消极的悲观情绪"中。对此，这位高级专员深感遗憾，因为他觉得米尔纳在罗伯茨和张伯伦的协助下建立起来的新南非一定会继续存在下去。吉卜林私底下很反感别人说他是一头"全副武装的驴"，还毫不示弱地反驳了那些人。他完全同意塞尔伯恩的看法，即南非将继续留在大英帝国的版图内：布尔人既然可以在皇家海军的保护下，靠着从外侨身上搜刮来的税金过上幸福的生活，为什么还要离开呢？虽然博塔比克鲁格更愿意合作，但这并不能改变这场背叛的本质。当初把米尔纳派往南非，是想让他"在某些方面做些工作，推广某些理念"，换句话说，就是将开普殖民地、德兰士瓦、纳塔尔和奥兰治自由邦团结在英国王室的旗帜下，从而维持英国在南非的控制权。然而英国政府后来"放弃了这些理念，抹杀

---

* 吉卜林对南非的怀念比他对世界上任何地方的怀念都更加强烈而持久。他在1925年反思道："那个该死的国家太像个女人了。人们因为她身上的诸多缺点反而对她宠爱有加；二十多年前，她俘获了我的心，而现在，我已垂垂老矣，却依然无怨无悔地爱着她。"[19]——原注

第十三章 自由党的背叛

了"米尔纳所做工作的"主要方面",并"将工作细节的绝对控制权交给了另一个民族"。[20]

在谈及这场"背叛"的书信中,吉卜林表现出了比以往任何时候都更加强烈的怨恨和难以释怀的情绪。他反复不断地纠结于那两个相互关联的主题:一是"系统地消除"南非的"帝国属性",二是把"一个更高级的文明"交给"一个更低级的文明"。自由党人出于"极其卑劣的恶意"(这是"他们最主要的动机"),让一个落后的、如今已毫无希望的国度退回到过去"暗无天日的野蛮状态",从而将一个帝国彻底摧毁。这个过程"简直让人忍无可忍"。直到那时他才体会到,"不列颠岛上的英国人对大英帝国的英国人竟有如此深仇大恨。布尔人是一群"半开化的原始人",历史、艺术、手工艺、烹饪、建筑这些东西他们一样都没有,更糟糕的是他们"无可救药的无能和自负"。而最令人恼火的是他在某次言辞激烈的长篇讲话中所总结的:在英国,他每挣一英镑,就得从中拿出一先令"给英国海军,以确保那些猪不会被德国人打得鼻青脸肿"。[21]

1910年,南非联邦成立,整个国家由吉卜林所说的这片大陆有史以来"最强大的、完全由荷兰人把持的内阁"所控制。可事已至此,除了尽量用"英属南非"这一称谓来惹恼布尔人之外,也没有别的办法了。[22] 与米尔纳一样,吉卜林在对时局发表看法和做出预测时所用的语气和推测方式一直不受人待见,但往往都很准确。他们俩都认为,如果德兰士瓦在英国殖民者的数量超过布尔人之前就获得自治,大英帝国就不会拥有南非了。[23] 这也不尽然,史末资、博塔和其他一些布尔人都已经意识到,大英帝国的舞台很适合他们施展各自的才华。但是南非一直没有成为加拿大或澳大利亚那样的国家,它从来就不是真正的"五个自由国家"之一。

无论是米尔纳还是吉卜林,他们都不支持非洲本土有色人种或黑人的事业。但他们担心的是,自己在布尔人的统治下能否得到公正的对待;同时他们也知道,一个由布尔人统治的联盟,用米尔纳的话来说,将意味着"抛弃黑人"，而用吉卜林的话来说，就是允许布尔人"维护并扩张他们对于种族统治（racial domination）的原始欲望"。[24]1908年，来自南非的四个殖民地的白人代表在国民大会（National Convention）上讨论了实现合并的条件，并提出一项宪法草案，但遭到黑人首领们的拒绝，因为其中存在限制肤色的条款，对公民权的界定也充满了种族歧视。一个黑人代表团随即前往伦敦，敦促议会否决《南非法案》（South Africa Bill），但是被内阁拒绝了。对自由党而言，"解决"将来如何落实南非宪法的问题，比花心思处理"各种权利"更加重要。通往种族隔离的道路即由此开启。

吉卜林对军队的状况一直十分警惕。大海和航船依然让他着迷，但现在也让他感到愤怒，还导致他经常与人争论。与海军有关的一些事情，即使再小，也可能把他激怒，然后他就一封接一封地给别人写信。当他在南非期间听说西蒙斯敦（Simonstown）基地的兵力将会减少时，便呼吁格温发动一场反对海军部的运动。当他听说商船的"载重线和甲板上的货物"经常"不被认真对待"（他将其归咎于劳合·乔治）时，便向海军专家发了几封紧急信函，并又一次呼吁格温发起新一轮运动。[25]

要是出现大问题，他就更坐不住了，立刻摆出一副反对者的姿态，与内阁中主导军事改革的陆军大臣理查德·伯登·霍尔丹（Richard Burdon Haldane）和第一海务大臣（First Sea Lord）、海军上将"水手"费希尔爵士（Sir "Jacky" Fisher）*这两位大佬针锋相对。吉卜林一再向他们二人以及所有人强调自己的观点：英国的生存有赖于海陆空三军，而现在它们已经不能满足保护英伦三岛的需要了。他在《梅德韦河上的荷兰人》一诗中提到的历史教训就是最好的例证。1667年，查理二世（Charles Ⅱ）和他的大臣们为节省开支，命令舰队就地停泊，并遣散了舰上水兵；荷兰海军上将德·勒伊特

---

* 费希尔本名约翰，"水手"（Jacky）这一外号来自"约翰"（John）的昵称"杰克"（Jack）。

第十三章　自由党的背叛

(de Ruyter)当机立断，沿梅德韦河溯流而上，直达查塔姆船坞(Chatham Docks)，烧毁了多艘英国海军最精良的战舰。两个半世纪后，这一事件的现实意义再次凸显，这从上届政府的做法所导致的问题中就可见一斑，他们将本该用于改善海军官兵伙食、维修船只和购买武器的经费挥霍一空。

> 就算是火药、枪支和子弹，
> 我们也压根儿见不到，
> 所有经费都在白厅的狂欢
> 与纵饮中一点点虚耗，
> 我们只剩破旧的紧身外套，
> 只能划着船四处游荡，
> 为了东拼西凑向朋友乞讨——
> 连那帮荷兰人都知道！

在海军和陆军问题上，吉卜林决定不再效仿丁尼生的写作风格。他没有从侵略主义的角度大肆鼓吹海军中的英雄主义，而是以一种告诫的姿态冷静客观地描摹了皇家海军在这段有史以来最晦暗的日子里体验到的无比屈辱的瞬间。

　　费希尔认为，新加坡、开普殖民地、亚历山大港、直布罗陀和多佛尔海峡这"五把制胜之钥已将整个世界牢牢锁住"，而它们全都属于英国或是在英国的控制之下。然而，如果没能控制它们之间的海域，拥有这五把钥匙也毫无意义。长期以来，英国海军的霸主地位从未受到挑战，这给维多利亚时代的帝国子民带来了安全感。自印度兵变以来，英国的统治在除南非之外的任何地方都未曾遇到真正的威胁，而皇家海军凭借其威慑力和6000英里的长距离战备补给能力，可以说在一定程度上确保了南非目前的良好局面。但在世纪之交，这一霸主地位却受到了德国和其他大国的挑战。如果英国的工业实力有所下降,其海军的优势也必然受到影响——特别是随着武器和技术的改进,战列舰的建造成本将会大幅攀升。炮舰外交已经过时,因为炮舰已经失去了优势。虽然英国仍然拥有当时世界上最大的舰队,但已无力像以前那样在所有海域巡逻了。因此,英国与日本(1902年)、法国(1904年)、俄国(1907年)达成了一系列协议,这些协议与英美之间的"大和解(great rapprochement)"* 一道,保障了英国与上述国家共享大西洋、太平洋和地中海的权益。为防范德国人,英国需要保留部署在北海的主力部队。

在英国人看来,德国的海军计划只有两个目的:一是实现德国皇帝进攻英国的夙愿,二是扩张德意志帝国的殖民地。1911年成为英国海军大臣的丘吉尔认为,英国海军是必需品,而德国海军则是"奢侈品",除了扩张,再没有任何别的用途。虽然德国海军将领们说过要为实现德皇的目标制定一项(损耗大英帝国实力的)"伟大的海外政策",但他们的舰队也有防御目的。英国海军部认为,德国海军需要具备抵御英国海军封锁的能力,这一点或许是欧洲国家间角力的决定性因素;他们不想重蹈拿破仑战争的覆辙,当时英国军舰(在两次摧毁丹麦舰队之后)控制了波罗的海和北海。[26]

柏林从未奢望自己的海军能与英国海军分庭抗礼。尽管德国当时的经济十分强盛,但他们无法在建立一支能够同时与法国和俄国对抗的陆军的同时再与皇家海军抗衡。确实,德国人虽然实施了海军建设计划,但1914年其军舰吨位仍然只有英国的一半。即使如此,德国人的威胁也是真实存在的。皇家海军无法将其全部力量集中在本国海域,因为它还要承担全球义务,随时应对意想不到的挑战,如1914—1915年追击在南太平洋铤而走险、兴风作浪的德国巡洋舰。此外,英国在北海的优势十分微弱,维持现状无异于冒险,恶劣的天气或糟糕的运气都可能将这点儿优势化为乌有。当时

---

* 英美两国自1895年以来在政治、外交、军事和经济目标上趋于一致的时期,一直持续到第一次世界大战初期。

第十三章　自由党的背叛

可能并未出现 1804 年或 1940 年那种面临敌人入侵的重大险情,但如果失去在本国海域的优势,德国皇帝的舰队就有可能突破封锁线进入大西洋,并左右未来的战局。[27]

当意识到自己的国家和整个大英帝国及其推行的自由贸易均受到威胁之后,英国海军部的反应极为强烈。费希尔制定了一套现代化、集中化的重组政策,拟定并落实了英国的应对措施。老式战舰被悉数废弃,取而代之的是数量较少但战斗力更强的"无畏"(Dreadnought)级战列舰和"无敌"(Invincible)级战列巡洋舰,与此同时,驱逐舰和潜艇也列入了海军装备序列。费希尔认为,有了强大的海军,就不再需要庞大的常备军:一旦发生战争,皇家海军"在两周内就能拿下德国舰队、基尔运河(Kiel Canal)与石勒苏益格－荷尔斯泰因(Schleswig-Holstein)"。[28]

英国海军内部一些持批评意见的人抱怨说,建造新舰艇会削弱英国现有舰艇的优势。这种说法有些奇怪,像是希望德国人在技术上取得领先似的。更合乎逻辑的解释是,他们对这项政策有诸多疑虑:这样做将缩减皇家海军的规模,也意味着不会再对常规巡洋舰进行现代化改造。海军军官持有这类观点也许是很自然的,奇怪的是吉卜林居然也同意他们的看法。

费希尔身上的许多特质对吉卜林来说应该是很有吸引力的。此人是个坚定的个人主义者和技术激进分子,十三岁加入皇家海军,曾在克里米亚战争(Crimean War)期间担任海军候补少尉。他的改革不仅涉及船舶和发动机的现代化,还包括改善下层甲板的条件,减少行政人员与工程师之间的等级差异。1904 年 7 月,这位"麦克安德鲁"的英格兰表兄邀请吉卜林登上了一艘潜艇。此时,他这位客人对他的评价是"好人"一个,然而五年后却变成了"彻头彻尾的无赖",又过了五年,则变成了"肆无忌惮、诡计多端的恶棍"。[29] 吉卜林的态度之所以发生这样的转变,是因为他赞同费希尔的新劲敌查尔斯·贝雷斯福德勋爵(Lord Charles Beresford)的看法,这位海峡舰队司令(1909 年卸任)认为第一海务大臣费希尔的改革削弱了英国海军抵御德国人威胁的能力。

贝雷斯福德作为社会名流和屡次当选又屡次辞职的托利党议员,曾把英国海军的潜艇贬斥为"费希尔的玩具"。这样一个人即使每天早上都把吉卜林式的问候——"早上好,跟德国人开战的日子又近了一天"——挂在嘴边,也未能获得吉卜林的支持。[30] 这位塑造了格洛斯特与麦克安德鲁的作家发现,贵族阶层的魅力比过去更加诱人了,而上议院的争吵很快就证明了这一点。但这就跟裁减西蒙斯敦的兵力,以及贝雷斯福德提出设立海军总参谋部的正当要求一样,根本无法解释他的立场。

吉卜林痛恨这些变化,因为将老式战舰尽数废弃的做法让他感到《退场诗》中的预言得到了应验:"我们的舰队,在遥远的呼喊中消融;/熊熊的战火,在沙丘和岬角上熄灭。"此时的费希尔已经下令关闭大英帝国设在牙买加、新斯科舍和其他地方的海军造船厂,同时从世界各地召回了一百五十五艘老旧军舰,并将其中大部分拆毁。按照扬·莫里斯(Jan Morris)的说法(吉卜林本人也清楚地意识到了这一点),费希尔以这样的方式"预示了[……]大英帝国衰落的开始"。[31] 虽然他将皇家海军撤回国内,把它弄得支离破碎,但同时也在重新打造一支全新的欧洲劲旅,让它能够在吉卜林早就预言过的末日大战中有所作为。

透过贝雷斯福德的观察,吉卜林断定,英国海军遇到了大麻烦,他不能再袖手旁观了。"我们正在竭尽全力让公众感受到缩减海军规模这件事有多可怕,"他对一位在开普殖民地工作的朋友说,"现在只有这件事能在英国引起恐慌……"与往常一样,格温又一次接到了动员令——《标准报》开始大肆抨击费希尔——而他的幕后主使则随即肯定了他所做的努力,并表示为他塑一尊雕像也不为过。[32] 但这一次,事态的发展要求吉卜林必须亲自上阵,积极应对。他此前在加拿大的演讲取得了成功,此时又在国内发表了一系列称赞贝雷斯福德、诋毁现行改革的演讲。1908 年 10 月,他在海军俱乐部(Naval Club)发表了题为《海军精神》(*The Spirit of the Navy*)的演讲,把

第十三章 自由党的背叛

当时一些人的看法嘲讽了一番，那些人认为这个国家就需要"多一些'无理'（Incredibles）级或'无奈'（Insupportables）级战舰，多一些样式新奇、花里胡哨的战筏（war-canoe）"。决定一支舰队成败的因素不光有枪炮和装甲，因为这些东西"终究只是铁器而已"。

　　对于任何一支军队而言，士气不是比硬件条件重要一千倍吗？我们只要花几年时间就能拼凑出一支由无数的"无望"（Impossibles）级或"无着"（Undockables）级战舰组成的舰队，然而英国海军的精神难道不是花了三十代人的时间才培养起来的吗？除了这样的精神，还有什么能在即将到来的黑暗日子里拯救这个国家呢？ 33

麦克安德鲁要是听到这番话，大概会嗤之以鼻，就跟他在"傻帽子爵"向他提出"你不觉得蒸汽破坏了海上的浪漫气氛吗"这一问题时的反应一样。

吉卜林之所以对英国的国防如此忧虑，是因为德国人的实力和企图让他感到害怕。这种不信任感从德皇威廉给克鲁格发电报的时候就开始了，在德国提出海军建设计划之后，这种不信任感便开始持续发酵并不断加深。1900年，作为八国联军的一员，德国军队以镇压义和团的名义开赴中国。德国皇帝在演讲中对他们的要求是：斩尽杀绝，不留俘虏；他们必须像一千年前阿提拉率领的匈奴人那样，用惨无人道的杀戮震慑中国佬，让他们在接下来的一千年里都不敢正视德国人的脸庞。34 德国皇帝的演讲让吉卜林如获至宝，两年后，他终于抓住机会将其中的"匈奴"一词用到了他表现恐德症的诗句里。* 一直在努力改善英德关系的英国外交大臣兰斯多恩勋爵认为，《划桨手》这首得罪人的诗简直是"大逆不道"。然而，尽管这首诗可能会让

---

* 见下文第310页。

那帮外交官们陷入被动,却并不是对任何一份残暴声明的过度反应。

随后的一段时期,吉卜林相对克制了一些,只在私底下指控德国贿赂自由党的行为,并(同样是在私底下)将中欧和东欧那群"无人身自由的"民族称为"拥有现代枪炮的中世纪人"。有一次,他甚至在接受《费加罗报》(Le Figaro)采访时,承认自己在表达对德国的反感时有些言过其实。他在这篇采访稿的校样中删除了有关德国在工业、贸易和科学方面缺乏成就的言论,并收回了他此前说过的话——德国文学对他毫无帮助——事实上,他并不否认海涅(Heine)对他有着非常深刻的影响。[35]

新一轮的造船热潮,特别是德国在1908年计划建造无畏舰的决定,又让吉卜林的态度回到了从前。那一年,他预料到英国与"条顿人"的冲突很快就会到来,而在1910年访问欧洲大陆期间,他还发现当欧洲人正在为战争做准备的时候,英国人却"在险象环生的火山口悠闲地安营扎寨,还互相安慰,说德国这座火山爆发的危险"已经过去。[36]吉卜林在1910年视察法国军队时曾安慰自己说,至少他们还能行军,可第二年却发现,法国人在枪法和马术方面都超过了英国士兵。但他对那位法国步兵中的关键人物始终持怀疑态度,这个"面目丑陋的粗俗之辈"平日里"总是"任意妄为。[37]1911年夏天,他计划"在德国皇帝允许的情况下"到诺曼底度个假,然而到了年底,却发现"那个条顿人正虎视眈眈地"盯着英国,只要"一切准备就绪"就会发起进攻。这一次他对自己的安慰是,条顿人只知道"战争应该以科学的方式进行"[38]——这种想法有些奇怪,因为在吉卜林的有生之年,无论德国人的战法科学与否,他们都打败了奥地利和法国的帝国军队,而英国人那套极不科学的战法却无数次被布尔农民挫败。

在德国的军事威胁这一问题上,吉卜林并非唯一的卡珊德拉。内阁里那两个浮夸之辈——丘吉尔与劳合·乔治——或许还嘲笑过这群人总是大惊小怪、危言耸听。然而到了1911年,即使是他们二人也已经看清了德国海军计划的本质及其笨拙的外交伎俩。英国陆军部与海军部很早之前就意识

第十三章　自由党的背叛

到，英德两国迟早会兵戈相向。它们的主要分歧在于，英国到底应该把精力集中在世界各地的公海，还是集中在欧洲大陆的地面战场。吉卜林认为，不管大英帝国面临着怎样的问题，对于欧洲大陆而言，它一直是个强国，过去如此，将来也必将如此，必要时有义务开赴欧洲战场。[39]可他竟然又反对英国远征军（British Expeditionary Force）的创始人，甚至比他对纳尔逊（Nelson）*之后英国最优秀的海军司令的批评还要多，这着实有些奇怪。

R. B. 霍尔丹是一名知识分子，还是一名律师，他每次在下议院郑重其事地长篇大论时，人们总会纷纷往茶室奔逃。他并非格莱斯顿式的老派政治家，而是一名具有"集体主义倾向"的自由党人，他认为英国目前那些重大的社会问题只能通过政府"干预……人民的自由"这一途径来解决。[40]在吉卜林眼里，这一点就足以受到谴责了。他越来越相信，自由党人都是些隐蔽的社会主义者。霍尔丹对德国的偏爱也应该受到谴责，他曾经把德国称为自己的"精神家园"，这样的言论是很不恰当的；他翻译过叔本华的著作，在火车上阅读黑格尔，效仿歌德，还向内阁同僚大谈德国对人类文明的贡献。但是在国防和外交政策方面，他又是自由党内的右派分子。此外，他还是党内最拥护米尔纳的人，这或许挽回了一些他在吉卜林心目中的形象。1904年，他在表决是否通过《中国劳工条例》（Chinese Labour Ordinance）时投了弃权票，激起了同僚的不满；两年后，他又成功阻止了后座议员提出的谴责动议。

霍尔丹原本的目标是成为大法官（Lord Chancellor）。他很少在军事辩论中发言，而出人意料的是，他居然当选了陆军大臣，成为无能的统一党人兰斯多恩、布罗德里克（Brodrick）以及阿诺德-福斯特（Arnold-Forster）的继任者。不过他还是从布尔战争的教训中认识到，英国陆军需要大刀阔斧

---

* 18—19世纪英国海军上将、民族英雄，在拿破仑战争中多次建功，1805年在击溃法国和西班牙联合舰队的特拉法加战役（Battle of Trafalgar）中阵亡。

的改革。尽管激进派与统一派表示反对，来自本方前座议员的支持也不大积极，但他仍然决心推行这场改革。曾在格莱斯顿和罗斯伯里内阁担任陆军大臣的坎贝尔-班纳曼随后把自己的军事政策概括为八个字："别管军队，不要开战。"[41]

与费希尔一样，霍尔丹明白，要实现军队的现代化必须缩减其规模。统一党内那些批评他的人只看到了这样做的弊端，他们整天唉声叹气，认为缩减军队规模就是向党内的"小英格兰人"妥协，却拒不承认设置参谋部、组建国防义勇军（Territorial Army）和远征军的好处，这样一支远征军能够迅速跨越英吉利海峡阻击德国人的进攻。其他一些统一党人则较为审慎。前任总司令罗伯茨很重视霍尔丹的改革，甚至希望步伐再大一些；兰斯多恩则坦言，组建国防义勇军是他所能想到的最佳方案了。就连1911年3月的《晨报》也承认，这位陆军大臣"在五年内取得的成就超过了"19世纪70年代的"卡德韦尔（Cardwell）以后的任何一位前任"。[42] 三个月后，格温成为该报主编，如此一来，它便再也不敢称赞吉卜林憎恶的任何东西了。

这位住在"贝特曼之家"的乡绅对霍尔丹的裁军政策的反应与所有守旧的老顽固一模一样。他认为遣散训练有素的士兵实在太过荒唐，就算是那群"因绝望而陷入极度疯狂"的英国人也不会赞成。但他们最终还是没能阻止这场改革，于是吉卜林断定，英国将回到霍诺里乌斯（Honorius）*撤军之后的5世纪，他还断言自己将被迫用自己的钱和身家性命去为随之而来的无政府状态买单。当听说有朋友要和霍尔丹共进晚餐时，他说，这位朋友要是能开枪打死霍尔丹，就可以为国家和大英帝国立大功了。[43] 一段时间之后，他又回到了写《岛民》一诗的状态，严厉批评了英国政府在"无用之事"（即社会改革）上浪费钱财，使得整个国家缺乏足够的防御能力。

---

* 4—5世纪西罗马帝国皇帝，都城罗马曾在其统治期间（410年）被西哥特人首领阿拉里克一世（Alaric I）攻陷，此后西罗马帝国日渐式微，于476年灭亡。

第十三章　自由党的背叛

> 这些人迅速推倒了他们的祖先为其建造的城墙——
> 将那些坚不可摧的古老壁垒夷为平地，改造成
> 游乐休闲的园地，所有人随意出入，恣意徜徉，
> 昔日哨兵巡逻的地方成了流浪汉休憩的避风港；
> 由于那群示威者和游行者索要的报酬节节攀升，
> 他们在敌人面前将弓箭手悉数遣散，放弃抵抗。
>
> ——《黄铜之城》(The City of Brass)

霍尔丹的第二宗罪是他反对国民兵役制，而这恰恰是吉卜林一直以来为之奋斗的事业。1910 年，这位陆军大臣为陆军上将伊恩·汉密尔顿爵士（Sir Ian Hamilton）所著《义务兵役》(Compulsory Service) 一书作序，认为保卫大英帝国需要鼓励志愿精神。汉密尔顿是吉卜林的老朋友，二人在西姆拉时就认识。大概就是因为这一点，又同是"罗伯茨阵营的人"，汉密尔顿才在布尔战争期间躲过了这位诗人的责难，他当时在莱迪史密斯的粗心大意差点让这座小镇失守。但他反对国民兵役制这一点却是无法原谅的。吉卜林对邓斯特维尔说，汉密尔顿"不是我心目中的正直之人"，还补充道，半数将领都在支持"霍尔丹的胡作非为"，而"国防义勇军的情况则会让［他］感到恶心"。他模仿斯温伯恩的风格写了首诗，并把它寄给了斯坦利·鲍德温，他在诗中说汉密尔顿晋升为海外派遣军总监察长及地中海远征军总司令（因无法胜任而导致英军随后在加利波利的厄运）是他写那本书获得的奖赏。

> 当霍尔丹的追捧者为投其所好
> 写了一本谎话连篇的书稿，
> 我们才明白什么是一流的工作，
> 那帮监察长何以登上宝座。[44]

但在吉卜林看来，这位陆军大臣身上最糟糕也是最遗患无穷的缺点，是他几乎从不掩饰自己的亲德态度。热爱德国哲学这一点或许还可以接受，但他竟然邀请德国皇帝共进午餐（1911年），还（与六位内阁同僚一道）向德国做出善意的承诺（1912年），甚至认为自己的祖国和他所谓的精神家园之间未必要兵戈相向，这样做简直太过分了。《国家评论》(*National Review*)杂志的主编利奥·马克西（Leo Maxse）是个说话很尖刻的人，他和吉卜林的另一位记者朋友曾把霍尔丹称为"波茨坦党"（Potsdam Party）的一员。*吉卜林也持同样的观点，他匿名发表了一首充满偏见和敌意的诗，写的是霍尔丹某次访问德国的情形。

霍尔丹在德国

[模仿 H. 海涅的德式风格]

我终于知道霍尔丹为何要
把我们的陆军搞得一团糟。
他带着这份杰作去往普鲁士，
在德国皇帝的脚边低三下四。

他给他带去了效忠的礼物，
最近在战场上覆灭的军团——
兵力不济的德皇眉飞色舞，
对霍尔丹充满慈祥与友善。

---

* 马克西能与吉卜林成为密友，是因为其政治主张恰好与吉卜林不谋而合：支持法国、支持贝雷斯福德、支持国民兵役制和关税改革，同时反对德国人，反对费希尔、贝尔福、劳合·乔治，反对爱尔兰民族主义。此外，马克西还认为女性选举权将会是仅次于德国入侵的第二大灾难。他还给劳合·乔治与丘吉尔（1908年当选苏格兰下院议员）分别起了个绰号，一个是"卡纳封选区（Carnarvon Boroughs）的老滑头"，另一个是"邓迪（Dundee）的吹牛大王"。[45]——原注

第十三章　自由党的背叛

德国皇帝亲切地接待了他
（并施舍他丰盛的餐食！）
神圣德意志人民为一睹他
马背上的风姿而蜂拥云集。

神圣德意志人民井然有序，
在街头的号令中比肩而立，
数次为他喝彩，欢声如雷，
希望赶紧组建自己的舰队。

霍尔丹在公主王妃的簇拥下，
尽情享受这宏伟盛大的场面，
感觉自己也成了名门世家——
而这正是德皇的如意算盘。

霍尔丹一心只想着他自己，
回味这一路如何登峰造极——
德皇却在为祖国出谋划策，
狡黠地朝将军们使着眼色。

霍尔丹的和平愿景令人欣慰，
他理所当然备受尊崇，因为
德国皇帝将回赠他一只雄鹰，
让那头雄狮的利爪徒有其形。

漫长的谢幕

德皇轻抚着霍尔丹的脑袋,
于是他恭顺地摇起了尾巴,
而英国人还在教堂做着礼拜……
千言万语都将成为一纸空话。[46]

第十四章 为特权辩护

吉卜林的很多优秀品质和几乎所有的不愉快,都在第一次世界大战爆发前的那些年有所体现。对他来说,那是充满怨恨的十年。当然,他很早之前就学会了怨恨,并且至死不渝。然而,让这种情绪变本加厉的是自由党执政时期的政治斗争和帝国内部的权力斗争,他憎恶的对象已经从德国人蔓延至魁北克人,从爱尔兰人扩展到印度国大党。在英国国内,他痛恨的对象则包括工会、民主制、自由主义、自由贸易、社会主义以及人们居住的平房。

当然他也是个恪尽职守的正人君子,在人际关系和业务往来方面向来光明磊落。如果不谈政治,"贝特曼之家"的来访者看到的只有孝顺的儿子、忠诚的丈夫、亲切的外甥和表兄、慈爱的父亲和最会逗别人家孩子高兴的长辈。其中一些人还注意到,作为朋友,他一直忠心耿耿,而身为作家,不论受到什么样的挑衅,他都绝不对同行指手画脚。

吉卜林一直和住在威尔特郡享受悠闲退休生活的父母保持着密切的联系。每到周日,洛克伍德便会给自己准备一桌丰盛的午餐:烤牛肉、约克郡布丁、果酱布丁卷和文斯利代尔干酪,弥补了在英属印度生活的那些年饮食上的单调与乏味。"家庭方阵"偶尔也会有一些调整,但由于特丽克丝糟糕的精神状况,全家人当年在西姆拉和拉合尔生活时的欢声笑语已不复存在。拉迪亚德这位脆弱而极度敏感的妹妹婚后很不幸福,也没有生育,1898年年底从印度回国后便出现了精神崩溃的症状。几年后虽有好转，但父母二人因心力衰竭在两个月内相继辞世给她带来的打击，又让她的病情在1911年出现了反复，于是她开始辗转于各式各样的"疗养院"。她的哥哥则立即烧毁了父母的文件。

身为父亲，吉卜林为埃尔茜和约翰写了《原来如此故事集》和精灵系列故事。他还喜欢跟两个孩子一起玩耍，也经常和别人家的孩子们打成一片——朋友家的男孩子们就在附近的几所预备学校上学，放假的时候，吉卜林经常带他们去池塘里划船，或者用壁炉前的地毯把自己裹起来，扮成一头大熊。按照那个时代的标准，他应该算是个很宽容的父亲。儿子约翰有时不愿意读他写的书，还会提出些奇怪的问题，有一次，他问吉卜林："我说，爸爸，你听说过一个叫格雷（Gray）*的人吗？他在乡村墓地傻乎乎地待了一夜，然后还为这事儿写了首很烂的诗。"这些事不但没让吉卜林生气，反而经常把他逗乐。[1] 不过让他担忧的是，约翰在威灵顿公学就读期间一直成绩平平，于是他告诫儿子，千万不能变成"懒鬼"。

吉卜林尤其担心自己的孩子会受到不良影响。埃尔茜九岁那年，这位满眼忧伤的父亲就已经看到了女儿被"某个小流氓"拐走的那一天。好在那一天还不会马上到来，此刻的埃尔茜正安然无恙地待在家里。然而，约翰从上学的那一刻起就处于各种不良影响的威胁之中，据那位送他去学校的父亲所说，这群男生的宿舍简直就是"堆满各种垃圾的巢穴"。吉卜林夫妇曾委婉地提醒儿子要当心那群搞同性恋的家伙，他们认为这样的"兽行"是那些"猪猡""垃圾"和"渣滓"才会干的事。他们还告诉约翰："管好自己的嘴，不要公然指责别人……远离那群肮脏的猪！"然而吉卜林却在写给朋友的信中抱怨道："上帝啊！谁愿意做父亲啊！等到那一天，你就得（背负着罪恶的过往）四处奔波，竭尽全力保护自己的儿子，保护他的心灵、德行与童贞

---

* 18世纪英国诗人，代表作为《墓园挽歌》(Elegy Written in a Country Church-Yard)。

第十四章 为特权辩护

免受伤害,可到头来一切都是白费力气。"² 至少他认识到了父亲这一角色的虚伪本质。

吉卜林总喜欢给即将结婚的朋友提出忠告。这显然是基于个人经验,而那些收到信的朋友们大概并不受用。他还提醒过一位即将结婚的男性朋友:婚姻是所有手艺中最难的一种,"要怀着谦卑和虔诚之心孜孜不倦地研究它,如有疑问(这条建议可是千金难求),就举手投降"!³ 经常去"贝特曼之家"看望吉卜林的卡斯尔罗斯勋爵(Lord Castlerosse),曾形容吉卜林在婚姻生活中一直处于"束手就擒的状态……[他已经]把自己的身体、财产和精神完全托付给了另一半",对她唯命是从,"毫无半句怨言,甚至从未有过反抗的心思":卡丽是"名副其实的女主人,是女统领和女总管"。其他目击证人的观察也大同小异。有一次,南希·阿斯特(Nancy Astor)*邀请吉卜林到克利夫登(Cliveden)做客,见面后发现他"很难相处"——他们夫妻二人坐在沙发上,吉卜林每次回答问题都要先征求一下妻子的意见。⁴ 他们的女儿甚至用"束缚"一词来形容这段婚姻。

吉卜林一定觉得,顺从是为宁静的生活付出的代价,这也算公平合理。埃尔茜后来还说过,卡丽让整个家充满了"紧张和忧虑,有时甚至会演变成歇斯底里"。她的占有欲、她的"喜怒无常"和她的"坏脾气",都对吉卜林"产生了负面影响",把他弄得"筋疲力尽"。⁵ 最好的办法就是不要反抗,投降并退守他那间戒备森严的书房才是比较明智的选择。然而,埋头工作并没有磨灭他对获得一个小小的自我空间的渴望。在他的《朝圣者之途》(*Pilgrim's Way*)一诗中,朝圣者说,"只要我获得许可,能够选择与同类相遇",就不需要在途中遇到圣徒或小鬼。然而在"贝特曼之家"安顿下来以后,他就很少获得过许可。就像 P. G. 沃德豪斯(P. G. Wodehouse)后来所说的,吉卜林的全部创作"依靠的是四处闲逛和与人交谈的生活方式",而卡丽却"将

---

* 19—20 世纪英国政治家,1919 年接替其丈夫成为英国下议院首位女议员。

他牢牢困住，让他与世隔绝。[6] 虽然他偶尔也能成功出逃——去海军基地视察舰队或是独自到蒂斯伯里（Tisbury）陪父母住上一段时间，但都没能走太远。他在东萨塞克斯也交了几个朋友，都是当地的乡绅和退役军人。H. W. 费尔登上校（Colonel H. W. Feilden）就是其中之一，第一次见面的时候，他还以为吉卜林是个"可怕的小混混"。[7] 而他跟那群文学圈的朋友——本来就没几个——却越来越疏远了。在苹果树问题上提出过中肯意见的赖德·哈格德，是唯一获得特权进入吉卜林的书房与他一起工作的作家，亨利·詹姆斯则很少露面，而对于康拉德与柯南·道尔，吉卜林压根儿就没想过要和他们见面。吉卜林是个很健谈的人，马克·吐温在1889年与他第一次见面时就发现了这一点，但现在的他却很少有机会展示自己的才华。卡斯尔罗斯对此也有所觉察：

> 有时到了晚上，在酒精和同伴的刺激下，他会比平时多喝一杯。这时，透过那副厚实的镜片，他硕大的双眼正在闪闪发光。拉德的语速越来越快，观点也越来越明确。如果吉卜林夫人在他身旁，她立刻就会注意到这种变化，然后以不容置疑的语气果断地发出命令："拉德，该回去睡觉了"，而拉德也总会在这个时候意识到自己的确该上床睡觉了。[8]

1902年，吉卜林带着帝国最耀眼的光环搬到了"贝特曼之家"，并于同年创作了《迭戈·巴尔德斯之歌》（The Song of Diego Valdez）。这是一首令人振奋的歌谣，讲述了一名海盗成为"西班牙海军高级上将"*的故事。晚年的巴尔德斯备受尊崇，他站在人生的巅峰，想起了当年的战友们——那群"征服新海域的老玩伴"，还想起了那段四处劫掠的逍遥日子、那次"船体侧

---

* 此处为文学作品中的虚构军衔。西班牙海军将官军衔由高到低分别为元帅、一级上将、上将、中将、少将，并无"高级上将"。

第十四章 为特权辩护

倾引发的骚乱",还有那间"棕榈树丛中的'小客栈'";与此同时,他也为自己的新角色感到后悔——他原本只是一名水手,后来"由舰队和人民加冕／被国王和教宗约束",成了"伟大事业的奴仆",落入"更加逼仄的牢笼",套上了西班牙海军上将这副"更加沉重的枷锁"。了解吉卜林家庭情况的人都知道,身为一名负责任的乡绅和帝国的使徒,他一直很想念他在船上、集市上、兵营里认识的那些老玩伴。

当然,吉卜林仍然可以外出旅行,只不过是和卡丽一道坐着时髦的汽车,住在时髦的旅馆里。告别南非之后,他们全家在瑞士的恩格尔贝格(Engelberg)度过了圣诞假期,上午滑冰,下午滑雪,但每个人的技术都很一般。他们还在法国境内的比利牛斯山区住了一段时间,起初是因为卡丽犯了关节炎,后来则是因为他们爱上了那里的美景。法国迅速成为吉卜林最喜爱的国家,这也是唯一一从未让他失望的"异国恋人"。尽管当地居民的"生活习惯极差,简直不可救药",可他们非常好客,还读了吉卜林的书。他在路上遇到的人除了"一名在诺尔省的大雨中喝白兰地御寒的海关人员(douanier)"之外,所有人都很友善,就连宪兵也是如此。吉卜林十分欣赏克列孟梭(Clemenceau),也认同《英法协约》(Entente Cordiale),他认为法国文明"与我们的文明至少是属于同一时代的"。[9]他的《法兰西》(France)一诗充满了溢美之词,其他国家——印度、加拿大、南非,当然还有英国——都从未获得过如此殊荣。

> 生活中极尽奢华,工作时尽心竭力,
> 可怕的是,她总能从坚韧的泥土中再次崛起;
> 对自己严厉苛刻,对他人宽容以待,
> 她总是第一个拥抱新知,最后一个抛弃旧理——
> 法兰西,每一个满怀热情或奉献精神之人的心中所爱!

漫长的谢幕

吉卜林大概是少数几个认为法国人对自身价值的评判尤为严格的外国人之一，不过这首诗所传达的中心思想似乎并没能获得更广泛的认同：英法两国在近千年的时间里一直是竞争对手，但是现在，作为罗马文明仅存的继承者，他们必须团结起来，保护罗马文明免遭野蛮人的侵袭。

此后的吉卜林更愿意待在罗马帝国的疆域内，只在1907年与卡丽一道前往瑞典接受诺贝尔奖。这是一次令人沮丧的出访，因为就在他们前往瑞典的途中，奥斯卡国王（King Oscar）*不幸去世，整个斯德哥尔摩都笼罩在悲伤的气氛中，不过那座浪漫国度的皇宫倒是让吉卜林饶有兴致。伦敦文学界对吉卜林获奖这件事却没那么有兴致，而是颇感震惊：在斯温伯恩、梅瑞狄斯（Meredith）、哈代还在世的情况下，这个奖竟然颁给了吉卜林。其中一人表示，这么做简直就是在抬举那个搞文学的铁匠，却贬低了所有的金匠。[10]而金匠们也没能及时得到补偿，因为下一位获得诺贝尔文学奖的英国人又是一名制作马蹄铁的铁匠——高尔斯华绥（Galsworthy）。两名英国铁匠取得辉煌成就的时间相隔了二十五年，在此期间，斯堪的纳维亚人七次斩获这一殊荣。

此时的吉卜林已经对纯文学奖项和他所获得的学院奖，以及他拒绝接受的政府或国家机构授予的荣誉做出了区分。他获得了很多荣誉学位，包括牛津大学新任校长寇松授予的一个学位，还获得了"伦敦金融城荣誉市民"（Freedom of the City of London）称号和皇家文学学会（Royal Society of Literature）颁发的金质奖章。英国人文社会科学院（British Academy）和美国的同类机构则属于灰色地带，它们超越了吉卜林自己划定的边界。不过他还是找到了拒绝后者邀请他加入的正当理由——他已经推掉了前者的邀请。然而，拒绝功绩勋章、名誉勋位（Companionship of Honour），以及索尔兹伯里与贝尔福举荐他受封爵士的建议就容易多了。对于拒绝受封一事，他的

---

* 奥斯卡二世。

第十四章 为特权辩护

理由是,这样的荣誉"想必超越了我的人生格局"。[11]

吉卜林对自由党政府的憎恶,在财政大臣劳合·乔治提出增加财产税时达到了全新的高度。1909 年的《人民预算案》(People's Budget)出台后,吉卜林首先想到的是自己的个人储蓄:"我们必须在破产之前把每一分钱都弄出这个国家。"这项预算案就是个只会带来失业和痛苦的"毁坏者",而劳合·乔治就是个"威尔士窃贼",他的同僚都是些社会主义者,或者用这位诗人的话来说,是一群"浑球儿":"现在已经没有自由党人了。"[12]

这名财政大臣为他的预算案做了一场没完没了又(对吉卜林来说)极其乏味的演说,念稿子的时候一直磕磕绊绊,标点符号都没念对,让人感觉他自己都没搞清楚自己的提案。不过演讲的内容正好与他的演讲风格形成了鲜明对比。劳合·乔治要为社会改革(包括养老金计划)和他的反对者要求建造的无畏舰筹集资金,于是他通过引入土地税、附加所得税及汽油税和汽车税,彻底改革了英国的税收制度。所有这些税种,加上提高所得税和烟酒税的做法,让吉卜林感到了某种程度的不安。

税收议案激起了贵族阶层的愤慨,情形十分尴尬。格莱斯顿的继任者罗斯伯里勋爵表示,这不是一份预算,而是一场革命:英国人民即使变成鞑靼人或拉普人(Lapps)*,也无法控制这些"巨大的变化"。这种说法有些奇怪,因为鞑靼人和拉普人都没有成群结队地为主张这类变革的政府投过票。很多占有大量土地的权贵更加不讲道理,而且越来越歇斯底里。一群公爵大人聚集在一起,声称一旦实施增税政策,他们将被迫解雇手下的工人,停止向足球俱乐部交纳会费,并减少对慈善机构的捐款。并非所有的统一党人都同意这群世袭贵族的意见,一名下院议员就公开表示,早知道就应该在辩论期间

---

* 原生活在斯堪的纳维亚半岛北部的一个族群,传统上以放牧和渔猎为生。亦称"萨米人"(Sami)。

把所有公爵关起来。[13]

吉卜林站在了公爵那边。劳合·乔治是一只贪婪的"野兽",而英国就像正在衰落的罗马,任由哥特人和汪达尔人在自家的地盘上到处乱窜。预算案出台后两个月,吉卜林发表了《黄铜之城》一诗,其批判对象不仅包括自由党制定的解散陆军的"政策"(其目的是把更多钱花在"无用之事"上),还包括英国政府支持的劳工运动和阶级斗争。

> 他们说:"谁的心中充满怨恨?谁曾嫉妒邻居的生活?
> 让他挺身而出,去支配那位邻居和他努力的成果。"
> 他们说:"谁在被懒惰吞噬?谁在挥霍中将自己摧毁?
> 他该向所有人征税,因为没人愿意给他工作机会。"
> 他们说:"谁曾辛勤劳动?谁曾努力为自己积累财富?
> 把他毁掉,因为他已充分证明自己就是不法之徒。"

最后两行总结了"劳合·乔治福音书的全部内容"——或者说这就是吉卜林对《旁观者》杂志的斯特雷奇说的话,虽然这位主编没有格温和布卢门菲尔德那么言听计从,同时还是自由贸易的坚定支持者,但吉卜林仍能对他施加影响。吉卜林希望斯特雷奇能"好好教训一下那个野蛮人",因为他正在煽动乌合之众把"老百姓从自家的汽车里轰出去,从高尔夫球场上赶走,因为拥有自己的汽车和打高尔夫球都属于犯罪"。劳合·乔治"福音书"的另一个章节可以通过这样一个问题来理解:"我们为什么要成为手里握有选票的乞丐?"这位威尔士人充分利用了那套在英国"流传了千年的旧式礼仪来发动没收人民财产的红色战争",因此斯特雷奇应该"拿根棍子……追着他骂",同时告诉读者"这个人在社会上激起了多大仇恨"。他并非真正的财政大臣,只不过是个"受到冷落的威尔士管家,虽然拥有一所宅院,但直到现在,他仍然只能在外面候着"。这位《旁观者》杂志的主编谄媚地回应道,

第十四章 为特权辩护

劳合·乔治就是一只"脾气暴躁的小山羊";同时信誓旦旦地称赞吉卜林是他见过的"最善于启发别人的人,真是令人叹服";他还专门说起吉卜林在信里提到了"十多位领导人",而他关于"政府受到谴责"一事发表的看法"令人赞叹至极……简直可与伯克(Burke)*相媲美"。[14]

1909年11月,预算案在下议院顺利通过三读。按照惯例,上议院本应自动通过该提案——在过去的两个世纪内,上议院从未否决过任何一项财政法案——然而上议院的统一党领袖兰斯多恩却在此时提出,在提交全体选民裁决之前,下议院没有理由同意该预算案。不出所料,他的动议获得了在上议院占绝大多数席位的统一党党员的支持,而阿斯奎斯也随即宣布解散议会。不可思议的是,兰斯多恩与贝尔福这两位最善于妥协的政客竟然认为,维护贵族特权或许能帮他们赢得选举,或者说,为了将预算案推迟几个月,拿上议院在非财政问题上的否决权冒一次险是值得的。但他们谁都不会主动迈出这一步,是贵族阶层的愤怒"激励"了他们。

吉卜林从来不想成为政治圈的活跃分子。他喜欢在场边当教练,对着球员咆哮,偶尔才会跑到球场上,就像在1900年"卡其"选举或1904年的开普殖民地选举期间那样。但是在《人民预算案》出台之后,他决定稍微提高一下自己的参与度。

吉卜林还是经常会为失去张伯伦感到惋惜,这位政治家没有"接班人",因为贝尔福和"保守主义内部的特权阶层"已经"压制并阻止了那群年轻的纨绔子弟"。吉卜林曾敦促格温找"一名年轻人,并激起他的热情",[15]而在此期间,他们只能先用贝尔福凑合一下。这位托利党领袖在1906年被击败的一幕曾让吉卜林很得意,对于他重返下议院的前景也很不乐观:次年贝尔福赢得补选时,这位批评者并不清楚,为什么他对于一个需要用"战将的演

---

* 18世纪爱尔兰政治家、作家,曾任英国下议院辉格党议员,代表作有《与美国和解》(*Conciliation with the Colonies*)、《反思法国大革命》(*Reflections on the Revolution in France*)等。

讲"来唤醒支持者的政党来说竟"那么不可或缺"。吉卜林很快就放弃了希望,尽管那个"难以捉摸、推三阻四、摇摆不定之人"无法重振托利党人的精神,但要寻找一位合适的人选来取代他也并非易事。一年后,他在给朋友的信里写道,我们的对手已经"萎靡不振","就像犯了偏头痛的病人或者坏掉的注射器"。[16]

1910年首轮选举期间,正在瑞士度假的吉卜林仍然充满信心,认为那群"社会主义者"将失去110个席位,而他支持的政党一定会"让他们落荒而逃"。[17]前半部分的预测是准确的(自由党失去了104个席位,只比统一党多出两席),但反对党并没能"让他们落荒而逃",因为自由党政府可以依靠工党和爱尔兰民族主义者(分别获得40个和82个议席)度过这场危机。事实证明,统一党的这一系列努力反而把爱尔兰自治问题重新提上了政治议程。

阿斯奎斯回到唐宁街,继续留任首相,他决定终止贵族院的否决权。不过此时他还不确定该如何去做,也不知道怎样才能说服爱德华国王(King Edward)*支持他的决定。国王在5月意外去世这一重大事件改变了第二个难题的性质,似乎也让吉卜林失去了理智。他对布卢门菲尔德说,是阿斯奎斯内阁杀死了国王,并要求这位他心目中的二号代言人用"弑君者"一词来称呼阿斯奎斯内阁的全体成员,"就是那群贪慕虚荣的小人杀了他,这一点毫无疑问",他们的做法无异于朝国王扔了一枚炸弹。[18]吉卜林并未言明他们使用了哪种武器,但它很可能就是阿斯奎斯的图谋:他要求国王册封数百名新贵族,以压制在上议院占多数席位的统一党。这件事招致的恶果便是《逝去的国王》(The Dead King),这首噩梦般的颂诗把爱德华刻画成了一位勤勉无私的君主。这是吉卜林为数不多的能让人想到他才配得上桂冠诗人称号的少数作品之一。

虽然上议院在1910年4月一致通过了自由党政府提出的预算案,但首

---

* 时任英国国王爱德华七世。

第十四章　为特权辩护

相仍不依不饶，认为这份补偿还不尽如人意。随后他便公布了几项提案，建议阻止上议院行使否决财税法案的权力，并将他们对其他立法程序的搁置否决权（suspensory veto）限制在两年以内。阿斯奎斯不想让乔治五世（George V）这位缺乏历练、未经考验的新君为难，于是寄希望于说服上议院接受他以《议会法案》的形式提出的建议，而不必通过将大量新贵塞进下议院的方式谋求自由党的多数席位。直到11月两党谈判破裂后，他才请求国王为自己提供私人担保：如果自由党再次胜选重新执政，国王将册封足够数量的贵族，以确保《议会法案》获得通过。议会随即解散，但接下来的选举再次使下议院陷入了与此前几乎一模一样的僵局。若不是贝尔福承诺就"食品税"（帝国特惠制的必然结果）问题举行全民公投，统一党的处境恐怕会更糟。

这位统一党领袖抛出了张伯伦此前提出的帝国方案的阉割版，但这并没有阻止吉卜林加入这场选战。格温已经得到了吉卜林的许诺——在竞选活动中发表一场演讲，他还建议吉卜林将这场支持马克斯·艾特肯的演讲安排在阿什顿安德莱恩（Ashton-under-Lyne）。艾特肯是一名加拿大冒险家，虽然从未发表过演讲，对除了"帝国问题"之外的政治事务也一无所知，但他已经下定决心，一定要"挑选一个令人满意又十分牢靠的自由党席位，然后把它移交给统一党"。[19] 这名记者奉承道，吉卜林的演讲将在整个兰开夏产生"巨大影响"，还有可能为统一党赢得一些席位。吉卜林如期发表了演讲，艾特肯如愿以偿，当选下院议员，还有幸得到了吉卜林关于下议院及其应发挥的有限作用的指点：

> 刚开始你可能会觉得下议院就像芬迪（Fundy）*的雾堤一样令人兴奋，又像正在解冻的泥墙一样容易对付，但是千万不能当真。所有的小伙子，除了那些卑鄙小人，初来乍到时都会有这种感觉。得过一阵子才能缓过

---

* 加拿大东南部海湾，位于新不伦瑞克省与新斯科舍省之间。

神儿来。当然，内阁发挥作用的秘诀不过就是阻止该死的下议院做出任何举动。可是现在，唉！根本不可能，只能尽量减少它的危害。[20]

吉卜林还参加了萨塞克斯郡的竞选活动，为他支持的当地候选人拉票，还做了好几场演讲：选举日那天，他在"地狱般的天气里"开着车四处奔波，"把那群快要溺死的选民"送到投票站。选举结果并未使他消沉，因为尽管"选民们愚昧无知"，还有人向他"行贿"，但"英国人的性格"却一如既往地坚定。他对米尔纳说，某种"隐隐约约的感觉"使他更加乐观，他相信他们的敌人已经"竭尽其所能"，现在终于可以对其"有些许掌控"了。吉卜林的"这种感觉总会时不时出现，就像在南非白白打了一天的仗之后的感觉"。即使如此，他仍然感到了"深深的恐惧"。他担心上议院会就此妥协，出于"拯救国家、秉公办事、取悦国王的模糊想法，或是为自己的背叛行为编造的鬼话"而表现得像"一群绅士"。[21]

1911年6月，吉卜林很不情愿地穿上了宫廷礼服，参加在威斯敏斯特教堂举行的乔治五世加冕典礼。在此之后，他自娱自乐地写了几篇关于他最讨厌的两名政客的短文。

霍尔丹穿着他那身凌乱的贵族长袍，沿着走道小跑而过，看起来就像是《庞奇和朱迪》（*Punch and Judy*）木偶剧里那只迷失了方向的托比狗。* 就在这场庄重的典礼上，丘吉尔的温斯顿主义（Winstonism）彻底爆发了。他看上去就像博德利图书馆（Bodleian）里的平装本法国淫秽小说。[22]

同往常一样，吉卜林再次告诫人们，不要把帝国庆典搞得过于张扬，同时叮

---

* 他在几个星期前去了趟上议院，然后第二年就当上了大法官。——原注

第十四章 为特权辩护

嘱布卢门菲尔德,千万不能怂恿民众将国王的称号改为"英国皇帝"。他有一种迷信的想法,认为谈论皇帝会导致帝国的崩溃。也许大英帝国无论如何都将"濒临崩溃",但布卢门菲尔德的提议只会"把所有软弱、懒惰、低效、恶毒之人团结在一起,共同反对这一帝国构想",对这些人来说,帝国构想本身就是可憎的东西。更适合《每日快报》的题材大概有以下几类:一是在街角指挥自行车时所用的交通手势,二是"受到骚扰的工人"反抗工会主义的传言,三是就女性"广泛参与世界事务"之后"魅力"衰减一事所做的调查。[23]

君主加冕庆典结束后不久,贵族们便开始抵制《议会法案》。自由党内仅有寥寥数名贵族成员,因此他们很难左右《议会法案》在上议院的命运。此时,这一问题已经在上议院引起了统一党的内讧:一方是公然藐视政府的"死硬派"或"坚守派",另一方是"骑墙派";后者认为阿斯奎斯的提案虽然削弱了统一党的权力,但与破坏宪法相比,接受现状才是明智的做法。此时的吉卜林已经成了彻头彻尾的死硬派。格温也一样,他刚刚调任《晨报》主编,报社老板巴瑟斯特夫人(Lady Bathurst)也在大声疾呼,要求完全废止该法案。[24]

吉卜林与格温都自信地认为,他们这些高贵的死硬派一定能赢。他不再担心上议院会表现得像一群绅士,以"秉公办事"之名行"背叛"之实。投票前三天,艾特肯对吉卜林说,人们的好奇和兴奋已经散去,死硬派肯定能获得胜利。格温也欣喜若狂,他相信只要结果一出,贝尔福就会被宣布"政治死亡",这是他翘首以盼并一直努力促成的局面。然而,这一死亡状态只维持了几年,随后便是旷日持久的起死回生。[25]

这件事在8月(英国历史上最热的一天)达到了高潮。寇松最终站到了温和派一边,他辩称该法案若被否决,上议院将遭到重创,而重新制定宪法也将势在必行。塞尔伯恩则在自己的最后一次演讲中努力将死硬派强行融入哥特式浪漫主义的传统中去;他声称,宁可"在光明中被敌人杀死",也不愿"在黑暗中被自己人消灭"。²⁶ 寇松赢得了这场辩论,37 名统一党人因此倒向自由党,13 名主教以 17 票的优势击败了死硬派。按照兰斯多恩与贝尔福的建议,统一党内的贵族成员大部分均投了弃权票。

吉卜林完全蒙了,只能向哈格德抱怨"贵族们的背信弃义"。对他来说,这标志着宪政的终结,尽管他认为这群"愚不可及的"英国人或许根本无法理解其为何物。²⁷

吉卜林对世袭特权从来不感兴趣。白手起家的安东尼·格洛斯特显然要比他那个无能的继承人值得尊敬,而"傻帽子爵"则是麦克安德鲁嘲笑的对象。在写于 1907 年的《马大之子》(The Sons of Martha)中,愿意做事和敢于冒险之人得到的颂扬竟然超过了"马利亚之子",后者可是享有恩典与特权之人,因为当马大吩咐其母帮忙准备晚餐时,耶稣是站在这位母亲一边的(路 10∶38—42)。贵族阶层对吉卜林而言也没有太多吸引力。他曾在 1902 年与几位公爵夫人有过一面之缘,但她们说话的语气和方式却让他大为恼火。"天呐!天呐!"他大喊道,"她们为何总是这样无缘无故、无可救药、毫不自知地冒犯别人?"²⁸

十年后,他却时常同公爵夫人和其他贵族共赴晚宴,沉浸在这个"令人眼花缭乱的世界"里。在写给岳母的一封信里,他兴致勃勃地谈起了贵族的头衔和珠宝——就连卡丽都戴着一顶头冠。²⁹ 不过吉卜林并不经常参加这样的活动,只是偶尔会和阿斯特一家、寇松一家、德斯伯勒(Desborough)一家到乡间别墅共度周末;当然,在威斯敏斯特以外的地方,他仍是马大之子的拥护者。但他在英格兰乡下的生活经历、他借精灵帕克之口讲述的历史,以及他对自由党的强烈憎恨,却帮助他在上议院的前途遭受威胁之际看清了其历史价值。直到 1910 年 11 月,即"威尔士满族王朝"(Welsh Manchu dynasty)出现的那一刻,³⁰ 他才在布赖顿朗诵了自己写给上议院的赞歌:

第十四章 为特权辩护

对国家有利的成就、能赋予责任感并激励人们不断建功立业的继承制度、鼓励直言进谏的风气——这些都是英国的立国之本，我们的上议院就是在此基础上建立起来的。一代又一代，议会根据当时的标准，从社会各界招募具备真才实学之士，以满足时代的需要……

然而，就其本质而言，上议院依然保持着其诞生之初的状态——一个由贵族构成的民主政治机构，为保障国家的长治久安，按照贵族民主制的要求考察和遴选成员——在几乎不受立法影响的世袭政治生活中处于核心地位。[31]

然而，吉卜林由衷敬佩的那少数几位政治家却无一不是白手起家之人：张伯伦、罗得斯、米尔纳和那两位苏格兰裔加拿大人马克斯·艾特肯与安德鲁·博纳·劳。艾特肯在加拿大通过兼并企业的方式积累了一笔财富，他还喜欢帮朋友们赚钱，经常为吉卜林提供投资建议。1911年，他在加冕典礼上受封为爵士。除了能为统一党捐款之外，他似乎并未做出什么突出的贡献。但总能迅速察觉到敌人在搞腐败和裙带关系的吉卜林，此时却认为这件事并不会妨碍他们的友谊。他成了艾特肯次子彼得·拉迪亚德（Peter Rudyard）的教父，并向这位新议员提供了不少建议。1911年9月，艾特肯表达了他对吉卜林的感激之情："你的智慧和我的声音共同造就了周四晚上那场一流的演讲。"几个星期以后，他再次恳求这位诗人朋友教他"说点什么"，因为他要在曼彻斯特的自由贸易厅（Free Trade Hall）就关税改革问题发表演讲。第二年，吉卜林再次来到阿什顿安德莱恩，他提醒支持艾特肯的选民，英国对于即将到来的与德国的冲突"毫无准备"。[32]

1911年的圣诞节，吉卜林是在莱瑟黑德（Leatherhead）的艾特肯家度过的。除了他们两家之外，还有统一党的新任党魁博纳·劳。吉卜林正是通过这次契机和他成了好朋友，这段友谊一直持续到十二年后这位政治家去世之时。与爱冒险的艾特肯不同，博纳·劳忧郁的性格让他很难交到朋友。他的出身（与格拉斯哥、阿尔斯特、新不伦瑞克长老会的复杂渊源让人望而却步），他的童年（儿时便学会了"用麦片粥搞政治"[33]）和他早年从事的职业（曾经以钢铁商人的身份在格拉斯哥的破产法庭上学会了辩论技巧），无疑进一步加深了他那份与生俱来的忧郁气质。但这也跟他的兴趣和习惯有关：反社会、滴酒不沾、不喜欢艺术或大自然，社交生活对他来说完全就是一种折磨，除非将其"主料"换成桥牌、国际象棋、优质雪茄或与政治有关的话题。甚至他的政治观点也很消极：保守派的浪漫精神、帝国远见、开展社会改革的意愿都已丧失殆尽；他自己曾坦言，他最关心的事情一是关税改革，二是将阿尔斯特留在联合王国的版图内。然而，博纳·劳顽强的性格与专注的精神让吉卜林相信，他将成为一名出色的领导人。

到了1911年秋，马克西与格温领导的"贝尔福辞职"（Balfour Must Go）运动已势不可当。三次败选，加上在《议会法案》问题上的优柔寡断，使贝尔福的支持率大幅下降；贝尔福由此断定，该党需要的是一副无须"纵观全局"并且"有些迟钝的大脑"。[34] 他表示，辞职后的他成了伦敦最幸福的两个人之一，另一个当然就是利奥·马克西了，早知道就该邀请他共进晚餐，好好庆贺一番。

由于统一党内部出现分化——死硬派与关税改革派拥护奥斯汀·张伯伦（Austen Chamberlain），而骑墙派与自由贸易派则支持沃尔特·朗（Walter Long）——于是吉卜林把希望寄托在了局外人博纳·劳身上。在他看来，张伯伦的问题在于他只是他父亲的儿子而已；而作为保守乡绅的代表，沃尔特·朗的问题则在于，他要是成为领导人，一定会是"天底下最华而不实的无能之辈"。所以吉卜林才"火急火燎地"选择了博纳·劳，并在艾特肯的鼓动下规劝格温改变立场，这位张伯伦的支持者此刻竟然"企图保持中立，所作所为令人大失所望"。吉卜林保证自己将"悄无声息地"完成此事，他通过电报告知这位记者朋友，博纳·劳是"三人当中最有价值的，他树敌最少，最了解关税改革，尤其他现在还获得了加拿大的认可"。为了党的团结，

第十四章 为特权辩护

两位主要候选人均退出了竞选,一致支持博纳·劳,这让吉卜林颇感欣慰,他立刻续订了一堆当地的时政类报刊。[35]

这位重新焕发生机的活动家不久之后便提出了自己对统一党现状的看法。他通过艾特肯向博纳·劳递交了一份冗长的备忘录,建议立即"解散并重组"保守党中央组织(Central Conservative Organization)*,重组后的机构应设置一个负责向报社编辑发布消息的新闻办公室。在博纳·劳对这位舆论导向专家的先见之明表示感谢之后,吉卜林也称赞了对方在上任初期表现出的领导才能,"当真正了解数字的人站出来解决问题时,股东大会上的愤怒与困惑便开始渐渐消散",公众也感受到了这样的气氛。但"最有效的"还是博纳·劳的"进攻方式",这一战法已经把"革命委员会"(也就是自由党政府)吓得发抖了。[36]

实际上,博纳·劳的进攻方式只不过是在指节上佩戴金属环的打击方式。阿斯奎斯与贝尔福在辩论时通常都很有绅士风度,事先还会一块儿喝杯香槟酒,而博纳·劳(用牛奶和姜汁汽水可能都没法把首相骗来)则只会斥责自由党人是赌场里的骗子和生性鲁莽的猪猡。阿斯奎斯从来不会说这样的话,而劳合·乔治虽然经常说话不留情面,却也不乏幽默的调剂。相比之下,博纳·劳的领导方式表现出了某种恶意,他是在刻意迎合统一党人最恶毒的本性,至少在1914年之前一直是这样。这当然也迎合了吉卜林的想法,他曾坦言:"我喜欢〔博纳·劳〕,因为他心怀怨恨。"在与艾特肯一家共度圣诞节之后,吉卜林越来越敬重这位统一党领袖,因为他"料事如神,头脑清醒,还有着坚定的信念"。另外,那帮"浑球儿"对他总是又恨又怕,这也是个"好兆头"。[37]

吉卜林并没有把目标局限于那帮自由党"浑球儿"议员身上。这些年来,

---

* 此处应指"保守党中央办公室"(Conservative Central Office)。该机构由迪斯累里于1870年设立,旨在加强党内团结。2004年改称"保守党竞选总部"(Conservative Campaign Headquarters)。

他在表达自己的看法时,其蛮横粗暴的程度与博纳·劳相比往往有过之而无不及,常常把矛头指向民主制、工会、社会主义、爱尔兰民族主义和女性选举权运动。他仍然相信,(压低工资并造成失业的)自由贸易、(破坏经济结构的)工会和鼓励"逃避者"(shirkers)靠慈善为生的家长式政府,损害了工人阶级的利益。[38]1912年,英国的煤矿工人及其工会组织通过罢工的方式获得了超乎寻常的地位。

在政治和社会问题上,吉卜林继续使用他的双管战术(double-barrelled tactics)。第一击动作迅速——向自己的记者朋友们和政治家朋友们发出一系列疾风骤雨式的指示。第二击则相对谨慎一些——等待时机写一首诗或一则故事;令人惊讶的是,他总能把政治宣传变成艺术作品。

格温与布卢门菲尔德仍是他第一击的常规目标,有时也会变成马克西、斯特雷奇或《观察家报》的 J. L. 加文。1912 年,格温接到指示,要他查明煤矿工人罢工背后国外势力的影响究竟有多大,还要写一篇文章,说明普通工人加入工会能得到什么样的好处。在吉卜林看来,英国工人正在"把自己的钱托付给这个世界上唯一一家出纳员挪用公款却不会受到惩罚的银行"。《每日快报》的布卢门菲尔德则收到了如何报道矿工处境的建议,例如,不该把矿工的工资写成每周 57 先令,数字前面没有"£"标志看起来太"寒酸"了,而应该写成每年 £148,这看上去就"多很多"——而实际上这还没有吉卜林写一篇故事挣得多。在更高的层次上,吉卜林还要求布卢门菲尔德强调一下寻找煤炭替代品的必要性。"让《每日快报》保持既定航向——甚至要讨论一下如何驾驭潮汐。有些疯子可能会误打误撞,发现这其中的秘密,而这……并不像十几年前发明电话那样难以实现。"[39] 先见之明与反动思想交织在一起,机修工与环保主义者的双重身份继续在同一个头脑里相持不下。

吉卜林用艺术化的方式抨击社会主义的作品,除了《黄铜之城》,还有一篇写得不错的动物寓言——《蜂巢》。在这则寓言中,一只"进步的"蜡

第十四章 为特权辩护

螟悄悄潜入蜂巢,并通过宣传手段成功摧毁了整个蜂群。由马克西刊登在《国家评论》上的《恩主》(*The Benefactors*)却是一部平淡乏味的小说。故事里,一名矿工不仅吹嘘自己很有权势,还声称"工会就是政府",而面对罢工期间冻死、饿死或自杀的冤魂,他竟毫无愧意。吉卜林认为这是一首"满怀深情的田园诗,写的是组织紧密的工党",考虑到其内容涉及政治,所以他决定不收稿费。[40]

吉卜林并没有在反对女性选举权这件事情上花费多少时间,却从中获得灵感,完成了一首臭名昭著的诗歌作品。反对女性选举权运动并非出于厌恶女性这一动机,那些尊重女性的政治家,如阿斯奎斯与寇松,都反对女性选举权,因为他们与格莱斯顿有着同样的顾虑,担心女性解放会"损害[她们的]精致、纯洁和优雅,从而在整体上损害她们的内在品质"。[41] 吉卜林当然不喜欢女人,但他也认为女人一旦投入工作就会失去原本的魅力。也许是身为英印人的缘故,他一直都不喜欢女人挤在男人堆里挣钱谋生的观念。他总是说:"她太出色了,不适合那份工作。"还会说,她还有更好的事情要做。有一次,在祝贺朋友的女儿订婚时,吉卜林建议她"放弃诗歌和文学",因为这些东西"不利于女方的婚姻幸福"。后来,他又请求这位女士的父亲给他寄些她写的东西,尽管他"不愿看到[她]在文学上取得成功,因为她[正在]从事一份真正的职业"。[42]

许多年前,吉卜林就曾在《斯托基与同党》的一篇故事里说过,"男孩的拘谨要比女孩的矜持深刻十倍,她注定只能为一个目标而活,而男人的一生却有好几种活法"。[43] 此时的他又回到了《这个种群的女人》(*The Female of the Species*,1911)一诗的主题。

> 但上帝赐给他的那个女人,她体内的每一根神经都证明,
> 他被推向前台并为此披坚执锐、孜孜不倦只有一个目的;
> 而要实现这一目的,避免男女老幼一败涂地,

这个种群的女人就一定得比那帮男人更致命。

为了留点余地,说明女人比男人危险是情有可原的,吉卜林补充道:

> 她面临着自己哺育的每一个生命被折磨致死的危险;
> 不能抱以怀疑或怜悯——不能因事实或玩笑而转变。

但接下来却又对全世界所有女性的角色做了限定:

> 她对生活最大的贡献在于她拥有使自己变得强大的力量,
> 那便是身为贤妻良母相夫教子的力量!

女人——以及男人——自然都很反感这首诗庸俗的品位、拙劣的眼光和糟糕的心态。吉卜林对人们的批评一笑置之,并声称这首诗虽然有挑衅的意味,却是"基于人性的事实"而作。[44]

更糟糕的心态和更差劲的观察力,给他带来了对选举权问题发表看法的灵感。他不太关心那些争取女性选举权的人打碎窗户的荒唐举动,而是觉得有必要"从生理上深入研究一下这个问题",弄清楚这场运动为何能获得那么多英国女性(据他说足有150万人)的广泛支持,她们"并不关心什么狗屁政治",只是迫切希望能尽量与男人们平起平坐;这群"数量庞大的女性"今后还会基于同样的理由,"鼓吹[女性]有权在教会担任神职,或提出其他要求"。[45]吉卜林的其他看法与《这个种群的女人》一诗的主题并不一致。他告诉格温,英国女性的选举权哪怕很有限,也会危及印度和埃及,甚至"整个东方";与此同时,他还在写给反对女性选举权运动的重要人物汉弗莱·沃德夫人(Mrs Humphry Ward)的信中强调,德国人非常自信地认为,在即将到来的冲突中,他们完全可以依靠英国的"女权主义"获得胜利。[46]

第十四章 为特权辩护

然而,假如英国女性真的像"喜马拉雅母熊"或印第安"婆子"(squaws)*那样冷酷而强硬的话,很难说她们会把自己国家维护帝国安全和对抗德国人的防御问题置于怎样的危险境地。

第一次世界大战前那十年内发生的一切,并没能改变吉卜林对民主原则的拒绝态度。他仍然认为"人民"并不存在,虽然有"男人、女人、利益、社区"这些东西,但并不存在某种具有共同感情和愿望的统一体。尽管"人民"是一种错觉,但时代的要求就是忠贞不渝地向那位"民众之主"(Baal of Demos)行跪拜礼。然而,民主绝非迁徙的圣所,而是"行进中的人群",就像某种"无着无落的东西","从游艇的左舷冲向右舷,导致它最终倾覆"。与吉卜林在印度看到的情况一样,这一制度只会鼓励无能之人(即伦敦的下院议员)把那些真正有能力的人(即印度文职机构官员)挤走,代替他们管理国家。"无论是在国内还是国外,民主制度都是大英帝国唯一的、真正的敌人",它之所以能够获得生存空间,就是因为有大英帝国这座靠山。[47]

经过自由党六年的统治,吉卜林天真地以为,人们一定受够了与"人民"有关的一切,一定对民主制度中那些装模作样的伎俩充满了厌恶、厌倦和厌烦。既然"民众"已经暴露出自己的权力超越了国王或教宗,那么人类迟早会像对待暴君那样,"悄悄地将其推到一边"。到了1913年,每个人都"厌倦了那些花言巧语",于是吉卜林断定,也许"民众"还没等到毁灭这个国家那一天,自己就觉得烦了。[48]

在后来收入斯托基系列故事的《勒古鲁斯》(Regulus)中,吉卜林借一名男教师之口表达了自己的看法:民主"……在任何时代、任何地方都是徒劳无益的"。但吉卜林通常更喜欢用讽刺作品来挖苦他的敌人。在《小狐狸》(Little Foxes)中,一位高傲却无知的自由党议员在企图干涉某非洲殖民地的行政事务时受到了羞辱:"他还没有水牛懂得多。"说这话的是他的翻译阿

---

* 该词为欧洲殖民者对北美印第安妇女的蔑称。

卜杜勒（Abdul），这名翻译还把"民祖刺度"*描述为"存在于群众与集会者心中的魔鬼"。此外，还有一部更加沉闷的讽刺作品——《轻而易举》(As Easy as A. B. C.)：2065年的世界，战争、民族主义、政治、民主都已废止，但是仍然有一部分人十分留恋"用纸和木箱投票的古老巫术，接下来他们画的那些叉会"通过某些神秘的仪式和誓言来进行统计"；他们想要一个更仁慈、更高尚的世界，这个世界就"建立在群体的神圣性与个人的罪恶这一基础之上"。

就政治批评而言，吉卜林的诗歌往往比小说更精彩，但奇怪的是，对于其中一首十分出色的诗，他却一直未予公开。在查尔斯·奥曼爵士（Sir Charles Oman）收藏的《普克山的帕克》一书中，有一首吉卜林亲笔题写的诗——《硬币会说话》(The Coin Speaks)——日期是1907年6月。吉卜林在其中做了一个类比，这也是他一直在深思的问题，即当代英国与当时正在衰落的罗马帝国之间具有某些相似之处；然后他又以极其简洁的诗歌语言，谴责了民主制度以及英国议会和政府对南非的背叛，同时还谴责了英国军队。

> 诗人为硬币歌唱，而我
> 却在罗马濒死的痛苦中，
> 闭上了那副悦耳的嘴唇。
>
> 多年来我苍白消瘦的脸
> 在每一个市场上凝视着
> 那注定消亡的帝国子民。

---

* 原文为Demah-kerazi，即Democracy（民主制度）的语音变异，吉卜林为模仿这名翻译的口音而故意误拼。

第十四章　为特权辩护

在污秽的心灵和肮脏的
双手间取暖，疲惫不堪，
可还有什么我未曾见过？

未曾见昏聩老迈的帝国，
被遮住双眼，心灰意冷，
用她的男儿们换取黄金；

未曾见帝国的统治者们
为取悦平民而花费公款，
买来面包，请来马戏团。

未曾见那些来之不易的
土地在元老院的鼓惑中，
复归于那野蛮人的利剑；

未曾见人民神圣的意志
为数月前刚竖立的偶像
欢呼喝彩，或将其毁灭；

未曾见他们解散的军团，
未曾见没有人的无桨船，
未曾见这大地上的废墟。
这一切我却已屡见不鲜。[49]

漫长的谢幕

如果民主原则是错误的,那么推行民主就是错上加错,而更可悲的则是那群践行者。议员不应该发工资,而应该让他们戴上手铐,在世界各地游街示众,这样他们才能对大英帝国有一些了解。而在《投票表决地球是平的那座村庄》(The Village that Voted the Earth was Flat)中,叙述者则是这样说的:政治就是"没有尊严的狗的生活"。吉卜林还在1912年4月对格温说过,人们无法"阻止自由党人撒谎",就像人们无法阻止街上的狗在路灯下抬腿撒尿一样。[50] 几个月之后发生的马可尼丑闻(Marconi Scandal)恰好为他这套理论提供了论据。

1912年3月,英国马可尼公司的总经理戈弗雷·艾萨克斯与英国邮政总长赫伯特·塞缪尔达成了一项协议:在大英帝国各地设置一批无线电台。次月,三名自由党大臣——劳合·乔治,首席党鞭(Chief Whip)[*]亚历山大·默里和戈弗雷的胞兄、检察总长鲁弗斯·艾萨克斯——秘密购买了美国马可尼公司的股份。一时间谣言四起,人们认为政府合同中存在内线交易和腐败行为;充满污言秽语的文章随之而来,其中不乏夸大其词的指控(合同本身其实是光明正大的),而这样的指控在某些情况下还受到了反犹主义的操纵。不过这几位大臣也并非全然没有过错。在10月份的下议院辩论中,艾萨克斯否认自己拥有"那家公司"(即英国马可尼公司)的股份,从而成功地掩盖了事实,并让公众以为他手中完全没有马可尼公司的任何股份。随后,在面对负责调查此事的特别委员会时,他仍然拒绝说出自己持有这家美国公司股份的事实;他只在对一家法国报纸提起诽谤诉讼的过程中披露过其中的细节,而利奥·马克西此时也已经知道了这笔交易的内幕。

在特别委员会中占多数的自由党人撤换了主席的人选,同时抛出一份极具党派色彩的报告,宣布那几位大臣无任何不当行为。1913年夏天到来

---

[*] 英国国会中的一个政治职务,作为下议院执政党的总督导,在议会中负责党务工作,将本党及党首的意志传达给党内议员,以确保其依从所属政党的意愿投票。英国下议院执政党首席党鞭也可兼任财政部国会秘书,出席内阁会议。

第十四章 为特权辩护

之前的这段时间,吉卜林一直保持着沉默,尽管他坚信那几个人一定有罪。希莱尔·贝洛克(Hilaire Belloc)与 G. K. 切斯特顿的弟弟塞西尔·切斯特顿一直在想方设法要把这几名大臣的名声搞臭;为了这件事,《泰晤士报》在一个月之内发表了六篇社论。不过据吉卜林的一位邻居所说,"这场战斗"让吉卜林看得津津有味,他"所有的兴致都在这上面了,几乎没心思理会别的事"。其间,他曾和斯特雷奇共度了一个周末,而据吉卜林所说,他俩除了马可尼以外,什么都没聊。这件事可谓"臭名远扬",尤其是在 1913 年 7 月传出艾萨克斯将成为下一任首席大法官的时候。[51] 这一不合时宜的任命在当年 10 月变成了现实,正好为吉卜林创作《基哈西》(Gehazi)提供了素材,这首诗也成了他宣扬仇恨的赞美诗当中最伟大的一首。

特别委员会的无罪判决和反对党的软弱激怒了吉卜林,他指责统一党既糊涂又无能,简直就是"蠢货"。丘吉尔私底下也认为托利党人不该就这样轻易放过那几名大臣,"他们有些人真是太蠢了,"他评价道,"坦率地说,这些人是太过于善良。"吉卜林并不认同在政治上与人为善的做法。他呼吁格温就首席大法官的任命这件事展开舆论攻势,同时敦促控制着《环球报》(伦敦的七家晚报之一)的艾特肯别再袖手旁观(围观的人群"已经非常拥挤了"),而是要多一些"辛辣的"讽刺和"猛烈的"批评:吉卜林抱怨道,只有《晨报》有"胆量抨击默里和马可尼公司"。[52]

经过一番犹豫,他把《基哈西》交给了格温,而不是艾特肯,因为后者希望他写得"含混"些。吉卜林虽然担心自己被控诽谤,但还是希望"有一天——上帝保佑"——他能公开发表这首诗。*将艾萨克斯比作基哈西这一想法,源于统一党主席阿瑟·斯蒂尔 – 梅特兰(Arthur Steel-Maitland),同时受到了《旧约》的启发。[53] 以利沙(Elisha)是《列王纪下》中的一位"神

---

* 该诗实际上直到 1919 年才发表,收录在诗集《那些年》中,但一些诗句在当时便已经开始"流传"。艾萨克斯于 1914 年受封为雷丁勋爵(Lord Reading),他并未对吉卜林提起诽谤诉讼。——原注

漫长的谢幕

人"*，他治好了患大麻风的乃缦（Naaman），却不愿收取这位病人的报酬；以利沙的仆人基哈西于是前去追赶乃缦，谎称主人改变了主意，其实是他自己想要私吞那笔银子；以利沙知晓基哈西的所作所为之后，便将乃缦的大麻风永久地传给了他和他的后裔，以示惩戒。

"你从哪里来，基哈西？
这装束令人肃然起敬，
好一件猩红色貂皮长袍，
配上英格兰纯金链条。"
"我刚刚前去追赶乃缦，
告诉他一切平安无恙，
这份热忱让我如愿以偿，
成了以色列的审判官†。"

干得好，干得好，基哈西，
伸出你跃跃欲试的手，
你既已成功逃脱了审判，
就请宣读法官的誓言：
绝不为金钱馈赠所动摇，
绝不落入卑鄙的圈套，
为获得可观的经济回报
揽权纳贿，获取情报。

---

* 即神的仆人。
† 又称"士师"，古代以色列的宗教和军事领袖，平时裁决案件，战时统率军队抗击外敌。

第十四章 为特权辩护

竭尽你的力量,基哈西,
在孜孜不倦中上下求索
那个坦诚而审慎的答案,
它会说出更邪恶的谎言——
喧嚣而令人不安的美德,
那随心所欲伪装的愤怒,
将会击垮作证的目击者,
让法庭保持庄严与肃穆。

立刻服从命令,基哈西,
任何人都不能泄露天机,
私下与法官们秘密交流,
因为他的案件尚在审理。
以免这人向法官们泄露
他掩盖某些真相的缘由,
在悄然间使所有的问题
与他的所作所为相偏离。

你既是那公正之镜,
宣誓时又为何烦恼?
你眉间的白色阴影
在释放着何种信号?
那反复发作的脓疱,
脱痂后流血的伤口——
乃缦的大麻风已沾染
你和你所有的子孙?

> 站起来，站起来，基哈西，
> 裹紧你的长袍赶紧跑，
> 基哈西，以色列的审判官，
> 浑身雪白的麻风病人！

这首诗一直饱受诟病，人们认为它充满邪恶，并带有反犹主义情绪。而实际上，这两项指责都站不住脚。《圣经·旧约》向来是吉卜林在道德教义方面的灵感源泉，他在创作中借用《圣经·旧约》中的人物，不是因为他们是犹太人，而是因为可以用他们来诠释善恶，就像以利沙与基哈西的例子所体现的那样。无论如何，就当时的形势而言，吉卜林的看法（抛开他那些刻薄的言论）确实是有一定道理的。那几名大臣投资了一家公司，而该公司又铁定能够从其姊妹公司与英国政府签订的合同中受益；他们在这件事情上故意欺骗下议院，直到一年之后才迫于压力主动披露；而艾萨克斯也的的确确曾在"私下与法官们秘密交流"，他把美国股票的情况透露给了特别委员会的两名自由党议员，从而成功化解了托利党人提出的一系列棘手的问题。更可恶的是，身为公职人员的财政大臣居然一直在毫无把握的情况下偷偷摸摸地用股票赌博。结果两名大臣（默里当时已经辞职并逃往了波哥大）还都幸运地逃脱了惩罚。[54]

第四篇

耶利米的哀叹

第十五章　埃及与阿尔斯特

第一次世界大战爆发前的那几年，吉卜林一直在思考民族问题。他似乎已经对大英帝国感到了厌倦，对它的前景也失去了希望。维多利亚时代的殖民地总督们已经离去，帝国的属地被那群无能的继任者及其自由党主子弄得一塌糊涂。在吉卜林看来，他们不仅在米尔纳卸任后出卖了南非，还在克罗默勋爵离任后对埃及民族主义者曲意逢迎，又在寇松离任之后与印度"密切合作"：大概是为了疏远穆斯林、印度王公和印度军队，他们在政治上做出了一定的让步。[1]

就连那几个海外属地，甚至那个最受宠的"大女儿"，也让他颇感失望。劳里埃领导的自由党提议建立一支由十一艘军舰组成的加拿大海军，而以博登为首的保守党野心更大，他们打算为皇家海军贡献三艘无畏舰。然而，出于对公众舆论的恐惧，双方都没有采取任何行动：世界大战爆发的前夜，加拿大海军只有两艘老旧的英国巡洋舰，分别部署在这个世界第二大国的东西两岸。吉卜林绝望了。他在看到这则消息后对一位加拿大朋友说，"一想到那帮一辈子除了赚钱什么都没干的死胖子，说起他们要帮忙建造战列舰'向英国进贡'这件事，我都不知道是该觉得恶心还是该哈哈大笑"。他心想，从来没有哪个帝国能"为所有人提供"这样的"机会"，也从来没有哪个帝国的"人民会如此不珍惜这样的机会"。[2]

当然，他并未放松对国际形势的关注，有些情况就算没那么振奋人心，也可以提供一些有益的借鉴。奥斯曼帝国在 1912—1913 年的巴尔干战争（Balkan War）中丧失了其在欧洲大陆的几乎全部领土，这表明"安拉结束他所厌倦的帝国"是多么迅疾。土耳其人在欧洲的统治持续了四百五十九年，却在十九天之内便土崩瓦解。"我从某个国家身上得到了一条教训。以此类推，我们可能还有五周左右的时间。"[3]

这段时间唯一一件令人高兴的事，便是在吉卜林的鼓励和支持下开展起来的童子军运动（Boy Scout Movement）。马弗京的救星、总是神采飞扬的罗伯特·巴登－鲍威尔从南非回国后开始制订他这项计划，旨在改善城镇工人阶级青年的体质，提振他们的士气；此前，他们当中有数千人被认定不适合参军。在宣传这一想法的过程中，巴登－鲍威尔获得了吉卜林的许可，在 1908 年出版的《童军警探》(Scouting for Boys)中使用《基姆》里的记忆游戏。第二年，他又请求吉卜林帮他写一首赞美诗。通常情况下，这类请求都会被扔进"贝特曼之家"的废纸篓里，可是这次吉卜林没有拒绝，他写了一首《童子军巡逻队之歌》(Boy Scouts' Patrol Song)。全诗一共六节，每一节都在告诫孩子们要"提防"身边的各种危险情况。然而事实证明，诗中的反复劝诫对于喜欢搞篝火晚会的男孩子们来说显得太过严肃了，他们更喜欢吉卜林的另外一首诗《年轻人的双脚》(The Feet of the Young Men)中的诗句。[4]

> 谁在黄昏时闻到木柴的烟味？谁听过白桦木燃烧的声响？
> 谁能立刻读懂黑夜里的喧闹？
> 让他加入人群吧，因为少年们的脚步正在改变方向，
> 朝着那一片片营地，那里有已证的愿望和已知的欢笑！

童子军运动的成功让吉卜林颇感欣慰，这是"男孩子们在寄宿学校以

第十五章　埃及与阿尔斯特

外创造出的最好的东西"。巴登－鲍威尔一再强调，吉卜林是整个计划的精神支柱，于是经常请求引用他的作品，而且通常都能如愿。吉卜林甚至允许他改写《丛林之书》系列（改得面目全非），用于幼童军的品德教育：防止这群"小狼崽"染上鬼鬼祟祟、畏首畏尾这类猴群特有的毛病。1922年，吉卜林参加了在亚历山德拉宫（Alexandra Palace）宫苑内举行的童子军大会。据《曼彻斯特卫报》报道，两万名幼童军在这场狂欢中发出了"几乎是有史以来最喧嚣的号叫"。他们扬着下巴，朝着威尔士亲王尖叫："阿克拉（AKELA）*——我们会——竭——尽——全——力——"⁵

1913年年初，吉卜林偕家人前往埃及旅行，这是他们在1908年离开南非后第一次到访欧洲以外的国家，下一次就要等到1921年访问阿尔及尔（Algiers）了。这本该是一趟阳光与古迹相辉映的度假之旅，但身处如此重要的战略要地，任何一名帝国主义者都很难抑制心中的好奇。†这位"帝国的桂冠诗人"也不例外。除非伪装得很好，否则根本无法避开那些急于向他提供帝国情报的官员。⁶

二十多年来第一次与东方的相遇，让吉卜林百感交集。在出航的途中，他又一次感受到了英印人内心那种特有的放逐感，那是一种思乡之情，一种离愁别绪，是多年以前，当少不更事的吉卜林第一次意识到，塞得港（Port Said）‡便是那道将他熟悉的家园与孤独的未知世界隔离开的分水岭时，他心中泛起的一丝涟漪。集市上弥漫着开罗城古老的气息，唤起了他对印度的怀念，这种强烈的情绪让他始料未及，一时间竟有些不知所措。埃及人的服

---

* 吉卜林笔下的"头狼"。这位创作者当时亲自指导了这名幼童军首席专员（Chief Wolf Cub Commissioner）以这样的方式喊出自己的名字。——原注

† 当时的埃及名义上仍是奥斯曼帝国的附属国，其最高统治者称为"赫迪夫"（Khedive），而实际上实行的是大英帝国的制度，即在小规模军队的协助下，由总领事和文官行使管理权；亚历山大港当时是皇家海军最重要的基地之一。1903年，美国与加拿大在阿拉斯加边界问题上达成了有利于美国的解决方案，西奥多·罗斯福于是再一次表达了他的亲英立场，他称赞英国在埃及所做的工作是一项"促进文明的伟大事业"。——原注

‡ 埃及东北部苏伊士运河北端的一个港口，建成于1859年。

饰、宣礼的方式和街头的叫卖声或许跟拉合尔略有不同,但相似的场景、气息和氛围依然让他心潮澎湃。于是他写道:"我又回到了真实的世界。"[7]

卡丽与吉卜林沿尼罗河逆流而上,在经过阿布辛拜勒(Abu Simbel)时看到了拉美西斯(Rameses)*的雕像("就跟赖德·哈格德小说里写的一样!"他这样对孩子们说),然后便进入了英埃共管苏丹(Anglo-Egyptian Condominium)†的北部地区。正如埃及让他想起了印度,眼前的苏丹又让他思念起了南非:在某个"尘土弥漫、酷热难耐的夜晚"看见从喀土穆开来的火车,就会想起开普敦的索尔特里弗火车站(Salt River Junction),看到"沙漠就感觉自己正置身于南非的干旱高原(Karoo)"——这样的幻觉总会"让那些心[系]非洲大陆另一端的人们坐卧不安"。当然,身处眼前这片辽阔的土地也同样令他兴奋不已。这里由苏丹政治事务部(Sudan Political Service)派驻的几名官员负责管理,该部门是帝国海外属地当中最接近印度文职机构的一个,官员们不仅拥有强健的体格,还都接受过大学教育,人们因此以幽默的方式把这个国家比喻为"牛津和剑桥的运动健将统治之下的黑人国度"。吉卜林在写给米尔纳的信中说,身处这样"一个管理得井然有序的国家",能让你"得到心里的抚慰";他感觉自己的灵魂仿佛"在浴缸里被氨水洗过一般"。[8]

他在埃及和苏丹的见闻不仅为英国读者上了一课,也为在菲律宾肩负着白人重担的美国人上了一课。他在给菲律宾总督卡梅伦·福布斯(Cameron Forbes)的信中写道,看到殖民者都在忙着工作,听见人们"再次聊起过去的话题",眼看着这个国家在一点点进步,是一种"宝贵的经历"。直到不久前,苏丹还处于"某种血腥而狂热的极端状态",现在终于恢复了平静,我

---

* 13世纪埃及国王拉美西斯二世,又称"拉美西斯大帝"。

† 亦称"英埃苏丹"(Anglo-Egyptian Sudan)。1899年1月19日,英国和埃及在开罗签订《英埃共管苏丹协定》(Anglo-Egyptian Condominium Agreement),成立英埃共管政府,实际上是由英国单独管理。1956年1月1日,苏丹共和国宣布独立。历史上为了与法属苏丹(今马里)相区别,英埃苏丹也称"东苏丹",法属苏丹为"西苏丹"。

第十五章 埃及与阿尔斯特

们正在以"幼儿园的方式"引导其人民走向光明。当然,这种情况不会一直持续下去,因为不久之后,经过悉心呵护、茁壮成长并受过教育的新一代非洲人就会忘记上一代压迫者的残暴统治,并开始鼓吹扩大地方政府的权限,鼓吹"苏丹人的苏丹"这类主张,如此周而复始,不断地"重蹈覆辙"。在埃及,吉卜林目睹了这整个过程,它就像"装在东方酒瓶里的西方葡萄酒对埃及兵所做的"一切,他希望这样的情况不要发生在菲律宾人身上。他在写给那位菲律宾总督的信中说:"我担心的(这本来与我无关,可毕竟我们都是白人),是某些愚蠢的民主党人一旦心血来潮,可能会给你手下那帮本地人弄出一部血统纯正又时髦的宪法来……愿安拉保佑你掌管的地区免遭这样的厄运,并保佑你工作顺利。毕竟大家都只是想一个人清清静静地把自己的工作干好。"[9]

吉卜林三十年前就曾呼吁政府尽量不要干涉印度人的习俗和生活,三十年后,他又在为埃及人宣扬同样的理念。他们应该像现在这样,远离"谋杀和戕害、强奸和抢劫",但他们如果想要回到"棕榈树下的宁静小村",也应该尊重他们的意愿,不要让"西方文明"在这里横冲直撞,不要在社会改革问题上一意孤行。然而,现任总领事基钦纳却在不久前颁布了一项措施——一项与土地有关的法令——虽然其本意是要保护小农场主,实际上却让他们无法借到钱来改良土地。吉卜林在做过调研之后与当地官员谈及了此事,然后便毫无悬念地被激怒了。于是他像往常一样,先后给格温与斯特雷奇写了两封义愤填膺的信。斯特雷奇回应道,基钦纳"对经济事务的了解程度就跟没出生的婴儿差不多"。[10]

吉卜林夫妇在假期即将结束时返回了开罗,在和基钦纳一起喝茶的过程中,他俩发现这位"穿着马靴的胖法老"实在是毫无亮点。吉卜林对格温说,他已经"堕落得不成样子了",而且"看他那副喋喋不休的样子,像是已经被权力冲昏了头脑"。眼前的基钦纳已经变成了一个自以为是、不怀好意、气势汹汹而又虚伪的人,他认为自己是"第二个拉美西斯",却让听他说话的人"隐隐约约看到了罗得斯的影子,只是他更缺乏掌控力和约束力"。[11] 这样的评价确实有些悲观——实际上,基钦纳第二年便临危受命,在祖国最危急的关头肩负起了陆军大臣的重任。

这一时期,吉卜林对统一党与阿尔斯特的关注已经超过了文学创作,而埃及之行不过是其间的一段插曲。1913 年 1 月,一名加拿大自由党议员公开讽刺了这位"受雇于统一党的韵文作家兼桂冠诗人",因为吉卜林干涉加拿大内政的行为让他感到愤怒;这件事刺激了吉卜林,他随即做出决定,一旦这名议员所说的话出现在英国的报纸上,他便对其提起诽谤诉讼。[12] 自己的政治观点遭到人们持续不断的抨击让他非常恼火。当然他这种反应也是情有可原的:像当年的斯威夫特(Swift)和约翰逊(Johnson)这样的保守派作家也发表过不少过激的言论,却没有招来没完没了的批评。可吉卜林不同,因为他与统一党(他称之为"我们的党"和"两党中比较蠢的那个")的关系非常密切。于是他安慰自己说,人们之所以这样对待他,是因为他们"厌倦了聪明的流氓"。[13] 他不仅与博纳·劳、艾特肯以及多名保守派的骨干记者是好朋友,还是他们举足轻重的顾问。他非常认同这群保守派的事业,因此全国各地的选民都希望他能成为代表自己选区的议会候选人。1914 年,他拒绝了博兹利选区(Bordesley)的邀请,理由是威斯敏斯特并非他"擅长的领域",他"在下议院外比在下议院内更有用",统一党应该为自己物色一名工人阶级候选人。"大战"期间,斯蒂尔-梅特兰曾尝试过请他到其他岗位任职,但同样没能成功。[14]

吉卜林并非哲学家式的托利党人。他既不是伯克或休谟(Hume)*,也不是博林布罗克(Bolingbroke)†。抽象概念对他来说几乎毫无吸引力,大多数

---

* 18 世纪苏格兰哲学家、历史学家,代表作有《人性论》(*A Treatise of Human Nature*)、《人类理解研究》(*An Enquiry Concerning Human Understanding*)、《大不列颠史》(*The History of Great Britain*)等。

† 17—18 世纪英国政治家、哲学家,曾任托利党领袖,支持詹姆斯党企图复辟斯图亚特王朝的叛乱,代表作有《论爱国精神》(*On the Spirit of Patriotism*)、《爱国君主观》(*The Idea of a Patriot King*)等。

第十五章 埃及与阿尔斯特

理论和学说也是如此。就连他的怀疑主义也缺乏明确的哲学框架,这一点与索尔兹伯里和其他托利党思想家是一样的。吉卜林的政治思想是先天的、直觉的,是从父亲洛克伍德那里继承而来,或者说是从经验中总结出来的。他在政治上是个极端分子,但是对"主义"的憎恶又使得他很少会犯教条主义的错误。关税改革是极少数把他变得狂热而偏执的学说之一。1909 年,他曾坚持让罗伯特·塞西尔勋爵(Lord Robert Cecil)成为议会候选人,这样做的意义是什么呢?"如今他又成了统一党内支持自由贸易的狂热分子,这样做究竟有什么好处呢?"[15]

吉卜林的极端主义在爱尔兰问题上表现得最为明显,多年来这个问题一直困扰着他和他支持的政党。1912 年,《爱尔兰自治法案》(Home Rule Bill)在下议院以压倒性多数获得通过,却在上议院遭到更大面积的否决。该法案其实是一项权力下放措施,主张通过都柏林的自治议会实行充分的内部自治,而国防和外交等事务仍由威斯敏斯特负责。统一党此前在处理自治领问题时也采取过类似的原则,然而在爱尔兰问题上,同样的原则却导致部分统一党人公开煽动叛乱,其中就包括该党领袖和他们那位韵文作家。*

吉卜林承认,大概是家族的偏见影响了他"对爱尔兰不偏不倚的态度",这当然是一种风趣的说法。当然,他也并没有因此劝阻弗莱彻在他们合作的书中揭发爱尔兰人,说他们七百年来一直在偷别人家的牛并不断地互相残杀,还说"要不是英国政府偶尔干涉一下的话,他们还会照这样继续生活七百年"。他后来果然把这种说法当成了真实的历史。1919 年,吉卜林在信中写道,他一直在"到处"寻找"能够代表爱尔兰这个国家的资料",但是"除了山里的小蟊贼杀死别人家的牲畜,害得隔壁邻居家破人亡,还……用最龌

---

* 该法案在下议院三次获得通过(1913 年 1 月、1913 年 7 月、1914 年 5 月),却两次被上议院否决(1913 年 1 月、1913 年 7 月)。由于《议会法》(Parliament Act)将上议院的否决权限制在了两届任期以内,因此在正常情况下,《自治法案》将于 1914 年 9 月生效,但战争的爆发使其被英国政府暂时搁置。在爱尔兰共和军(IRA)一系列凶残的军事行动结束之后,劳合·乔治于 1921 年通过了一项与此前截然不同的措施。——原注

脚的诗把这一切都记录下来这样的恶行之外,什么都没找到"。[16]

直接的观察更是加强了他的轻蔑态度。早在1901年,他就对一位朋友说过,爱尔兰南方人是"西方的东方人"[17]——这话可真是意味深长。十年后,吉卜林与卡丽踏上了都柏林的土地,这段旅程一开始就很糟糕,因为这里没有出租车,"只有讨人厌的马车",到处散发着马粪和马毯的气味,像是"回到了中世纪"。整座城市(除了三一学院这片世外桃源)"在视觉和嗅觉上"都会让人联想到堕落版的美国,乡村也好不到哪里去。爱尔兰人也许还没有能力"毁坏那一片片葱翠的山野,或是那肃穆而壮丽的秋色",却足以让吉卜林感到沮丧,因为这些人"胸无点墨",他们的农舍也"粗陋不堪",周围竟然没有一株植物。安拉把他们变成了诗人,因为他"剥夺了他们对线条的热爱和对色彩的感知"。[18]

驱车进入"体面人"所在的北部地区之后,吉卜林终于如释重负。当地人得体的谈吐和仪表令人心情舒畅,甚至"贝尔法斯特的喧嚣与忙碌"对他来说都成了一种享受。面对凯尔特人"持续不断的暴乱",他一点都不担心。[19]

在吉卜林夫妇到访阿尔斯特的前一个月,爱尔兰统一党领袖爱德华·卡森爵士(Sir Edward Carson)向五万名支持者保证,他们将在上帝的帮助下,粉碎这场有史以来针对自由人民的"最邪恶的阴谋"。吉卜林毫无保留地支持奥兰治党(Orange)*的这一目标。他坚称,没有任何理由让忠诚的阿尔斯特人服从都柏林当局和教宗的统治。1912年4月,博纳·劳在贝尔法斯特近郊面对十万名阿尔斯特人发表了一场演讲。据报道,当天所用的英国国旗是有史以来最大的一面。同一天,吉卜林在《晨报》上发表了《阿尔斯特》(Ulster)一诗,同期刊登的头条文章称赞了他那些"激动人心的诗句",认为它们"恰如其分地表达了这场未遂的背叛所激起的愤怒"。该诗的序言引

---

* 即奥兰治兄弟会(Orange Order),1795年在北爱尔兰成立的新教政治团体,主张北爱尔兰继续留在联合王国的版图内。正式名称为"忠诚奥兰治机构"(Loyal Orange Institution)。

第十五章 埃及与阿尔斯特

自以赛亚关于"罪孽行为"的语录,作品的意图是要给爱尔兰自治运动"沉重的一击",这场图谋的结果至少对吉卜林来说是毫无悬念的。

> 叛乱、劫掠、仇恨、
> 压迫、欺骗、贪婪
> 主宰着我们的命运,
> 皆因英格兰的放任。

客观公正的读者可能会在格温这篇文章的空白处用铅笔打上几个问号。在赋予都柏林自治权的过程中,哪里出现过掠夺他人财产的情况?要说有人造反,不也是那帮阿尔斯特新教徒吗?他们这阵子不是天天都在演练,动不动就上街游行吗?

> 父辈流过的鲜血,
> 我们的热情、辛劳与痛苦,
> 反而成了任人咎责的罪孽,
> 成了囚禁自己的桎梏。
> 叛徒在帝国面前
> 讨价还价。
> 何必继续编造谎言?
> 我们都是那祭台上的牺牲。

那支发出质疑的铅笔可能也无法认同将约翰·雷德蒙(John Redmond)视为叛徒的论调,因为这位亲英的温和派爱尔兰民族主义领袖所要求的,不过是格莱斯顿多年以前提出的自治方案,而这样的自治在帝国的其他属地早就已经实现了。

我们知道每个安乐之家
都已经做好打仗的准备,
我们知道地狱已经宣布,
那些不为罗马效力之辈——
恐怖、威胁和忧虑将充斥
在市场上、壁炉和田野里——
我们知道,说一千道一万,
只要投降我们就立刻完蛋。

这里或许又会让读者觉得奇怪,那位曾公开谴责巴涅尔的爱尔兰枢机主教洛格（Logue）,真是个像托尔克马达（Torquemada）*那样专门迫害非天主教人士的刽子手吗？[20]

卡森等人在贝尔法斯特对公众演讲时引用了吉卜林的这些诗句,并获得了人们的认可,但是在其他地方却犯了众怒,这也是意料之中的。愤怒的自由党议员约瑟夫·马丁（Joseph Martin）要求检察总长鲁弗斯·艾萨克斯起诉吉卜林煽动叛乱,却被这名未来的基哈西拒绝了。作为对马丁的回应,诗人吉卜林向艾特肯提议,让统一党议员在下议院背诵他的诗句,扰乱内阁的步调。比如可以当着那群大臣的面吟诵"何必继续编造谎言？／我们都是那祭台上的牺牲"。要是雷蒙德出面干涉的话,可以用"叛徒在帝国面前／讨价还价"来回敬他。[21]然而,这首诗也把支持吉卜林的议员给一并得罪了：马克·赛克斯（Mark Sykes）在《晨报》发文谴责它"彰显了无知的本义,并企图挑起宗教仇恨"。[22]

几个月后,反对党领袖博纳·劳公开支持煽动叛乱,他在布伦海姆宫

---

* 15世纪西班牙天主教多明我会修士,于1478年设立宗教裁判所,并任首席裁判官,自1492年开始驱逐、迫害异教徒,或强迫其改宗天主教。其名字已成为宗教迫害的代名词。

第十五章 埃及与阿尔斯特

（Blenheim Palace）的宫苑向广大集会者宣布，他"无法想象"阿尔斯特人民的"抵抗"会持续多久，也不打算为其提供支持。不久之后，在贝尔法斯特市政厅，25万名阿尔斯特人签署了一份抵制爱尔兰自治的《庄严盟约》（Solemn League and Covenant）。

1913年在阿尔斯特发生的聚众造反给吉卜林带来了希望，而这一线希望不仅仅与爱尔兰有关。这不光是政客之间的一场小规模冲突，而且是"英国民众叛乱的第一步"，是"反革命运动的开端"，他们所反对的是自由党激进派及其自1906年以来取得的所有成果。[23] 同年底，吉卜林叮嘱格温：

> 如果现在就以毅然决然、无所顾忌的态度，开展一场深入彻底的反对……爱尔兰自治的运动，那我们就有机会渡过难关。否则，只要在任何细节上做出任何妥协，我们就会输掉这场博弈……
>
> 如果能想办法让现任内阁明白，实现爱尔兰自治更容易让他们的人身安全和社会地位受到威胁，他们就会不推行这一政策。但如果让他们以为（我承认我们过去的记录确实于己不利）"忠诚""帝国"这些东西会让他们幸免于难，那我们和我们的帝国都会满盘皆输。这是我们不得不去面对的赤裸裸的角力，说尽这世上所有的话也无济于事。千万要记住那句话，老兄。主动出击才有赢的希望，否则必定一败涂地。[24]

这比那些他支持的议会领导人私底下说的任何一段话都更有分量。此时的卡森与博纳·劳已经开始在阿尔斯特问题上寻求妥协了，他们将不实行地方自治的范围缩小至四郡或六郡，最多九郡。但吉卜林反对分裂，他认为这样做是对南方的背叛，正如一个统一的爱尔兰是对阿尔斯特的背叛一样。他甚至认为，阿尔斯特一旦遭到背叛就会向德国寻求支援，就像它在1690年依靠荷兰国王重获新生时一样："将阿尔斯特或爱尔兰移交给凯尔特人意味着请求外部干预,就像 1688 年所发生的那样"。他对米尔纳说,"任何形式的"爱尔兰自治都会招致条顿人的干涉,意味着"王朝更迭",意味着"重蹈 1688 年或 1066 年的覆辙"。[25]

米尔纳对这种疯狂而混乱的想法总能产生共鸣。阿尔斯特把他带回了政坛,他开始在英国各地巡回演讲,为这一事业发声。1914 年 3 月,他协助组织了一场名为"不列颠盟约"(British Covenant)的运动,并通过《泰晤士报》开展宣传活动,签名支持者包括吉卜林、罗伯茨、埃尔加(Elgar)[*]和他本人。至此,这些声名赫赫的支持者正式加入了煽动者的行列,他们宣布,如果爱尔兰自治在未经大选或全民投票通过的情况下即成为法律,他们将认为"有理由采取或支持任何可能有效的行动,防止英国王室的武装部队被用于剥夺阿尔斯特人民作为联合王国公民的权利"。[26]

一周后,阿斯奎斯表示,爱尔兰自治问题可以在六年之内暂不涉及阿尔斯特。这不过是一次徒劳的妥协,卡森将其形容为"死刑缓期执行"。吉卜林很乐意听到这样的建议,因为他知道这对阿尔斯特人来说实在是太荒唐了,他们根本不会接受。他一如既往地坚决反对任何形式的妥协,他坚持认为目前只能在发动内战和英国政府彻底投降之间做出选择。1914 年春天,他在信中反复提到"内战"一词,这表明他对此十分期待。[27]

吉卜林如此热衷于军事对抗,是因为他看到了一系列关于阿尔斯特志愿者力量(Ulster Volunteer Force)的报道。这支训练有素的部队是最近刚刚组建的,得益于 4 月份一次成功的军火走私行动,该部队目前拥有了精良的装备。不久前,有人请吉卜林为爱尔兰统一党写几首诗,他的回答是,他们"需要的是加紧训练,绝不是什么打油诗"。不过现在他们两样都有了。虽然吉卜林还没有见过这些志愿兵,但他确信,他们肯定是一群出色的战

---

[*] 19—20 世纪英国作曲家,代表作有《谜语变奏曲》(Enigma Variations)、《杰隆修斯之梦》(The Dream of Gerontius)、《威仪堂堂进行曲》(Pomp and Circumstance Marches)等。

第十五章 埃及与阿尔斯特

士,"也许是目前我们在英国所拥有的唯一一支具备战斗力的成人部队"。[28]5月,他为不列颠盟约者联盟(League of British Covenanters)的会刊《盟约者》(Covenanter)写了一首十四行诗,其中引用了一句颇具挑衅意味的隽语:"相信上帝,同时让火药保持干燥。"*当月,他来到坦布里奇韦尔斯,向一万名听众发表了他一生中最狂热激进的演讲。

吉卜林此次演讲的论点基于这样一个前提,即英国政府的决策不是源自坚定的信仰或理想主义,而是充满了各种腐败行为。自由党人通过了《议会法案》,这样他们的大臣们便能继续掌权,继续享受他们的薪俸了;他们决定给下院议员发工资,确保自己的党羽不会受人怂恿而反水,从而危及他们的钱袋子;他们将爱尔兰自治作为贿赂爱尔兰议员的筹码,有了这群人的支持,他们就能保住自己未来几年的俸禄了。内阁成员都是些"不法之徒"和"阴谋家",他们"聚在一起就是为了密谋如何屠杀那些规规矩矩的公民……这帮人宁愿轰炸一座不设防的城镇,向忠诚的臣民开炮,纵容自己的选民滥杀无辜,也不愿损失那笔每天13几尼的收入"。

政府的这些不法行为与爱尔兰民族主义的邪恶本性不谋而合。

《自治法案》违背了人们世世代代秉持的信念,它让煽动叛乱……策划阴谋、造反作乱获得了官方的认可,让那些秘密从事抵制、恐吓、暴行和谋杀的武装力量获得了资金支持。

这件事的本质就是背叛。

他们打算将大不列颠的土地和人民出卖给我们共同的敌人。他们出卖我们的骨肉同胞,却不许我们说一句话;普天之下竟找不到一处说理

---

* 这句格言据说为"护国公"克伦威尔(Cromwell)在征服爱尔兰期间动员军队时所说。

的地方，到处都是贪官污吏和他们的党羽。

但人们不会对这样的背叛行为听之任之。

  阿尔斯特与爱尔兰人民都敢于表达自己的诉求，他们希望留在联合王国的版图内，留在联合王国的旗帜下。而内阁却出于我此前所说的原因，企图将他们赶出去。大不列颠的选民从来没有赞成过这一点……要让我们的统治者明白，这些重大问题即使是现在也必须交由自由人民来裁决；否则，内战将不可避免。这座岛屿的全部历史告诉我们，如果统治者不这样做，结局就只有一个——被来自内部或外部的力量摧毁。[29]

  1914年7月2日，约瑟夫·张伯伦去世；四天前，哈布斯堡家族的一位大公在萨拉热窝遇刺身亡。专注于帝国事务的吉卜林对这两起重大事件竟无动于衷，或许是因为那位老英雄从1906年起就丧失了行动能力，而巴尔干半岛则本来就是个麻烦不断的是非之地。"人到暮年还得面对内战爆发的可能"当然"不是什么好事"，可吉卜林就是这样做的，其准备工作"可谓面面俱到，还经常采取一些非法手段"。卡丽也是如此，她正忙着为将来的阿尔斯特难民收集衣物，"内战一旦爆发"，他们一定会成群结队地渡过爱尔兰海，涌向英格兰和威尔士。[30]

第十六章 末日大战

卡丽在1914年8月4日的日记中提到自己患了感冒,她的丈夫则言简意赅地补充道:"顺便提一句,末日大战开始了。英国已经向德国宣战。"[1]

吉卜林期待了两年的内战并未到来,但他几十年来所预言的这场更大的冲突却终于到来了。在他于1902年发表的短篇故事《俘虏》(The Captive)中,一位将军把布尔战争称为"为末日大战而准备的顶级大阅兵"。十年后,他对支持马克斯·艾特肯的选民说,英国正置身于"末日大战的阴影之中",而且对此"毫无准备"。[2] 而此时,这道阴影已经变成了"条顿人的狂暴",正在比利时人的土地上横冲直撞。

吉卜林一家当时住在东安格利亚(East Anglia)海滨,房子的主人是好友赖德·哈格德。当他得知自由党政府向德国人宣战之后,终于松了口气:这一次他们总算做出了正确的选择。而在此之前,吉卜林也已经觉察到他们或许能够"摆脱眼前的困境"。但他并没有急着回家,而是在诺福克郡待了几天,每天的工作就是目不转睛地盯着那几艘正在执行海岸巡逻任务的军舰。这时候他肯定不会"拖"家"带"口坐着火车四处走动,那样只会给大家添乱,因为全国各地正在通过铁路调集军队。

回到萨塞克斯后,吉卜林的首要任务就是给不满十七岁的儿子约翰在军中安排一份工作。在父亲的熏陶下,约翰六岁时就立志加入皇家海军,他经常在脖子上系一根水手绳，趾高气扬地到处溜达。十年后，他决定加入英国陆军，却因为视力太差而没有通过体检，这一点也遗传自他的父亲。吉卜林赶在战争爆发前夕带儿子去做了第二次体检。他想了个办法，用夹鼻眼镜代替普通眼镜，希望能蒙混过关，但结果还是一样。他认为英国陆军太过迂腐，于是去找了年迈的罗伯茨勋爵，后者帮他在爱尔兰卫队（Irish Guards）给约翰争取了一个职位。[3] 9月，约翰正式入营，开始在埃塞克斯（Essex）的沃利军营（Warley Barracks）接受训练。接下来的一年，吉卜林夫妇注视着儿子的进步，内心充满了骄傲，虽然有些放不下，却从未动摇过。

不久之后，吉卜林又开始忙活了：做演讲、为他自己组建的乡村步枪俱乐部加油鼓劲、呼吁牛津大学校长寇松关停该校并对在校生实施军事训练。[4] 同年秋，他在英格兰南部视察了印度和加拿大的部队以及多个英军基地，之后便为《每日电讯报》撰写了题为《新军训练》（The New Army in Training）的系列文章。在布赖顿的一次演讲中，他呼吁同胞们积极参军，从而"制止这场有组织的野蛮行径"，防止"自由之光"在全世界熄灭。在伦敦市长官邸，他恳请军中各营配备军乐队，这样做既有助于招募新兵，又能鼓舞士气。尽管踊跃参军的青年男子数量众多，但义务兵役制问题仍然是他的一块心病，尤其是当他目睹了志愿兵役制纵容那些"逃避兵役的人"或"害群之马"尽情享受着"同胞们的工作成果和女朋友"时，他更是愤愤不平。[5]

在吉卜林看来，德国入侵比利时（其中立国地位早在1839年就获得了英国、法国和普鲁士的承认）是德皇威廉所奉行的对英政策的必然结果，这项政策从他二十年前祝贺克鲁格粉碎詹姆森袭击时就已经开始了：这就是他一直想要的，也是他和他的将军们早就盘算好了的。但吉卜林并不能完全洞悉当时微妙的政治格局和政治家们复杂的内心。实际上，奥匈帝国对塞尔维亚宣战之后，德国皇帝的态度并不像吉卜林所说的那样坚决，他当时并不想卷入战争，同时还恳请俄国沙皇切勿下令调集军队。沙皇也迫切希望能够避免这场冲突，持同样态度的还有奥地利皇帝与土耳其苏丹。在这些即将消失

第十六章 末日大战

的帝国之中,任何一个国家的元首都不愿意卷入这场战争,是那些将军和大臣把他们推上了历史的舞台。

吉卜林对战争的预测比任何人都要准确。在战争刚刚打响的头几个月里,他就做出过预测,认为这场仗将持续三年,届时德军的伤亡人数将达到 500 万左右。而我们看到,这场战争持续了四年,德国的实际伤亡人数是 600 万。甚至在战争开始还不到三天的时候,他就曾预言侵略者会通过屠杀比利时平民的方式来警诫世人,把它变成一种"恐怖的'震慑'"。德国侵略者席卷比利时全境时,H. G. 威尔斯曾有失公允地将其形容为"旗帜鲜明的条顿式吉卜林主义"的胜利,从这一刻起,大屠杀开始了:在塔米讷(Tamines)的市政广场,384 名平民被枪杀或被刺刀刺死;在迪南(Dinant),612 人被屠杀;而在勒芬(Louvain)大学城,则有 209 人惨遭杀害,另有 42000 人遭到驱逐。吉卜林在写给朋友(尤其是美国朋友)的信中,或许提到过一些道听途说、言过其实的恐怖行径,但他自己并未夸大这些暴行的惨烈程度。他对自己的美国出版商说,德国在这场战争中"丝毫不顾及任何法律,不管是人的还是神的"。[6]

愤怒和悲伤使他的语言变得尖刻。1915 年,他在绍斯波特(Southport)的一次集会上对大家说,"人类所能想象的罪行、暴行与恶行,没有一件是德国人从未犯过、没有在犯或者不会去犯的——只要有机会"。"当今世界只存在一种分歧……那就是人类与德国人之间的分歧",前者所希望的"就是把那个邪恶的东西从所有国家的名单和记忆中彻底抹去"。去人性化的语言也出现了。"匈奴人"与"条顿人"至少还都是人,但从此刻开始,"德意志人"经常被吉卜林以中性的"它"来指代,要么被描述为一头野兽,要么被形容为"邪恶的化身"。[7]

德国对比利时的踩踏让吉卜林感到震惊,于是决定创作政治诗歌。他告诉读者,敌人早就在"玩火自焚"了。

> 这帮人成年累月勤学苦练,
> 就为寻找各种变化无常、
> 做梦也想不到的恐怖手段,
> 将它们堆积在人类身上。
>
> ——《法外之徒》(The Outlaws)

对于这个"在疯狂中奋发的敌人",只能有一种回应。1914 年 9 月 1 日,在英国远征军被迫从法国蒙斯撤退之际,《泰晤士报》刊登了吉卜林的《为了我们的一切》(For All We Have and Are):

> 为了我们的一切,
> 为了子孙的命运,
> 挺起胸膛参加战斗,
> 匈奴人已兵临城下!
> 我们的世界已经瓦解,
> 在敌人的暴戾中崩殒。
> 除了钢铁、火焰和石头,
> 我们已一无所有……
>
> ……廉价的希望或谎言
> 无法实现我们的目标,
> 只有牺牲——用钢铁般的
> 身躯、意志和灵魂来铸造。
> 所有人只有一个使命——
> 付出每一个人的生命。

第十六章 末日大战

若自由倒下,谁人还能昂首挺立?
只要英格兰尚存,便不会再有人死去!

这首诗抨击的主要目标并非"兵临城下"的"匈奴人",而是那些纵容他们长驱直入、屠杀不列颠子弟的政客。1914年秋,前线官兵在蒙斯-孔代运河(Mons-Condé Canal)一线及第一次伊普尔战役(First Battle of Ypres)中都有不错的表现;他们甚至从布尔战争中吸取了一些战术方面的经验教训。然而这一切却在1916年的索姆河(Somme)战场上神秘消失了:黑格将军(General Haig)在战役打响的第一天清晨便葬送了20000名战士。但其实1914年的伤亡也很大。吉卜林在当年10月的一封信里提到,那些与埃尔茜在"社交季"一块儿跳过舞的年轻人,如今死的死,伤的伤。这些人及其战友的生命"几乎都是被某一个人给断送的",他们的牺牲不过是为了给英国政府组建一支名副其实的军队赢取时间。政客们的"恣意妄为"和对国防的忽视导致了今天的局面——"只有用这些为国捐躯的青年人的尸体筑起一道屏障,才能开启最基础的准备工作"。[8] 这一主题一直贯穿在吉卜林创作的有关战争的诗歌作品中,其中最犀利的一首便是《战争墓志铭》(*Epitaphs of the War*):"若有人问起,我们为何投奔死亡。/ 告诉他们,因为我们的父亲说谎"。[*] 而最令人心痛的则是那首《孩子们》(*The Children*):

> 我们一路百般呵护的至亲骨肉,原本清白无瑕的躯体
> 已被腐蚀,上天的恶意将它暴露无遗,让它饱受摧残——
> 它躺在铁丝网上,躺在腐朽的玩笑中,令人心惊胆寒——
> 在硝烟熏染中变得苍白或斑斓——然后在烈火中消逝——
> 在霉烂的残肢断体中,被陌生人漫不经心地从一个坑

---

[*] 译文引自黎幺译《东西谣曲:吉卜林诗选》,第53页。

抛到另一个坑。我们应该为这所有的一切忏悔、赎罪。

可谁能让我们的孩子起死回生？

11月，罗伯茨勋爵去世，统一党的报纸在悼念他的文章中称其为"国家没有理会其警告的人"。吉卜林为他这位老朋友写了第三首诗——这使他在诗歌主题方面成为与罗得斯（其中一首尚未发表）和里彭勋爵（每一首都在诋毁他）同等重要的人物。不出所料，这首诗歌颂了那张"发出恳求却无人理会"的"善战的面孔"。吉卜林并不喜欢扮演"我早就告诉过你"这样的角色，但他完全有资格说这样的话。就像西奥多·罗斯福对他说过的那样，如果英国拥有一支接近欧洲大陆水平的陆军，这场战争或许就不会爆发了。遗憾的是，在爱德华时代，扩大陆军规模或许有诸多益处，但在政治上却绝无可能，不论是统一党还是自由党都是这样认为的。然而，如果在1914年夏天采取一种更统一的政策，即某种更明确的政治态度，也许就能避免这场冲突。如果英国政府早一点明确表示它将与法国并肩作战，同时向德国说明它对柏林当局在7月底所申明的立场持何种态度，那么德国皇帝和总理也许就不会受他们手下那两位好战的军方领导人毛奇（Moltke）和法金汉（Falkenhayn）的鼓惑了。

吉卜林给自己安排的一项主要任务就是向美国报告这场冲突的性质。他对美国的感情始终是矛盾的。他依然认为这个国家本质上尚未开化，还通过其短篇故事《黄昏将尽》（*The Edge of the Evening*）发展了一套自己的理论，即真正的美国已经被林肯"出于最高尚的动机"杀死了，其幸存者也已经被潮水般的移民所淹没，这个国家现在所拥有的（用他作品中某个角色的话来说）是"一个为外国人所有、由外国人统治、为外国人服务的政府"。但他仍然热衷于宣扬共同肩负白人的负担这一理想。他与菲律宾总督福布斯的友谊让他坚信，帝国主义正在太平洋地区蓬勃发展，他甚至希望美国能够"控制"墨西哥，并像英国统治印度那样，"以更加亚洲化的方

第十六章 末日大战

式"管理该地区。⁹

1914年9月,当欧洲的"地狱之舞"仍在继续之际,美国却决定"不做任何回应",这再一次让吉卜林大失所望。伍德罗·威尔逊,这位将《如果》一诗奉为圭臬,*同时立志成为美国版格莱斯顿的总统,在此时宣布了中立,他还呼吁美国民众在思想和行动上也要保持中立——这是一种傲慢的、近乎极权主义的做法,它所传递的信息是,各交战国在道德上并无差异。吉卜林对罗斯福说,英国人"对于美国没有为比利时的遭遇表示抗议感到震惊"。保持中立并不意味着应该对"勒芬惨案"(Louvainism)中的恐怖行径听之任之,一句谴责的话都不说。¹²

吉卜林明白宣传的重要性,他建议格温通过《晨报》"暗示一下",德国人最近对旅居欧洲的"美国女性有些放肆"。他并不确定这是否属实(不过他"非常希望"这是真的),但这是"能促使美国改变立场的事件"。¹³ 不过这样的想法在他写给美国人的大量信件中往往更有说服力。虽然心有不甘,但他不得不承认,对于美国的中立立场,目前确实没有什么办法。同时他也

---

* 1920年,威尔逊对美国记者爱德华·博克(Edward Bok)说,他从《如果》中"获得了源源不断的灵感",并且"总是自觉地努力达到它的标准"。他经常在演讲中引用其中的诗句。在某一次遭遇了政治上的挫折之后,他表示,"我将本着吉卜林在《如果》一诗中宣扬的精神继续奋斗下去"。虽然他也引用过其他诗歌,还曾将《美国宪法》比作《找到我的那艘船》里的机械部件,但《如果》仍是他最喜爱的作品。据这位总统的一位亲密盟友所说,他把刊登有这首诗的一份剪报当作自己的"珍藏品"。1920年,一位朋友送给他一份这首诗的原作者手稿复制本。这位即将卸任的总统收到礼物后十分高兴,于是决定邀请吉卜林参加他在华盛顿特区郊外的新家举办的乔迁聚会。¹⁰ 具有讽刺意味的是,这首诗似乎强化了吉卜林对这位美国领导人的印象,那种一本正经、充满学究气的自以为是正是吉卜林所痛恨的。
  在自我反省与自我完善方面,《如果》一诗的影响远远大于吉卜林的其他诗歌。西班牙法西斯领导人何塞·安东尼奥·普里莫·德·里韦拉(José Antonio Primo de Rivera)把这首诗挂在了他办公室的墙上,而阿尔瓦公爵(Duke of Alba)则是把它装在一个金制相框中,放在马德里家中的床榻边。暹罗国王也"十分钟爱"这首诗,他告诉萨默塞特·毛姆(Somerset Maugham),这首诗让他深受触动,因此决定将其翻译成泰语,"他发现,找到令自己满意的节奏和韵律……是一项非常棒的工作"。T. A. 布罗克班克(T. A. Brocklebank)在攀登珠穆朗玛峰时,将这首诗抄写在一张很小的纸上之后放进了怀表里。但可惜的是,在大风中,"怀表突然打开,手稿飞走了"。还有一些与本章主题关系更紧密的事例。一名加拿大士兵在前线听到有人在和着肖邦的音乐唱歌,歌词正出自《如果》一诗;他深受感动,从此便不再喝酒、赌博。陆军上将亨利·罗林森爵士(General Sir Henry Rawlinson)还曾将这首诗赠送给澳大利亚军官,让他们认真学习和思考其中的道理。¹¹
——原注

呼吁美国人巩固自己的武装力量，以备将来之需。就像他提醒罗斯福的时候所说的，如果德国人战胜并控制了东半球，那么"没有陆军"的美国＊仅凭"目前这支舰队"同样无法阻挡他们夺取西半球的脚步；那时，门罗主义将成为"一张不值得撕碎的废纸"。自身利益就是扩充军备的全部理由。协约国正在"为美国所宣扬的理想……流血牺牲"，如果他们输掉这场战争，美国将不得不"遵从征服者的理想"。[14]

如果罗斯福继续掌权，这场战争的历史可能就要改写了。然而，由于他在1912年代表第三党参选，分散了共和党的选票，最终把威尔逊送入了白宫，其个人影响力也大大降低。罗斯福曾提议扩大军队规模，并建议站在比利时的立场实施干预，但并未具体阐述这种干预应采取的形式，他这是在"故意回避"。他向吉卜林解释过其中缘由：把自己相信的那套主张说给所有人听是没有意义的，因为这"对我们的人民来说没什么用"。美国人目光短浅，根本"不懂国际事务"。就连那位负责外交事务的国务卿、曾三次在总统竞选中落败的威廉·詹宁斯·布赖恩（William Jennings Bryan）也不懂，罗斯福曾有失公允地将其形容为"美国有史以来最可笑的高级官员"。至于威尔逊，他是一位"坚定的学者型和平主义者，他能力出众，很少瞻前顾后"。他来自弗吉尼亚，"其家族成员均未参加过南北战争"——这是吉卜林最为津津乐道的一点，因为这似乎可以解释这位总统的行事方式。[15]

1914年秋，吉卜林向大西洋彼岸各行各业的重要人物发出了数千封信。信的内容基本上都是一样的，但几乎每一封的措辞都不同：协约国正在为美国的理想而战，如果他们战败，美国就会成为"下一个被攻击的目标"；因此，"为了良知不泯，为了名垂千古，为了保住文明强国的地位"，面对德国人的暴行，美国必须在道义上表明自己的立场。唯一会让吉卜林生气的事，

＊ 美国于1917年4月参战之初，其陆军总兵力仅为13万人，而到了次年8月，奔赴欧洲战场的美国士兵已超过100万。——原注

第十六章 末日大战

就是他所写的恐怖故事受到别人的质疑。他在写给博克的信中说,"在官方保持沉默的情况下,那些对发生在比利时的恐怖行径"无动于衷的"人",如果还想"继续保持自尊"的话,就一定得让自己相信这些恐怖事件都是言过其实,甚至是子虚乌有的。[16] 他曾在英格兰南部的临时医院探望过比利时难民、伤兵和遭到强奸的女性,他知道那些暴行都是真的。卡丽在写给母亲的信中也提到了这样的情况:

> 那段时间,拉德经常一有空就去看望一名年轻的比利时难民,他曾经是列日(Liège)*的一名教师……那么讨人喜欢的一个小伙子,大家真怕他会精神崩溃。他亲眼看见那帮德国人强奸了他十二岁的妹妹,然后割断了他父母和妹妹的喉咙。他从此再也无法闭上眼睛,只要一闭上,这一切就会浮现在眼前。[17]

很难说吉卜林寄到大西洋彼岸的这些信起到了多少作用,究竟有多少人被他说服、激励甚至惹怒,又有多少人根本无动于衷。我们知道其中一些信伍德罗·威尔逊也看过,[18] 但很难说这对总统的决策是否产生过直接或间接的影响。说不定这位"坚定的和平主义者"是在剃须镜前背诵了《如果》之后决定参战的。

在英国国内,吉卜林的言论非常抢手,不仅因为他总能找到恰当的语言来表达相应的情绪——他也因此获得了这份当之无愧的声誉,还因为人们发现他对德国的侵略野心和英国陆军规模不足问题的看法是正确的。但读者的需求大部分都没有得到满足。跑到总司令部,根据将军们的叙述写一本关于伊普尔战役的书是毫无意义的;同样,1915 年年初他就想过,跑到前线去做战地记者也是毫无意义的,因为即使到了那儿,人家也"不准[你]说

---

* 比利时东部城市。

出任何有价值的话"。¹⁹ 在战争的后期，他还拒绝了米尔纳的建议："把整个东部战场走一遍……顺便去阿拉伯看看"，然后写一篇鼓舞士气的报道。他不喜欢的人提出的建议也被他忽略或拒绝了：丘吉尔希望他写几篇关于军需供应的系列文章，戈弗雷·艾萨克斯建议他写一写无线电报员在战争期间的"英勇和勤勉"，而来自唐宁街（时任首相是劳合·乔治）的要求——用吉卜林自己的话来说——则是描述一下塞尔维亚陆军的"英勇事迹"，尽管他从未去过塞尔维亚，对这个国家也一无所知。²⁰ 艾特肯在1918年成为资讯大臣（Minister of Information）之后，给他的朋友提供了一个正式职位。*不出所料，吉卜林又一次拒绝了，但他仍为艾特肯提供了不少建议。

实际上，他还为艾特肯做了一些宣传工作，尽管写文章所需的素材十分有限。他写了一系列文章，对法国和意大利陆军，以及西线的印度士兵赞誉有加。他还根据海军部的官方报告撰写了大量宣传皇家海军的文章，包括一系列关于日德兰海战（Battle of Jutland）的文章。他认为自己接受这项任务有充分的理由：与塞尔维亚相比，他长期接触的一直都是关于这一问题的第一手资料。²¹

1915年8月，吉卜林改变了此前不愿做战地记者的想法，与珀西瓦尔·兰登（Perceval Landon）一起上了前线。兰登是他在布尔战争期间认识的记者朋友，还做过他的房客。至少在法国的那段时间，他不必刻意区分公众的意见与个人的想法。他可以把"法国人优雅的灵魂"多么"难能可贵"这样的感受发表在《每日电讯报》上，也可以在写给朋友和家人的信中热情夸赞法国陆军的卓越表现和"值得称道的法兰西精神"。吉卜林还在巴黎见到了"那位了不起的人形炸药"克列孟梭，他当时的心情就像躲在阿尔萨斯（Alsace）山区的堑壕里，猛然发现"德国佬"就在几码开外的地方时那样兴奋。²² 此时，

---

* 艾特肯此时已成为比弗布鲁克勋爵（Lord Beaverbrook）。1916年12月，经劳合·乔治提名，艾特肯受封为贵族，这让许多人感到困惑，乔治五世甚至还为此事大发牢骚。——原注

第十六章 末日大战

儿子约翰也刚刚跟随部队抵达法国,他给儿子提了些很不靠谱的关于堑壕战的建议:"别忘了在头顶上方装上兔子网,它可以防手榴弹。就算是拉一张球网也总比啥都没有强。"约翰觉得这个建议"相当古怪",在父亲说了好几遍之后,他终于忍不住回复道,部队有一条作战规则——堑壕上方绝不能放任何东西,铁丝网也不行:"如果德国佬来了,他们会像抓兔子一样把你堵在里面。"他还说了些得罪人的话,说他父亲只见过那些用来演习的堑壕,而他们的指挥官经验非常丰富,"他都不知道的东西肯定就没必要知道了"。[23]

9月初,英国远征军继续在阿图瓦(Artois)展开攻势,之后在洛斯战役(Battle of Loos)中失利。德国人简直不敢相信自己的眼睛:成群结队的步兵像接受检阅似的朝他们涌来,在机关枪的扫射之下,数千人殒命疆场。一场极为惨烈的屠杀过后,守军甚至不忍心继续向撤退的幸存者开火。[24] 第二天黎明前,爱尔兰卫队第2营加入了战斗。据吉卜林所说,他们在四十分钟内便失去了七名军官。几年后,吉卜林以军团史研究者的身份考察了相关细节,他不明白为何要派遣一支毫无战斗经验的部队穿越敌人密集的机关枪火力网,这些士兵此前已经连续四十八小时没有睡觉,也没怎么吃东西了,而敌人刚刚才在这里进行了一场持续九十分钟的屠杀。[25]

洛斯战役是约翰·吉卜林少尉参加的第一次也是唯一一次战斗。据说他当天傍晚在"白垩矿区林地"(Chalk Pit Wood)受伤后爬进了附近的一座建筑物,随后该建筑物即被德军占领。据格温所说,父亲吉卜林表现出了"非凡的勇气",他深信官方的判定,即约翰"受伤之后下落不明";而《晨报》所说的"下落不明,很可能已被杀害"则让他极为愤怒。他希望约翰只是在受伤被俘后进了德国人的医院或战俘营,于是请求美国外交官帮他寻找儿子。到了11月,他终于愿意承认约翰或许真的已经离开了他,"被炮火吞噬了"。但由于没有找到尸体或确切的死亡证据,他和卡丽仍然心存侥幸,希

望他还活着,只是被德国人抓走了。²⁶*

其实吉卜林夫妇心里一直都明白,他们的儿子已经没有生还的可能了。一年前的夏天就有人问过他们,怎么舍得把约翰送去前线,卡丽的回答是:

> 我们不能为了保全自己和自己的儿子而让朋友和邻居的儿子去送死。约翰不可能活下来,除非他因伤致残,上不了战场。我们清楚这一点,他自己也清楚。我们都明白这个道理,但必须有所付出,必须竭尽全力做点事情,必须紧紧抓住那一丝活下去的希望——我们的儿子一定能逃脱厄运。²⁸

她和拉迪亚德都为自己的儿子感到骄傲。他曾是沃利军营中一名勤奋的少尉,刚过完十八岁生日没几天就上了战场,他(就像他母亲所说的)"非常正直、聪明、勇敢、青春洋溢"。据说,他每次在单独行动时都表现得十分英勇。他父亲在写给当时驻守印度西北边境地区的邓斯特维尔的信中提到,约翰短暂的一生就这样结束了。"很遗憾,这些年所有的付出都在那样一个午后终结了,但是,很多人都跟我们一样,这就是培养一名男子汉要付出的代价。"²⁹ 跟女儿约瑟芬去世时的情形一样,吉卜林在自传中对约翰的死也只字未提。不过他通过《基督诞生》(*A Nativity*)一诗表达了自己对儿子的缅怀:母亲悲痛欲绝的心情与基督的出生和死亡交织在一起,她不知道自己的儿子"身在何处"。

> "我的孩子已在黑暗中死去。
>
> 孩子你还好吧,还好吧?

---

* 由于没有找到尸体,约翰·吉卜林的名字被刻在了洛斯战役失踪人员纪念碑上。1992年,联邦战争墓地委员会(Commonwealth War Graves Commission)宣称他们找到了约翰的墓,并将他的名字刻在了墓碑上。然而,最近有研究表明,这座墓的主人可能是爱尔兰卫队的另一名军官。²⁷——原注

第十六章　末日大战

他无人照顾，也没人看见他，
他如何倒下我也全然不知。"

而另一首诗《我儿杰克》(*My Boy Jack*)的基调则是凄凉中透露着一丝可悲的自豪感。

"你有我儿杰克的消息吗？"
潮汐没有回答。
"你说他何时才会回家？"
风和潮汐都不说话……

"宝贝，我拿什么聊以自慰？"
潮汐没有回答，
每一次它都不说话，
然而他从未辱没自己的同类——
即使风和潮汐都不说话。

是的，约翰·吉卜林从未辱没自己的同类。

一想到自己的国家正在团结一致对抗邪恶，吉卜林便会尽力让自己振作起来。有时，他甚至认为这场冲突将会创造"一个更美好、更友爱的世界"。但政客们却没有得到他的友爱。他写道："在和平时期，英国政客的卑劣可谓举世无双，而一旦打起仗来，这帮畜生更是变本加厉。"[30]

果然，在吉卜林看来，此时的阿斯奎斯比和平时期还醉得厉害，因此更不称职。就连平时只是适量饮酒的乔治国王都在战争期间戒了酒，因此吉卜林希望这位首相能以此为榜样，"发誓戒酒"，哪怕就"三天"也好。[31] 1915年5月，阿斯奎斯与统一党组建了联合政府，但没过多久，昔日的反对党中就有不少人又开始讨厌他了。次年12月，博纳·劳与艾特肯合力将其罢免，由劳合·乔治接替他的职位。吉卜林虽然赞成罢免阿斯奎斯，却不赞成由劳合·乔治接替他。在他看来，自由党人都是一丘之貉，而劳合·乔治尤其令人厌恶。他对这位新首相的看法即使在战争取得胜利的那一刻也没有多大改观，胜利之后就更糟了。在吉卜林看来，无论是制造枪械，还是打败德国人，都与劳合·乔治无关。1918年8月，他曾勉强承认劳合·乔治是"带领我们实现这一目标的最佳人选"，然而当英国人民需要"一位林肯式的领导人时"，背上却驮着个无法"改邪归正"的骗子。作为一名政客，劳合·乔治爱编瞎话的毛病就像艺术家或者火车司机患有色盲一样，根本瞒不了人。[32]

《国家评论》的主编利奥·马克西在"贝尔福辞职"运动之后，又发起了"霍尔丹辞职"运动。对此，吉卜林完全赞同。战争期间担任大法官的霍尔丹很少受到吉卜林的抨击，但疯狂的公众不会放过一切与德国有关的东西，他们自然会对那个将德国称为精神家园的人穷追不舍。在反对与德国有关的东西方面，布卢门菲尔德倒没有那么偏执，或许是因为他的父亲来自纽伦堡（Nuremberg），但他负责的《每日快报》还是加入了《晨报》和《国家评论》的阵营，呼吁终结"霍尔丹崇拜"现象。联合政府刚成立，阿斯奎斯便以令人不齿的方式抛弃了这位前任陆军大臣，而卸任之后仍然没能逃过吉卜林利用自己在新闻界的关系发动的舆论攻势。翌年2月，格温遭到了导师吉卜林的斥责，原因是他"又一次忽视了霍尔丹"，导致某种"不可避免的后果"：据说这位前任大臣四处奔走，任命那些希望与德国"和解的人"担任英国国教会的"高级职务"。除非《晨报》一直让霍尔丹处于"恐惧之中，否则他［就会］开始作恶"。[33]

当年晚些时候，布卢门菲尔德收到了吉卜林的最新指示，即在新闻报道中增加一些新词，包括"Boschialist"和"Hunnomite"。前者是指"有亲匈奴倾向的社会主义者"，后者则是同一物种的"低等形式"。"Hunnomite"

第十六章 末日大战

是个"很妙的词",其优点在于它简直是"近乎肮脏的辱骂"。霍尔丹勋爵"显然就是个 Hunnomite"。[34]*

吉卜林访问了威尔士和北英格兰的军工厂,这些新工厂规模庞大,生产的武器数量众多,给他留下了深刻的印象。但他绝不承认这与劳合·乔治在战争中期的紧要关头对军工业的重视有任何关系。他既看不起政客,又暗自怀疑前线的将军们都是和布勒一样的草包,因此希望寄托在了英国人的精神之上。

吉卜林通过自己的作品强化并扩展了关于英国人性格的刻板印象。英国人太彬彬有礼了,他们不知仇恨为何物。越是占上风就越是一事无成,因为他们把与人为善当成了自己的本分。然而,只要目前这种"充满怨怼和浮夸的悲观情绪"继续下去,那么一切都会好起来的。他在战争伊始就曾预言,当德国人将"制造仇恨"变成"狂热的信仰"时,就连英国人也能学会如何去恨。一年后,他对老朋友希尔夫人说,虽然"像普鲁士人那样满怀仇恨"并非"英国人的本性",但他的同胞们现在终于"有些恼火了"。又过了一年,这群"迟钝的学生"放弃了他们刚刚学会的愤怒,转而追求某种更加深沉的情感。匈奴人"花了两年时间教会英国人如何去恨,这是我们以前一直没有学会的本领,而要将其遗忘,则需要两代人的时间"。[36] 吉卜林还在《开始》(*The Beginnings*)一诗中通过"英国人开始仇恨"这一叠句表达了同样的情绪。这首平庸的诗作被放在了短篇故事《玛丽·波斯特盖特》(*Mary Postgate*)中,后者是一篇十分精彩而又让人不寒而栗的故事,一个名叫玛丽·波斯特盖特的女士似乎不愿意救助眼前那个奄奄一息的德国飞行员,而是倚在一根拨火棍上,在那名飞行员咽气的同时获得了性高潮——这样的描写是极其大

---

* 战争后期,吉卜林曾建议布卢门菲尔德"向大众普及"他新发明的"Bolshewhiggery"(布尔什辉格主义)一词。1933 年,他还建议《晨报》的漫画家把当时的国民政府(National Government)称为"Socional"(社群式的)政府。[35] 吉卜林为英语贡献了大量新词,在数量上仅次于莎士比亚,但幸运的是,他发明的这些政治术语并未流传至今。——原注

胆的。

此时的英国人终于学会了如何去恨，他们希望德国被彻底摧毁，希望战争结束时看到"匈奴人已所剩无几"。但是到了1916年秋天，这种仇恨却显得有些多余。毕竟仇恨的对象只能是人，而匈奴人已经"完全不属于人类"了：他们已经变成了"某种恶性疾病的病菌"。[37]

吉卜林对这场战争的结果十分乐观，因为他看到了历史的相似性，也相信英国人不屈不挠的精神。拿破仑赢得了"所有的胜利"，最后却只能在圣赫勒拿岛（St Helena）终了余生；德国人赢得了所有的战役，但最终获胜的将会是协约国。只要"同心协力、深谋远虑、矢志不渝"，英国就一定能渡过难关。[38]

实际上，在1916年或1917年，人们很难找到乐观的理由，尤其是在西线战场。吉卜林在战争结束后编写了《爱尔兰卫队史》（History of the Irish Guards）*一书，他在写作过程中可谓"谨小慎微，生怕触及参谋人员失策或将领指挥不利这类有争议的话题"。另一方面，无论他在语言表达上如何克制，他的批评仍然充满了力量。他写道,1915年3月的新沙佩勒战役（Battle of Neuve Chapelle）"证明……除非先用火炮将［敌军］铁丝网堑壕、机枪哨和防御工事彻底铲除，否则再英勇的步兵也无法突破这样的现代化防线"。但约翰·弗伦奇爵士（Sir John French）与道格拉斯·黑格爵士却没有看到这一点。同样，洛斯战役也没能让他们认识到这一点，只有吉卜林这位临时历史学家意识到，"让英军步兵在敌人九十分钟的扫射之后，从正面进攻德国人花了九个月修筑的防御工事，是不可能有好结果的。德国人的防御工事凝聚着他们一代人的思想和远见；他们将应用科学的研究成果付诸实践，并投入大量劳力完成了修筑工作，使其能够应对一切可能发生的情况"。[39] 英军在第二年的索姆河战场上仍在坚持使用这套愚蠢的战术——让步兵肩并肩组

---

* 正式书名为《大战中的爱尔兰卫队》（The Irish Guards in the Great War）。

第十六章 末日大战

成一排排整齐划一的队列,朝着敌人的机关枪和铁丝网挺进。此役,英军伤亡人数高达 42 万,这也成了英国历史上最大规模的屠杀。在 1917 年的第三次伊普尔战役(即第二次大屠杀)中,黑格再一次决定使用这套战术,继续将其运用到泥泞的佛兰德战场。这一次,英军的伤亡人数为 24 万,而这一数字终于"证明了"这套战术确实没用。

这场战争使帝国成员之间的关系得到了加强,这算是一份意外收获。看到那些"经历了鲜血洗礼的"帝国属地在"相互较劲",吉卜林深感欣慰。1917 年年底,刚刚成为比弗布鲁克勋爵的艾特肯恳请吉卜林再一次干涉加拿大内政,让他以个人名义请求加拿大向前线增兵,并起草一份由欧洲各国军官签署的请愿书,呼吁"身在国内的新不伦瑞克民众"前往欧洲增援。吉卜林答应了他的请求,在英国和加拿大的报纸上发表声明:"[加拿大的]男儿们在过去的三年内做出了巨大牺牲",此时如果不派兵增援,"它肯定会慢慢退出这场战争。这一定会助长敌人的士气,让这场争取自由的战争变得更加漫长,全世界的苦难也会愈加深重"。[40] 吉卜林写道,不到一个月之前,黑格在帕森达勒(Passchendaele)犯下的错误致使 15600 名加拿大人白白丢了性命;这场屠杀让加拿大首相博登激愤不已,在帝国战时内阁(Imperial War Cabinet)的一次会议上,他激动地抓住劳合·乔治的衣领,不停地摇晃。[41]

最让吉卜林气愤的是美国长期保持中立的态度。威尔逊提出的通过斡旋实现"没有胜利者的和平"(peace without victory)并没有对双方产生积极作用。此外他还提出在战后成立国际联盟,这一建议激怒了吉卜林。而同样让他感到愤怒的,还有威尔逊后来为解决战后问题而提出的"十四点"(Fourteen Points)原则,他认为这些建议简直"愚蠢至极"。他认为美国人已经失去了提建议的权利,他们拒绝表明立场、从不谴责暴行的做法无异于"道德自杀",他们现在只不过是"从一个深渊坠落到另一个深渊"。[42]

1916 年春天,也就是约翰去世后的几个月,卡梅伦·福布斯见到了吉卜林。后者看起来衰老、憔悴了许多,脸上的皱纹也更加明显了。这位菲律宾前总督在回忆录中说,吉卜林对美国"极为愤怒",并断言那帮美国演说家再也不可能站出来大谈自由和民主了。吉卜林甚至还警告他这位朋友:加拿大可能会成为美国的威胁——如果"碰巧哪天"英国人"心情不好",缺乏正规军的美国将无法抵挡"50万傲慢的加拿大人,那时的他们刚刚打完仗,个个都是身经百战的老兵"。[43]

在《中立国》(The Neutral)一诗中,吉卜林的愤怒变成了悲伤。诗中的美国人在谈起协约国时是这样说的:

倘若这场战斗结束后,
他们的死让我获得自由,
那未来的日子里我该如何自处?
那是他们用生命为我换来的救赎。

兄弟们,我将面临怎样的生活,
有何面目在这世上苟活?
倘若我成了那样的人——
用别人的牺牲换取自己的生存……

1917年4月,德国实施的"无限制潜艇战"终于迫使美国加入了这场战争,吉卜林于是将这首诗的标题改成了《问题》(The Question)。美国的宣战让他如释重负,他甚至没有继续抱怨美国人这么晚才加入战斗,也无暇顾及促成这种政策变化的原因。"不要把迟到这件事……放在心上。"他对福布斯说。还有很多工作要做,美国"在这项文明计划中的价值"就是"发出致命一击"。当美国军队终于抵达英国时,吉卜林发表了一系列演讲和一篇题为《"五月花"号的第二次航行》(The Second Sailing of the Mayflower)的文章,以此表

第十六章　末日大战

达他对美国人的欢迎；为了拯救祖先的家园，这群美国人"返回了"欧洲。[44] 在另外一首题为《抉择》(The Choice)的诗里，"美国精神"终于注入了"自由兄弟会"的血液之中，感谢上帝，"是他指引我们做出抉择——牺牲肉体，让灵魂永生！"。

然而，兴奋的情绪很快就消退了。吉卜林来到查令十字车站的2号餐台，坐在一旁偷听从前线回国休假的战士们谈话的内容——这是他获取情报的独特方式。他对内阁成员克劳福德勋爵（Lord Crawford）说，美军的故事会让"美国人民因恐惧和愤怒而浑身颤抖"。这些美国兵个个都是好样的，但他们缺乏正规的训练，也没有合格的指挥官。根据克劳福德的说法，美军总司令潘兴将军（General Pershing）就是个非常失败的统帅，吉卜林甚至打算写一份"措辞严厉的划时代的起诉书"指控他的罪行。[45]

美国人参战的时机一直让吉卜林耿耿于怀。在好几部诗集中，他都没有将《问题》一诗的标题改回《中立国》，但他为这首诗添加了一条注释——"美利坚合众国在'大战'爆发后两年七个月零四天期间的态度"——以表明自己一贯的立场。[46]1922年，吉卜林被哈定总统（President Harding）的孤立主义激怒了，据纽约一家报纸报道，他抱怨美国：

> 整整晚了两年七个月零四天才派兵参战，此前还动不动就逼迫协约国与德国人和解，并反对攻克柏林的主张。美国人在停战当天就退出了战斗，没等事情结束就溜了……"他们获得了全世界的黄金，"他说，"但我们拯救了自己的灵魂！你觉得我们之中任何一个打过仗，尤其是在战争中失去孩子的人，会愿意为了获得他们所拥有的幸福与繁荣而跟他们互换位置吗？"[47]

这位记者名叫克莱尔·谢里登（Clare Sheridan），是温斯顿·丘吉尔的表妹，她父亲是吉卜林的朋友，很久以前他曾在这位女士的婚礼上建议她"放弃诗歌和文学"。*吉卜林对于这次"采访"被公之于众感到愤怒，而让他心烦意乱的是这段话在大西洋两岸引起了轩然大波。他当时天真地以为，他们的谈话只是朋友间私底下的闲聊。既然对方做出了这种背叛朋友的行为，那他也不会承认报上的那番话是自己说的。这样做或许也无可厚非，但那些话确实是他说的。

除了他寄给在美国和国内的亲友的书信以外，吉卜林创作的与战争有关的作品超过 30 万字。其中一小部分是悼文和碑文，以及三篇精巧的短篇故事和六首值得人们铭记的诗歌，其余的主要就是刊登在报纸上的文章和那部两卷本《爱尔兰卫队史》。

关于皇家海军的那些文章并不是他写得最好的新闻报道。这些文章是应海军部和资讯部的要求编写的，几乎完全由机密报告汇编而成。吉卜林的新闻报道素来以生动的视觉和嗅觉描写见长，在这一时期的文章中，他将其运用到了哈里奇（Harwich）的东海岸巡逻队（East Coast Patrol）。他还在距离日德兰半岛 500 英里外的地方，撰写了一系列关于那场战役的文章。

吉卜林本人和他的读者更感兴趣的是他在 1917 年发表的关于意大利的几篇文章。英国派驻罗马的大使请他报道一下意大利前线的情况，因为这位大使发现英国人似乎认为意大利"没有尽到自己的责任"，这种情况"很让人恼火"。⁴⁸吉卜林在收到第二次邀请时才表示同意，也许是因为他对意大利的兴趣没有对法国那么强烈。在他看来，意大利人是不值得信赖的民族，他们只是为了从奥地利人手中夺取南蒂罗尔（South Tyrol）†才参战的。不过他也没必要在报告中添油加醋。吉卜林再次与兰登结伴而行，抵达目的地之后，他发现意大利人非常好客，而且个个都是"筑路大王"；他还在信中对卡丽说，意大利人的建筑也"可爱至极"。在视察了意大利陆军之后，他给

---

* 见第 281 页。

† 意大利最北端的一个自治省，地处阿尔卑斯山区，与奥地利接壤，1919 年以前属奥匈帝国，当地居民主要为日耳曼人，通用德语。

第十六章　末日大战

弗莱彻写了封信,说他看到了"罗马陆军"(Exercitus Romanus)的重生——就像罗马共和国和最英明的罗马皇帝统治下的军队一样充满生机。就连将军们的长相也和他们古典时代的前辈们如出一辙:"额头宽大、脖子粗壮的恶魔,长着鹰钩鼻的罗马人——就像在参观一座透露着新气息的古老画廊。"[49]

这些都是吉卜林的个人观点,那时候他口中的这群罗马人还没有在卡波雷托(Caporetto)遭遇重创。这样看来,他在《每日电讯报》上对所谓的"新意大利"赞誉有加,并预言这个"最古老而又最年轻的国家"必将拥有美好的未来也就顺理成章了。他意识到,"容易激动的拉丁民族"这一说法只不过是"德国佬散布的谣言"。意大利人是顽强的民族,他们在群山中稳扎稳打,步步为营,他们"像钢丝绳一样坚韧,像大山一样冷峻"。[50]

尽管战争为英国文学提供了广阔而新鲜的创作主题,但在吉卜林看来,作家们很快就会回到牧师、玫瑰花和家长里短的闲聊之中。[51] 他自己的作品中则完全没有这些东西,他的主题既充满精神力量,又令人毛骨悚然,风格也越来越复杂和隐晦。他曾计划在1914年出版文集《世间万物》(*A Diversity of Creatures*),但直到1917年才实现,并在末尾添加了两则关于战争的短篇故事。其中一篇名为《打扫与装饰》(*Swept and Garnished*),讲述了一名神志不清的德国女人试图用她想象中的比利时孩子们的鲜血清洗自己的家;另一篇则是《玛丽·波斯特盖特》,故事的主人公似乎为德国飞行员的死而欢欣鼓舞,吉卜林的外甥奥利弗·鲍德温(Oliver Baldwin)将其称为"有史以来最邪恶的故事"。然而,根据人们后来所做的多重解读,吉卜林的这类作品中存在着多种可能的意义,但并没有特别邪恶的含义。实际上,那名飞行员可能根本不是德国人,甚至根本就不存在这样一个人,而他用来杀死孩子的那枚炸弹也可能是波斯特盖特小姐的想象。这个故事根本不是反德宣传,而是一篇出色的心理研究,它剖析了一个被压抑的女人在爱与恨的纠葛中波澜起伏的内心。

在表达个人看法时,诗歌一直是吉卜林最偏爱的形式,因此他在战争

漫长的谢幕

期间创作的诗歌大多与宣传和政治有关。但有一首诗足以让他成为一流的战争诗人。

> 这座花园名叫客西马尼,
> 它就坐落在皮卡第*,
> 当地民众在此聚集,只为一睹
> 英国大兵行经此地。
> 我们曾行经此地——行经此地
> 或许也曾稍作停留,
> 我们还从海上运来一副副面具,
> 客西马尼的上空弥漫着毒气。
>
> 这座花园名叫客西马尼,
> 里面住着个美少女,
> 但她每一次与我谈天说地,
> 我便祈祷这苦杯†离我而去。
> 军官在椅子上安坐,
> 士兵们则躺在草地上休憩,
> 我们每一次在这稍作停留,
> 我便祈祷这苦杯离我而去——
>
> 可是它并未离去——并未离去——
> 它并未离我而去。

---

* 法国北部地区,曾是第一次世界大战期间的重要战场。

† 据《圣经》记载,耶稣在客西马尼园被钉于十字架之前,曾祈求耶和华让苦杯远离自己,但最终仍选择接受它,喝下杯中之物,从而背负起全人类的罪。

第十六章　末日大战

> 我终于喝下那杯中之物，那时，
> 客西马尼的上空弥漫着毒气。

除了吉卜林，任何人无权对这首《客西马尼园》(Gethsemane)评头论足："对女人而言，战争总会让人无比痛苦，人们在后方只有一个小时左右的时间跟她们聊天、做爱。"[52]

在政治诗的创作上，吉卜林从约翰·班扬(John Bunyan)身上获益良多，于是他知恩图报，用一首诗称赞了班扬两个世纪前的先见之明与洞察力：

> 贝德福德的补锅匠，
> 屡屡入狱的流浪汉，
> 费尔法克斯手下的二等兵，
> 事奉上帝的牧师——
> 二百三十年前，
> 末日大战尚未来临，
> 他却早已未卜先知，
> 此人便是班扬！
>
> ——《圣战》(The Holy War)

班扬（作为吉卜林精神上最亲近的直系祖先）奇迹般地预见到了"大战"中将会出现哪些不靠谱之辈：除了"不屈不挠的怀疑者"和"安常守故的逃避者"，还有那帮"脆弱的知识分子／在压力之下一触即溃"——约翰·班扬"在查理二世统治时期／就见识过这帮能人"。吉卜林认为，班扬提前"洞悉了匈奴人与和平主义者的想法"，他要是还活着的话，应该能读懂《俄国属于和平主义者》(Russia to the Pacifists)这首诗；在吉卜林看来，该诗"实际上是在悼念一个死去的民族",它认为俄国革命的胜利要归功于"知识分子与和平主义者",他们的努力"直接引发了一种叫作'布尔什维克主义'的疾病"。[53]

1917年7月,吉卜林恢复了他早前的创作风格,写了一首自《基哈西》问世以来最愤怒的诗,严厉批评了那群英国高官。由于该诗言辞过于激烈,就连《每日电讯报》都不愿发表,吉卜林只好把它交给了忠实的格温,并由他刊登在《晨报》上。1915年,英国人在未经充分研判和周密计划的情况下,向美索不达米亚的土耳其人发起军事行动。由14000人组成的印度军队在汤森将军的率领下,沿底格里斯河向上游挺进;由于进兵过于深入,他们在泰西封(Ctesiphon)遭到重创,被迫向下游撤退,之后在库特阿马拉(Kut el-Amara)向土耳其人缴械投降。库特阿马拉成了继约克敦(Yorktown)*与喀布尔之后的又一个帝国之耻。军事上的一系列重大失误和医疗队的糟糕表现导致了这一严重后果。在皇家委员会(Royal Commission)对该事件提出谴责之后,拉迪亚德·吉卜林也发表了自己的看法:

> 他们再也不会回到我们身边,那群不屈不挠的年轻人,
> 那群热切而赤诚的男子汉,是我们将他们祭献:
> 但那些抛弃他们、让他们在自己的粪堆里惨死的罪人,
> 他们是否会在多年后带着荣耀来到这座坟墓前?

吉卜林的愤怒针对的是调查报告所谴责的那群官僚,这些人事后竟然还坐在原来的位置上,要么只是换了个部门,连级别都没变。

---

* 1781年,美国独立战争期间,乔治·华盛顿率领美军在法军的配合下围攻困守约克敦的英军并取得决定性胜利。

第十六章　末日大战

……但那些高高在上、在人们牺牲时仍牢骚满腹的好逸恶劳之辈,
他们是否还会一如既往地为谋求高官厚禄而钻头觅缝?

我们是否只会在短暂的愤怒中虚张声势?
当暴风雨过后,我们是否会发现
他们早已经靠着与生俱来的优势和诡计,
在悄然间轻盈而敏捷地重掌大权?

……不论他们活着还是死去,都永远无法洗刷
他们给我们的民族带来的耻辱:
但那些懒惰导致的损失和傲慢造成的屠杀,
我们是否还要让它们畅行无阻?

——《美索不达米亚》(Mesopotamia)

吉卜林曾在私下里解释过,他谴责的对象是那些本该为这场灾难负责却逃脱了惩罚的人。但他认为罪魁祸首非印度总督哈丁勋爵(Lord Hardinge)莫属。印度事务大臣奥斯汀·张伯伦在这次事件后递交了辞呈,而这位罪孽更加深重的哈丁却重新回到了外交部常务次官的位置上,后来还成了驻法国大使。

在吉卜林创作的所有战争诗中,有一位最重要的缺席者——汤米·阿特金斯。不过当初那些志愿入伍参战、每天只有一先令退役金的老汤米已经不复存在了。作为这群老兵的拥护者和代言人,吉卜林写道,他们已经"消逝在佛兰德的泥泞中了"——至1914年年底,英国远征军的伤亡人数已达9

万。*而另一方面，吉卜林也无法通过文学作品让接替那些老兵的年轻人名垂千古，因为他们死得太早了，他还没来得及认识他们。他可以记录汤米如何"在开伯尔山上……把自己置于死地"，却无法记录那些年轻战士的经历，因为在索姆河沿岸那片光秃秃的丘陵地带，黑格根本没给他们机会。

在吉卜林所有关于战争的作品中，篇幅最长、花费精力最多的还是《爱尔兰卫队史》。这部作品是应儿子生前所在部队的指挥官的请求而写的，他当时怀着复杂的心情答应了下来，既是为了履行义务，也是为了疗伤和赎罪。他花了五年半的时间，终于将那段痛苦的往事变成了这部两卷本编年史。

诗人埃德蒙·布伦登（Edmund Blunden）在一篇评论中抱怨说，这本书既没有写出堑壕战的激烈场面，也没有表现出"战争的混乱与紧张"。但吉卜林一开始就没打算渲染战争场面，他只是想"认认真真地做一点与历史有关的基础工作"，把它变成一部条理清晰的作品，用平实的语言讲述那段历史。[55]

他于1921年9月完成了第一卷，次年7月完成了第二卷。他承认，那是一项令人沮丧的任务，一件"让人疲惫不堪的工作，因为面对的都是些陈旧不堪的孤本"。卡丽在日记中写道，他到最后已经筋疲力尽了，"脸色发黄，形容枯槁"。[56]†

---

* A. E. 豪斯曼在其《雇佣军墓志铭》（Epitaph on an Army of Mercenaries）中表达了对这些士兵的深切怀念。

  这些人，在天堂陨落之日，
  在大地之基溃逃之际，
  肩负起雇佣军的使命，
  拿到了酬金却丢掉了性命。

  他们的肩，支撑着悬浮的天幕；
  他们挺立，大地之基便能守住；
  上帝所抛弃的，他们去捍卫，
  拯救所有生灵，只为获得回馈。

吉卜林认为这首诗是"战争诗的巅峰之作"。[54]——原注

† 吉卜林曾于1918年发表《爱尔兰卫队》（The Irish Guards）一诗。与其他同类主题的作品相比，该诗的基调更为明朗一些。作者以轻松平和的语气，将18世纪帮助法国人对抗英国的爱尔兰"野鹅"与此次"大战"中帮助法国和英国共同抗敌的爱尔兰年轻一代进行了对比。吉卜林还把一张350英镑的支票和这首诗的版权捐给了爱尔兰卫队的慈善基金。但是到了1923年《爱尔兰卫队史》出版之时，英爱关系的恶化已经让他心力交瘁，因此他没有将这首充满善意的诗歌收入其中。——原注

第十七章　和平之痛

1917年年底,兰斯多恩勋爵在《每日电讯报》上发表了一封颇具胆识的信,主张与德国谈判,达成妥协并实现和平。持续了三年的屠杀夺走了他小儿子的生命,他认为这场战争要是再拖下去,必将"给文明世界带来毁灭性的灾难"。[1]

这位值得尊敬的资深政治家,在近半个世纪的职业生涯中担任过大臣和地方总督,此时却遭到新闻界的公开辱骂,吉卜林私下里也对他多有诋毁,说他已经"老糊涂"了,还说某个"支持自由党的……女人"曾经对这个"老傻瓜""施加过影响"。[2] 兰斯多恩就这样被纳入了吉卜林憎恶和鄙视的中立者与妥协者的行列。其中最惨的是教宗本笃十五世(Pope Benedict XV),此人因为没有选边站队而受到了应有的谴责;吉卜林的《鸡鸣之歌》(A Song at Cock-Crow)是他所有诗歌中言辞最为激烈的一首,它把《圣经》中彼得三次不认耶稣的行为与梵蒂冈没有谴责德国人的侵略行径这两件事联系在了一起。

为回应英国国内那群悲观的妥协派,吉卜林在福克斯通(Folkestone)发表了演讲,呼吁人们战斗到底。他提出了一个预料之中却并不属实的说法,即"德国人所犯的暴行,九成都没有公之于众"。而另一个说法则一定会让熟悉他对代议制政府所持观点的人们感到惊讶:他说,如果德国人赢了,那么"整个民主的观念——就是匈奴人想从根本上消除的那个东西——将从人们的头脑中消失,因为历史将会证明,它无法与匈奴人相抗衡"。³ 兰斯多恩与德国的双重刺激,竟然催生出一位临时民主人士。

几个星期后,西线战场的僵局终于打破了。1918 年 3 月底,获得增援的德国陆军突破了英军防线。增援部队来自原先用于牵制俄国的东线战场。鲁登道夫(Ludendorff)*在第一轮猛攻之后,又发起了四次进攻。到了 8 月,协约国军队开始反击,敌人此时已筋疲力尽、士气低落,一路退至兴登堡防线(Hindenburg Line)。几周之内,德国的盟友相继退出了战争,先是保加利亚,然后是土耳其,最后是奥地利(其帝国于 10 月解体),各国纷纷要求停战。11 月 10 日,德皇退位,德国也于次日签署了停战协议。

敌人崩溃的速度让吉卜林和他的同胞们感到惊讶,他们坐在"这些帝国的废墟中……觉得有些恍惚"。当这场"巨大的崩塌"袭来的时候,他们突然失去了感觉,反应也变得迟钝了。吉卜林在 11 月 2 日的信里写道:"过去的四年扼杀了我们所有的情感,根本看不到任何人的脸上会透出一丝喜悦。"英国在德国签署了停战协议后举行了一系列庆祝活动,但吉卜林一次都没有参加。他从伦敦"逃"回家中,"独自一人"度过了一段"黯淡的时光"。与很多失去亲人的父母一样,他和卡丽很快就发现,丧子之痛在和平时期更加难以承受,"当和平来临,内心的痛苦会更加强烈,因为你会去想那些可能发生的事……"在失去整整一代人的情况下去重建生活是很困难的,尤其是他还曾专门为这代人写过《普克山的帕克》和《丛林之书》。⁴

协约国原本是有机会取得决定性胜利的,最终却与之擦肩而过,一想到这儿,和平带给他的痛苦便更加强烈了。协约国军队当时已经完全压制住了匈奴人,随时可以将其粉碎,结果却把他们全"放了"。这份"令人称奇

---

* 19—20 世纪德国步兵上将,曾在第一次世界大战中取得辉煌战绩,1918 年在西线战场失利后曾要求停战,但得知停战条件严苛之后又继续作战,1924—1928 年任纳粹党议员。

第十七章　和平之痛

的停战协议"（Amazing Armistice）让吉卜林感到不安，而同样让他担心的还有 1918 年年底"匈奴人孤注一掷发动的和平攻势"。[5]

长期以来，吉卜林一直认为和平必须伴之以正义、赔偿和最严厉的报复。他在 1916 年写道，德国人除了要为他们"在道德上犯下的恶行"付出代价，还要赔偿其造成的所有物质损失。为了"让匈奴人无暇作恶"，赔款义务要"世代相传"。两年后，他"最关心的事情"变成了"让匈奴人吃点苦头"，以及"在正义得到伸张之后"，把他们"暴露在全世界的仇恨之中"。[6] 报复行动也针对某些个人：吉卜林在《临终之榻》（A Death-Bed）一诗中曾把自己所有的怨念都集中在了德国皇帝身上，他希望这个对战争负有责任的人死于喉癌。《正义》（Justice）一诗的言辞则没有那么恶毒，但同样非常严厉，它要求德国重新学习文明的法则。

> 一个民族与他们的国王
> 经由远古之罪做大变强，
> 因为他们害怕任何清算
> 都不会赦免他们的罪愆；
> 但如今他们的时代已去，
> 忍受了苦痛的我们发现，
> 邪恶的化身终于被抓住，
> 承担对人类犯下的错误。
>
> 为战火蹂躏摧残的国度
> 所遭受的劫掠与痛苦，
> 为弥漫的毒气、受伤的土地
> 以及冰冷残酷的支配欲，
> 还有颤抖的海水看见的

漫长的谢幕

> 所有不为人知的悲苦——
> 贵族与平民一意作恶——
> 让他们重新学习这套法则。

吉卜林对和平条款的期望太过"激进"(虽然他并没有具体说明),所以即使是面对一份让德国丧失尊严的条约,他也一定会感到失望。在他看来,《凡尔赛和约》实在是太过于宽容了。他在 1920 年说过,"英国人"在赢得这场战争之后"便开始挥霍胜利的果实,现在没人知道她究竟是赢了还是输了"。一年之后,他在谈到赔偿问题时表示:"我们到底有没有赢得这场战争还是个悬而未决的问题。"[7]

然而,与经济补偿的额度相比,他更担心德国人起死回生的潜力。他在 1918 年 7 月战争即将结束时就说过,他已经变成了"一个一根筋的人",唯一的想法就是把"躲在所有角落里"的德国人找出来。而到了和平时期,他这种偏执的想法依然没有减弱。他在 1919 年的一系列书信中反复提到,那个没有被打败的敌人仍然能给别人带来巨大的伤害。战斗或许已经结束,但这场战争却"正处于最激烈的阶段,一边是疲惫不堪的人类,另一边是魔鬼",它还千方百计地诱导大家,说自己"并不像人们描绘的那样邪恶"。[8]这个魔鬼的新武器十分隐蔽,常常暗箭伤人——他们正在到处安插间谍,为的是削弱英国人的士气,扰乱社会秩序。1919 年 12 月,吉卜林向农业大臣(Minister for Agriculture)李勋爵(Lord Lee)索要了一份近期暴发口蹄疫的所有农场的名单;同一天,他还向陆军大臣丘吉尔索要了战争期间关押德国战俘的所有集中营的名单。这两项请求是有关联的:调查员吉卜林认为,此次疫病的传染源是德国战俘食物中的"匈奴牛肉"残渣,而这些食物是以包裹的形式从德国寄来的。[9]

对于美国在未来可能发挥的作用,吉卜林暂时表现出了乐观的态度。大批美国军队已"返回"欧洲,在击溃鲁登道夫及其军队并摧毁他们的士气

第十七章 和平之痛

方面起到了至关重要的作用。这一经历无疑将激励美国承担起某种永久性的国际角色，不仅要分担像菲律宾这样的落后地区的负担，还要帮助英国重建并守护好这个支离破碎的世界。尽管吉卜林对威尔逊本人及其提出的"十四点"，甚至凡尔赛会议的内容以及刚刚开始酝酿的国际联盟的构想均持保留意见，但他仍然希望美国人能够在东半球发挥其政治作用。他希望他们能接受对君士坦丁堡或亚美尼亚实行委任统治，并希望"成就带来的民族自豪感"能促使他们留在"这场游戏中"。[10]

要实现把美国的责任扩展到欧洲和亚洲，罗斯福当然是不二人选。吉卜林相信，他"极有可能"在威尔逊任期结束时再次出任总统。但罗斯福在他做出这一预测之后不到两周便去世了。吉卜林为他创作了一首十分拙劣的挽歌——《伟大的心灵》(*Great-Heart*)。"他是你们这个伟人辈出的民族里最伟大的人物。"吉卜林对卡伯特·洛奇说，而洛奇或许也希望获此殊荣。此前，罗斯福也曾在写给吉卜林的最后一封信里表示，这场战争"极大地加深了"他对大英帝国的"钦佩之情"。[11]

在吉卜林眼中，罗斯福是唯一一位对美国在近东将会扮演的角色有先见之明的美国人，这位政治家朋友的去世让他深感悲痛。威尔逊则截然相反，他喜欢"高谈阔论，然后躲回自己老家的壁炉旁"。[12]战争结束时，吉卜林曾在白金汉宫的晚宴上见过他，但并没有留下多少印象。但他仍希望美国人民能意识到，战胜"匈奴人只不过［是］整个计划的第一步，现在还得依靠他们的帮助，才能把敌人镇压下去"。

> 我希望并祈祷美国能留在这场游戏中。这并不是说它这样做一点好处也没有。历史上从来没有哪个民族是在别人泪流满面的恳求下才接管了全世界的钥匙，然后挂在腰间叮当作响……然而最大的障碍自然在于，如果不派出足够的警力看住那个罪魁祸首，那么建立国际联盟就会毫无意义。到目前为止，美国似乎并不愿意协助我们监管匈奴人的边境

地区。有名无实的防护措施对这群老虎来说根本就是无效的。[13]

威尔逊也想积极"参与到这场游戏中来",因为他希望打造一个"能为实现民主提供保障的"世界。他参加了巴黎和会,并监督了《国联盟约》的起草工作;虽然他对赔偿和领土变更问题深感忧虑,但还是在凡尔赛宫的镜厅(Hall of Mirrors)签署了和约。随后他又回到华盛顿,说服美国国会接受该和约并加入国联。然而,正如他的"十四点"和"布道词"激怒了欧洲各国的领导人一样,他回国后那一大堆喋喋不休的说教和自以为是、僵化死板的态度也招致了参议院的反感。在不遗余力地说服国会批准《凡尔赛和约》的过程中,他曾两次中风,而他的努力也以失败告终。加入国联的问题原本是可以达成妥协的,但威尔逊宁愿失败也不想改变自己的原则。由于这位总设计师和倡导者缺乏灵活性,美国人被挡在了国联的大门之外。

吉卜林对威尔逊在巴黎和会上的表现非常不屑,他希望他的美国出版人道布尔迪赶紧派一艘"战列舰把他带回家",好让其他代表"谈正事儿"。他后来还在写给道布尔迪的信中感言,真应该把美国总统和英国首相一起发配到撒哈拉沙漠,享受彼此陪伴的乐趣。对于威尔逊的同胞,吉卜林的态度更加严厉,尽管谁都不能"指望这群人在遥远的土地上挺身而出承担责任却没能立即获得现金回报,而他们的祖先当年就是为躲避麻烦才跑到西部去的"。[14] 但是比简单地退回孤立主义更糟糕的是,美国一方面标榜自己是全世界的道德领袖,另一方面却拒绝承担维护其与英法两国共同理想的成本或责任。吉卜林察觉到了美国社会的颓废,他坚持认为,真正的美国已经在葛底斯堡战役(Battle of Gettysburg)中死去了,同时将这种颓废归咎于犹太人和南欧移民,他们正在腐蚀美国的"民族结构",甚至是民族文学。这些杜鹃正在"把[美国人的]思想之蛋从他们的鸟窝里扔出去"。到了1926年,吉卜林对这个国家的厌恶情绪已经很难克制了,于是他指示格温向读者宣布,该国已经"获得了一切进化过程的特别豁免"。[15]

第十七章 和平之痛

同样不受进化潮流影响的还包括英国国内的自由党议员和大臣们,当然还有劳合·乔治。但此时的吉卜林再也不能抨击他们是反对党的韵文作家了,因为他支持的政党现在已经成了劳合·乔治的联合政府的主力,而博纳·劳、鲍德温和比弗布鲁克也都在其中担任大臣。*对此,吉卜林的回应竟然是与极右翼组织接触。1917年,他成了昙花一现的民族党(National Party)内那帮心怀怨恨的死硬派的支持者,后来又加入了赖德·哈格德于1920年组建的存在时间更短的自由联盟(Liberty League),该组织旨在"遏制布尔什维克主义"在英国本土及整个英帝国的发展势头。[16†] 不过他仍然凭借敏锐的观察力创作了《习字本范例里的众神》(The Gods of the Copybook Headings)一诗,通过对比习字本例句当中那些永恒的真理和当下各式各样似是而非的道理,以幽默的手法抨击了当时所宣扬的"政治正确"。吉卜林批评的对象还是他以往经常谴责的那些人和事,不过它们在诗里的形象似乎比在信里要好一些:首先是"寒武纪坎布里亚人(Cambrian)‡"劳合·乔治及自由党的裁军政策——"寒武纪坎布里亚人的措施呼之欲出,他们承诺永不动武。/他们宣誓,如果为其提供武器,部落间的战争便会停止";其次是女性解放——"在女性时代最初的基石之上,他们承诺给我们更充实的生活/(起初是爱我们的邻居,最后是爱他的妻子)";最后是工会主义(尤其是针

---

* 在劳合·乔治内阁中,博纳·劳任财政大臣(1916—1919)和掌玺大臣(1919—1921),鲍德温任财政部财务次官(1917—1921)和贸易委员会主席(1921—1922),比弗布鲁克则是兰开斯特公爵领地事务大臣兼资讯大臣(1918年2月—10月)。——原注

† 《泰晤士报》(1920年3月3日)刊发的一封信宣布了该联盟的诞生,哈格德与吉卜林正是这封信的主要签署人。第二天,《每日先驱报》的一位评论员写了一首短诗,准确地抓住了这两名心怀不满的反动分子的精神实质:

"德国佬都是无赖。"
吉卜林对哈格德说
——"还嗜酒成性。"
哈格德对吉卜林说。

——原注

‡ 此处为双关,坎布里亚人即威尔士人,同时该词还可指寒武纪。下文所引诗句以地质纪年为时间线,罗列并讽刺了英国政府在各个时期出台的政策。

对煤矿工人）——"在石炭纪，他们承诺让我们丰衣足食，／采取的办法却是拆东墙补西墙"。[17]

吉卜林在战争结束后最怒不可遏的一次爆发源于劳合·乔治对印度和爱尔兰的政策。自从他近三十年前离开印度次大陆以来，其宪制发展几乎一直处于停滞状态。在寇松统治期间，印度人参与政治的意愿并没有得到提升，1909 年的明托-莫利改革（Minto-Morley reforms）[*]虽然增加了各省议会中印度人的数量，但实际上只是做做样子而已。但现任印度事务大臣、自由党人埃德温·蒙塔古（Edwin Montagu）于 1917 年前往印度后，带回了一份后来被称为二元政体（dyarchy）的方案，即由各省当选的印度人负责管理卫生、教育和农业部门，而省督则继续掌管财政和警察部门等。1918 年夏天，《蒙塔古报告》（Montagu's Report）刚一公布，吉卜林便向格温大发牢骚，谴责该报告展现了"全方位的精神错乱"，他还罕见地表现出强烈的反犹主义情绪，歇斯底里地指责《旁观者》杂志的斯特雷奇是"典型的两面派"，因为这位主编声称，蒙塔古虽然是犹太人，但他强烈反对犹太复国运动，他只希望保全大英帝国。"就民族身份而论，"他怒斥道，这位大臣"对它的关注与该亚法（Caiaphas）[†]对彼拉多（Pilate）[‡]的关注并无二致；就心理而言，他根本无法理解那究竟是什么"。蒙塔古的提案获得议会通过后，卡丽记录下了她丈夫的态度："我们卖掉了手里所有的印度证券。拉德对印度的未来深表怀疑。"吉卜林一边继续敦促斯特雷奇"谴责蒙塔古"，一边为戴尔将军

---

[*] 由时任印度总督明托伯爵（Earl of Minto）与印度事务大臣约翰·莫利共同起草的一项改革法案，旨在满足印度国大党提出的在英属印度建立自治政府的要求。亦称《1909 年印度议会法案》（Indian Councils Act 1909）或《1909 年印度政府法案》（Government of India Act 1909）。

[†] 公元 1 世纪犹太大祭司，处死耶稣的主谋。

[‡] 公元 1 世纪罗马帝国犹太行省总督，在该亚法的施压之下判处耶稣死刑，将其钉死于十字架。

第十七章 和平之痛

(General Dyer)*的基金捐款,以表达他对英国议会和政府的感情——或许还包括对印度的感情。1919年4月,戴尔将军在阿姆利则屠杀了300多名印度人,他因此受到下议院的谴责。[18]

与印度问题相比,爱尔兰问题更容易引起火山爆发。战争期间,至少在1916年的复活节起义(Easter Rising)之后,吉卜林还一直对这座岛屿的前景保持着乐观的态度。可到了第二年,他却声称爱尔兰已经"让全世界感到了厌烦",所有人都"受够了它和它的坏脾气"。1918年4月,爱尔兰民众反对《征兵法》(Military Conscription Act)一事惹恼了吉卜林,他认为这是德国人的阴谋。他还读了一本关于"邪恶的小[爱尔兰]"的书,感受到了"一种确凿无疑的无望和绝望——这是一种让人厌倦的恐惧感,就像一个五十岁的女人在解释自己从生下来就从未得到别人的理解时给人带来的那种感觉"。[19]

爱尔兰近年来的变化比印度快得多。截至1920年春,新芬党(Sinn Fein)的共和派已经肃清了温和派民族主义者,英国组建了弹压叛乱的黑棕部队(Black and Tans),而爱尔兰共和军则在加紧提升其制造恐怖袭击的技能和手段。面对极具杀伤力的游击战,劳合·乔治不得不通过谈判的方式寻求和解,只是其谈判对象不再是彬彬有礼的雷德蒙,而是一群持枪的歹徒。《爱尔兰政府法》(The Government of Ireland Act)恢复了《爱尔兰自治法案》的大部分内容(还增加了一项关于阿尔斯特的妥协条款),并获得了北爱尔兰人民的认可(乔治五世国王在贝尔法斯特设立了北爱尔兰议会),但南部民众却对其置若罔闻。1921年秋,劳合·乔治承诺给予新芬党与加拿大同等的宪法地位,同时逼迫其代表签署了一份将爱尔兰一分为二的条约,此举在新芬党内部引发了一场血腥的内战。

吉卜林永远无法理解政治是"应变的艺术"这一观点。在他看来,不论

---

* 19—20世纪英国陆军上校。1919年4月13日,约5万名阿姆利则市民在贾利安瓦拉公园(Jallianwala Bagh)集会,抗议殖民当局暴力镇压此前要求释放两名印度民族主义活动家的示威人群。当天下午,戴尔将军亲率部队向抗议人群扫射,致上千人伤亡,史称"阿姆利则大屠杀"(Amritsar Massacre)。

遇到任何危机，都绝不能跟那帮持枪的爱尔兰歹徒谈判。他对自己的精神导师弗莱彻说，他不是历史学家，但他怀疑英格兰是否"曾与如此明目张胆的刺客做过交易"。他还在写给其他朋友的信中指责下议院纵容谋杀行为，还"通过修宪"的方式"怂恿"[人们]在爱尔兰"搞暗杀"。他声称，英国政府利用贿赂和控制新闻界的手段，强迫"他们向持枪的爱尔兰歹徒投降"。[20]

阿尔斯特至少暂时留在了联合王国的版图内，可吉卜林仍然怒不可遏，这或许是因为他觉得《英爱条约》（Anglo-Irish Treaty）将会带来无尽的后患。"爱尔兰的背叛"不仅仅是爱尔兰人或英国人的事情，还关乎整个帝国的命运，它和蒙塔古的报告一样，为大英帝国的"退场诗"增添了新的篇章。吉卜林对他的法语翻译安德烈·谢弗里永说，政府这样做无异于瓦解大英帝国，好在这是一项十分艰巨的任务，"一届政府"还不至于将其"摧毁"。[21]

这段时间，卡丽发现她丈夫的情绪一落千丈，甚至比战争期间还糟，而罪魁祸首就是那份条约。吉卜林认为，在整个大英帝国的范围内，爱尔兰自由邦（Irish Free State）简直就是"邪恶自由邦"（Free States of Evil）的始作俑者，有了这个榜样，英国政府可以在任何地方建立这样的国家。毫无疑问，下一个便是印度。幸运的是，吉卜林很快就把爱尔兰放到了一边，只有在跟朋友通信时才会提及。不过他还是会继续拿这个自由邦开涮，将其称为"自由地狱"（Free Hell），同时把爱尔兰民族主义称为"操厄尔斯语（Erse）*的布尔什维克主义"。[22]

《英爱条约》还伤害了吉卜林与比弗布鲁克的友谊。他们在战争结束前一直保持着良好的关系：这位新晋贵族的纹章铭文就是吉卜林为他挑选的，而他也曾邀请吉卜林加入其"河狸"资讯部。† 然而没过多久，两人的关系

---

* 特指爱尔兰人所使用的盖尔语。

† 吉卜林为比弗布鲁克勋爵挑选的纹章铭文是古罗马诗人贺拉斯的一句诗"Res mihi non me rebus"，意为"尽力让环境臣服于我，而不是我臣服于环境"。"河狸"指比弗布鲁克勋爵，该头衔中的前半部分 Beaver 即"河狸"之意。

第十七章 和平之痛

却破裂了。20世纪50年代,埃尔茜·吉卜林曾要求她父亲的官方传记作者查尔斯·卡林顿向读者说明,二人的关系之所以"开始变淡",是因为"他们在很多事情上再也无法达成一致"。在卡林顿写作这部传记的过程中,埃尔茜总是不停地向他施压。虽然比弗布鲁克曾告诉过卡林顿,他们二人之所以产生分歧,具体来说,就是因为比弗布鲁克支持《英爱条约》,但卡林顿最终还是听从了埃尔茜的指示。有一次,两位曾经的朋友在马德里的一家旅馆不期而遇,而与比弗布鲁克同行的恰好是爱尔兰自由邦的首任总督蒂姆·希利(Tim Healy)。"吉卜林表现出了深深的怨恨,完全是针对希利的,还说了些难听的话。"而比弗布鲁克(此人说的话并不总是那么可靠)则声称,他曾多次尝试重建与吉卜林的友谊,甚至还想过把吉卜林引荐给劳合·乔治,但总是以失败告终。[23] 1930年,吉卜林在评论比弗布鲁克组建帝国联合党(United Empire Party)的计划时写道:"用河狸筑水坝并不划算,不过这一点我很久以前就知道了。"[24]

吉卜林做过很多与战争有关的工作,其中最值得纪念的都集中在战后初期,包括撰写悼文和纪念碑碑文,以及为帝国战争墓地委员会(Imperial War Graves Commission)工作。

而在1916年10月以前,他还声称自己不会为纪念碑撰写碑文。他认为,对于在战斗中牺牲的战士,唯一适合的铭文也就只有"他为祖国牺牲"这句话了。[25] 随着邀请越来越多,他也不再那么坚持了,同时发现自己还挺适合这份工作的。他的个人风格和写作技巧让他能够用简洁的语言唤起人们对每一名牺牲者的缅怀之情。在每一块纪念碑都被"上帝的荣耀"和死者的身份信息挤占殆尽的情况下,那寥寥数语便成了唯一能体现差异的内容:哈里奇扫雷艇舰队(Harwich Mine-sweeper Fleet)的战殁者"为解救海洋"献出了生命,商船队(Merchant Navy)和渔船队(Fishing Fleets)的死难者则尽数"葬身大海"。

吉卜林于 1917 年加入了战争墓地委员会[*]，但他的工作并不光是撰写碑文，他还参加了委员会的各项会议，为其内部刊物撰稿，并多次到前线视察那里修建的英军阵亡将士墓园。他极力主张"英军［阵亡将士］的墓碑"必须"与众不同"，同时给予每一名死难者"平等的待遇"。他承认那些失去亲人的同胞想"为逝去的家人做点特别的事情"确实是人之常情；而且越是有钱的人家就越可能想把亲人的墓碑装饰得宏伟、华丽一些，这样才能和别人家的墓碑有所区别。但是经济条件较差的家属则坚决不同意，他们希望获得"平等的待遇"，所有墓碑必须统一设计，因为这才能体现"平等的悲痛"这一原则。吉卜林支持的是后者。他认为，不能因为富人的存款多就允许他们"宣称自己的悲痛比别人更深"：假如他找到了自己儿子的尸体，然后花大价钱请人为他设计一块墓碑，那他将无法面对自己的家乡同胞，因为那座村庄已经失去了五十名年轻人。"上帝知道我不是民主人士。"他说，但所有人的儿子都是为了我们共同的事业牺牲的：在墓碑问题上搞特殊绝不能接受，因为这相当于"在死亡面前"要"特权"。[26] 吉卜林在《战争墓志铭》的第一篇《平等的牺牲》(Equality of Sacrifice) 中也谈到了这一点：

甲："我是有。"乙："我是有的否定。"
（合）"你正献出我没有献出的祭品？"[†]

1920 年 4 月，吉卜林在下议院陆军委员会（Army Committee）为"平等待遇"原则辩护，但他没有参加议会关于这一问题的辩论。他一直觉得那些要求修建特殊纪念碑的人表现出来的"怨恨情绪简直不可理喻"，而下院

---

[*] 英帝国（现在的英联邦）战争墓地委员会的职能是监管大英帝国阵亡将士的葬礼和纪念活动。其制定的原则包括：阵亡将士的安葬地点应尽可能靠近其牺牲的地方；不设私人纪念碑；官兵合葬；一人一墓，以示敬意，但所有墓碑应统一设计，仅阵亡人员的姓名、军团徽章和宗教标志有所区别。——原注

[†] 译文引自黎幺译《东西谣曲：吉卜林诗选》，第 46 页。

第十七章 和平之痛

议员投票支持战争墓地委员会的政策这件事则让他颇感宽慰。对于战争墓地委员会以及吉卜林在其中发挥的作用，塞西尔家族尤为不满。当然，他们的不满确实情有可原——已故的索尔兹伯里勋爵的十个孙子当中，共有五人在战争中丧生——但问题在于他们信奉的高教会派（High Church）是一个很不宽容的教派，在纪念逝者这一问题上，连基督教内部的其他宗派他们都无法容忍，更遑论其他宗教了。埃克塞特教区的主教与妻子弗洛伦丝·塞西尔夫人（Lady Florence Cecil）在这场战争中失去了四个儿子当中的三个，这位母亲要求在儿子的墓前立十字架，而不用墓碑；而她那位性格古怪的夫弟、下院议员休·塞西尔勋爵（Lord Hugh Cecil）却对有人要为在法国战场上牺牲的印度士兵修建清真寺和印度教寺庙的想法横加指责。这位好斗的政客还批评战争墓地委员会任用吉卜林这样一个"寂寂无闻的宗教人士"来为阵亡将士们选择铭文。²⁷

休·塞西尔勋爵就像一名对宗教礼仪一丝不苟的宪兵，他一直致力于为人们离婚或再婚设置障碍，但即使是这样的人，也无法否认吉卜林选择的铭文总是恰如其分。吉卜林从《德训篇》中选择了"他们的名必永留于世"这句话作为刻在全国各地的"一战"纪念碑上的统一铭文；而针对那些此前被炮火毁坏的墓地，他又在其纪念碑上多加了一句——"他们的光荣绝不会泯灭"——这句话同样来自《德训篇》；* 对于那些无法确认主人身份的墓地，他也亲自撰写了铭文："大战中殉难的烈士，你的名字上帝知晓。"

1920年，吉卜林一家首次前往西线的英军阵亡将士墓地。他们在洛斯和索姆河战场附近探访了三十座墓地，并怀着朝圣的心情，在"约翰牺牲的大致时间点"来到了白垩矿区林地。这里已经变成了一片废墟，吉卜林"完全无法用语言来形容"他看到的一切。第二年春天，他们在结束阿尔及尔之

---

* 吉卜林选取的经文分别出自第44章第14节："他们的遗体必被人安葬，名誉必留于永世"，以及第13节："……他们的光荣，绝不会泯灭。"引用时略有改动。基督新教将《德训篇》列为次经，未收入和合本《圣经》，此处译文出自"思高本"。

行后,从普罗旺斯一路北上,再次来到了这里。在耶尔(Hyères)停留期间,他还称赞法国人是"这个星球上最了不起的民族"。他们曾惨遭蹂躏,曾"被踹入地狱","半数"年轻人的生命被剥夺,但他们却没有丢失自己的"文明与风度",这是值得英国人学习的地方。[28]

4月下旬,吉卜林一家越过莱茵河进入协约国占领的德国领土。这简直是一场痛苦的经历,而吉卜林当时也一定预料到了。在英国的时候,每次在大街上看到伤员,他都会"想起那群罪魁祸首"。而现在,这些作恶之人就活生生地站在他面前,"死了那么多人,他们却活得好好的,光是眼前的这一幕就能激起"他心中的深仇大恨,连他自己都没有想到。他们开着车在"郁郁富庶"的乡间穿行,沿途能看到鹅群和牛群,还有新修的房子,"孩子们都长得肉嘟嘟的",女孩儿梳着小辫儿,老人们则抽着烟斗。这一切让吉卜林感到怨愤:"他们还活着!"更让人痛心的是他们在返回法国兰斯(Rheims)的途中看到的"令人悲痛万分的"景象,一路上"荒无人烟",只能看到"一座座光秃秃的白垩矿丘""一条条扎眼的堑壕"和"一堆堆延绵数百米的铁丝网"。[29]

一年后,吉卜林再次来到法国前线的阵亡将士墓地,与乔治五世和黑格将军一起参加在布洛涅(Boulogne)附近举行的悼念仪式。他为乔治国王写了一篇演讲稿,其中提道,"世上再也没有比这些目睹了战争破坏力的人更有说服力的和平倡导者了"。他还为国王的这次出访写了一首诗——《国王的朝圣》(The King's Pilgrimage)——并在诗中加入了他自己的政治观点。在他看来,死者不会"吝惜自己的牺牲"。

> 除非他们知道——
> 当尘埃落定,他们为拯救我们
> 而抛洒的热血已被我们忘掉,
> 牺牲换来的回报却被我们嘲笑。

第十七章 和平之痛

虽然当地市长说起话来没完没了,还把花圈放错了地方,但整个仪式还是圆满完成了。卡丽恭敬地向乔治五世行了一个屈膝礼,然后国王对她的丈夫说了些"礼节性的话",这位吟游诗人则为国王刚刚发表的演讲表示祝贺——"这也是礼节性的"。在谈到英国的政治家这个话题时,吉卜林发现乔治五世对这帮人的看法和自己是一致的。[30]

吉卜林接下来继续在国外的田野间巡游,这些地方如今已经成为英国人频频光顾的花园。他报告了墓地的状况,并向战争墓地委员会提出一些建议,此外他还穷追不舍地劝说他的表弟斯坦利首相,要他迫使财政部多划拨一些资金来维修这些墓地。这些墓地的独特设计与宏伟的整体布局给他留下了深刻的印象。他点评道,这是"自金字塔以来最大的实体工程",也是"世界上最大的景观园艺工程"。[31]

1925年3月的一天,吉卜林在法国鲁昂(Rouen)视察阵亡将士墓地时,"在圣女贞德被烧死的地方做了忏悔"。当天晚上,他便开始创作短篇故事《园丁》(*The Gardener*),一星期后即告完成,此时他已经来到了南部的卢尔德(Lourdes)。他在旅途中偶尔写过几篇日记,写完《园丁》的时候,他在日记里提道,这篇"写得还算不错"。实际上,这是他最优秀的作品之一,讲述的是一位母亲因为自己的私生子战死而万分悲痛的故事,字里行间充斥着深深的同情。海伦·特里尔(Helen Turrell)向同村的邻居们谎称这孩子是她的外甥,而大家也都装作相信她的样子,英国人社会生活中各式各样的伪善便是以这种温和的方式得到了满足。在前往法国寻找"外甥的墓"之前,她一直过着那样的生活。由于牺牲者众多,她一时无法找到,于是向墓园的园丁求助。园丁的眼中流露出"无尽的同情",对她说:"跟我来吧……我带你去看你的儿子。""园丁"显然就是复活的基督,而海伦则是那个有罪、有爱并获得宽恕的抹大拉的马利亚。这是一篇充满温情而引人入胜的故事,它甚至让人感到惊讶,同一个人怎么会写出《这个种群的女人》那样的作品。同样充满温情而引人入胜的还有附在这则故事之后的《负担》(*The Burden*)

一诗,两篇作品均收录在作品集《借与贷》(*Debits and Credits*)中。《负担》最后一节的前六行表现的是海伦·特里尔内心的痛苦,后两行则描写了抹大拉的马利亚获得的安慰。

> 我有座坟墓在身畔——
> 须守卫至末日审判——
> 上帝却从天堂垂看,
> 然后把石头滚到一边!
> 在我生命里的某一天——
> 那一天的某一个钟点——
> 他的天使看见我的泪眼,
> 然后把石头滚到一边!

"贝特曼之家"从来都不是偏居乡野、远离尘嚣的避风港,它就是尘世的一部分,里面既有麦子也有稗子*。吉卜林曾主动提出将"贝特曼之家"改造成一家医院,但被陆军部婉言谢绝了,加之没有装电话,所以表面上看起来十分平静。然而要管好这么大的家业可是件伤脑筋的事,有时还会吵得不可开交:佣人和园丁经常辞职不干,他们每一次离开,卡丽总要对这种"卑鄙的忘恩负义"之举抱怨一通。

这地方时不时也能给吉卜林带来一些慰藉。卡丽抱怨说,全世界都认为她丈夫是"那种三天打鱼两天晒网的农民",没人觉得他是个"大忙人",只是恰巧住在乡下罢了。吉卜林自己倒很乐意以农民自居,虽然真正在干农活的其实是妻子卡丽。他曾在1918年对奥利弗·鲍德温说,写诗是他的伪装,他"在内心深处"其实是个干农活和晒干草的农民。虽然在战争期间靠着"为

---

* 麦子和稗子的比喻出自《马太福音》第13章,分别代表真善美与假恶丑。

第十七章 和平之痛

数不多的女工"打理农场有很大的困难,但辛苦劳作还是很值得的。为了在"贝特曼之家"喝上牛奶、吃上黄油,吉卜林一家买来了几头根西牛(Guernsey cows)。这些奶牛的产奶量并不高,但它们至少在坦布里奇韦尔斯家畜展览会(Tunbridge Wells Cattle Show)上得了不少奖。虽然种庄稼损失了一些钱,但"世界上还有一些比在这块土地上尽心尽力还要糟糕的事"。[32]

在吉卜林生活的时代,农村地区的民间传说尚未消亡,这让他颇感欣慰。他很羡慕村里的男孩子们,他们把草叶夹在两只手的大拇指中间,弄出兔子受到惊吓的声音,这样就能把白鼬或鼬鼠从洞里引出来。他也很赏识车夫、挖渠工人和伐木工人们娴熟的技艺,同时对于"现代化的进步"正在把乡下人变成"论功行赏的仆人"感到遗憾。他一方面很喜欢汽车和这个时代的新技术,另一方面却对那些随之出现的东西心生恐慌。他曾在1925年抱怨道,罗廷丁的海岸上"尽是些肮脏混乱的平房"。第二年,吉卜林注意到,英格兰已经被这些让他感到恐慌的小屋一点点"蚕食"了,如今"每一条乡间小路都铺上了柏油,变成机动车道"。[33]

在生命的最后二十年里,吉卜林经常生病,痛苦不堪;由于吃不下太多东西,他的体重长期低于9英石。1918年,哈格德见到他时,他看起来"又瘦又累又老",还得忍受"身体的一阵阵剧痛"。关于吉卜林的病情和他经受的痛苦,卡丽的日记和来访者的观察为我们提供了一份冗长的目录。他从1915年开始接受治疗,当时的诊断结果是"胃炎"。然而直到1933年,他才遇到"一位新兽医",这位法国医生诊断出了其英国同行此前未能识别的疾病:长期以来让吉卜林饱受折磨的其实是十二指肠溃疡。

住在"贝特曼之家"的孤独感加剧了没完没了的病痛带来的抑郁情绪。吉卜林在19世纪90年代成为三个孩子的父亲,他或许也憧憬过,不出意外的话,到1918年他就可以当祖父了。他一定会是最慈爱的祖父。但他却失去了两个孩子,第三个也没有生育。1924年,埃尔茜嫁给了身体有些残疾的爱尔兰卫队军官乔治·班布里奇(George Bambridge),他在大战期间的大部分时间里一直担任驻欧洲国家大使馆的名誉专员。

没能享受天伦之乐的吉卜林把内心的寄托投向了别人家的孩子。他给这群孩子们写了几封署名"拉德叔叔"的信,为他们编订了阅读清单,邀请他们到"贝特曼之家"小住,尤其是学期过半的时候,白天有划船和射击比赛,到了晚上还能"追兔子"。有一次跟朋友聚会时,主人家为了不打扰他这位贵客,竟要把家里的小孩给赶走。"别赶他们,"吉卜林恳求道,"他们可都是小宝贝呢。"然后他有些惆怅地补充道:"你不知道有孙子孙女是多么幸运的事儿。"[34]

给吉卜林更多陪伴的是他养的那几只小狗,不过他也知道"把你的心交给一只狗去撕扯"会有多疼。他的阿伯丁狭犬死去很久之后,他还会时常想念它以前跟着自己从一个房间走到另一个房间的时候脚踏在地板上咔嗒咔嗒的声响。不过他很快就又养了一只幼犬,一只让全家人开心的苏格兰狭犬。每天晚饭后,即使有客人来访,这只小狗也能享受到特殊的待遇:主人会把地毯掀起来,然后让它在地板上滚来滚去,陪它一起玩球。在他的作品中,此前提到的那只阿伯丁狭犬出现的次数比任何一个人物都多。在《忠犬记》(*Thy Servant a Dog*)中,它被塑造成了故事的讲述者"布茨"(Boots),而且是一名男性角色;这部轻松愉快的作品在1930年圣诞节前的两个月内卖出了10万册。而在《他生命中的女人》(*The Woman in his Life*)里,它又成了《黛娜》(*Dinah*)[*]一诗的女主角,它帮助自己的主人——一名在堑壕战中受到精神创伤的军官——从崩溃的边缘一步步恢复过来。

20世纪20年代,吉卜林一反常态,他创作的政治诗歌数量骤减。内阁里没再出现新的《基哈西》,爱尔兰的局势也没能激发他写出《美索不达米亚》那样的作品,而英国社会的萧条也没有激起他续写《岛民》的欲望。桂冠诗人罗伯特·布里奇斯(Robert Bridges)一直在"极力劝说"他"为年轻一代

---

[*] 篇名全称为《天堂里的黛娜》(*Dinah in Heaven*)。

第十七章 和平之痛

写几首"爱国诗歌",他却完全没有兴趣。市面上流行的那套文学法则也没能动摇他的初衷:在自由诗的面前,他永远是个"异教徒","只有在记笔记的时候才会采用这种廉价的写法"。[36] 与罗伯特·弗罗斯特(Robert Frost)一样,他也认为,写自由诗无异于"打网球的时候把球网放下来"。

相比之下,吉卜林的短篇小说却在这一时期重新焕发了光彩。1909 年出版了他最羸弱的短篇集《作用与反作用》(Actions and Reactions)之后,自由主义、阿尔斯特和战争便逐渐把他的创作领域变成了一片半荒漠地带。吉卜林 1917 年就出版了短篇集《世间万物》,但他晚年创作的最优秀的几部短篇作品却直到 1926 年才正式出版,收录于《借与贷》中。他后期的作品集除了《园丁》与《安拉之眼》(The Eye of Allah)以外,还有两部非常精彩而富于同情心的作品——《许愿屋》(The Wish House)和《战壕中的圣母像》(A Madonna of the Trenches)——探索了爱、痛苦与救赎之间的关系。

来自西西里的作家朱塞佩·托马西·迪·兰佩杜萨(Giuseppe Tomasi di Lampedusa)喜欢把作家分为"Grassi"和"Magri"两类,前者即莎士比亚那种"面面俱到的作家",后者则是像司汤达那样的"行文简洁的作家"——读者需要花费很多心思才能读懂他那些简练而意味深长的语言。晚年的吉卜林在短篇小说创作中经常使用暗示和省略手法,把象征和典故交织在一起,实际上也可以归为"Magri"的拥护者。这些或许与本书的主题无甚关联,但前一段提到的那四部作品确实是吉卜林艺术生涯的巅峰之作。

"贝特曼之家"的书房是吉卜林阅读和写作的地方。他承认自己是个"心急而……贪婪的读者"——这是他在韦斯特沃德霍的时候就形成的习惯。他经常为卡丽大声朗读简·奥斯汀(Jane Austen)的作品,这是他最喜欢的作家,其次是沃尔特·司各特,他觉得此人对歌谣的鉴赏力与自己不相上下。但吉卜林的胃口不止于此,他需要源源不断地摄入新的精神食粮,上至贺拉斯,下至高尔斯华绥,他都用心学习,并将其作品中的精髓巧妙地融入他自己后来创作的故事中,如《安条克的教会》(*The Church that was at Antioch*)。在 1929 年和 1930 年的远航之前,他让出版商海涅曼给他寄了"一摞书",涉及地形地貌、传记和实用技能,另外"还有几本长篇小说或故事书"。³⁷ 他喜欢阅读各式各样的"人生",却又总是以怀疑的眼光审视它,因此迫切希望子孙后代能让他免受传记作家的关注。对他来说,这种体裁"有点太接近高级的同类相食了"。"祖先崇拜"固然无可厚非,但传记作家们"添油加醋,甚至'化腐朽为神奇'"的手段也实在是太过分了。³⁸

吉卜林对伊恩·科尔文(Ian Colvin)为詹姆森医生所写的传记手稿就很不满意。卡丽在日记中提到,吉卜林花了好几天时间"整理"那份"令人失望的"书稿,因为他和米尔纳看过之后便将它彻底推翻了。³⁹ 更有意思的是 T. E. 劳伦斯(T. E. Lawrence)的自传《智慧七柱》(*Seven Pillars of Wisdom*),作者在书中讲述了战争期间他在阿拉伯半岛和叙利亚的丰功伟绩。在吉卜林心中,劳伦斯富于传奇色彩,他扶植阿拉伯人登上王位,与贝都因人打成一片,是个无拘无束的斯托基式的人物。据吉卜林和劳伦斯各自的传记作者所述,劳伦斯曾于 1922 年请求吉卜林帮他审阅书稿;但很多人似乎没有注意到,劳伦斯之所以决定把自己的经历写下来,一定程度上是因为他在几年前受到过吉卜林的鼓励和启发。根据哈佛大学一封几乎无法辨认的劳伦斯手写的书信草稿,两人在 1918 年见过面,聊了两个晚上;这位沙漠英雄"一直在侃侃而谈",而吉卜林当时"也许是想上床睡觉了",于是建议[他]赶紧去写本书。"看呐,"四年后劳伦斯大声宣布,"我做到了。"⁴⁰

劳伦斯的第一稿在火车上被偷了,第二稿直到 1922 年夏天才写完。吉卜林同意帮他审阅书稿,条件是劳伦斯绝不泄露此事,至于书的内容,他并不是很喜欢。他也不喜欢劳伦斯对法国人的批评,后者在战后对叙利亚实行分裂政策,还把劳伦斯扶植的下任国王人选——汉志王国的费萨尔(Feisal

第十七章 和平之痛

of the Hejaz)*——逐出了大马士革。甚至劳伦斯本人,他也很不喜欢,不过在得知这个"可怜的家伙"是个私生子之后,他的敌意反而有所缓和。他对道布尔迪说,这简直"太棒了",难怪他"整个人总是心神不宁"。这件事让吉卜林"对他好感大增",同时证实了吉卜林一直以来"津津乐道的论调,即私生子并不都是坏种"。[41]

吉卜林在战后期间的公务并不繁重。1922 年,他成为圣安德鲁斯大学的名誉校长,并于次年前往苏格兰发表演讲。虽然他对不得不发表演讲这件事有些怨言,还说那是"名誉校长可悲的职责",但也承认自己在镇上度过了"最美好的一周"。两年后,他辞去了罗得斯信托的受托人职务,原因是他与该基金会的新任秘书长菲利普·克尔(Philip Kerr)意见不合,克尔"没有上过战场",在帝国统一问题上也和吉卜林存在分歧。让疾病缠身、心灰意冷的吉卜林感到庆幸的是,他终于有了辞职的借口。其实他早就对这份受托人的工作失去了热情,他反对资助已婚人士(导致他们无法获得牛津大学相关学院的学术资源)和那些没有上过战场的候选人。他认为资助逃避责任的人显然违反了捐助人的要求,即罗得斯奖学金的获得者应当是"堂堂正正之人"。[42]

这一时期的吉卜林仍然不愿接受任何官职和荣誉。他非常感谢剑桥大学莫德林学院(Magdalene College)授予他荣誉院士的称号,但是面对荣誉,他有一套自己始终坚持的原则,因而拒绝接替贝尔福担任伦敦图书馆(London Library)的馆长。然而有一项奇特的"荣誉"却是他无法拒绝的:一名对他非常痴迷的崇拜者 J. H. C. 布鲁金(J. H. C. Brooking)为他创立了吉卜林学会(Kipling Society)。吉卜林后悔自己没有在 1922 年人们刚开始

---

* 19—20 世纪阿拉伯政治家、哈希姆家族(House of Hashim)成员,其父为汉志国王侯赛因·本·阿里(Hussein bin Ali)。费萨尔曾在第一次世界大战期间和战后致力于阿拉伯民族主义运动,1920 年 3 月被拥立为大叙利亚国王,4 月叙利亚被托管给法国,费萨尔遂遭驱逐,1921—1933 年任伊拉克国王。汉志王国是 1916—1924 年间哈希姆家族于今沙特阿拉伯红海沿岸地区建立的一个国家。

策划这件事的时候及时阻止它,所以只能恳求该协会的首任会长邓斯特维尔不要在他去世前启动这个项目。可对方没有答应,于是吉卜林有一段时间一直拒绝回复这位斯托基写给他的信。直到 1927 年,吉卜林终于被激怒了,他向这位老朋友抱怨道,那个"该死的学会"让他感觉自己"毫无隐私,滑稽可笑"。更糟糕的是,在写给朋友的信里,他不断地提出"各种愚蠢的问题",并要求对方为他提供各式各样与自己相关的信息。整件事让他"深恶痛绝",但他至少可以拒绝布鲁金提出的对提交给《吉卜林学刊》(*Kipling Journal*) 的文章进行审阅的请求。[43]

战争结束后,吉卜林并没有完全成为仇人们口中那种性格乖戾的遁世之人。他没有结交新朋友,也几乎不跟陌生人打交道;他曾坦言,自己真正在乎的人屈指可数。当然他也很愿意跟几个老熟人待在一块儿。他的朋友和邻居维奥莱特·米尔纳是"贝特曼之家"的常客,吉卜林经常为她朗读自己写的短篇故事和诗歌。维奥莱特是利奥·马克西的妹妹,索尔兹伯里勋爵的儿媳,1925 年米尔纳去世后,她成了一名寡妇。另一位常客是赖德·哈格德,他觉得跟吉卜林聊天是他后半生"最大的乐趣之一",他还认为自己是除了卡丽之外,唯一一个愿意向吉卜林"敞开心扉"的人。[44]

《贝特曼之家》访客名录》显示,吉卜林家经常有客人光顾,其中一些客人还给他们家的舒适度和菜肴质量打了低分。吉卜林一家也会到萨塞克斯以外的地方与朋友们会面。1929 年,吉卜林在写给女儿埃尔茜的信里提到:"你妈妈现在很喜欢参加社交活动。"那天他遇到了一个叫 P. G. 沃德豪斯的"有趣之人"。埃尔茜已不再像战前那样,经常在"令人眩晕的社交季"参加各类宴会和舞会,取而代之的是接受贵族圈的热情款待。从吉卜林与埃尔茜的通信中可以看到,他们经常与女公爵或公爵夫人们共进晚餐,还经常去各种各样富丽堂皇的乡间别墅拜访朋友。1923 年,吉卜林与卡丽甚至还跟那位六年前提议与德国人议和的"老傻瓜"兰斯多恩勋爵共进午餐。他们还参观了兰斯多恩的家——位于威尔特郡的博伍德庄园(Bowood)。

第十七章 和平之痛

这是"一段令人印象深刻的经历",因为这座庄园的占地面积足有一座小村庄那么大。

吉卜林曾对亨利·詹姆斯说过,一个人的生活,要么像他那样"无牵无挂地拥抱田野",要么就奔向伦敦那样的大城市。他喜欢去首都旅行,通常是开车去——也许是为了避免埃青厄姆车站(Etchingham Station)售票处的人对他不敬。*他尤其喜欢参加各个俱乐部的活动,其中一个原因当然是他在那里可以滔滔不绝地把自己的故事说下去,而不用担心卡丽会打断他。他还喜欢去牛排俱乐部(Beefsteak),它就像一间"充满人情味的小酒馆",以及格里利恩俱乐部(Grillions),在那里可以听到"更多有益的谈话和政治八卦"。尽管这类餐饮俱乐部的座位安排得险象环生,但吉卜林总能找到志趣相投的人。他曾向埃尔茜抱怨,在"文人俱乐部"(The Club)†的一次晚宴上,"坐在我右边的竟然是霍尔丹"。于是他提出成立贺拉斯俱乐部(Horace Club),只接纳十来个成员,每一位都要精挑细选,以免再出现之前那种尴尬的情况。[46]

这一时期,伦敦的剧院为这座大都会的观众推出了越来越多的文娱表演,尤其是诺埃尔·科沃德(Noël Coward)的《枯草热》(Hay Fever),一部"非常有趣的现代剧"。吉卜林很少去电影院,但是在20世纪20年代,他还是看了不少好莱坞史诗电影,这些影片的总体风格为他创作《乃缦之歌》(Naaman's Song)提供了灵感。在这首诗中,他的焦点不再是基哈西,而是放在了以利沙和这位将军身上。

---

* 吉卜林有一次因为插队而受到指责,他愤怒地质问那名售票员:"你知道我是谁吗?"那人大声地回答道:"我知道你是谁,可恶的拉迪亚德·吉卜林先生,你他妈完全可以像其他人一样好好排队。"[45]——原注

† 该俱乐部的英文名称也写作 Literary Club,1764 年成立于伦敦,创始人包括画家乔舒亚·雷诺兹(Joshua Reynolds)、作家塞缪尔·约翰逊(Samuel Johnson)和政治家埃德蒙·伯克(Edmund Burke)。

> 帝国每天在此崛起，永恒之都在此屹立，
> 柱基在午夜安放，街道在清晨拥挤；
> 受雇于此的青年男女弄虚作假——或坠入爱河，或为非作歹，
> 语调似生锈的刀片，音乐像铁匠敲出的天籁。
>
> ——《乃缦之歌》

吉卜林心里很清楚，电影院不会消失，于是决定与电影制作人合作。这种合作在艺术上并不成功（虽然经济效益还不错），因为尽管他早在1920年就为《没有牧师的恩典》的电影脚本提出过建议，但在他有生之年，其作品很少被搬上银幕——幸运的是，在沃尔特·迪士尼（Walt Disney）将《丛林之书》拍成电影的时候，他已经去世很久了。在他去世前一年，他还在写给朋友的信里谈到了拍摄《三个士兵》和《国王迷》的相关事宜，态度非常严肃。他抱怨电影制作方把原作中"该死的"（bloody）一词全部换成了"讨厌的"（blinking）；而对于"喂奶"（giving the breast）这一表达引起的不适，他更是觉得莫名其妙，因为类似的表达在《圣经》中比比皆是，除非那帮电影审查员中藏着个"老处女"。让他感到"恶心"的是，"那些'通过验收'的电影里充斥着大量赤身裸体的妓女，有的欢呼雀跃，有的四仰八叉，还有的慵懒颓靡"，而他作品里那几名战士赤身渡河夺取隆通本的桥段反而遭到了否决。[47]

20世纪20年代，吉卜林夫妇的身体每况愈下，但他们还是去了不少地方，通常是为了寻找暖和的越冬地。他们在1921年去了阿尔及尔，这段旅程让吉卜林想起了他的印度岁月，而看到阿尔及利亚土著士兵（tirailleurs）的军容之后，他相信这些人一定能妥善处理好被协约国占领的德国境内那群"匈奴人"。第二年，在游历安达卢西亚的过程中，他们发现西班牙不愧为"东方天堂"，因为这里的居民不需要用衬裙和裤子来伪装自己。他还发现西

第十七章 和平之痛

班牙人已经沦落为一帮积贫积弱的殖民者：这些人在"自己的殖民地摩洛哥过着地狱般的日子"，吉卜林没有去摩洛哥，但他断定，西班牙人"……除了给当地人发奖章之外，什么都没做"。[48]

1928年的西西里岛风光秀丽，到处野花盛开，但很少能见到荷兰游客，因为荷兰女王的丈夫是德国人，其居民是欧洲的布尔人，战争期间荷兰也一直保持中立；然而，荷兰人的工作方式和他们在斯海尔德河（Scheldt）上管控内河交通的方式还是给吉卜林留下了深刻的印象。除此之外，带给他更多欣喜的是巴西之旅，他在这段旅途中写出了八篇文章，还领略了里约嘉年华（Rio Carnival）的盛况，同时对种族和谐的可能性有了更深刻的理解。吉卜林认为巴西人是"很优秀的民族"，他们"完全解决了肤色问题！"他们将"红、黑、白"各种肤色的人们凝聚成了"一个统一而充满睿智的民族"。[49]

法国仍然是吉卜林最钟爱的国度，也是他去得最多的旅行目的地，因为他喜欢那里的风光和人民。但是这一次，里维埃拉（Riviera）给他的印象却大不如前。汽车把该地区变成了一个"噪声不断、臭气熏天"的地狱，而到了"淫乱季"，即使是戛纳的美丽风光也于事无补。"该死的蒙特［卡洛］"（Monte [Carlo]）则完全不在他的"认知"范围内，不过这里的生活"确实很方便"，美中不足的是经常会遇到"匈奴人的侵扰"，这些家伙总是喝得酩酊大醉，盘踞在餐馆里，女人、雪茄、香槟和汽车都成了他们炫耀的财富。一天晚上，吉卜林在蒙特卡洛赌场"看到一个德国佬……在三分钟内输掉了六万法郎"，这让他颇感欣慰。[50]要是城区的交通过于拥挤，他就会逃去人烟稀少的海边，这里花香扑鼻，松林密布，给人一种"难以名状的明媚和鲜活之感"，让他想起了透纳（Turner）的风景画。而在此之前，他还掌握了躲避英国侨民的办法，这些人经常入住当地一家"始建于维多利亚时代中期的"酒店，喜欢吃"口味清淡、营养丰富的食物"，还爱去找那些"什么都管的托管机构"，其业务范围从桥梁到消耗当地宝贵的水资源的高尔夫球场无所不包。[51]

1929年和1931年，吉卜林夫妇两度到访近东地区，他们沿尼罗河而上，探访了当年艾伦比（Allenby）*所率部队的阵亡将士墓地。埃及不久前刚刚获得独立，尽管实际上仍受制于英国派驻的高级专员，但这件事让他看到了"过早解除"帝国的控制会带来怎样的危险；巴勒斯坦的局势证实了他的观点，即英国的犹太复国主义政策，在贝尔福与劳合·乔治的支持下，已经将这片圣地变成了"肮脏的地狱"。从巴勒斯坦回国后，他惊讶地发现自己遭到了犹太复国主义宣传的"狂轰滥炸"，然而这只会让他更加坚定地认为阿拉伯人是对的。[52]

吉卜林夫妇在第二次到访地中海东部地区之前，完成了他们最后一次横渡大西洋的航行，结果旅途中充满了意外。结束了在牙买加的假期之后，他们原本打算先去百慕大小住几日再回家。然而卡丽在牙买加度假期间出现了胃痛的症状，后来被诊断为阑尾炎。因为吉卜林不放心岛上的医疗条件，所以坚持把她送去百慕大的医院，自己则住进了百慕大酒店（Hotel Bermudiana）。他每天独自一人吃饭、看报，看的都是些让他"火冒三丈"的报纸，导致他消化不良。另外他还得躲避那群想要"用柯达相机偷拍"他的人，还有那些请他在书上签名的人。被困在酒店里的吉卜林只能每天观察《禁酒令》给美国公民带来的影响——"从社交活动的角度看，这样的场面真是太扫兴了。"他以克制的口吻向在船上照顾卡丽的加拿大医生抱怨道。他在写给埃尔茜的信中把这家酒店称作"有钱醉汉们的号叫客栈"，数百名"美国佬"为了逃避这项针对"海上酒鬼"的《禁酒令》从纽约跑到了这里。这样的场面让他很不爽，尤其是那些"因为酗酒而脸色发红的女人"：他不喜欢看到女人在公共场合把自己"变成酒桶"。卡丽在岛上住了两个半月后，身体已经康复。终于可以回家了，可吉卜林却坚持借道蒙特利尔，而不愿经过纽约这座"位于南边的野蛮人的堡垒"。[53]

---

* 19—20世纪英国陆军元帅，第一次世界大战期间曾率领埃及远征军参加了西奈及巴勒斯坦战役（Sinai and Palestine Campaign），并在战役后期取得一系列决定性胜利。

第十八章　冰上篝火

1921年春天,健康状况不佳的博纳·劳被迫辞去劳合·乔治政府的职务及统一党党首一职。医生强烈建议他到法国南部疗养,于是他动身前往戛纳。在那里,他每天的生活就是打打桥牌,下下国际象棋,然后再打上一场网球。吉卜林夫妇之前一直在阿尔及尔游览,得知他在那儿,便住进了他下榻的酒店。

看到这位"退役的"政治家,诗人吉卜林的内心并没有多少波澜。他的朋友已是"形容枯槁,精疲力竭",由于失去了内在的精神动力,只能这样无所事事。从他的言谈中可以看到政治生涯是如何将一个人的个性消磨殆尽的。就算是像博纳·劳这样"正直而优秀的政治家"也更关心手段而非目的,谈论得更多的也是"他在消遣的时候"交往的社会名流,而非自己的信念。[1]

两年后的春天,吉卜林在法国再次遇到了博纳·劳。这一次,好友的健康状况让他非常担忧,于是发电报给久未来往的比弗布鲁克,让其赶往艾克斯莱班(Aix-les-Bains)。[2]此前,博纳·劳在暂停休养重返政坛的两年内,解散了联合政府,重新执掌统一党,并在当选首相后赢得了大选。而如今他却身患喉癌,生命垂危。

1923年5月,吉卜林回到英国后不久,斯坦利·鲍德温接替博纳·劳成为首相。这次接班很不寻常。国王主要听从了贝尔福的建议,拒绝了外交大

漫长的谢幕

臣寇松的毛遂自荐，转而支持资质较差的鲍德温。鲍德温在担任贸易委员会主席期间让同僚们非常失望，而在担任财政大臣的几个月里也毫无作为。但这一选择并非只是出于对候选人资历的考虑。寇松在上议院时，鲍德温也已进入下议院，除了这个优势以外，鲍德温更适合处理国内的战后事务。桀骜不驯的爱尔兰记者、下院议员 T. P. 奥康纳（T. P. O'Connor）指出，寇松的政治活动和言论淋漓尽致地展现了吉卜林在诗歌和散文中传达的帝国情感。[3] 这位政治家和这位诗人本质上都是维多利亚时代后期的旧人，爱德华时代的一切让他们感到无所适从，而身处 1923 年的英国更是如此。这个伤痕累累、饱受创伤的国家对"伟大"一词深感不安，也厌倦了帝国的责任，希望将注意力转向国内，解决自身的社会和经济问题。正如后来所见，这位总是叼着烟斗、缺乏情趣却令人安心的政治家，更愿意倾听普通民众的关切，并对劳工运动采取和解的态度；这样一位与劳合·乔治截然不同的领导人让这个国家如释重负。

吉卜林赞赏寇松的才智和政治观点，但更喜欢鲍德温的品格与个性。他对哈格德说，这位前总督是"一台必须勤奋工作的机器"，但虚荣和自怜毁掉了他的个人才华。而表弟斯坦利与他更加志趣相投，对自己的成就更为谦逊——尽管这也是不得已而为之——而且没有那种家境优渥之人的傲慢自大。卡丽认为，鲍德温担任内阁大臣时相当自负并缺乏幽默感，但当上首相之后，很快就"表现得很出色"。鲍德温与妻子早在 1902 年就是"贝特曼之家"的第一批客人，也是此后三十年来的常客。作为回报，他们经常在唐宁街、契克斯庄园（Chequers，最近刚被指定为首相的郊外官邸）和伍斯特郡的家中款待吉卜林夫妇。鲍德温的政治主张有些模棱两可，让吉卜林有些摸不着头脑，但他还是为表弟的演讲提供了不少建议，并推选他进入"文人俱乐部"，还让他获得了圣安德鲁斯大学的荣誉学位。吉卜林对赖德·哈格德说，这位新首相"非常真诚、诚实"，这是吉卜林此前对罗得斯、米尔纳、张伯伦和罗斯福这四位殿堂级政治家的高度赞扬。[4]

第十八章 冰上篝火

1923年11月,鲍德温要求国王解散议会。而仅仅一年前,博纳·劳刚刚在大选中获胜,保守党(统一党在《英爱条约》签订后再次自称保守党)在下议院中获得75%的多数席位。寇松当时就预见到了这场选举的惨败,但鲍德温与其意见相左,他坚持通过强制征收关税的措施来解决失业问题。灾难果然降临了,鲍德温辞职,由拉姆齐·麦克唐纳(Ramsay MacDonald)领导并得到自由党默许的第一届工党政府上台执政。

得知选举结果后,吉卜林建议表弟不要妥协,也不要组建联合政府,而是要"鼓励工党掌舵"。由于工党议员在议会中所占席位不到三分之一,如果他们行为不当,就可能被淘汰,而保守党则正处于"考验他们"的有利位置。然而吉卜林对这场试验也没有把握,他向朋友谢弗里永坦言,英国人有一种"疯狂的"想法,觉得每个人都应该有一次机会,"好像帝国事务就是一场板球比赛一样"。麦克唐纳成为首相之后将会奉行"没有子弹的布尔什维克主义"——这是一个神秘的推论——但至少"来自莫斯科的一系列激动人心的命令和指示"将向人们展示真正对工党负责的人是谁。[5]

自由党在第二年秋天便把麦克唐纳赶下了台,然而在随后的选举中——这是两年内的第三次选举——他们却失去了四分之三的席位。吉卜林对表弟获得223席的绝大多数胜利感到高兴,但他知道这并未反映国内真实的势力对比。他总是会不自觉地夸大工党和工会联盟(Trades Union Congress)的力量。他早在1919年就说过,英国政府实际上掌握在工会联盟的手中,就像教宗牢牢掌控着中世纪的欧洲一样。[6]这一观点至今未变。同时他一直认为,是布尔什维克资助了工人罢工。1926年总罢工期间,他要求《晨报》提供一份工会领导人的名单,并详细说明他们与莫斯科的关系;他甚至主张,出于"基本"需要,在罢工前工会成员应进行无记名投票。然而,在鲍德温挫败了总罢工之后,他总结道,这场罢工是一次有益的经历,因为它损害了工会的"神圣威望",向"革命者"表明,"我们这个国家不太关心革命"。[7]

到 1929 年工党组建另一个少数派政府时，吉卜林已经不太愿意"考验他们"了。再次担任首相的麦克唐纳，"既缺少智慧，又令人费解"，脑袋里"一团糨糊"，是个"彻头彻尾的不忠不义之人"。其领导的政党通过贿赂选民获得了权力，并且利用这项权力为印度炮制了一份"地狱羹"，为埃及制造了一场"败局"。他对格温说，政府采取的每一个步骤都是"对苏联榜样的某种回应"；他还敦促格温在《晨报》上尽力揭露"苏联与我们的黑帮"之间的关系。1931 年夏天，他邀请格温来到"贝特曼之家"。整个晚上，两人的情绪都非常低落。他后来写道："我俩都把对方推向了悲观情绪的最低点，到了绝对零度。"[8]

尤其令人沮丧的是个人税的问题。吉卜林永远无法理解为什么他必须拿出一大笔收入来供养那些"什么活都不用干"的人。土地税已经"愚蠢至极"了，而遗产税则会让"贝特曼之家"的大部分土地最终被那些粉红色、淡紫色、每套价值 595 英镑的别墅所覆盖。1931 年年底，吉卜林算了一笔账，他不知道缴完这些税以后他还能去哪里度假。他确实夸大了自己的贫困程度，但也没有过分夸大。第二年，他缴纳的所得税和附加所得税已达 17000 英镑，超过了收入的一半。[9]

然而对吉卜林而言，第二届工党政府最令人憎恶的行为是知会外国官员不必向和平纪念碑（Whitehall Cenotaph）或无名战士墓（Tomb of the Unknown Warrior）敬献花圈。政府后来解释说，这样做是希望"消除有关'大战'的记忆"，吉卜林极为愤怒，于是发表了《记忆》（Memories）一诗，引起了不少读者的共鸣，这些人认为英国政府秉持的是和平主义原则，同时缺乏爱国情怀。该诗用"社会主义的政府如是说"作为开场白，诗句描述了工党不尊重逝者的缘由，以及为淡化阵亡将士纪念日（Remembrance Day）的影响而采取的手段。

然而每年都有不翼而飞的花圈——

第十八章 冰上篝火

把光荣而庄严的仪式放一边——
每天都在污染我们吸入的空气,
那是他们用牺牲换来的生机。
搅扰、嘲笑、诋毁、歪曲混淆——
(如果对我们有用——还有祈祷!)
于是我们随即终止了那个属于
他们的日子,将其彻底抹去!

麦克唐纳任职期间,吉卜林从道义上支持表弟抵抗各式各样的攻击,这些攻击并非来自工党,而是来自保守党内部有不满情绪的人,以及国内两位最有权势的新闻大亨比弗布鲁克勋爵和罗瑟米尔勋爵(Lord Rothermere)。鲍德温的反对者认为(吉卜林也越来越赞同这一观点),保守党领袖无能且无号召力。其中许多人也相信(就像吉卜林一样),应对失业问题和托利党失败的正确策略是保护主义。1929 年夏天,比弗布鲁克发起了"十字军东征",为的是大英帝国的自由贸易——这是一种故意混淆视听的说法。*第二年,他得到了罗瑟米尔的支持,试图摧毁鲍德温,并取而代之。†两位新闻大亨互相煽动起了对方内心的狂妄自大。1930 年夏天,罗瑟米尔宣布,除非鲍德温事先提供下一届内阁名单,否则他的报纸不会对其表示支持。这种惊人的傲慢表现最终激怒了托利党领袖,激起他去自卫。他在对国会议员的讲话中宣布,他"嗤之以鼻",拒绝了这个对一位政党领袖提出的"最荒谬可笑、傲慢无礼的要求"。

1930 年秋,吉卜林就两位新闻大亨的恶行给鲍德温写了一封感同身受

---

* 多年以后,历史学家罗伯特·布莱克(Robert Blake)问比弗布鲁克为何用该词来称呼这项推动关税改革的运动,他的"回答是,英国民众习惯了自由贸易,对大英帝国充满感情;只有恰如其分地表述清楚,他们才会接受保护主义"。[10]——原注

† 《每日快报》与《每日邮报》的两位经营者此次不同寻常的结盟,一定程度上是因为两人均持有对方公司的大量股份。——原注

的信。他们在毁灭托利党领袖、整个国家和帝国的同时，终于让人们见识了什么是"流氓"新闻业，也让大家认识到"如果有人不合政治敲诈勒索者之意，就会被置于'危险境地'"。这与芝加哥的情况毫无二致。"我希望并祈祷，"他补充道，"你能打败他们，然后，对他们置之不理。"[11]

当时和之后的几个月里，鲍德温似乎都还不太可能"打败他们"。收到吉卜林来信的那天，这位保守党官员被比弗布鲁克在南帕丁顿（South Paddington）的补选中提出的候选人击败。次年2月，保守党在工党的选区东伊斯灵顿（East Islington）被一名"帝国十字军"击败，降至第三位。3月，威斯敏斯特圣乔治选区（St George's Division of Westminster）将进行第三次补选，耻辱森然隐现，迫在眉睫。鲍德温屈服于党内压力，决定辞职，但在最后一刻被他的两名支持者劝阻，于是便有了那场他政治生涯中最著名的演讲。他在讲话中毫不留情地谴责了比弗布鲁克和罗瑟米尔。在圣乔治选区投票前一周，鲍德温指出，比弗布鲁克和罗瑟米尔的报纸不是报纸，而是"他们两个人好恶"的"宣传引擎"，其新闻报道充斥着半真半假和歪曲的事实，以及显而易见的谎言。

> 这两份报纸的经营者所追求的只有权力，以及无须承担责任的权力——这是从古至今娼妓的特权……这场争斗不是角逐党的领袖，而是决定谁来任命党的领袖。

这次演讲极为成功，选举结果也是大获全胜，保守党候选人达夫·库珀（Duff Cooper）出乎意料地获得了多数选票。演讲和补选的成功很大程度上要归功于"从古至今娼妓的特权"这句话。坊间一直认为吉卜林功不可没，因为这样的措辞听起来很像吉卜林的风格，与鲍德温没有丝毫相似之处。但人们之所以认为这句话出自吉卜林，仅仅是基于鲍德温家族中流传的说法——吉卜林把这句话"借给"了鲍德温。无论如何，在这次演讲的几天

第十八章 冰上篝火

前吉卜林还在帮表弟准备另一个演讲,而且他在一年前给小姨伊迪丝·麦克唐纳(Edith Macdonald)的信中用了"无须承担责任的权力"这一表述来形容罗瑟米尔。然而,尽管这句话辞藻华丽、引人注目,却似乎毫无意义——娼妓与嫖客相比,往往并非更有权力、更不负责任。

圣乔治选区补选的胜利使鲍德温的领导地位不再岌岌可危,也标志着漫长的表兄弟情谊的终结。为了应对1931年夏天的金融危机,鲍德温与麦克唐纳一道加入了由四名工党大臣、四名保守党人和两名自由党人组成的国民政府内阁。吉卜林对这个新组建的政府嗤之以鼻,而鲍德温竟然愿意为麦克唐纳效命。吉卜林对格温说,他这表弟是个"深藏不露的社会主义者",跟"麦克"是"同类";鲍德温在剑桥就读期间与"学界的那帮社会主义者"来往完全是个错误。[12] 鲍德温认为自己是进步的保守主义者,而不是社会主义者。他在20世纪20年代之所以没有像吉卜林所希望的那样积极地与工党对抗,就是因为他希望工党能够在国家政治中发展成一支温和的宪政力量。而他的表哥并不支持这样的想法,而且似乎也无法理解。

工党并没有跟随其领导人进入国民政府。真实的情况是,它开除了麦克唐纳及其担任大臣的工党同僚的党籍,并在大选中与保守党、自由党和国民工党(National Labour)组成的联盟对抗。大选结果悬殊,甚至吉卜林也感受到了短暂的喜悦。工党的席位减少到52席,而国民政府的席位则增加到惊人的554席;保守党在其中有473名议员,这是威斯敏斯特历史上政党拥有议席数量最多的一次。然而,吉卜林清醒地认识到,本届政府将由一群多愁善感的政客所主导,他们不愿意非难或伤害那帮"不知所措的布尔什维克"的感情。选举结束两个月后,他对小姨伊迪丝说,当局似乎具备了某种"由工党、自由党、社会主义者凝结而成的强大动力"。第二年,他又将"所谓的"国民政府定义为"一种因充满空谈而有所缓和的高级社会主义"。[13]

吉卜林对麦克-斯坦(Mac-Stan)联合政府的批评主要是针对其关于欧洲和大英帝国的立场。然而,考虑到各自治领的情况,这一点无可指摘。这

漫长的谢幕

时候的吉卜林或许会抱怨英国人正在"扎堆"抛弃他们的帝国（尽管他们还没有开始这样做），或许还会对澳大利亚汽车市场由美国汽车而不是在小镇考利（Cowley）生产的莫里斯汽车（Morris）所主导而感到绝望。但在20世纪30年代初，他内心对自治领，尤其是加拿大的未来，有着无法抑制的乐观情绪。1927年，在威斯敏斯特大教堂，伴随着《退场诗》的旋律，举办了加拿大联邦（Canadian Confederation）成立六十周年纪念活动。这是一次振奋人心的经历，是"加拿大自治领与大英帝国迈向新生与自我认识的一步"。加拿大"清醒而果断"，在随后的十年中依然如此。这是一个"奇迹"，她能够"找到自己""追求自己的命运"，尽管她南面毗邻的庞大邻居已是"道德沦丧"。最重要的是，她没有错误地效仿罗斯福的"坏榜样"推出什么新政，这着实让人如释重负。[14]

这一时期，大英帝国的目光主要聚焦于印度。1928年，印度国大党重申了让印度成为大英帝国自治领的目标。此时该党已颇具规模，与四十年前吉卜林报道其会议议程时不可同日而语。次年，印度总督欧文勋爵（Lord Irwin）宣布，英国也有意让印度享有自治领地位。这一声明得到了政府的认可，鲍德温在没有征询"影子内阁"（Shadow Cabinet）意见的情况下便批准了该声明。帝国主义保守派（Imperialist Conservatives）大为震惊，勃然大怒的丘吉尔猛烈抨击了这一政策，并警告说，"失去印度将标志着大英帝国的崩溃，那将是一场完美的落幕"。[15]

吉卜林终于遇到了同道中人——另一位卡珊德拉，尽管他一直都不喜欢此人。丘吉尔身为自由党人的时候便有过不少越轨之举，后于1924年适时选择回归保守党，然后又因为那套未经修正的关于自由贸易的观点，而被鲍德温以不合常规的方式任命为财政大臣。这一切让他稳居吉卜林最讨厌的政治家之列。然而，他们二人对印度的看法几乎是一致的。他们最后一次看到印度次大陆是在19世纪，而现在，他们还在用19世纪的眼光看待这片土地。他们都认为印度自治的时机尚未成熟，而英国撤军将导致教派

第十八章 冰上篝火

冲突和印度教徒的暴行。1931年，欧文释放了甘地（他在前一年的非暴力抵抗运动中入狱），随后这位曾经的囚犯便与总督坐而论道，这激怒了那帮托利党死硬派。丘吉尔与吉卜林共同的朋友、孟买前省督劳埃德勋爵（Lord Lloyd）看到德里当局竟然"与叛国者喝茶聊天，并就煽动叛乱事宜展开谈判"时，感到惊讶无比。丘吉尔也对这位"阔步向前的半裸托钵僧"与总督平起平坐谈判的场景感到"恶心"。吉卜林的反应则是敦促《晨报》发表一篇社论或刊登一幅漫画，阐述一下"30万名爱尔兰效忠者的背叛如何演变成了3亿名贫农的背叛"。[16]

和丘吉尔一样，吉卜林也认为，只要稍微强硬一点，英国就能粉碎国大党，恢复秩序，重新赋予其帝国使命感。他认为，要是放在其他国家，他们的政府会用为期六周的镇压来摧毁其民族主义运动。但英国的绅士风度、令人恼火的仁慈、那些由"最高尚的动机"支配的行为，只会让民族主义者认为大英帝国无意保护自身利益。他对这种情况"极其担心"，认为印度政府会恢复殉夫等恶习，于是他加入了印度防御联盟（Indian Defence League），并成为该组织的副主席之一。他原本打算公开谴责英国政府，不过最终并未参加相关运动。尽管他认为英国的印度政策充满了"由无知造成的混乱"，但他也并没有多少作为，顶多就是请求自己的老东家《军民报》为《晨报》提供些有价值的素材。[17]

国民政府终于在1935年颁布了《印度法案》（India Act），该法案提议在包括王公土邦在内的整个印度次大陆实行联邦制。丘吉尔极力反对，但这样的反对是徒劳的，而且还给他在同一时期为防备纳粹德国的威胁而发起的重整军备运动带来了负面影响。和吉卜林一样，他认为帝国主义是一套静态的原则，即使是最温和的变革也无法与之相容。"大战""十四点"原则及国际联盟也没能动摇他们的观点。1931年，英国议会通过了《威斯敏斯特条例》（Statute of Westminster）。几百年来，英国的角色逐渐从帝国事业的主导者转变为英联邦的缔造者，最终确立了以自由、平等为原则构建自治领与"母国"间关系的理念;该条例回顾了这一转变过程背后的思想变迁。然而,丘吉尔却将其形容为"令人厌恶的法令"。吉卜林也非常反感这一条例,因为它给世人造成的印象是,英国正在"落下帝国的大幕"。事实证明,这样做确实为时过早:在自治领还需要依靠英国的力量来自保的情况下,它们如何做到自治与平等呢?他说:"在孩子们还没有得到一所可以锁上的房子之前就把钥匙交给他们是毫无意义的。"[18]

此时的吉卜林已年届七旬,他在批评国民政府和表弟鲍德温在其中扮演的角色时,语言比以往任何时候都恶毒。维奥莱特·米尔纳在1934年11月拜访"贝特曼之家"之后在日记中写道,吉卜林"体态臃肿",他读了一则故事,朗诵了一首诗,还谈到了"鲍德温的堕落"。他坚持认为目前的英国政府奉行的是社会主义,其领导人是一名"国际社会主义者",而那位"心胸豁达的社会主义者"(鲍德温)则是其"爪牙",名义上代表了一大批对政策制定毫无影响力的选民。1935年6月,这位"爪牙"与麦克唐纳互换了位置,第三次当选首相。然而这并没有给吉卜林带来丝毫安慰。[19]

同印度问题一样,英国政府在欧洲问题上的主要对手同样是丘吉尔。他的观点又一次几乎完全与吉卜林一致,当然这并没有改变吉卜林对他这名崇拜者的评价。他一直到临终前还认为丘吉尔是英国政坛最不值得信任的人。1935年2月,吉卜林对女婿说,他觉得内维尔·张伯伦(Neville Chamberlain)比任何人都更适合担任首相。这一次,他的远见失误了。张伯伦不仅鼓吹绥靖政策,而且事实证明,身为战时领袖的他比阿斯奎斯更不称职。

吉卜林对欧洲问题的所有看法都是以法国的安全和维护《英法协约》的有效性为前提的,同时需要有足够的力量来对抗德国势不可当的复兴。战后,他成了"法国之友"(The Friends of France)的副主席。在索邦大学授予他荣誉学位的宴会上,他将英国和法国形容为"欧洲文明的双子堡垒"。

第十八章 冰上篝火

他还在其他场合说过,"整个世界的重担"都压在两国的肩上,因此结盟是大势所趋。[20]

然而,英法两国在对待战败国德国的问题上产生了分歧。时任法国总理庞加莱(Poincaré)决心进一步削弱对手,于是支持莱茵兰地区(Rhineland)和巴拉丁领地(Palatinate)的分离主义运动。他在赔偿问题上也态度强硬,甚至在德国货币崩溃时仍然拒绝其延期赔付的请求,并于 1923 年 1 月命令部队占领鲁尔区(Ruhr),以武力收缴赔款。虽然英国认为占领德国领土对各方而言都会适得其反,但并不希望为这一问题撕毁《英法协约》。因此,英国采取了中立的立场,这种立场或许是值得尊敬的,但在政治上却毫无益处。

吉卜林认为英国采取中立立场并不值得尊敬,同时对法国被视为"军国主义"感到愤慨。他坚持认为,法国完全有权牺牲德国的利益来加强自己的力量:一个两度惨遭战火蹂躏的国家有充分的理由采取措施以阻止第三次灾难的发生。法国的大部分地区都被"夷为平地",法国人民"遭到践踏"——而"匈奴人"却仍旧安然无恙地坐在自家的国土上,"制造着极具威力的新式毒气"。荒唐的是,有海洋庇护的美国和英国却总是对着一个"半死不活的"国家不停地说教,而这个国家"自然会有些担心自己下一次是否会遭遇灭国之灾"。[21]

吉卜林的亲法情绪极其强烈,他甚至喜欢上了庞加莱,这是法国历任领导人中最暴躁、最冷漠的一位。吉卜林对女婿坦言,他之所以喜欢庞加莱,"恰恰"是因为后者不喜欢"背信弃义的阿尔比恩人"(*Albionistes perfides*)*——"但我不怪他。"他补充道。另外他还十分钦佩克列孟梭,这倒也不难理解。吉卜林对克列孟梭的崇拜几乎到了讨好的程度,他曾经用非常恭敬的语气和亲友们分享了他们在巴黎会面的情形,并在与克列孟梭的通信

---

* 法语中的这一表达原为 *la perfide Albion*,即"背信弃义的阿尔比恩"。"阿尔比恩"为英格兰或不列颠的古称,字面意为"白色的土地",得名于英格兰南部海岸的白崖。

中称呼他为"长官"。但他的钦佩之情并没有惠及白里安(Briand)和之后的法国政治家。到了1933年,在经历了多年的政治动荡后,吉卜林开始寄希望于恢复君主制或独裁制。²²

吉卜林认为,任何一个明事理的人都明白法国立场的公正性,因此,他将人们的仇法情绪归咎于贿赂、宣传和政治极端主义。在英国,那些把法国看作"军国主义"的人公然表明自己是"一切秩序的敌人,也就是德国佬、布尔什维克及爱尔兰人的朋友"。他认为,诋毁法国人的国际运动背后一定有"大量希伯来人和匈奴人的资金作祟"。他在给朋友的信中把亲德情绪归因于绝对邪恶的诱惑。每当"头脑中出现堕落病态的迹象,它便会自动转向匈奴人,就像花朵朝向光明一样"。²³

吉卜林对欧洲安全的看法全都基于这样一个前提:德国是无可救药的。德国佬永远不会改变。他们一面发动战争,一面谋取和平——想把自己的邻国全都变成沙漠。他们之所以拖欠赔款,是因为他们假装无能为力,而实际原因是他们想用这笔钱来购买军火。但是必须强迫他们还清债务,让他们无力重整军备。他们必须记住(而我们自己却似乎已经忘了):"他们是全世界的匪首。"²⁴他们迟早会再发动一场世界大战。

这样的观点自然会让吉卜林无法看到德国在战后恢复方面所做的努力有任何可取之处。1923年至1929年间担任德国外交部长的古斯塔夫·施特雷泽曼(Gustav Stresemann)的努力在他眼里不过是为了装点门面。德国或许愿意支付赔款,同意放弃阿尔萨斯-洛林地区(Alsace-Lorraine),履行《凡尔赛合约》规定的义务,甚至加入国际联盟,但它还是德国。它仍然是"复活的异教徒,他们皈依基督教的时间比欧洲各国晚了一千多年,内心追随的仍是北方的黑暗之神,就像他们的狼人祖先一样凶残、邪恶"。²⁵

"大战"结束之前,吉卜林发展出了一套理论,即每一个民族的本质特征都体现在其民间故事中。他后来在公开场合及私下里都说过,德国的邪恶就表现在他们的狼人传说里。1921年,他向索邦大学的听众讲述了这一点:

第十八章 冰上篝火

凶残的野兽变成了人，还能随心所欲地变化。经过多年的杀戮和破坏，德国狼决定变身成人。然而，当希特勒在1932年的总统选举中赢得1300多万张选票的时候，这头德国狼再一次现出了原形。在为人十二年之后，在用和平手段攫取了他所能攫取的一切之后，这头野兽终于抓住了得寸进尺的机会。吉卜林在审视了纳粹的崛起之后宣布，下一场战争，即"真正的战争"，早在1918年11月11日就已经开始了。[26] 他并不认为这场战争是在签订《凡尔赛和约》一年后才开始的，也不认为是这份和约中的报复性条款导致了纳粹党的崛起。

和丘吉尔一样，吉卜林并没有把欧洲划分为法西斯国家和民主国家，或者布尔什维克与纳粹。对他们两人而言，最根本的斗争是德国与西欧之间的斗争，是野蛮和文明之间的斗争。他们也没有把墨索里尼视作希特勒的同类，因为这样做似乎既荒谬又危险：把上一次战争的盟友变成下一次战争的敌人有什么意义？吉卜林也许会争辩说自由主义是"世界毁灭之母"，但他并不是法西斯主义者。他对墨索里尼有限且短暂的钦佩是基于这样一种信念：这位"领袖"（Duce）是一个能成大事的坚强领导人。他也十分赞赏墨索里尼在总罢工期间解决工人动乱的方式。在1924年到访阿尔赫西拉斯（Algeciras）期间，他很高兴地看到"西班牙人"在普里莫·德·里韦拉将军的领导下，"为了自身利益而正在被墨索里尼化（Mussolinied）"。[27] 然而他并不赞成法西斯主义，也不赞成高压统治和与之相关的一切；同时他也不认同奥斯瓦尔德·莫斯利（Oswald Mosley）这个"缺德的暴发户"（*arriviste*）及其领导的黑衫党（Blackshirts）。到了20世纪30年代中期，他慢慢觉得墨索里尼是一个疯狂的、毫无理智的自大狂。[28]

吉卜林认为意大利入侵阿比西尼亚（Abyssinia）*是个错误：很多士兵染病后不治而亡，机械化部队完全派不上用场，而且从空中轰炸多山地区也只

---

* 今埃塞俄比亚（Ethiopia）。

是白费力气。不过他并不觉得这次进犯有任何问题。虽然他认为意大利并不适合做殖民者,还说过这个国家自中世纪以来就不值得信任,但对于帝国的扩张,不论这样的行径多么卑鄙(除非是德国所为),他都不会予以谴责,这是他的天性使然。[29]

国际联盟随后便以意大利袭击联盟成员国阿比西尼亚为由对其实施经济制裁,而吉卜林对意大利的同情却随之增加。国联所做的几乎任何一件事都会惹恼吉卜林。他从一开始就对该组织持怀疑态度,认为它"十分危险",还总是嘲讽其倡导的理念,并希望它赶紧就地解散。[30] 如今,该组织却在英国的支持下高歌猛进,在世界大战的前夕与意大利为敌,同时将墨索里尼推入希特勒的怀抱。吉卜林认为,制裁是一种"愚蠢至极的……敲诈勒索"。英国并没有多少朋友,根本没有资本无所顾忌地同时在欧洲和通往印度的红海和非洲之角(Horn of Africa)激起新的仇恨。《笨拙》(Punch)杂志当时刊登的一幅关于戈尔贡佐拉干酪(Gorgonzola)*的"愚蠢至极的"漫画激怒了吉卜林,他问朋友们,让一个"如此记仇、报复心如此之重的民族"在未来几十年内都无法原谅英国,以此为代价的"逗乐"究竟是不是"明智之举"。[31] 1935 年 12 月,他给《泰晤士报》寄去了一首以制裁为主题的诗,语言相当辛辣。然而在得知霍尔 – 赖伐尔计划(Hoare-Laval plan)†出台后,吉卜林收回了该诗并将其销毁。该计划是英法两国之间达成的一项协议,目的是将阿比西尼亚一半的肥沃土地移交给意大利。

1932 年 5 月,吉卜林发表了《风暴信号》(The Storm Cone),这首诗是一记有力而委婉的警告,预示了诸神的黄昏(Götterdämmerung)即将到来。

---

* 原产于意大利北部小镇戈尔贡佐拉的一种干酪。

† 即霍尔 – 赖伐尔协定(Hoare-Laval Pact)。英国外交大臣塞缪尔·霍尔(Samuel Hoare)与法国总理皮埃尔·赖伐尔(Pierre Laval)为满足意大利侵略阿比西尼亚(今埃塞俄比亚)的野心,于 1935 年 12 月拟定了该协议,不过最终并未落实。

第十八章　冰上篝火

> 此刻正值午夜——不要让星光
> 将我们欺骗——黎明尚在远方。
> 这是久远预言中的暴风雨——
> 姗姗而来却必将长久盘踞。

两个月后,纳粹党在帝国议会(Reichstag)赢得了 230 个席位。吉卜林决定改变从前那种委婉含蓄的表达方式:他最后几部主要作品都比较晦涩难懂,但每一部都是对第二次世界大战的明确预警。

1933 年,希特勒当选德国总理,并迅速建立了独裁政权。"希特勒一伙人想要血流成河",吉卜林评论道,"匈奴人赤身裸体,正准备上战场",而英国人却仍在削弱自己的防御力量,比"刚破壳的小鸡"还缺乏远见。[32] 纳粹党及其党旗让吉卜林深感厌恶,于是把自己书中的万字符全部删除。这原本是印度教里代表吉祥的符号,也是他近四十年来一直在使用的标识,可现在却"被万劫不复地玷污了"。[33]

11 月 12 日,德国举行了一次"选举",民众可以选择投票赞成或反对纳粹党向国会提交的唯一名单,并公投表决支持(或不支持)希特勒提出的退出国际联盟的决定,因为他认为德国在其中没有受到其他大国的平等对待。几乎所有的德国人都参与了投票,几乎所有选票都投给了希特勒。在达豪(Dachau)集中营,97% 的囚犯把票投给了他们的狱卒。[34]

针对这一系列事件,吉卜林适时发表了自己的看法。格温也在主人的点拨下,连续不断地就纳粹党的威胁发出警告;当年早些时候,他还刊发了吉卜林的一封信,信中说,英法两国只有齐心协力,共同抵抗对上一次战争毫无反思的德国,才能确保文明的存续。如今,在停战十五周年之际,《晨报》刊登了吉卜林的《愉悦之旅》(The Pleasure Cruise)。整篇作品由阵亡士兵之间的对话构成,他们之所以会丧命,是因为他们的将领无能,而他们在上战场前受过的唯一训练就只有打板球;回到英国后,他们发现没人记得他们,"民众"和鼓惑民心的政客们又一次让这个国家门户洞开、毫无防备。这则故事重申了吉卜林在《岛民》中的态度,并选在全民投票表决前一天见报。投票结束的第二天,《晨报》在报道结果的同时,还刊发了吉卜林的《冰上篝火》(Bonfires on the Ice)一诗,作者在诗中故意采用了政治话语中的陈词滥调来阐述那些不言而喻的常识。[35]

> 我们知道一加一等于二——
> 直到民众投给他们三票或零票。
> 我们知道那头芬里斯狼已经逃跑。[*]
> 我们知道战争爆发已在劫难逃。
> 我们知道那位思想之父[†]在聒噪,
> 他说婴孩可与鸡蛇[‡]一同玩闹,
> 只要他们经受了正确的教导。
> 我们知道那堆冰上篝火正在燃烧。

为英国燃起那堆篝火的正是麦克同志(Comrade Mac)与斯坦表弟(Cousin Stan)。

希特勒的企图昭然若揭,这反而让吉卜林感到了一丝安慰:"德国佬"是"我们最好的朋友",因为他们无法隐瞒自己的动机、野心,甚至本性。希特勒显然就是那头芬里斯狼,"即使是那帮装聋作哑的和平主义者"也看

---

[*] 狼的形象一直存在于吉卜林的脑海中。芬里斯(Fenrys),或称芬里尔(Fenrir),是北欧神话中被诸神锁住的恶狼,但它会在世界末日来临之际挣脱束缚,吞噬诸神。此处将希特勒比作狼人可谓恰到好处。——原注

[†] 来自英文谚语"The wish is father to the thought",即"愿望乃思想之父",指人们的期待或欲望往往会影响其观念和想法。

[‡] 神话传说中的一种蛇,头、身、腿似公鸡,尾巴似蛇,身体似鸟却没有羽毛,而是覆盖着蛇的鳞片,人类一旦被它瞪视便会石化或死亡。其形象大量出现在中世纪纹章和建筑装饰中。

第十八章 冰上篝火

得出来。或许所有人都能识破他的阴谋,那就是重整军备,企图再次发动一场掠夺之战。唯一不确定的只是开战的时间罢了。1934 年,吉卜林希望这一切能推迟三年再发生。[36]

然而,在德国人的意图已经如此明显的情况下,英国却迟迟没有做好反击的准备。吉卜林认为,英军的状况十分糟糕,比 1914 年还要糟;海军裁减了一半,陆军的人数还赶不上公务员。这个国家简直就是在邀请德国人来进攻自己。这一切对他、对丘吉尔、对包括海军和陆军将领在内的许多人来说都是显而易见的,但是对内阁或其支持者而言却并非如此。1935 年,吉卜林在格里利恩俱乐部与外交大臣约翰·西蒙爵士(Sir John Simon)会面后,认为他对里宾特洛甫(Ribbentrop)的看法极其天真,因为那份臭名昭著的纳粹条约[*]便是此人一手炮制的。英国人民拒绝采取预防措施,因为他们想"公平地对待敌人",如果这些人只是挥舞手枪而并未开火,那他们就是无辜的。在吉卜林看来,英国民众对自己的军队所面临的"灾难"熟视无睹,甚至认为解除武装是自然而然的事情。但他们仍然应该得到保护。于是他向格温下达了指令:"大声喊叫",保护自己的人民免遭德国人的空袭。还要告诉英国政府,如果不让我们自卫,就必须提供庇护,让我们有生存的机会。这番话写于 1934 年 1 月,是吉卜林最有先见之明、最悲天悯人的呼吁。[37]

1935 年 3 月,吉卜林发表了他生命中最后的几首诗之一《断裂应变赞美诗》(*Hymn of Breaking Strain*),该诗是向神秘的上天寻求帮助的祈祷。

啊,隐秘的力量
我们徒劳地找寻出路,
请与我们共处,

---

[*] 应指里宾特洛甫于 1935 年以德国政府无任所大使的身份同英国签署的《英德海军协定》(Anglo-German Naval Agreement)。该协议相当于解除了《凡尔赛和约》对德国海军军备的限制,为第二次世界大战的爆发埋下了隐患。

面对颠覆与痛苦；
如此我们便可确信，
你的真途我们了然于心——
尽管它已破碎断裂——
正因它已破碎断裂，
我们才会开始重建。
让我们一同将它重建！

两个月后，适逢国王登基二十五周年庆典（Silver Jubilee），他在圣乔治皇家学会（Royal Society of St George）的晚宴上介绍了当前的国际形势。他宣称，在东半球的大部分地区，政府是通过"国家控制的谋杀和酷刑……国家操纵的饥荒、饥饿和奴役……［和］国家规定的异端邪说"来运作的。他指出，德国通过三次精心策划的战争赢得了它在文明世界的一席之地，虽然在第四次战争中受到遏制，但多年来一直在筹划第五次战争。然而，尽管事态发展已明显至极，英国人依然坚信自己不会受到威胁，国家有更重要的事情要做，而不是担心国民的安危。在集中精力提高生活水平的同时，

> 我们选择了舍弃合理的外部安全空间，但如果失去了这个空间，在这个拥挤不堪的岛屿上，即使是最低的生活水平也难以维持……［因此德国人的］路子反倒越走越宽了。当他们朝着自己宣称的目标阔步前进时，我们却和那些为守护美德而辛勤劳作的人们一样，孜孜不倦地将我们的海陆空三军一半甚至一半以上的防御力量尽数抛弃，并限制其获得补给和更新的资源。我们不遗余力地这样去做，大概是想给世界各国树立一个好榜样吧。[38]

这段话的意思非常直白，其中提到的事实没过多久便浮出了水面。吉

第十八章 冰上篝火

卜林没能看到《慕尼黑协定》的签署*、德奥合并（Anschluss），甚至德国重新占领莱茵兰地区这一系列历史事件，不过就算他看到了，也不会感到惊讶。然而，在他生命的最后一个月里，他忽然间变得乐观起来。1936年1月，英国政府开始重整军备，虽然来得有些晚，但吉卜林认为只要开始行动，英国就有希望渡过难关。与此同时，那座"欧洲疯人院"的情况似乎也正在改善，尽管"和疯子住在一起是件令人沮丧的事"。文明"因其理性和理智，正吸引着"希特勒和墨索里尼这两位"很久以前就分道扬镳"的自大狂。不过战火尚未燃起，随着时间的推移，每一年，甚至每个月，理性的前景似乎都越来越明朗。[39]

吉卜林对希特勒剥夺了他晚年的平静生活感到愤愤不平。不过他最后的岁月并不是只有痛苦，至少他的健康状况有了好转。自从约翰死后，吉卜林夫妇一直疾病缠身，他身患溃疡却被误诊为其他疾病（多年服用错误药物的后果），卡丽则患有糖尿病、风湿和歇斯底里症。后一种症状表现为极强的占有欲，她还经常威胁吉卜林，如果不遂她的心意，她就从窗口跳下去。1932年年初，在巴斯（Bath）待了一段时间后，两人的健康状况都有所好转，吉卜林多年来终于能睡得安稳了。但是到了初夏，他又再次疼痛难忍。维奥莱特·米尔纳是他们家的常客，她注意到吉卜林几乎一直在生病，她还记录了有一次在"贝特曼之家"与吉卜林夫妇共进午餐的情形，整个过程"相当压抑"，病中的拉迪亚德"情绪十分低落"，而卡丽则"因为精神问题而几乎毫无自制力"。[40]

不久之后，吉卜林开始出现呕吐症状，并伴有大出血，整个身体都垮了，最后不得不重新找了一名医生。这位法国专家发现他患有溃疡之后，把所有药都换了。经过这位"新兽医"短短几天的治疗，吉卜林感觉轻松了不

---

* 原文为Munich，据下文推测应指《慕尼黑协定》（Munich Agreement）。

少,终于摆脱了痛苦。1934年7月,他的病情复发了一次,不过很快就恢复了,于是在米尔纳夫人的日记中随处可见"状态极佳的拉迪"这样的字句。少抽烟和"乱七八糟的淀粉食物"让他烦不胜烦,但恢复健康给他带来了巨大的回报。

"贝特曼之家"依旧能给吉卜林带来欢乐。他喜欢听紫杉树篱中夜莺的歌声,他喜欢在农场里劳作,喜欢监督佣人们修剪树篱、清理沟渠、加固河堤。诸如此类的事情让他忙碌而快乐:他在七十岁生日那天对亲友们说,这些事情比任何一件事都更有意思。

而"贝特曼之家"周边的乡村地区带给他的乐趣就少得多。兔笼开始出现,雏鸡正在消失,徒步旅行者开始闯入乡间小道,让他对自家那几头公牛紧张不已。在他后期创作的故事集《借与贷》和《限制与恢复》(Limits and Renewals,1932)中,田园牧歌般的萨塞克斯已无从寻觅:正如博德尔森(Bodelsen)教授所言,在《许愿屋》中,萨塞克斯郡由于交通拥挤和大量球迷涌入而"完全失去了浪漫色彩"。吉卜林建议邓斯特维尔退休后可以去平房相对较少的西南部生活,他还劝另一位朋友不要去马略卡岛(Majorca)盖房子,因为游客和鸡尾酒吧很快就会占领该岛。[41]

吉卜林晚年的慰藉之一是他与乔治五世的友谊。在国王愿意主动交往的人当中,只有他这一位作家。他因此可以在白金汉宫进餐,还曾应邀前往巴尔莫勒尔(Balmoral)*参观。作为回报,他把自己的藏书借给了国王,帮他润色讲稿,对乔治王子(Prince George)和威尔士亲王也同样尽心尽力。1932年,他同意为国王起草首次通过无线电广播的圣诞致辞,当听到自己亲手写下的文字向整个大英帝国广播时,他落泪了:"此时我在家中向你们所有人讲这番话,由衷地与你们分享我的心声;你们或身处雪国,或置身沙漠,或远在大洋彼岸,唯有通过电波,才能将它传递给你们。"第二年的圣诞致

---

* 位于苏格兰阿伯丁的一座庄园式城堡,1852年成为维多利亚女王的私人宅邸。

第十八章　冰上篝火

辞同样由吉卜林起草，之后才由朗格大主教（Archbishop Lang）接手。[42]

乔治五世认为，王室成员必备的所有知识，皇家海军都可以教给他，于是后者理所当然地成了诗人吉卜林与他的君主会谈时的主要话题。吉卜林非常钦佩乔治国王，坚信他对民众的了解源于他年轻时当水手的经历。1935年7月，他观看了皇家海军的阅兵式，这是国王登基二十五周年庆典的一部分。随后，吉卜林发表了他最糟糕的作品之一——《国王与海》（The King and the Sea）；这是一首颂诗，将乔治国王的责任感和坚毅的品格归功于海军教育。几个月后，国王发来了一封电报，祝贺吉卜林七十岁生日。[43*]

1936年的新年，距离吉卜林去世只剩下两个星期，他称自己并不怕死，因为他知道（那个在他一生中扮演了次要角色、只是偶尔现身的）上帝不会在他的子民寿终正寝时抛弃他们。几年前他就意识到自己的时间不多了，并于前一年的8月开始写他那本短小精悍的自传《谈谈我自己》，这是一本经过他严格的自我审查的自传。他对朋友们说，所有的火车都必须在各自的站点停靠，幸运的是，他及时看到了远处的信号。但他希望自己即将停靠的车站不是"一个既丑陋又寂寞的地方"。[45]

1月12日，吉卜林探望了因支气管炎卧床的女婿。多年来，班布里奇从未见过吉卜林如此快乐、健康：从病痛中解脱出来之后，他的"言谈和思维敏捷如闪电，听起来令人愉悦"。[46]几个小时后，吉卜林的溃疡发作了，人们赶紧将他从皮卡迪利大街的酒店送往米德尔塞克斯医院（Middlesex Hospital）。13日凌晨，他向一名外科医生报告，说"身体里像是有什么东西脱落了"，医生很快为他的十二指肠穿孔做了手术。接下来的几天里，他的情况一直很不稳定。16日，他的病情开始恶化，然后在第二天深夜失去

---

* 这封贺电早发了一个月，不过这也不是什么大问题。托马斯·哈代七十大寿之际，阿斯奎斯的私人秘书致电白金汉宫，建议给"老哈代"发一封贺电。这一安排是个"皆大欢喜的好主意"，曾为国王制作过钓鱼竿的哈代当时住在阿尼克（Alnwick），"收到王室的祝贺时他大吃一惊，因为在这个并不是什么周年纪念日的日子里，他竟然提前收到了生日祝福"。[44]——原注

了知觉;午夜过后,吉卜林溘然长逝。那天是他和卡丽结婚四十四周年的纪念日。两天后,乔治五世也去世了。人们都说:"国王离开了我们,把他的号手也一同带走了。"⁴⁷

拉迪亚德·吉卜林的遗体在戈尔德斯格林(Golders Green)火化,骨灰葬在威斯敏斯特教堂的"诗人角"。他的扶棺人名单反映出他职业生涯中与帝国事业息息相关的一面,而非与文学相关的那一面:首相(鲍德温)、陆军元帅、海军元帅,还有他的追随者和他生前最亲密的朋友——"威尔士佬"格温。*葬礼现场,人们齐唱《退场诗》和《与我同住》(Abide With Me),威斯敏斯特教堂主任牧师则专门为仪式准备了祷词:

> 感谢全能的上帝赐予他生命和工作,允许他向世世代代的同胞,包括他的同代人和那些尚未降生于世的人们,说出先知的预言——我们将他交与上帝的仁慈与庇佑。愿主赐福于他,保护他,愿全能的上帝永远赐福于你们。

吉卜林的去世引起了无数人的悼念,人们为他的教诲、他充沛的灵感、他的文学才华,以及大英帝国桂冠诗人的崇高地位向他致敬。就在吉卜林去世前一个月,一份美国报纸曾预言,吉卜林的七十岁生日将是幽灵的周年纪念日。这一说法让人感到凄凉,却不幸一语中的:这位吟游诗人的生活早已远离了世人的视线,对于大多数英国人来说,他属于"这个国家的民间传说,成了过去那个时代里悄无声息的模糊身影"。尽管吉卜林最伟大的几部小说都是在20世纪20年代完成的,但正如彼得·基廷所说,很长一段时间以来,他一直被视作"已逝的文豪"。⁴⁹

---

* J. M. 巴里(J. M. Barrie)曾受邀并答应担任吉卜林的扶棺人,但是据埃尔茜所说,这位《彼得·潘》(Peter Pan)的作者"感到十分紧张,在最后一刻退出了"!⁴⁸——原注

第十八章 冰上篝火

吉卜林去世时,尤其是去世之后,就有人说他不属于他自己的时代。这种说法并不正确,因为他的确是时代之子,他比任何人都更能代表他年轻时所处的那个时代。但是时代变了,这是自然而然的事,而吉卜林并没有随之改变。丘吉尔也是如此,尽管他在20世纪30年代重新成为维多利亚时代的帝国主义者(即鲍德温口中的"96年的轻骑兵少尉*")之前就皈依了自由党。在希特勒重振大业之前,丘吉尔似乎是一个行将就木的大人物。

巅峰时期的吉卜林是大英帝国的吟游诗人,那时的他似乎既承载着同胞们的希望,也承载着他们的恐惧。但他所做的远远不止于此。人们愿意听到他的声音,因为他不仅说出了人们的想法,还说出了人们的感受,照亮了人们的生命。这声音来自西姆拉和印度文职机构,来自印度和南非的汤米·阿特金斯,来自麦克安德鲁和海军工程师,来自从新西兰到新不伦瑞克的百万之众,他们都是帝国历史的缔造者。

吉卜林帝国生涯的巅峰时期一直持续到自由党上台的1905年左右,而在他去世之前的三十年里,他慢慢变成了一位"已逝的文豪"。吉卜林逝世前和年轻的律师约翰·莫德(John Maude)攀谈时,曾激动地说道:"我讨厌你们这代人。"对方问他原因,他解释说:"因为你们会把一切拱手送人。"[50]当然,吉卜林没有说错,但当时没人理会他。悲观主义者和反动分子是最好的先知,因为他们没有幻想,因为他们能看到超越当下的东西。20世纪30年代曾在英国外交部任职并呼吁重整军备的罗伯特·范西塔特爵士(Sir Robert Vansittart)指出,吉卜林能够"瞥见未来的光影",他"脑海中总会闪现出真知灼见,它们超越了平庸的治国之道,这让他深感不安"。[51]

瞥见未来的光影使吉卜林痛苦不已。他认为,人类的进步大多数情况下都是无意识的。"在内心深处和精神上,"他说,"我们与新石器时代的祖

---

* 1895年2月,丘吉尔被任命为英国陆军第4轻骑兵团少尉,并于1896年随该兵团前往印度孟买。

先们并没有多少差别。"[52] 吉卜林不赞同国际联盟的理念和目标，这一点或许有些令人遗憾，但他比伍德罗·威尔逊更了解人性。在他晚年创作的《安拉之眼》这部出色的短篇故事中，那位中世纪修道院院长说，正确的选择就存在于两种罪恶之间："一是拒绝让世界看到我们手中的光明，二是在时机尚未成熟之前照亮世界。"这位修道院院长所说的是一台从西班牙带来的阿拉伯显微镜，他决定毁掉这台显微镜，因为这项发明虽然简陋，但仍为时尚早。然而现实中却没有这样一位修道院院长去摧毁那个时代的杀人机器，这些机器是人类智慧的产物，却无法体现人类的进步。

吉卜林是一位先知，他的预言往往都能应验。这一切并非巧合：布尔人与种族隔离、德皇与"一战"、希特勒与"二战"，还有每当英国决定撤出印度时当地印度教徒与穆斯林之间爆发的冲突——在这些事件以及其他很多事件发生前的几年，有时甚至是几十年前，吉卜林就已经预见到了。

正如《旧约》所揭示的那样，先知们总是说些不尽如人意的话，言语中充满挑衅，令人不快。吉卜林也是如此，他的作品中总有一些令人反感的东西，经常让人摸不着头脑；很多人，甚至是仰慕他的人，都会对此愤恨不已。然而，同耶利米一样，对于自己内心的痛苦，他也有辩解的理由：他知道将会发生什么。有人认为大英帝国正处于过渡期或是正在衰落，而在吉卜林看来，大英帝国即将消亡。而对于那个世界知名的红色阵营会在他去世后不到一代人的时间里销声匿迹，在同代中或许只有他一人不会感到惊讶。

1936年1月，吉卜林所珍视的一切，除了艺术之外他毕生所致力的一切，几乎都受到了威胁，要么正日趋衰落，要么已经烟消云散。甚至英国的生存也成了问题。尽管他的国家——相比这个国家的领导人，他总是对人民更有信心——最终渡过了难关，但吉卜林的悲观和焦虑绝非杞人忧天。

敦刻尔克精神和不列颠战役（Battle of Britain）的胜利很大程度上要归功于吉卜林。从新首相丘吉尔到普通军士和士兵，每个人都受到了他的激励和感召。杰出的历史学家刘易斯·内米尔爵士（Sir Lewis Namier）曾说过，

第十八章 冰上篝火

他的精神已经注入那个充满活力、不再被绥靖者所主宰的新政府之中。内米尔写道:"在厌倦帝国的一代人碌碌无为很多年以后,当帝国需要新的实干精神与牺牲精神的时候",那些"受到召唤,将老一辈人的信念带回给我们的"人恰恰是那些"吉卜林式的帝国主义者们"。* [53] 他们恰逢其时地找回了这些信念,凭借着它的力量赢得了"二战"的胜利;尽管他们无法让帝国长存,但至少保住了自己的国家。

---

* 内米尔所说的是温斯顿·丘吉尔、里奥·埃默里(Leo Amery)和劳埃德勋爵。——原注

注 释

缩写

Gazette =《军民报》(Civil and Military Gazette)

KJ =《吉卜林学刊》(Kipling Journal)

KP = 萨塞克斯大学吉卜林档案文件 (Kipling Papers at the University of Sussex)

Letters 1, 2, 3, 4 = 托马斯·平尼 (Thomas Pinney) 主编的四卷本《拉迪亚德·吉卜林书信集》(The Letters of Rudyard Kipling)

SOM = 吉卜林自传《谈谈我自己》(Something of Myself)

前言

1. 伊舍 (Esher) 写给诺利斯 (Knollys) 的信，1909 年 6 月 2 日，KP 20/11。

2. Chaudhuri, "The Finest Story about India – in English", 收录于 Gross, Rudyard Kipling, p. 29；卡林顿 (Carrington) 写给希尔夫人 (Mrs Hill) 的信，1953 年 3 月 17 日，赖斯手稿集 (Rice Collection)。

3. Letters 4, p. 574.

4. Link, The Papers of Woodrow Wilson, Vol. 66, pp. 352—353.

第一章　逐出天堂

1. 见吉卜林写给森德兰 (Sunderland) 的信，1932—1934 年，KP 17/35。

2. 吉卜林日记，麦克米伦档案馆 (Macmillan Archives)；吉卜林写给森德兰的信，1932—1934 年，KP 17/35；Letters 2, p. 244。

3. Letters 4, p. 599.

4. *KJ*，1942 年 4 月，p. 13；*KJ*，1942 年 4 月，p. 13；吉卜林写给圣茨伯里（Saintsbury）的信，1921 年 9 月 20 日，KP 17/29；吉卜林写给赫西夫人（Mrs Hussey）的信，1921 年 9 月 21 日，KP 16/11。

5. *Letters* 4，p. 59。

6. Baldwin，*The Macdonald Sisters*，p. 32。

7. 洛克伍德·吉卜林（L. Kipling）写给 E. 普洛登（E. Plowden）的信，1893 年 11 月 13 日，鲍德温档案文件（Baldwin Papers）。

8. 吉卜林写给爱德华·塞西尔夫人（Lady E. Cecil）的信，1908 年 12 月 2 日，锡拉丘兹大学吉卜林手稿集（Kipling Collection, Syracuse）。

9. Baldwin，*The Macdonald Sisters*，p. 44；鲍德温档案文件 1/20；Rivett-Carnac，*Many Memories*，p. 226。

10. 吉卜林写给贝茨（Bates）的信，1931 年 6 月 9 日，KP 14/13；K，*Souvenirs of France*，pp. 6—7；*Letters* 4，p. 13。

11. *Letters* 4，p. 582。

12. *Letters* 4，p. 583；*SOM*，p. 3；吉卜林写给赛克斯（Sykes）的信，1930 年 1 月 4 日，KP 17/36。

13. *Letters* 4，p. 583；Lawrence，*India We Served*，pp. 58—59。

14. Ankers，*The Pater*，p. 63。

15. Baldwin，*The Macdonald Sisters*，p. 114；Lycett，*Rudyard Kipling*，pp. 28—29；Birkenhead，*Rudyard Kipling*，pp. 12—13。

16. *Letters* 4，p. 583；参见 Ricketts，*The Unforgiving Minute*，p. 12。

17. 参见 Mason，*Kipling*，p. 33，及 Stewart，*Rudyard Kipling*，p. 18；寇松档案文件（Curzon Papers），112/363。

18. Tomkins，*The Art of Rudyard Kipling*，p. 8。

19. *Letters* 3，p. 156；*Letters* 4，p. 584；*SOM*，pp. 9—10。

20. *Letters* 2，p. 339；*Letters* 4，p. 584；吉卜林写给贝克（Baker）的信，1934 年 3 月 17 日，KP 14/7；吉卜林写给路易莎·鲍德温（L. Baldwin）的信，1909 年 10 月 3 日。

21. 吉卜林写给贝克的信，1934 年 3 月 17 日，KP 14/7；*SOM*，p. 183。

22. 吉卜林写给斯诺（Snow）的信，1932 年 4 月 16 日，锡拉丘兹大学吉卜林手稿集；吉卜林写给邓斯特维尔（Dunsterville）的信，1927 年 1 月 20 日，KP 14/52；Gross，*Rudyard Kipling*，p. 14。

23. 艾丽斯·吉卜林（A. Kipling）写给普赖斯（Price）的信，1878 年 1 月 24 日，鲍德温档案文件。

24. 吉卜林写给邓斯特维尔的信，1917 年 7 月 11 日，1927 年 1 月 20 日，

注 释

KP 14/52；*SOM*，p. 16；*Letters* 1，p. 118；"The United Idolaters"。

25. *SOM*，p. 271；*Letters* 4，p. 577；*Letters* 1，p. 18；Beresford，*Schooldays with Kipling*，p. 14.

26. 埃德莫妮亚·希尔（E. Hill）日记，康奈尔大学吉卜林手稿集（Kipling Collection, Cornell）；*Letters* 4，pp. 39—40；Birkenhead，*Rudyard Kipling*，p. 56。

27. *SOM*，p. 183.

28. 洛克伍德·吉卜林写给 E. 普洛登的信，1883 年无日期，KP 1/10；吉卜林写给马克（Marker）的信，1913 年 7 月 22 日，邓斯库姆·科尔特手稿集（Dunscombe Colt Collection）。

第二章 拉合尔的报人

1. 埃德莫妮亚·希尔回忆录，康奈尔大学吉卜林手稿集。
2. Brown，*Rudyard Kipling*，p. 21.
3. *SOM*，pp. 53—54.
4. *SOM*，p. 27.
5. *Letters* 1，p. 70.
6. *From Sea to Sea*，Vol. 1，p. 232；埃德莫妮亚·希尔日记，康奈尔大学吉卜林手稿集；*Letters* 1，p. 120。
7. *Letters* 1，pp. 169—197.
8. Seymour-Smith，*Rudyard Kipling*，pp. 45—77 多处。
9. *Letters* 1，p. 126；日记，收藏于哈佛大学霍顿图书馆（Houghton Library, Harvard）；参见 Ricketts，*The Unforgiving Minute*，pp. 71—73。
10. *Letters* 2，p. 98；Orel，*Kipling* 1，p. 108.
11. Beames，*Memoirs of a Bengal Civilian*，pp. 62—63.
12. 1900 年 8 月 27 日备忘录，寇松档案文件。
13. 汉密尔顿（Hamilton）写给寇松的信，1901 年 7 月 4 日，寇松档案文件。
14. Rutherford，*Early Verse*，p. 250.
15. Dewey，*Anglo-Indian Attitudes*，p. 163；汤普森（Thompson）日记，约 1898 年，收录于汤普森档案文件（Thompson Papers）。
16. Birkenhead，*Rudyard Kipling*，p. 62.
17. *SOM*，pp. 31—32.
18. Gopal，*British Policy in India*，p. 147.
19. Bennett，*The Ilberts in India*，p. 29；Gopal，*The Viceroyalty of Lord Ripon*，p. 93.

20. 洛克伍德·吉卜林写给 E. 普洛登的信，无日期，KP 1/10；Ankers，*The Pater*，p. 93。

21. *Letters* 1，p. 35.

22. *SOM*，p. 31.

23. Rutherford，*Early Verse*，pp. 184—185.

24. *Gazette*，1886 年 3 月 27 日。

25. *Gazette*，1887 年 1 月 28 日，29 日。

26. *SOM*，p. 201.

27. *From Sea to Sea*，Vol. 1，p. 146.

28. *SOM*，p. 28；*Letters* 1，p. 116.

29. 吉卜林写给惠勒（Wheeler）的信，1897 年 2 月 1 日，KP 17/49；Orel，*Kipling*，pp. 69—82。

30. *Letters* 1，pp. 126—127.

第三章　英印编年史

1. *Plain Tales*，p. 320；*SOM*，p. 35.

2. Gilmour，*Curzon*，pp. 148，204—206.

3. Lawrence，*The India We Served*，pp. 80—82；劳伦斯（Lawrence）日记的序言，劳伦斯档案文件（Lawrence Papers）143/26。

4. *Letters* 1，p. 39；埃德莫妮亚·希尔未发表手稿，康奈尔大学吉卜林手稿集。

5. *Letters* 1，pp. 83—84；*Gazette*，1885 年 7 月 9 日。

6. *Letters* 1，p. 136；Ankers，*The Pater*，p. 129.

7. 洛克伍德·吉卜林写给 E. 普洛登的信，1885 年 7 月 27 日，KP 1/10；Rutherford，*Early Verse*，p. 19；Carrington，*Rudyard Kipling*，pp. 64—65。

8. *Letters* 1，p. 222.

9. Bence-Jones，*The Viceroys of India*，p. 146.

10. 埃德莫妮亚·希尔日记，1888 年，康奈尔大学吉卜林手稿集。

11. *Letters* 1，pp. 164，221，225，244，281.

12. 埃德莫妮亚·希尔日记，1888 年 4 月，康奈尔大学吉卜林手稿集；*Letters* 1，pp. 184—186，209—210。

13. *Letters* 1，p. 120.

14. *Letters* 1，p. 136.

15. Orel，*Kipling*，Vol. 1，p. 74.

16. Green，*Kipling: The Critical Heritage*，pp. 38—41；*Letters* 1，pp. 193，

注 释

265；Rutherford，*Early Verse*，p. 404.
 17. *Letters* 1，pp. 83—84，142.
 18. Green，*Kipling: The Critical Heritage*，p. 104.
 19. Cornell，*Kipling in India*，p. 163.
 20. "The Rescue of Pluffles".
 21. "At the Pit's Mouth".
 22. "Wressley of the Foreign Office".
 23. *Letters* 1，p. 98.
 24. "In the Rukh"；*SOM*，p. 38.
 25. Pinney，*Kipling's India*，p. 285.
 26. *Gazette*，1892 年 7 月 8 日。
 27. "A Little Prep".
 28. Orel，*Kipling*，p. 110.
 29. Orel，*Kipling*，p. 72.
 30. Fraser，*Sixty Years in Uniform*，pp. 139—144.
 31. *Letters* 1，p. 380；吉卜林写给库克（Cooke）的信，1893 年 12 月 10 日，锡拉丘兹大学吉卜林手稿集。
 32. *KJ*，1998 年 6 月，p. 46。
 33. "The Madness of Private Ortheris".
 34. Gilmour，*Curzon*，p. 193.
 35. Ballhatchet，*Race, Sex and Class*，pp. 82—83；Gilmour，*Curzon*，pp. 193—194；Hyam，*Empire and Sexuality*，pp. 126—127.
 36. 基钦纳（Kitchener）回忆录，1905 年 10 月，英国档案局基钦纳档案文件（Kitchener Papers, PRO）30/57。
 37. Ballhatchett，*Race, Sex and Class*，p. 59.
 38. Birkenhead，*Rudyard Kipling*，p. 226.
 39. 多德尔（Dowdall）写给家人的信，1890 年 10—11 月，多德尔档案文件（Dowdall Papers）。
 40. Carrington，*The Complete Barrack-Room Ballads*，p. 5.
 41. Longford，*Wellington*，Vol. 1，p. 322.
 42. 吉卜林写给库克的信，1893 年 12 月 10 日，锡拉丘兹大学吉卜林手稿集。
 43. Brown，*Rudyard Kipling*，p. 139.
 44. Fraser，*Sixty Years in Uniform*，p. 145.
 45. Younghusband，*A Soldier's Memories*，p. 187.
 46. Ellman，*Oscar Wilde*，p. 286.

47. Woolf, *Growing*, pp. 46, 151.

48. *Letters* 1, p. 183；寇松写给维多利亚女王（Queen Victoria）的信，1899年3月23日，寇松档案文件；Kincaid, *British Social Life*, p. 230。

49. Pinney, *Kipling's India*, pp. 190—191.

50. Brock, "Rudyard Kipling in Politics", p. 110.

51. 寇松写给道金斯（Dawkins）的信，1902年7月2日，及道金斯写给寇松的信，1902年7月25日，寇松档案文件。

52. Green, *Kipling: The Critical Heritage*, p. 40.

53. 写给杜凯恩（Du Cane）的信，1885年5月30日，杜凯恩档案文件（Du Cane Papers）；Macmunn, *Kipling's Women*, p. 20；皮尔斯（Pearse）未发表手稿，皮尔斯档案文件（Pearse Papers）。

54. 康奇曼（Conchman）写给费尔普斯（Phelps）的信，1894年10月30日，费尔普斯档案文件（Phelps Papers）。

55. 博努斯（Bonus）写给费尔普斯的信，1889年1月10日，费尔普斯档案文件。

第四章　暗夜之城

1. *Gazette*，日期为1885年7月3日的文章。

2. "Miss Youghal's Sais".

3. *From Sea to Sea*, Vol. 2, p. 305.

4. *Letters of Travel*, p. 236.

5. Orel, *Kipling*, Vol. 1, pp. 72, 82.

6. 埃德莫妮亚·希尔未发表手稿，康奈尔大学吉卜林手稿集。删减版刊载于 *Atlantic Monthly*，1936年4月。

7. *Letters of Travel*, p. 237.

8. 参见 Islam, *Kipling's Law*, p. 36.

9. Pinney, *Kipling's India*, p. 178；*Letters* 1, p. 121.

10. *Letters* 1, p. 99.

11. *Letters* 2, p. 75.

12. *Letters* 1, pp. 99—101.

13. *Letters* 1, p. 121.

14. Chandra, *Enslaved Daughters*, pp. 38—40.

15. Chandra, *Enslaved Daughters*, pp. 162, 201.

16. *Gazette*，1886年3月18日，4月9日，1887年3月11日，4月14日，16日。

注 释

17. *Gazette*，1887 年 1 月 28 日。
18. *Gazette*，1887 年 4 月 16 日。
19. *Gazette*，1887 年 7 月 1 日。
20. *Gazette*，1886 年 2 月 24 日，1886 年 5 月 5 日。
21. *Letters* 1，pp. 121—122.
22. *Gazette*，1887 年 6 月 17 日，1886 年 12 月 10 日，1887 年 3 月 28 日；*Pioneer*，1887 年 1 月 1 日。
23. Gopal，*British Policy in India*，p. 117.
24. 参见收录于费尔普斯档案文件的杜布莱（Du Boulay）与弗朗西斯（Francis）的通信。
25. *Gazette*，1886 年 4 月 14 日。
26. *From Sea to Sea*，Vol. 2，pp. 280—281，323—324.
27. 吉卜林写给格温（Gwynne）的信，1930 年 11 月 26 日，KP 15/15。
28. *Pioneer*，1889 年 1 月 1 日。
29. *Contemporary Review*，Vol. 58，1890 年 9 月。
30. 麦科诺基（Maconochie）写给费尔普斯的信，1891 年 11 月 23 日，费尔普斯档案文件。
31. 寇松写给韦德伯恩（Wedderburn）的信，1900 年 4 月 17 日，寇松档案文件 111/181。
32. *Gazette*，1886 年 9 月 18 日。
33. *Letters* 1，p. 151.
34. *From Sea to Sea*，Vol. 1，pp. 33—34，44，52，70；参见 Moore-Gilbert，"*Letters of Marque*: Travel, Gender and Imperialism"，*KJ*，1997 年 3 月，pp. 12—24。
35. 见爱德华·萨义德（Edward Said）为《基姆》（*Kim*）所作的序，pp. 28—29，及 Williams，"*Kim* and Orientalism"，收录于 Mallet，*Kipling Considered*，p. 42。
36. 福斯特（Forster）写给安南（Annan）的信，见 *KJ*，1986 年 6 月，p. 45。
37. Kinkead-Weekes，"Vision in Kipling's Novels"，收录于 Rutherford，*Kipling's Mind and Art*，p. 233。
38. Gilbert，*The Good Kipling*，p. 119.
39. "The Mother-Lodge".

第五章　帝国意识
1. 埃德莫妮亚·希尔日记，1888 年 4 月，康奈尔大学吉卜林手稿集；*Letters* 1，p. 158。
2. 埃德莫妮亚·希尔日记和未发表手稿，1887 年 12 月，康奈尔大学吉卜林手稿集。
3. Bayly, *The Local Roots of Indian Politics*, p. 84.
4. *Letters* 1，pp. 260, 287, 291.
5. 埃德莫妮亚·希尔日记，1888 年 5 月，康奈尔大学吉卜林手稿集。
6. *Letters* 1，p. 171.
7. *Letters*, pp. 219, 238, 240, 245, 251.
8. *From Sea to Sea*, Vol. 1, p. 208.
9. *From Sea to Sea*, Vol. 2, p. 202；埃德莫妮亚·希尔未发表手稿，康奈尔大学吉卜林手稿集。
10. Orel, *Kipling*, Vol. 1, p. 66；*SOM*, p. 45.
11. Lycett, *Rudyard Kipling*, p. 171；Carrington, *Rudyard Kipling*, p. 132.
12. *Letters* 1，pp. 292, 297.
13. 埃德莫妮亚·希尔日记，1889 年，康奈尔大学吉卜林手稿集；*From Sea to Sea*, Vol. 1, pp. 220—221, 232。
14. *Gazette*，1892 年 6 月 4 日。
15. 埃德莫妮亚·希尔日记，1889 年，康奈尔大学吉卜林手稿集。
16. *From Sea to Sea*, Vol. 1, p. 253.
17. *Letters* 1，p. 217.
18. *Gazette*，1886 年 10 月 9 日；Rutherford, *Early Verse*, pp. 338—339。
19. *Gazette*，1887 年 3 月 28 日。
20. *Gazette*，1887 年 3 月 28 日, 4 月 25 日。
21. Bauer, *Rudyard Kipling*, p. 32.
22. *Letters* 1，pp. 91—93, 98.
23. "His Private Honour"，收录于 *Many Inventions*，及 "India for the Indians: A Glimpse at a Possible Future"，刊载于 *St James's Gazette*，1889 年 12 月 31 日。
24. *Letters* 2，p. 235.
25. Philips, *Historians of India*, pp. 391—392.
26. *Letters* 1，p. 98.
27. Pinney, *Kipling's India*, p. 34.
28. *Gazette*，1885 年 11 月 7 日。

29. 转引自 Woodruff, *The Guardians*, p. 68.
30. *From Sea to Sea*, Vol. 1, pp. 71—72.
31. Ankers, *The Pater*, pp. 146—147.
32. *Letters* 2, p. 205.
33. "On the City Wall".
34. 麦科诺基写给费尔普斯的信, 1890 年 9 月 17 日, 费尔普斯档案文件。
35. Sandison, "Kipling: The Artist and the Empire", 收录于 Rutherford, *Kipling's Mind and Art*, p. 149。
36. "India for the Indians: A Glimpse at a Possible Future", 刊载于 *St James's Gazette*, 1889 年 12 月 31 日。
37. "Without Benefit of Clergy".
38. 吉卜林写给戴维斯（Davis）的信, 1893 年 1 月 3 日, 皮尔庞特·摩根图书馆（Pierpont Morgan Library）。

第六章 漫漫回乡路

1. 埃德莫妮亚·希尔笔记, 康奈尔大学吉卜林手稿集; *From Sea to Sea*, Vol. 1, pp. 270—376 多处。
2. 埃德莫妮亚·希尔日记, 1889 年, 康奈尔大学吉卜林手稿集; *Letters* 1, p. 312; *From Sea to Sea*, Vol. 1, pp. 472—497 多处, 及 Vol. 2, pp. 59—72 多处。
3. 吉卜林写给巴尔（Barr）的信, 1897 年 10 月 5 日, KP 14/12; 吉卜林写给霍普金斯（Hopkins）的信, 1896 年 3 月 7 日, 卡伯特·霍尔布鲁克手稿集（Cabot Holbrook Collection）。
4. 埃德莫妮亚·希尔日记, 1889 年, 康奈尔大学吉卜林手稿集。
5. 希尔写给佩特森（Paterson）的信, 1947 年 4 月 26 日, 康奈尔大学吉卜林手稿集。
6. "In Partibus"; *SOM*, pp. 48, 53.
7. *Letters* 1, p. 366.
8. 吉卜林写给布思（Booth）的信, 1932 年 2 月 21 日, 得克萨斯大学奥斯汀分校吉卜林手稿集（Kipling Collection, Austin）。
9. 莫里斯（Morris）写给罗德（Rodd）的信, 1889 年 10 月 20 日, 锡拉丘兹大学吉卜林手稿集。
10. 转引自 Green, *Kipling: The Critical Heritage*, p. 159。
11. 吉卜林写给戈斯（Gosse）的信, 1890 年 12 月 6 日, KP 15/13; *Letters* 1, p. 29。
12. *SOM*, p. 50.

13. Guedalla, *Men of Letters*, pp. 62—63.
14. 吉卜林写给弗赖尔森（Frierson）的信，1925 年 3 月 6 日，KP 15/11。
15. Green, *Kipling: The Critical Heritage*, p. 68.
16. 卡丽·吉卜林日记，1893 年 11 月 11 日，KP 1/8。
17. *Letters* 1, pp. 303—304, 358.
18. *SOM*, p. 128.
19. *Letters* 1, p. 372.
20. Cecil, *Max*, p. 55.
21. *Book of Words*, p. 3；Gross, *Rudyard Kipling*, p. 13.
22. Robert Conquest, "A Note on Kipling's Verse"，收录于 Gross, *Rudyard Kipling*, p. 103；Green, *Kipling: The Critical Heritage*, p. 280；*Book of Words*, p. 72.
23. *Letters* 1, p. 373.
24. Porter, *The Nineteenth Century*, p. 346.
25. *SOM*, p. 55.
26. *SOM*, p. 54.
27. 丁尼生（Tennyson）写给吉卜林的信，1891 年 4 月 6 日，KP 22/26。

第七章 旅美岁月

1. Seymour-Smith, *Rudyard Kipling*, 多处。
2. Carrington, *Rudyard Kipling*, p. 183.
3. 吉卜林写给坎顿（Canton）的信，1892 年 2 月 3 日，伯格手稿集（Berg Collection）。
4. Green, *Kipling: The Critical Heritage*, p. 68.
5. 莫顿小姐（Miss Morton）的来信，1898 年 7 月 14 日，大英图书馆（British Library），RP 1874。
6. Seymour-Smith, *Rudyard Kipling*, pp. 188, 200—201.
7. *Letters* 2, p. 107.
8. Carrington, *Rudyard Kipling*, p. 516.
9. 参见 Mason, *Kipling*, pp. 230—231。
10. 吉卜林写给坎顿的信，1892 年 2 月 3 日，伯格手稿集；卡丽·吉卜林日记，1892 年 4 月 15 日，KP 1/8。
11. *Letters of Travel*, pp. 16, 21；*Letters* 2, pp. 86, 249.
12. *Letters of Travel*, p. 103.
13. 卡丽·吉卜林日记，1893 年 8 月 3 日，KP 1/8。

注 释

14. Gwynn, *The Letters and Friendships of Cecil Spring Rice*, Vol. 1, p. 173.

15. 洛克伍德·吉卜林写给佚名人士的信, 无日期, 康奈尔大学吉卜林手稿集。

16. *Letters* 2, pp. 134, 145, 155, 195.

17. 吉卜林写给博克（Bok）的信, 1897 年 12 月 9 日, 卡彭特手稿集（Carpenter Collection）。

18. 吉卜林写给默里（Murray）的信, 1897 年 2 月 4 日, 大英图书馆, RP 2097 (ii)。

19. 吉卜林写给道奇夫人（Mrs Dodge）的信, 1893 年 3 月 5 日, 道奇手稿集（Dodge Collection）。

20. *Green, Kipling: The Critical Heritage*, p. 69.

21. 梅尔维尔（Melville）写给吉卜林的信, 1894 年 12 月 3 日, KP 22/45；吉卜林写给梅尔维尔的信, 1894 年 12 月 4 日, 锡拉丘兹大学吉卜林手稿集。

22. Green, *Kipling: The Critical Heritage*, p. 69.

23. Green, *Kipling: The Critical Heritage*, p. 187.

24. *From Sea to Sea*, Vol. 2, p. 172.

25. Carrington, *Rudyard Kipling*, p. 224.

26. 感谢赫伯特·阿加（Herbert Agar）在 *The Price of Union*, pp. 604—605 中的精彩论述。

27. *Letters* 2, pp. 215, 221.

28. 吉卜林写给芬尼（Finney）的信, 1896 年 1 月 13 日, 达尔豪西大学吉卜林手稿集（Kipling Collection, Dalhousie）; *Letters* 2, p. 226。

29. 转引自 McAveeney, *Kipling in Gloucester*, pp. 78—79。

30. 卡丽·吉卜林写给诺顿（Norton）的信, 1896 年 6 月 29 日, KP 17/14。

第八章 先知的负担

1. *Letters* 2, pp. 263, 266；吉卜林写给弗雷泽（Fraser）的信, 无日期, 康奈尔大学吉卜林手稿集。

2. 转引自 Lowry, *The South African War Reappraised*, p. 32。

3. 吉卜林写给贝克的信, 1934 年 1 月 13 日, KP 14/7。

4. *Letters* 2, pp. 305—306.

5. Marsh, *Joseph Chamberlain*, pp. 440—441; Roberts, *Salisbury*, p. 695.

6. 吉卜林写给布卢门菲尔德（Blumenfeld）的信, 1918 年 8 月 22 日, KP

14/19。

7. 索尔兹伯里（Salisbury）写给寇松的信，1902年8月9日，寇松档案文件，111/224。

8. Gosse, *Life of Algernon Charles Swinburne*, p. 277.

9. Cecil, *The Cecils of Hatfield House*, p. 240.

10. *Letters 2*, p. 186.

11. 吉卜林写给特里（Mrs Tree）的信，1897年3月4日，KP 17/43。

12. Thurston Hopkins, *Rudyard Kipling*, p. 73; Birkenhead, *Rudyard Kipling*, p. 187.

13. 吉卜林写给霍德（Horder）的信，1905年4月23日，得克萨斯大学奥斯汀分校吉卜林手稿集。

14. Orwell, *Collected Essays*, Vol. 2, pp. 215—216.

15. 信息来自拉马钱德拉·古哈（Ramachandra Guha）; Gilbert, *The Good Kipling*, p. 16。

16. 参见 C. E. Carrington, 收录于 *KJ*, 1967年12月, p. 14。

17. 吉卜林写给《泰晤士报》主编的信，1897年7月16日。

18. 参见 *KJ*, 1936年6月; Cohen, *Rudyard Kipling to Rider Haggard*, p. 34; *Letters 2*, p. 305。

19. 吉卜林写给德施泽索普（Dschzessop）的信，1897年12月15日，康奈尔大学吉卜林手稿集。

20. Carrington, *Rudyard Kipling*, pp. 266—267; Ricketts, *The Unforgiving Minute*, p. 237; Green, *Kipling: The Critical Heritage*, pp. 195, 211, 225, 260, 275.

21. Neider, *The Autobiography of Mark Twain*, p. 287.

22. H. G. Wells, *The New Machiavelli*, p. 128.

23. Cohen, *Rudyard Kipling to Rider Haggard*, p. 35; Green, *Kipling: The Critical Heritage*, p. 256; *Letters 2*, p. 373.

24. Paterson, *American Foreign Relations*, pp. 20—24.

25. *Letters 2*, p. 335.

26. *Letters 2*, p. 344; 吉卜林写给佐格鲍姆（Zogbaum）的信，1899年2月6日，锡拉丘兹大学吉卜林手稿集。

27. *Letters 2*, pp. 345—348.

28. Carrington, *Rudyard Kipling*, p. 278.

29. 该剪贴簿收录于达尔豪西大学吉卜林手稿集。

30. Robb, *Victor Hugo*, p. 371.

31. Keating，*Kipling the Poet*，pp. 119—120.
32. 在下议院的演讲，1826 年 12 月 12 日。
33. 转引自 Lowry，*The South African War Reappraised*，p. 218。
34. 1889 年 2 月 11 日。
35. Green，*Kipling: The Critical Heritage*，pp. 236—244.
36. Longford，*A Pilgrimage of Passion*，p. 335.
37. *Truth*，1889 年 2 月 9 日。
38. Le Gallienne，*Rudyard Kipling*，pp. 30，63—64，130，133，155—161.
39. Ellman，*Oscar Wilde*，p. 292；Cecil，*Max*，pp. 139，251，321，367.

第九章　罗得斯与米尔纳
1. 吉卜林写给贝克的信，1934 年 2 月 22 日，KP 14/7；*Letters* 3，pp. 196，384。
2. Cohen，*Rudyard Kipling to Rider Haggard*，pp. 35—37.
3. *SOM*，p. 87；吉卜林写给康福德（Cornford）的信，1898 年 2 月 26 日，邓斯库姆·科尔特手稿集。
4. Roberts，*Cecil Rhodes*，pp. 1，154；Thomas，*Rhodes*，pp. 2，13.
5. *Letters* 3，pp. 22，101.
6. 吉卜林写给贝克的信，1934 年 3 月 17 日，KP 14/7。
7. 吉卜林写给贝克的信，1932 年 12 月 15 日，KP 14/7；*SOM*，p. 101。
8. 罗得斯（Rhodes）写给吉卜林的信，无日期，KP 21/29。
9. Trevelyan，*Grey of Fallodon*，p. 61.
10. 转引自 Wilson，*The Strange Ride of Rudyard Kipling*，p. 224。
11. Wrench，*Alfred Lord Milner*，pp. 190—191.
12. *Letters* 3，pp. 31，34.
13. Spender，*Campbell-Bannerman*，Vol. 1，p. 264.
14. Pakenham，*The Boer War*，p. 584.
15. Porter，*The Nineteenth Century*，p. 615；Marlowe，*Milner*，p. 99.
16. 参见 Lowry，*The South African War Reappraised*，多处；Porter，*The Nineteenth Century*，p. 23。
17. Roberts，*Salisbury*，p. 725.
18. Roberts，*Salisbury*，p. 717.
19. Pakenham，*The Boer War*，pp. 65；Roberts，*Salisbury*，pp. 722，729.
20. Roberts，*Salisbury*，p. 732.

21. Roberts, *Salisbury*, p. 743.
22. *The Times*, 1898 年 9 月 29 日。
23. 吉卜林写给沙利文（Sullivan）的信, 1900 年 5 月 27 日, 吉尔伯特和沙利文档案文件（Gilbert and Sullivan Papers）; Newton, *Retrospection*, pp. 203—204; *Letters* 4, p. 227。
24. 吉卜林写给欣格勒（Shingler）的信, 1900 年 1 月 8 日, 开普敦大学（University of Cape Town）。
25. 吉卜林写给德·福雷斯特（De Forest）的信, 1900 年 1 月 15 日, KP 14/46。
26. Najder, *Joseph Conrad*, pp. 176, 261。
27. *Letters* 3, p. 42.
28. *SOM*, p. 97.
29. 吉卜林写给萨瑟兰公爵夫人（Duchess of Sutherland）的信, 1901 年 11 月 8 日, 达尔豪西大学吉卜林手稿集; *Letters* 3, p. 16。
30. Lowry, *The South African War Reappraised*, pp. 123, 134—135; Marlowe, *Milner*, p. 92; *Letters* 3, p. 56.
31. 吉卜林写给吉伦（Gillon）的信, 1899 年 10 月 22 日, 豪厄尔·赖特档案文件（Howell Wright Papers）; 吉卜林写给巴克尔（Buckle）的信, 1899 年 10 月 31 日, 达尔豪西大学吉卜林手稿集; 吉卜林写给德·福雷斯特的信, 1900 年 1 月 15 日, KP 14/46; 吉卜林写给萨瑟兰公爵夫人的信, 1901 年 11 月 8 日, 达尔豪西大学吉卜林手稿集。

第十章　来自布尔人的教训
1. 吉卜林写给劳伦斯的信, 1898 年 8 月 14 日, 锡拉丘兹大学吉卜林手稿集; 吉卜林写给萨瑟兰公爵夫人的信, 1899 年 12 月 31 日, 达尔豪西大学吉卜林手稿集; 吉卜林写给德·福雷斯特的信, 1900 年 1 月 15 日, KP 14/46。
2. Pakenham, *The Boer War*, p. 191; Roberts, *Cecil Rhodes*, pp. 277—278。
3. 卡丽·吉卜林日记, 1900 年 4 月 3 日, KP 1/9。
4. Keating, *Kipling the Poet*, p. 134.
5. Ralph, *War's Brighter Side*, p. 83.
6. Keating, *Kipling the Poet*, pp. 134—135.
7. 转引自 Birkenhead, *Rudyard Kipling*, pp. 207—208。
8. 吉卜林写给沃德（Ward）的信, 1912 年 6 月 4 日, 博德利图书馆（Bodleian Library）, 亲笔手稿 Ms Autogr b. 11。

9. *SOM*, p. 88.

10. *KJ*, 1985 年 12 月, pp. 59—60.

11. Ralph, *War's Brighter Side*, pp. 185, 259.

12. 吉卜林写给奥蒂小姐（Miss Otty）的信, 1899 年 12 月 28 日, 邓斯库姆·科尔特手稿集。

13. Clark, *History of Australia*, pp. 406—407; Lowry, *The South African War Reappraised*, p. 193.

14. *Letters* 3, p. 53.

15. *Letters* 3, p. 53.

16. 吉卜林写给鲍德温的信, 1901 年 11 月 25 日, 达尔豪西大学吉卜林手稿集; *Letters* 3, p. 38。

17. Marsh, *Joseph Chamberlain*, p. 499; Pakenham, *The Boer War*, p. 492.

18. *Letters* 3, p. 23; 吉卜林写给德·福雷斯特的信, 1900 年 1 月 15 日, KP 14/46。

19. Lowry, *The South African War Reappraised*, p. 197; Pakenham, *The Boer War*, pp. 73—74, 80; *Letters* 2, p. 352; *The Times*, 1911 年 10 月 3 日。

20. 索尔兹伯里写给寇松的信, 1901 年 9 月 23 日, 及寇松写给汉密尔顿的信, 1900 年 1 月 4 日, 寇松档案文件。

21. *Letters* 3, pp. 108—109; 吉卜林写给斯特雷奇（Strachey）的信, 1901 年 10 月 7 日, 斯特雷奇档案文件（Strachey Papers）。

22. 吉卜林写给贝尔（Bell）的信, 1899 年 10 月 5 日, 邓斯库姆·科尔特手稿集; *Letters* 3, p. 18。

23. 参见 Pakenham, *The Boer War*, pp. 96, 153—155, 165, 484; *Letters* 3, p. 70。

24. 吉卜林写给康兰（Conland）的信, 1901 年 8 月 23 日, 皮尔庞特·摩根图书馆; *Letters* 3, p. 26。

25. *Letters* 3, pp. 41—42.

26. *Letters* 3, pp. 41—42; 吉卜林写给康兰的信, 1901 年 8 月 23 日, 皮尔庞特·摩根图书馆。

27. Roberts, *Salisbury*, pp. 802—805; Marlowe, *Milner*, p. 111.

28. *Letters* 3, pp. 87—89.

29. *Letters* 3, pp. 177—179; 吉卜林写给贝克的信, 1932 年 12 月 15 日, 罗得斯档案文件（Rhodes Papers）; 卡丽·吉卜林写给贝克的信, 无年份 11 月 25 日, KP 14/7。

30. *Letters* 3，pp. 87—89.

31. Pakenham，*The Boer War*，pp. 597—599，608.

32. 吉卜林写给爱德华·塞西尔夫人的信，1902 年 7 月 17 日，锡拉丘兹大学吉卜林手稿集。

33. *Letters* 3，p. 106.

34. *Letters* 3，pp. 125—133；Amery，*Life of Joseph Chamberlain*，Vol. 4，p. 375；张伯伦（Chamberlain）写给吉卜林的信，1903 年 3 月 10 日，KP 22/6。

35. 参见平尼（Pinney）为《丛林故事剧》(*The Jungle Play*) 所作的序。

36. "Spartan Mothers"，收录于 Austin，*Songs of England*，pp. 83—84。

37. 转引自 Keating，*Kipling the Poet*，p. 351。

38. *The Times*，1902 年 1 月 4 日、7 日、9 日。

39. 洛克伍德·吉卜林写给康福德的信，1902 年 1 月 12 日，鲍德温档案文件；Beresford，*Schooldays with Kipling*，p. 60；*Book of Words*，pp. 95—96。

40. Cohen，*Rudyard Kipling to Rider Haggard*，pp. 46—47.

41. Ellman，*Oscar Wilde*，pp. 38，47—48；Longford，*A Pilgrimage of Passion*，p. 293.

42. Orwell，*Collected Essays*，Vol. 2，pp. 219—220.

43. Mangan，*The Games Ethic*，pp. 35—36，45.

44. Orwell，*Collected Essays*，vol. 2，p. 88.

第十一章　发现英格兰

1. Cohen，*Rudyard Kipling to Rider Haggard*，p. 51；*Letters* 3，pp. 150，281.

2. *Letters* 3，p. 113；吉卜林写给阿尔米夫人（Mrs Almy）的信，1924 年 5 月 15 日，赖斯手稿集。

3. 亨利·詹姆斯（H. James）写给威廉·詹姆斯（W. James）的信，1903 年 10 月 11 日，锡拉丘兹大学吉卜林手稿集。

4. *Letters* 3，p. 113；吉卜林写给麦克杜格尔（MacDougall）的信，1930 年 3 月 22 日，达尔豪西大学吉卜林手稿集。

5. 吉卜林写给弗罗利希（Fröhlich）的信，1909 年 7 月 21 日，达尔豪西大学吉卜林手稿集。

6. *Letters* 3，p. 458；*SOM*，p. 106.

7. 吉卜林写给斯特雷奇的信，[约 1904—1905 年]无日期，斯特雷奇档案文件。

8. *Letters* 3，p. 73.

9. 吉卜林写给斯特雷奇夫人的信，1904年10月16日，斯特雷奇档案文件。
10. Sutcliff, *Rudyard Kipling*, p. 52.
11. Mackail and Wyndham, *Life and Letters of George Wyndham*, Vol. 2, pp. 552—553.
12. 吉卜林写给马修斯（Matthews）的信，无日期，布兰德·马修斯手稿集（Brander Matthews Collection）；*Letters 3*, p. 329。
13. *SOM*, p. 121；吉卜林写给马修斯的信，1912年12月4日，布兰德·马修斯手稿集。
14. 吉卜林写给奇泽姆（Chisholm）的信，1900年9月，邓斯库姆·科尔特手稿集；*Letters 4*, p. 80。
15. Sutcliffe, *The Oxford University Press*, pp. 158—162.
16. Amis, *Rudyard Kipling*, p. 103.

第十二章 殖民地姐妹情

1. 吉卜林写给埃德华兹（Edwardes）的信，1901年12月10日，吉卜林学会图书馆（Kipling Society Library）；吉卜林写给斯特雷奇的信，1901年10月17日，斯特雷奇档案文件；*Letters 3*, p. 68。
2. 吉卜林写给斯特雷奇的信，1901年10月17日，斯特雷奇档案文件；吉卜林写给格温的信，1905年2月2日，KP 15/15；*Letters 3*, pp. 144—145；吉卜林写给沃德的信，1905年10月8日，博德利图书馆，亲笔手稿 Ms Autogr b. 11。
3. 吉卜林写给鲍德温的信，1904年3月7日，KP 11/3。
4. 阿诺德–福斯特（Arnold-Forster）日记，1904年6月29日，1905年2月27日，4月5日，阿诺德–福斯特档案文件（Arnold-Forster Papers）；Ridley and Percy, *Letters of Arthur Balfour*, p. 73。
5. 转引自 Pinney，刊载于 *KJ* 1994年3月，pp. 44—45。
6. Porter, *The Nineteenth Century*, pp. 339—340, 356.
7. *Book of Words*, p. 33；吉卜林写给麦克梅肯（Macmechan）的信，1902年1月22日，达尔豪西大学吉卜林手稿集。
8. 吉卜林写给斯特雷奇的信，1913年8月3日，斯特雷奇档案文件。
9. 参见 Gallagher and Robinson, "The Imperialism of Free Trade", *Economic History Review*, VI, 1（1953）。
10. Roberts, *Salisbury*, p. 682.
11. Porter, *The Nineteenth Century*, p. 357；Marsh, *Joseph Chamberlain*, p. 555.

12. Marsh, *Joseph Chamberlain*, p. 563.
13. 吉卜林写给鲍德温的信,1903 年 6 月 6 日,KP 11/1。
14. 吉卜林写给艾特肯(Aitken)的信,1911 年 11 月 3 日,比弗布鲁克档案文件(Beaverbrook Papers)。
15. 吉卜林写给斯特雷奇的信,[约 1904—1905 年]无日期,斯特雷奇档案文件;卡丽·吉卜林日记,1901 年 4 月 8 日,KP 1/9。
16. 吉卜林写给哈格里夫斯(Hargreaves)的信,无日期,康奈尔大学吉卜林手稿集。
17. Porter, *The Nineteenth Century*, p. 75.
18. *Letters* 3, p. 351.
19. 吉卜林写给爱德华·塞西尔夫人的信,1902 年 9 月 29 日,米尔纳夫人档案文件(Lady Milner Papers)。
20. 吉卜林写给勒维利(Levily)的信,无日期,康奈尔大学吉卜林手稿集;吉卜林写给格温的信,1906 年 2 月 7 日,KP 15/15。
21. 吉卜林写给格温的信,[约 1907 年春]无日期,KP 15/15;吉卜林写给福特(Ford)的信,[约 1908 年]无日期,KP 15/7。
22. *Letters of Travel*, pp. 179—205 多处。
23. 吉卜林写给麦克梅肯的信,1902 年 1 月 22 日,达尔豪西大学吉卜林手稿集。
24. *Letters of Travel*, pp. 119—121;艾丽斯·吉卜林写给 E. 普洛登的信,1907 年 11 月 25 日,KP 1/10;吉卜林写给弗雷文(Frewen)的信,1907 年 12 月 4 日,康奈尔大学吉卜林手稿集。
25. *Letters* 3, pp. 330, 275;*Letters of Travel*, p. 122.
26. *Letters of Travel*, pp. 126, 134;*SOM*, p. 116.
27. 吉卜林写给格温的信,1904 年 6 月 20 日,达尔豪西大学吉卜林手稿集;吉卜林写给马克西(Maxse)的信,1908 年 12 月 10 日,马克西档案文件(Maxse Papers);*Letters* 3, p. 279。
28. *Letters* 4, pp. 46—47.
29. McNaught, *Canada*, p. 211.
30. 卡丽·吉卜林写给爱德华·塞西尔夫人的信,1911 年 9 月 23 日,米尔纳夫人档案文件;*Letters* 4, p. 50;艾特肯写给吉卜林的信,1912 年 10 月 3 日,比弗布鲁克档案文件。
31. 吉卜林写给贝尔的信,1905 年 7 月 21 日,邓斯库姆·科尔特手稿集;*Letters* 3, p. 196;Gilmour, *Curzon*, p. 310;Dilks, *Curzon in India*, Vol. 2, p. 189。

注 释

32. 吉卜林写给劳伦斯的信，1899 年 9 月 22 日，锡拉丘兹大学吉卜林手稿集，第 3 匣。

33. *Letters 3*，p. 206.

34. 贝尔福（Balfour）写给塞尔伯恩（Selborne）的信，1905 年 9 月 21 日，贝尔福档案文件（Balfour Papers）。

35. 吉卜林写给格温的信，1906 年 2 月 7 日，KP 15/15；*Letters 3*，p. 215。

36. *Book of Words*，p. 26.

第十三章 自由党的背叛

1. *Letters of Travel*，p. 119.

2. "The Comprehension of Private Copper"，收录于 *Traffics and Discoveries*。

3. Wilson，*CB*，p. 151.

4. *Letters 3*，p. 279.

5. 吉卜林写给艾特肯的信，1911 年 9 月 17 日，比弗布鲁克档案文件。

6. *Letters 4*，pp. 122—124，218.

7. *Letters 4*，p. 89；吉卜林写给加文（Garvin）的信，1912 年 2 月 1 日，得克萨斯大学奥斯汀分校吉卜林手稿集。

8. Koss，*The Pro-Boers*，p. xxix.

9. *Letters 3*，p. 200.

10. 吉卜林写给格温的信，1906 年 1 月 24 日，达尔豪西大学吉卜林手稿集。

11. Marlowe，*Milner*，pp. 172—173.

12. Pakenham，*The Boer War*，p. 492.

13. Marlowe，*Milner*，p. 170.

14. 吉卜林写给埃尔茜和乔治·班布里奇（E. and G. Bambridge）的信，1926 年 7 月 13 日，1935 年 2 月 14 日，KP 12/15 及 24。

15. *Letters 3*，pp. 254，337.

16. *Letters 3*，pp. 231，235—236.

17. *Standard*，1906 年 7 月 27 日。

18. *Letters 3*，p. 300.

19. 吉卜林写给菲茨帕特里克（Fitzpatrick）的信，1924 年 4 月 22 日，格雷厄姆斯敦，国家英语文学博物馆（National English Literary Museum, Grahamstown）。

20. *Letters 3*，pp. 310—315.

21. 吉卜林写给麦克费尔（Macphail）的信，1908 年 2 月 10 日，加拿大国家档案馆（National Archives of Canada）；吉卜林写给福特的信，1906 年 9 月

15 日，1907 年 4 月 3 日，[约 1908 年] 无日期，KP 15/7；吉卜林写给格温的信，1908 年 5 月 6 日，KP 15/15；*Letters* 3，pp. 308，347。

22. *Letters* 3，p. 436；吉卜林写给贝克的信，无年份 7 月 29 日，罗得斯档案文件。

23. Marlowe，*Milner*，pp. 174—175.

24. *SOM*，p. 97.

25. 吉卜林写给格温的信，1907 年 2 月 20 日，KP 15/15；吉卜林写给康福德的信，1908 年 5 月 24 日，国家海事博物馆（National Maritime Museum）；吉卜林写给雷林（Railing）的信，1908 年 6 月 13 日，国会图书馆（Library of Congress）。

26. Ferguson，*The Pity of War*，pp. 83—87.

27. Ferguson，*The Pity of War*，pp. 83—87；Kennedy，*The Rise and Fall of the Great Powers*，p. 203；Keegan，*The First World War*；pp. 231—232.

28. Ferguson，*The Pity of War*，p. 86.

29. *Letters* 3，pp. 156，374；吉卜林写给艾特肯的信，1914 年 11 月 1 日，比弗布鲁克档案文件。

30. Koss，*Lord Haldane*，p. 66.

31. Morris，*Fisher's Face*，p. 124.

32. 吉卜林写给默里的信，1907 年 11 月 9 日，锡拉丘兹大学吉卜林手稿集；*Letters* 3，pp. 227，374。

33. *Book of Words*，pp. 58—59.

34. Roberts，*Salisbury*，p. 772.

35. 吉卜林写给鲍德温的信，1904 年 12 月 8 日，KP 11/1；*Letters* 3，pp. 158，193。

36. 吉卜林写给贝特森（Bateson）的信，1910 年 4 月 14 日，得克萨斯大学奥斯汀分校吉卜林手稿集；吉卜林写给邓斯特维尔的信，[约 1911 年] 无日期，KP 14/52。

37. 吉卜林写给福特的信，1910 年 4 月 19 日，KP 15/7；*Letters* 4，p. 40。

38. *Letters* 4，pp. 75—306.

39. 吉卜林写给富勒顿（Fullerton）的信，1913 年 4 月 28 日，哈佛大学吉卜林手稿集（Kipling Collection, Harvard）。

40. Koss，*Lord Haldane*，p. 19.

41. Koss，*Lord Haldane*，p. 45.

42. Koss，*Lord Haldane*，p. 61.

43. 吉卜林写给福特的信，1908 年 7 月 10 日，KP 15/7；吉卜林写给霍普曼

（Hopman）的信，1908年3月11日，康奈尔大学吉卜林手稿集；*Letters* 3, p. 392；吉卜林写给哈里斯（Harris）的信，1908年11月26日，大英图书馆，RP 2225。

44. *Letters* 4, pp. 25, 40.
45. Donaldson, *The Marconi Scandal*, p. 89.
46. 匿名发表，刊载于 *Daily Express*，1914年12月7日。

第十四章 为特权辩护

1. 洛克伍德·吉卜林写给佚名收件人的信，节选，无日期，康奈尔大学吉卜林手稿集。
2. 吉卜林写给莫里斯的信，1905年1月10日，*Notes and Queries*，1976年7月，pp. 296—297；*Letters* 3, p. 407；*Letters* 4, pp. 107, 118；吉卜林写给马克的信，1913年7月22日，邓斯库姆·科尔特手稿集。
3. 吉卜林写给莫里斯的信，1905年1月10日，*Notes and Queries*，1976年7月，pp. 296—297。
4. *Sunday Express*，1939年12月24日；Sykes, *Nancy*, pp. 100—101。
5. Carrington, *Rudyard Kipling*, p. 516.
6. *KJ*，1998年3月，p. 58。
7. *KJ*，1997年12月，p. 47。
8. *Sunday Express*，1939年12月24日。
9. *Souvenirs of France*, pp. 25, 32.
10. Gardiner, *Prophets, Priests and Kings*, p. 293.
11. 吉卜林写给贝尔福的信，1903年11月7日，邓斯库姆·科尔特手稿集。
12. *Letters* 3, p. 381；吉卜林写给波因特（Poynter）的信，1909年12月26日，鲍德温档案文件。
13. Grigg, *Lloyd George: The People's Champion*, p. 198；Jenkins, *Mr Balfour's Poodle*, pp. 88—89.
14. 吉卜林写给斯特雷奇的信，1910年10月26日，及斯特雷奇写给吉卜林的信，1910年10月26日，斯特雷奇档案文件。
15. *Letters* 3, p. 204.
16. 吉卜林写给格温的信，1906年2月7日，[1907年7月？]无日期，KP 15/15；吉卜林写给德拉蒙德·查普林（Drummond Chaplin）的信，1908年7月24日，津巴布韦国家档案馆（National Archives of Zimbabwe）；吉卜林写给德拉蒙德·查普林的信，1908年5月8日，迈克尔·西尔弗曼目录（Michael Silverman Catalogue），No. 3，1990。

17. 吉卜林写给波因特的信，1909 年 12 月 26 日，鲍德温档案文件。
18. 吉卜林写给布卢门菲尔德的信，1910 年 5 月 8 日，KP 14/19。
19. Chisholm and Davie, *Beaverbrook*, p. 75.
20. 吉卜林写给艾特肯的信，1911 年 3 月 9 日，比弗布鲁克档案文件。
21. 吉卜林写给艾特肯的信，1910 年 12 月 12 日，比弗布鲁克档案文件；吉卜林写给米尔纳（Milner）的信，1910 年 12 月 14 日，米尔纳档案文件（Milner Papers）。
22. *Letters* 4, p. 39.
23. 吉卜林写给布卢门菲尔德的信，1910 年 7 月 27 日，得克萨斯大学奥斯汀分校吉卜林手稿集。
24. Koss, *The Rise and Fall of the Political Press*, Vol. 2, pp. 179—180.
25. 艾特肯写给吉卜林的信，1911 年 8 月 7 日，比弗布鲁克档案文件；Koss, *The Rise and Fall of the Political Press*, Vol. 2, p. 182。
26. Gilmour, *Curzon*, pp. 392—393.
27. Cohen, *Rudyard Kipling to Rider Haggard*, p. 72；吉卜林写给布卢门菲尔德的信，无日期，KP 14/19。
28. *Letters* 3, p. 94.
29. *Letters* 4, pp. 124—125.
30. 吉卜林写给艾特肯的信，1911 年 11 月 23 日，比弗布鲁克档案文件。
31. *Book of Words*, pp. 65—66.
32. 艾特肯写给吉卜林的信，1911 年 9 月 30 日，11 月 20 日，比弗布鲁克档案文件。
33. Adams, *Bonar Law*, p. 9.
34. Mackay, *Balfour*, p. 238；Dugdale, *Arthur James Balfour*, Vol. 2, p. 86。
35. *Letters* 4, p. 67；Chisholm and Davie, *Beaverbrook*, p. 112；吉卜林写给艾特肯的信，1911 年 11 月 10 日，比弗布鲁克档案文件；吉卜林写给格温的信，1911 年 11 月 10 日，博纳·劳档案文件（Bonar Law Papers）。
36. *Letters* 4, p. 74.
37. *Letters* 4, pp. 90, 139.
38. 吉卜林写给康福德的信，[1905 年 12 月] 无日期，国会图书馆。
39. 吉卜林写给格温的信，1912 年 4 月 21 日，KP 15/15；吉卜林写给布卢门菲尔德的信，1912 年 11 月 28 日，无日期，KP 14/19。
40. 吉卜林写给马克西的信，1912 年 6 月 1 日，马克西档案文件。
41. Grigg, *Lloyd George: The People's Champion*, p. 165.

注 释

42. 吉卜林写给布卢门菲尔德的信，1910 年 7 月 25 日，得克萨斯大学奥斯汀分校吉卜林手稿集；*Letters* 3，p. 252；吉卜林写给 C. 弗雷文（C. Frewen）的信，7 月 5 日，及写给莫尔顿·弗雷文（M. Frewen）的信，1910 年 10 月 6 日，康奈尔大学吉卜林手稿集。

43. "The Flag of Their Country".

44. *Letters* 4，p. 83；吉卜林写给道布尔迪（Doubleday）的信，1919 年 3 月 18 日，道布尔迪手稿集（Doubleday Collection）。

45. *Letters* 4，p. 70。

46. 吉卜林写给格温的信，1910 年 6 月 21 日，KP 15/15；吉卜林写给汉弗莱·沃德夫人（Mrs H. Ward）的信，1912 年 2 月 2 日，达尔豪西大学吉卜林手稿集。

47. 无地址信件，局部，无日期，戈登·雷手稿集（Ray Collection），MA 45000K；*Letters of Travel*，pp. 155，205。

48. *Letters* 4，p. 73；吉卜林写给道布尔迪的信，1912 年 3 月 6 日，道布尔迪手稿集；吉卜林写给布莱克尼（Blakeney）的信，1913 年 9 月 29 日，大英图书馆，增补手稿 Add ms 48979。

49. *KJ*，1991 年 6 月，pp. 16—17。

50. 吉卜林写给艾特肯的信，1913 年 11 月 15 日，比弗布鲁克档案文件；*Letters of Travel*，p. 143；吉卜林写给格温的信，1912 年 4 月 21 日，KP 15/15。

51. Ward，*G. K. Chesterton*，p. 307；*Letters* 4，pp. 193，195.

52. 吉卜林写给艾特肯的信，1913 年 8 月 12 日，11 月 14 日，1914 年 1 月 15 日，比弗布鲁克档案文件；Cooper，*Old Men Forget*，p. 46。

53. 吉卜林写给格温的信，1913 年 9 月 26 日，KP 15/15；吉卜林写给艾特肯的信，1913 年 11 月 14 日，比弗布鲁克档案文件；*Letters* 4，pp. 194—195。

54. Grigg，*Lloyd George: From Peace to War*，pp. 48—66；Donaldson，*The Marconi Scandal*，多处。

第十五章 埃及与阿尔斯特

1. *Letters* 3，p. 377.

2. 艾特肯写给吉卜林的信，1912 年 10 月 3 日，比弗布鲁克档案文件；Porter，*The Nineteenth Century*，p. 543；*Letters* 4，p. 228；*Letters* 3，p. 336。

3. 吉卜林写给道布尔迪的信，1912 年 11 月 5 日，道布尔迪手稿集；吉卜林写给布卢门菲尔德的信，[1912 年] 无日期，KP 14/19。

4. Brogan，*Mowgli's Sons*，pp. 29—36。

5. 吉卜林写给道森（Dawson）的信，无年份 2 月 28 日，达尔豪西大学吉卜林手稿集；Brogan，*Mowgli's Sons*，pp. 41—49。

6. 吉卜林写给塞西尔的信，1913 年 3 月 12 日，米尔纳夫人档案文件。
7. *Letters 4*，p. 231；*Letters of Travel*，pp. 212，222，236—237.
8. 吉卜林写给米尔纳的信，1913 年 3 月 3 日，米尔纳档案文件。
9. 吉卜林写给福布斯（Forbes）的信，1913 年 4 月 9 日，哈佛大学吉卜林手稿集；*Letters of Travel*，pp. 277—284。
10. *Letters of Travel*，pp. 247—249；Tignor, *Modernization and British Colonial Rule in Egypt*，p. 239；*Letters 4*，p. 173；吉卜林写给斯特雷奇的信，1913 年 3 月 14 日，斯特雷奇写给吉卜林的信，1913 年 3 月 24 日，斯特雷奇档案文件。
11. 卡丽·吉卜林日记，1913 年 2 月 13 日，KP 1/10；*Letters 4*，pp. 173—175。
12. *Letters 4*，p. 149；吉卜林写给格温的信，1913 年 1 月 25 日，KP 15/15。
13. *Letters 4*，p. 203.
14. 吉卜林写给埃默里（Amery）的信，1914 年 6 月 7 日，KP 14/3；吉卜林写给张伯伦的信，1914 年 6 月 10 日，KP 14/33；KP 21/1。
15. 吉卜林写给格温的信，1909 年 6 月 13 日，达尔豪西大学吉卜林手稿集。
16. Fletcher and Kipling, *A History of England*，p. 69；*Letters 4*，pp. 59，596.
17. 吉卜林写给格思里夫人（Mrs Guthrie）的信，1901 年 11 月 16 日，邓斯库姆·科尔特手稿集。
18. *Letters 4*，p. 59.
19. *Letters 4*，p. 59；吉卜林写给怀特（White）的信，1912 年 12 月 25 日，KP 17/50。
20. 爱德华·皮尔斯（Edward Pearce）在其 *Lines of Most Resistance*，p. 402 中对这首诗的解读使我受益匪浅。
21. *Letters 4*，p. 105.
22. 1912 年 4 月 11 日；Michael Brock,"'Outside his Art': Rudyard Kipling in Politics"，收录于 *Essays by Divers Hands*, Vol. 45. pp. 115—116。
23. *Letters 4*，pp. 203，211.
24. 吉卜林写给格温的信，1913 年 11 月 26 日，KP 15/15。
25. *Letters 4*，pp. 211，222，225.
26. *The Times*，1914 年 3 月 3 日。
27. *Letters 4*，pp. 215，224—226；吉卜林写给弗罗利希的信，1914 年 3 月 14 日，达尔豪西大学吉卜林手稿集。
28. Falls, *Rudyard Kipling*，p. 45；*Letters 4*，p. 226.

注 释

29. KP 28/9.

30. *Letters* 4, pp. 239—240.

第十六章 末日大战

1. *Letters* 4, p. 132.

2. *Letters* 4, p. 249；吉卜林写给费尔登（Feilden）的信, 1914 年 8 月 7 日, KP 15/2。

3. 吉卜林写给哈定（Harding）的信, 1903 年 9 月 2 日, 哈佛大学吉卜林手稿集；*Letters* 4, pp. 182, 253。

4. 吉卜林写给寇松的信, 1914 年 8 月 24 日, 寇松档案文件。

5. KP 29/9；吉卜林写给布卢门菲尔德的信, 1915 年 12 月 23 日, 得克萨斯大学奥斯汀分校吉卜林手稿集；*Letters* 4, p. 351。

6. 吉卜林写给道布尔迪的信, 1914 年 8 月 31 日, 道布尔迪手稿集；*Letters* 4, pp. 250—254, 277；Hugh Brogan, "The Great War and Rudyard Kipling", 收录于 *KJ*, 1998 年 6 月, pp. 18—34；Keegan, *The First World War*, pp. 92—93。

7. *Morning Post*, 1915 年 6 月 22 日；吉卜林写给布卢门菲尔德的信, 1918 年 8 月 22 日, KP 14/19。

8. 吉卜林写给道布尔迪的信, 1914 年 10 月 5 日, 道布尔迪手稿集；*Book of Words*, pp. 123, 182。

9. *A Diversity of Creatures*；*Letters* 4, p. 231.

10. Link, *The Papers of Woodrow Wilson*, Vols. 15, 23, 24, 30, 38, 43, 66, 67 多处。

11. *Morning Post*, 1933 年 11 月 13 日；Neruda, *Memoirs*, p. 249；毛姆（Maugham）写给吉卜林的信, [1934 年] 2 月 24 日, KP 22/40；戈弗雷（Godfrey）写给吉卜林的信, 1919 年 3 月 31 日, KP 22/40；吉卜林写给卢因（Lewin）的信, 1933 年 1 月 20 日, 邓斯库姆·科尔特手稿集；Winter, *Haig's Command*, p. 294。

12. *Letters* 4, pp. 254—255.

13. 吉卜林写给格温的信, 1914 年 8 月 12 日, 达尔豪西大学吉卜林手稿集。

14. *Letters* 4, pp. 256, 261.

15. 罗斯福（Roosevelt）写给吉卜林的信, 1914 年 11 月 4 日, 复印件, 收录于米尔纳档案文件。

16. 吉卜林写给道布尔迪的信, 1914 年 9 月 11 日, 道布尔迪手稿集；吉卜林写给马修斯的信, 1914 年 9 月 20 日, 布兰德·马修斯手稿集；吉卜林写给约翰逊（Johnson）的信, 1914 年 9 月 11 日, 达尔豪西大学吉卜林手稿集；吉卜林写给马丁（Martin）的信，1914年10月7日，及吉卜林写给巴雷特·温德尔（Barret Wendell）的信，1914年10月28日，哈佛大学吉卜林手稿集；*Letters 4*，pp. 263—265。

17. 卡丽·吉卜林写给巴莱斯蒂尔夫人（Mrs Balestier）的信，1914年10月28日，邓纳姆档案文件（Dunham Papers）。

18. 福布斯回忆录，1915年11月8日，收录于哈佛大学吉卜林手稿集。

19. 卡丽·吉卜林日记，1915年3月29日，KP，38/40；吉卜林写给劳森（Lawson）的信，1915年5月22日，KP 16/20。

20. 米尔纳写给卡森（Carson）的信，1917年11月11日，丘吉尔（Churchill）写给吉卜林的信，1918年1月27日，2月6日，艾萨克斯（Isaacs）写给吉卜林的信，1918年12月4日，戴维斯（Davies）写给吉卜林的信，1917年5月23日，均收录于KP 22/1；吉卜林写给戴维斯的信，1917年5月25日，KP 14/45。

21. 吉卜林写给戴维斯，1917年5月25日，KP 14/45。

22. 吉卜林的文章，刊载于*Daily Telegraph*，1915年9月；吉卜林写给邓斯特维尔的信，1915年8月27日，KP 14/52。

23. Gilbert，"O Beloved Kids"，pp. 200—213。

24. Keegan，*The First World War*，pp. 217—218。

25. *History of the Irish Guards*，Vol. 2，pp. 20—28。

26. *Letters 4*，pp. 336—345，402—403。

27. Holt and Holt，*My Boy Jack?*，pp. 205—222。

28. 卡丽·吉卜林写给巴莱斯蒂尔夫人的信，1914年10月28日，邓纳姆档案文件。

29. *Letters 4*，pp. 344—345。

30. 吉卜林写给麦克梅肯的信，1914年11月2日，达尔豪西大学吉卜林手稿集；*Letters 4*，p. 291。

31. 吉卜林写给爱德华·塞西尔夫人的信，1915年4月9日，米尔纳夫人档案文件。

32. 吉卜林写给斯特雷奇的信，1918年8月31日，斯特雷奇档案文件；吉卜林写给伊迪丝·麦克唐纳（E. Macdonald）的信，1930年12月30日，KP 11/10。

33. *Letters 4*，p. 360。

34. Ricketts，*The Unforgiving Minute*，p. 332。

35. 吉卜林写给布卢门菲尔德的信，1918年8月22日，KP 14/19；吉卜林写给格温的信，1933年4月13日，KP 15/15。

36. 吉卜林写给巴雷特·温德尔的信，1914年10月28日，哈佛大学吉卜林手稿集; *Letters* 4, pp. 310—311, 380, 395。

37. 吉卜林写给邓斯特维尔的信, 1916年9月11日, KP 14/52; *Letters* 4, pp. 392, 405。

38. *Letters* 4, pp. 345, 355; 吉卜林写给亚当(Adam)的信, 1917年3月28日, 康奈尔大学吉卜林手稿集。

39. *History of the Irish Guards*, Vol. 1, pp. 26, 86, Vol. 2, p. 28.

40. *Letters* 4, pp. 355, 478—479; 比弗布鲁克(Beaverbrook)写给吉卜林的信, 1917年11月28日, 12月6日, 比弗布鲁克档案文件。

41. Keegan, *The First World War*, pp. 392—395; Winter, *Haig's Command*, pp. 108—109.

42. *Letters* 4, pp. 370—373; 吉卜林写给弗雷文的信, 1917年1月28日, 莫尔顿·弗雷文手稿集(Moreton Frewen Collection)。

43. 福布斯回忆录, 1916年4月5日, 哈佛大学吉卜林手稿集。

44. 吉卜林写给福布斯的信, 1917年8月28日, 哈佛大学吉卜林手稿集; *Daily Telegraph*, 1918年8月17日。

45. Vincent, *The Cranford Papers*, pp. 396, 502; *Letters* 4, p. 517.

46. Keating, *Kipling the Poet*, p. 200.

47. *New York World*, 1922年9月10日。

48. 罗德写给吉卜林的信, 1915年5月15日, KP 23/10。

49. *Letters* 4, pp. 457—458, 464.

50. *Daily Telegraph*, 1917年6月16日。

51. 吉卜林写给马修斯的信, 1919年11月4日, 布兰德·马修斯手稿集。

52. *Letters* 4, p. 544.

53. *Letters* 4, p. 542.

54. 吉卜林写给巴里(Barry)的信, 1935年12月21日, KP 38/2。

55. Green, *Kipling: The Critical Heritage*, p. 332; 吉卜林写给麦克费尔的信, 1921年2月12日, 加拿大国家档案馆。

56. 吉卜林写给弗莱彻(Fletcher)的信, 1921年9月22日, KP 15/5; 卡丽·吉卜林日记, 1922年7月27日, KP。

第十七章 和平之痛

1. Newton, *Lord Lansdowne*, pp. 463—468.
2. *Letters* 4, p. 474.
3. 1918年2月15日, KP 28/9。
4. *Letters* 4, pp. 515, 520; 卡丽·吉卜林日记, 1918年11月11日, KP;

吉卜林写给汉内(Hannay)的信,1919年1月18日,达尔豪西大学吉卜林手稿集;吉卜林写给杰罗尔德夫人(Mrs Gerould)的信,1920年5月1日,普林斯顿大学(Princeton University),普通杂类手稿 Gen ms misc CO140。

5. *Letters* 4, pp. 520, 524;吉卜林写给马修斯的信,1919年11月4日,布兰德·马修斯手稿集。

6. 吉卜林写给福布斯的信,1916年9月19日,哈佛大学吉卜林手稿集;*Letters* 4, p. 515。

7. 吉卜林写给德拉蒙德·查普林的信,1920年7月15日,津巴布韦国家档案馆;吉卜林写给格温的信,1921年10月30日,达尔豪西大学吉卜林手稿集。

8. 吉卜林写给科尔文(Colvin)的信,1918年7月2日,锡拉丘兹大学吉卜林手稿集;吉卜林写给斯托达德夫人(Mrs Stoddard)的信,1935年12月6日,国会图书馆。

9. *Letters* 4, p. 601;吉卜林写给丘吉尔,及写给李(Lee)的信,均为1919年12月17日,KP。

10. *Letters* 4, p. 515;吉卜林写给道布尔迪的信,1919年4月22日,8月27日,道布尔迪手稿集。

11. *Letters* 4, pp. 540, 528。

12. *Letters* 4, p. 528。

13. 吉卜林写给福布斯的信,1919年3月1日,霍顿图书馆吉卜林手稿集(Kipling Collection, Houghton);吉卜林写给道布尔迪的信,1919年4月22日,道布尔迪手稿集。

14. *Letters* 4, pp. 556, 578, 594。

15. 吉卜林写给马修斯的信,1921年10月23日,布兰德·马修斯手稿集;吉卜林写给格温的信,1926年3月20日,达尔豪西大学吉卜林手稿集。

16. Lycett, *Rudyard Kipling*, p. 476;Cohen, *Rudyard Kipling to Rider Haggard*, pp. 111—113。

17. 参见 Keating, *Kipling the Poet*, pp. 220—222。

18. 吉卜林写给斯特雷奇的信,1918年8月22日,1920年12月18日,斯特雷奇写给吉卜林的信,1919年3月12日,斯特雷奇档案文件;卡丽·吉卜林日记,1920年11月11日,KP 38/40。

19. *Letters* 4, pp. 470, 596;吉卜林写给道布尔迪的信,1918年8月21日,道布尔迪手稿集。

20. 吉卜林写给弗莱彻的信,1921年9月22日,KP 15/5;吉卜林写给克鲁(Crewe)的信,1921年11月28日,东伦敦博物馆(East London Museum);吉卜林写给谢弗里永(Chevrillon)的信,1921年12月31日,KP 14/37。

注 释

21. 吉卜林写给谢弗里永的信，1921年12月31日，KP 14/37。

22. 卡丽·吉卜林日记，1921年12月7日，KP；Birkenhead，*Rudyard Kipling*，p. 294；吉卜林写给班布里奇的信，1924年3月31日，KP 12/13；吉卜林写给弗莱彻的信，1922年10月4日，KP 15/5。

23. 卡林顿写给比弗布鲁克的信，1954年11月4日，比弗布鲁克写给卡林顿的信，1954年11月18日，12月8日，比弗布鲁克档案文件。

24. 吉卜林写给贝茨的信，1930年6月18日，KP 14/13。

25. 吉卜林写给辛顿夫人（Mrs Sington）的信，1916年10月6日，锡拉丘兹大学吉卜林手稿集。

26. 吉卜林写给卢因的信，1920年4月26日，5月3日，邓斯库姆·科尔特手稿集。

27. 吉卜林写给卢因的信，1920年10月；Longworth，*The Unending Vigil*，pp. 47—48；Rose，*The Later Cecils*，pp. 270—271。

28. 卡丽·吉卜林日记，1920年7月25日，KP 38/40；吉卜林写给塞奇威克（Sedgwick）的信，1920年4月29日，马萨诸塞州历史学会（Massachusetts Historical Society）；吉卜林写给马修斯的信，1921年3月27日，布兰德·马修斯手稿集。

29. 吉卜林写给道森的信，1919年12月30日，杜克大学（Duke University）；吉卜林日记，1921年4月28日，5月1日，麦克米伦档案馆。

30. Carrington，*Rudyard Kipling*，p. 458.

31. 吉卜林写给鲁宾逊（Robinson）的信，1928年6月25日，锡拉丘兹大学吉卜林手稿集。

32. 卡丽·吉卜林写给阿德科克（Adcock）的信，1924年8月14日，康奈尔大学吉卜林手稿集，第5匣；吉卜林写给鲍德温的信，1918年6月17日；Orel，*Kipling*，Vol. 2，p. 341；吉卜林写给麦克费尔的信，1921年2月12日，加拿大国家档案馆。

33. 吉卜林写给里德夫人（Mrs Reed）的信，1932年5月22日，哈佛大学吉卜林手稿集；*SOM*，p. 119；吉卜林写给里兹代尔（Ridsdale）的信，1925年11月9日，鲍德温档案文件；吉卜林写给德·福雷斯特的信，1926年5月22日，书信原件属托马斯·平尼所有。

34. 吉卜林写给U. 斯坦利（U. Stanley）的信，1928年6月8日，及写给R. 格温（R. Gwynne）的信，1932年6月21日，锡拉丘兹大学吉卜林手稿集；盖伊·斯特拉特（G. Strutt）写给作者的信，1997年9月22日。

35. 吉卜林写给R. 格温的信，1930年12月22日，锡拉丘兹大学吉卜林手稿集；Orel，*Kipling*，Vol. 2，p. 320。

36. 吉卜林写给埃尔茜·班布里奇的信，1925 年 8 月 24 日，KP 12/15；吉卜林写给马修斯的信，1920 年 7 月 21 日，布兰德·马修斯手稿集。

37. 吉卜林写给弗里尔·里夫斯（Frere Reeves）的信，1929 年 1 月 24 日，1930 年 1 月 27 日，锡拉丘兹大学吉卜林手稿集。

38. 吉卜林写给科克雷尔（Cockerell）的信，1932 年 10 月 6 日，皮尔庞特·摩根图书馆，MA 3687。

39. 卡丽·吉卜林日记，1921 年 7 月，8 月，KP 1/12。

40. 劳伦斯笔记本，霍顿图书馆，英文手稿 Ms Eng 1252 (355)。

41. 吉卜林写给劳伦斯的信，1922 年 7 月 20 日，25 日，大英图书馆，RP 2174；吉卜林写给道布尔迪的信，1927 年 11 月 1 日，道布尔迪手稿集。

42. 吉卜林写给拜特（Beit）的信，1925 年 6 月 22 日，KP 21/29；吉卜林写给吉尔摩（Gilmour）的信，1918 年 12 月 8 日，及吉卜林写给帕金（Parkin）的信，1919 年 11 月 18 日，米尔纳档案文件；*Letters* 4，p. 595。

43. 吉卜林写给邓斯特维尔的信，1927 年 11 月 20 日，KP 14/12；吉卜林写给布鲁金（Brooking）的信，1927 年 7 月 20 日，KP 21/27。

44. Cohen，*Rudyard Kipling to Rider Haggard*，pp. 101，106—107.

45. Cobb，*Something to Hold Onto*，p. 85.

46. 吉卜林写给贝茨的信，1932 年 2 月 2 日，KP 14/13；吉卜林写给埃尔茜·班布里奇的信，1925 年 2 月 19 日，KP 12/14；吉卜林写给考陶尔德（Courtauld）的信，1932 年 2 月 12 日，塞缪尔·考陶尔德档案文件（Samuel Courtauld Papers）。

47. 吉卜林写给罗林森（Rawlinson）的信，1935 年 1 月 11 日，伯格手稿集。

48. 吉卜林写给班布里奇的信，1921 年 3 月 6 日，KP 12/13；吉卜林写给保林（Pawling）的信，1922 年 4 月 2 日，道布尔迪手稿集；吉卜林写给邓斯特维尔的信，1922 年 4 月 30 日，KP 14/52。

49. 吉卜林写给贝茨的信，1925 年 2 月 6/7 日，KP 14/13；吉卜林写给福布斯的信，1927 年 5 月 3 日，哈佛大学吉卜林手稿集。

50. 吉卜林写给埃尔茜·班布里奇的信，1933 年 2 月 19 日，KP 12/22；吉卜林写给斯平克（Spink）的信，1932 年 3 月 26 日，KP 38/13；吉卜林写给道森的信，1932 年 3 月 9 日，道森档案文件（Dawson Papers）。

51. 吉卜林写给贝克的信，1934 年 3 月 17 日，KP 14/7；吉卜林写给赫西夫人的信，1921 年 3 月 28 日，KP 16/11。

52. 吉卜林写给罗斯福的信，1932 年 4 月 16 日，小西奥多·罗斯福手稿集（Theodore Roosevelt Jr. Collection）；吉卜林写给劳伦斯的信，1922 年 7 月 20 日，大英图书馆，RP 2174；吉卜林写给贾维斯（Jarvis）的信，1930 年 1 月 21 日，

KP 16/14。

53. 吉卜林写给贝茨的信，1930 年 5 月 4 日，12 日，KP 14/13；吉卜林写给麦克杜格尔的信，1930 年 3 月 22 日，达尔豪西大学吉卜林手稿集；吉卜林写给埃尔茜·班布里奇的信，1930 年 3 月 22 日，KP 12/19；吉卜林写给麦克费尔的信，1930 年 5 月 19 日，加拿大国家档案馆；Pinney, "Kipling in Bermuda, 1930", *KJ*, 1997 年 12 月。

第十八章 冰上篝火

1. 吉卜林写给费尔登的信，1921 年 4 月 9 日，KP 15/2；吉卜林写给麦克费尔的信，1921 年 4 月 15 日，加拿大国家档案馆。

2. James, *Memoirs of a Conservative*, p. 149.

3. *Daily Telegraphy*, 1925 年 3 月 21 日。

4. Cohen, *Rudyard Kipling to Rider Haggard*, pp. 132, 163—164；卡丽·吉卜林日记，1922 年 10 月 7 日，KP 1/12。

5. 吉卜林写给鲍德温的信，1923 年 12 月 9 日，鲍德温档案文件；吉卜林写给谢弗里永的信，1924 年 1 月 10 日，KP 14/37。

6. 吉卜林写给史密斯（Smith）的信，1919 年 8 月 27 日，锡拉丘兹大学吉卜林手稿集。

7. 吉卜林写给格温的信，1926 年 5 月 12 日，16 日，KP 15/15，及达尔豪西大学吉卜林手稿集；吉卜林写给德·福雷斯特的信，1926 年 5 月 22 日，麦吉尔大学（McGill University）。

8. 吉卜林写给格温的信，1929 年 11 月 14 日，1930 年 11 月 26 日，1932 年 2 月 19 日，无日期，KP 15/15；吉卜林写给贝茨的信，1931 年 8 月 13 日，KP 14/13。

9. 吉卜林写给邓斯特维尔的信，1927 年 5 月 20 日，KP 14/52；*Letters from Rudyard Kipling to Guy Paget 1919—1936*，个人出版；吉卜林写给伊迪丝·麦克唐纳的信，1931 年 12 月 31 日，KP 11/10；卡丽·吉卜林日记，1933 年 2 月，KP 38/40；Birkenhead, *Rudyard Kipling*, p. 344。

10. Chisholm and Davie, *Beaverbrook*, p. 280；Blake, *The Conservative Party from Peel to Churchill*, p. 233.

11. 吉卜林写给鲍德温的信，1930 年 10 月 29 日，鲍德温档案文件。

12. 吉卜林写给格温的信，1931 年 8 月 26 日，无日期，KP 15/15。

13. 吉卜林写给贝茨的信，1931 年 10 月 29 日，KP 14/13；吉卜林写给伊迪丝·麦克唐纳的信，1931 年 12 月 31 日，KP 11/10；吉卜林写给休斯（Hughes）的信，1932 年 7 月 18 日，KP 16/10。

14. 吉卜林写给麦克费尔的信，1922 年 3 月 26 日，加拿大国家档案馆；吉卜林写给莫里斯的信，1926 年 10 月 18 日，23 日，澳大利亚国家图书馆（National Library of Australia）；吉卜林写给拉金（Larkin）的信，1927 年 7 月 1 日，加拿大国家档案馆；吉卜林写给麦克费尔的信，1934 年 1 月 2 日，加拿大国家档案馆；吉卜林写给罗斯福的信，1935 年 9 月 18 日，小西奥多·罗斯福手稿集；吉卜林写给巴里的信，1935 年 5 月 13 日，KP 38/2。

15. Rose，*Churchill*，p. 233.

16. Charmley，*Lord Lloyd*，pp. 176—177；吉卜林写给贝茨的信，1931 年 2 月 12 日，KP 14/13。

17. 吉卜林写给格温的信，1930 年 11 月 26 日，[1933 年 9 月] 无日期，KP 15/15；吉卜林写给柯里（Curry）的信，1932 年 6 月 28 日，康奈尔大学吉卜林手稿集；Orel，*Kipling*，Vol. 1，p. 90；吉卜林写给埃尔茜·班布里奇的信，1935 年 2 月 23 日，KP 12/24。

18. 吉卜林写给艾伦（Allen）的信，1935 年 12 月 24 日，达尔豪西大学吉卜林手稿集；吉卜林写给贝茨的信，1935 年 5 月 30 日，KP 14/13。

19. 米尔纳夫人日记，1934 年 11 月 5 日，米尔纳夫人档案文件；吉卜林写给班布里奇的信，1935 年 2 月 26 日，KP 12/24。

20. *Book of Words*，pp. 186，202；吉卜林写给诺思克利夫（Northcliffe）的信，1922 年 11 月 4 日，达尔豪西大学吉卜林手稿集。

21. 吉卜林写给谢弗里永的信，1921 年 12 月 31 日，KP 14/37；吉卜林写给弗莱彻的信，1921 年 9 月 22 日，KP 15/5；Cohen，*Rudyard Kipling to Rider Haggard*，p. 170；吉卜林写给克鲁的信，1921 年 11 月 28 日，东伦敦博物馆；吉卜林写给威斯特（Wister）的信，无日期，欧文·威斯特手稿集（Owen Wister Collection）。

22. 吉卜林写给埃尔茜·班布里奇的信，1926 年 12 月 25 日，29 日，1933 年 3 月 21 日，KP 12/15 及 22；吉卜林写给克列孟梭（Clemenceau）的信，1926 年 6 月 30 日，康奈尔大学吉卜林手稿集。

23. 吉卜林写给谢弗里永的信，1921 年 12 月 22 日，KP 14/37；吉卜林写给诺思克利夫的信，1922 年 11 月 4 日，达尔豪西大学吉卜林手稿集；吉卜林写给欧文（Owen）的信，1921 年 5 月 7 日，邓斯库姆·科尔特手稿集。

24. 吉卜林写给道布尔迪的信，1931 年 12 月 24 日，道布尔迪手稿集。

25. 吉卜林写给麦克杜格尔的信，1934 年 1 月 2 日，达尔豪西大学吉卜林手稿集。

26. *Book of Words*，pp. 201—204；吉卜林写给格温的信，1932 年 6 月 11 日，KP 15/15；*Souvenirs of France*，p. 41。

注 释

27. 吉卜林写给邓斯特维尔的信，1926 年 5 月 1 日，KP 14/52；吉卜林写给格温的信，1926 年 4 月 10 日，KP 15/15；吉卜林写给弗莱彻的信，1924 年 3 月 30 日，KP 15/5。

28. 吉卜林写给班布里奇的信，1931 年 3 月 20 日，1934 年 4 月 29 日，KP 12/20 及 23；吉卜林写给麦克杜格尔的信，1936 年 1 月 2 日，达尔豪西大学吉卜林手稿集。

29. 吉卜林写给巴里的信，1935 年 9 月 14 日，12 月 30 日，KP 38/2；吉卜林写给班布里奇的信，1933 年 3 月 21 日，KP 12/22。

30. 吉卜林写给威斯特的信，无日期，欧文·威斯特手稿集；吉卜林写给休斯的信，1933 年 9 月 24 日，KP 16/10。

31. 吉卜林写给休斯的信，1935 年 11 月 15 日，12 月 9 日，KP 16/10。

32. 吉卜林写给道布尔迪的信，1933 年 3 月 17 日，道布尔迪手稿集；吉卜林写给休斯的信，1933 年 12 月 19 日，KP 16/10。

33. 吉卜林写给博克的信，1935 年 11 月 1 日，及写给怀特的信，1935 年 12 月 28 日，锡拉丘兹大学吉卜林手稿集。

34. Shirer, *The Rise and Fall of the Third Reich*, p. 212.

35. *Morning Post*, 1933 年 11 月 13 日；Keating, *Kipling the Poet*, pp. 237—238.

36. 吉卜林写给富勒顿的信，1935 年 5 月 16 日，哈佛大学吉卜林手稿集；吉卜林写给谢弗里永的信，1935 年 6 月 1 日，KP 14/37；吉卜林写给考陶尔德的信，1933 年 4 月 12 日，塞缪尔·考陶尔德档案文件；吉卜林写给休斯的信，1933 年 7 月 28 日，KP 16/10；吉卜林写给格温的信，1933 年 7 月 31 日，1934 年 1 月 12 日，KP 15/15。

37. 吉卜林写给格温的信，1934 年 1 月 2 日、12 日，3 月 4 日，KP 15/15；吉卜林写给格温的信，1935 年 9 月 23 日，达尔豪西大学吉卜林手稿集；吉卜林写给贝茨的信，1935 年 6 月 6 日，KP 14/13；吉卜林写给谢弗里永的信，1935 年 6 月 1 日，KP 14/37；吉卜林写给巴里的信，1935 年 12 月 15 日，KP 38/2。

38. *Morning Post*, 1935 年 5 月 7 日。

39. 吉卜林写给刘易斯（Lewis）的信，1936 年 1 月 1 日，刘易斯档案文件（Lewis Papers）；吉卜林写给麦克杜格尔的信，1936 年 1 月 2 日，达尔豪西大学吉卜林手稿集。

40. Lycett, *Rudyard Kipling*, pp. 564—565；米尔纳夫人日记，1932 年 10 月 27 日，米尔纳夫人档案文件。

41. 吉卜林写给考陶尔德的信，1935 年 1 月 1 日，5 月 16 日，1933 年 10 月 23 日，塞缪尔·考陶尔德档案文件；Bodelsen, *Aspects of Kipling's Art*, p. 40 注。

42. Rose,*King George V*,p. 394.

43. Rose,*King George V*,p. 59；吉卜林写给伊迪丝·麦克唐纳的信,1935年7月25日,KP 11/10。

44. KP 20/3；Jones,*An Edwardian Youth*,p. 113；Rose,*King George V*,p. 313。

45. 吉卜林写给伊迪丝·麦克唐纳的信,1936年1月2日,KP 11/10；吉卜林写给贝克的信,1934年1月13日；吉卜林写给斯诺的信,1934年12月26日,达尔豪西大学吉卜林手稿集。

46. 班布里奇写给诺布洛克（Knoblock）的信,1936年1月30日,锡拉丘兹大学吉卜林手稿集。

47. Birkenhead,*Rudyard Kipling*,pp. 357—358；Carrington,*Rudyard Kipling*,pp. 504—506。

48. KP 20/5。

49. 剪报,出处不详,收录于 KP 28/8；Keating,*Kipling the Poet*,p. 215。

50. 莫德（Maude）写给作者的信,1978年1月。

51. Vansittart,*The Mist Procession*,pp. 131,365。

52. 吉卜林写给德·福雷斯特的信,1926年5月22日,麦吉尔大学。

53. Rose,*Lewis Namier and Zionism*,p. 109。

参考文献

手稿集

Arnold-Forster, H. O., British Library
Baldwin, Earl, University of Sussex
Balfour, A. J., British Library
Beaverbrook, Lord, House of Lords Record Office
Berg, New York Public Library
Blakeney, E. H., British Library
Carpenter, William, Library of Congress
Chandler, Admiral L. H., Library of Congress
Courtauld, Samuel, private collection
Curzon, Marquess, British Library
Dawson, Geoffrey *see* Robinson
Dodge, Mary Mapes, Princeton University
Doubleday, F. N., Princeton University
Dowdall, Thomas Percy, British Library
Du Cane, Sir Edmund, Bodleian Library
Dunham, University of Sussex
Dunscombe Colt, H., University of Sussex
Eton College Library
Frewen, Moreton, Library of Congress
Gilbert, W. S., and Sullivan, A., Pierpont Morgan Library

Hill, Edmonia, Cornell University
Holbrook, F. Cabot, Marlboro College
Kipling, Lockwood, University of Sussex
Kipling, Rudyard, Cornell University
——Dalhousie University
——Harvard University
——Library of Congress
——Syracuse University
——University of Sussex
——University of Texas at Austin
Kitchener, Lord, Public Record Office
Law, Andrew Bonar, House of Lords Record Office
Lewis, W. H., private collection
Macmillan Archive, British Library
Macphail, Sir Andrew, National Archives of Canada
Matthews, Brander, Columbia University
Maxse, Leo, West Sussex Record Office
Milner, Lady, Bodleian Library
Milner, Lord, Bodleian Library
Pearse, General George, British Library
Phelps, Reverend Lionel, Oriel College
Ray, Gordon, Pierpont Morgan Library
Rhodes, Cecil, Rhodes House
Rice, Howard, Marlboro College
Robinson, Geoffrey (Dawson), Bodleian Library
Roosevelt, Theodore Jnr., Library of Congress
Scribner, Charles, Princeton University
Selborne, Earl of, Bodleian Library
Stein, Aurel, Bodleian Library
Strachey, John St Loe, House of Lords Record Office
Strutt, Guy, private collection
Thompson, Sir John Perronet, British Library
Wharton, Edith, Yale University
Wister, Owen, Library of Congress
Wright, Howell, Yale University

参考文献

出版物
(以下为作者前期查阅的文献,不一定是最新版。除特别注明外,出版地均为伦敦。)

Adams, R. J. Q., *Bonar Law*, John Murray, 1999
Advani, Rukun, *E. M. Forster as Critic*, Croom Helm, 1984
Agar, Herbert, *The Price of Union*, Houghton Mifflin, Boston, 1949
Amery, J., *The Life of Joseph Chamberlain*, Vol. 4, Macmillan, 1951
Amis, Kingsley, *Rudyard Kipling*, Thames and Hudson, 1986
Ankers, Arthur R., *The Pater: John Lockwood Kipling, His Life and Times*, Pond View Books, Otford, 1988
Austin, Alfred, *Songs of England*, Macmillan, 1900
Bailey, R. V., "The Poet's Trade and the Prophet's Vocation: Development and Integration in the Poetry of Rudyard Kipling", Oxford Ph. D. thesis, 1982
Baldwin, A. W., *The Macdonald Sisters*, Peter Davies, 1960
——*My Father: The True Story*, George Allen & Unwin, 1955
Baldwin, Stanley, *On England*, Philip Allan, 1926
Ballhatchett, Kenneth, *Race, Sex and Class under the Raj*, Weidenfeld & Nicolson, 1980
Bauer, Helen Pike, *Rudyard Kipling: A Study of the Short Fiction*, Twayne, New York, 1994
Bayly, C. A., *The Local Roots of Indian Politics: Allahabad 1880–1920*, Oxford University Press, 1975
Beames, John, *Memoirs of a Bengal Civilian*, Eland, 1990
Bence-Jones, Mark, *The Viceroys of India*, Constable, 1982
Bennett, Mary, *The Ilberts in India, 1882–1886*, BACSA, 1995
Beresford, G. C., *Schooldays with Kipling*, Gollancz, 1936
Birkenhead, Lord, *Rudyard Kipling*, Weidenfeld & Nicolson, 1978
Blake, Robert, *The Conservative Party from Peel to Thatcher*, Methuen, 1985
——*The Unknown Prime Minister*, Eyre & Spottiswode, 1955
Bodelsen, C. A, *Aspects of Kipling's Art*, Manchester University Press, 1964
Braddy, Nella, *Son of Empire: The Story of Rudyard Kipling*, Collins, 1964
Brock, Michael, "'Outside his Art': Rudyard Kipling in Politics" in *Essays by Divers Hands*, Vol. LXV, Royal Society of Literature
Brogan, Hugh, *Mowgli's Sons: Kipling and Baden-Powell's Scouts*, Jonathan

Cape, 1987

　　Brown, Hilton, *Rudyard Kipling*, Hamish Hamilton, 1945

　　Brown, Judith M., and Louis, Wm. Roger (eds.), *The Twentieth Century*, Oxford University Press, 1999

　　Buck, Edward J., *Simla Past and Present*, The Times Press, Bombay, 1925

　　Carrington, Charles (ed.), *The Complete Barrack-Room Ballads of Rudyard Kipling*, Methuen, 1973

　　——*Rudyard Kipling: His Life and Work*, Macmillan, 1955

　　Cecil, David, *The Cecils of Hatfield House*, Cardinal, 1975

　　——*Max: A Biography of Max Beerbohm*, Atheneum, New York, 1985

　　Chandra, Sudhir, *Enslaved Daughters: Colonialism, Law and Women's Rights*, Oxford University Press, Delhi, 1999

　　Charmley, John, *Lord Lloyd and the Decline of the British Empire*, Weidenfeld & Nicolson, 1987

　　Chesterton, G. K., *Heretics*, John Lane, 1905

　　Chisholm, Anne, and Davie, Michael, *Beaverbrook*, Hutchinson, 1992

　　Clark, Allan (ed.), *A Good Innings*, John Murray, 1974

　　Clark, Manning, *History of Australia*, Pimlico, 1995

　　Clarke, Peter, *Hope and Glory: Britain 1900–1990*, Penguin, 1997

　　Coates, John, *The Day's Work: Kipling and the Idea of Sacrifice*, Associated University Presses, 1997

　　Cobb, Richard, *Something to Hold Onto*, John Murray, 1988

　　Cohen, Morton (ed.), *Rudyard Kipling to Rider Haggard: The Record of a Friendship*, Hutchinson, 1965

　　Cooper, Duff, *Old Men Forget*, Rupert Hart-Davis, 1953

　　Cornell, Louis L., *Kipling in India*, St Martin's Press, New York, 1966

　　Daiches, David, *Some Late Victorian Attitudes*, André Deutsch, 1969

　　Darling, Malcolm, *Apprentice to Power*, Hogarth Press, 1966

　　Dewey, Clive, *Anglo-Indian Attitudes: The Mind of the Indian Civil Service*, Hambledon Press, 1993

　　Dilks, David, *Curzon in India*, 2 vols., Rupert Hart-Davis, 1969 and 1970

　　Dobrée, Bonamy, *Rudyard Kipling: Realist and Fabulist*, Oxford University Press, 1967

　　Donaldson, Frances, *The Marconi Scandal*, Rupert Hart-Davis, 1962

　　Dugdale, Blanche E. C., *Arthur James Balfour, First Earl of Balfour*, 2 vols.,

参考文献

Hutchinson, 1936
Dunsterville, L. C., *Stalky's Reminiscences*, Jonathan Cape, 1928
Egremont, Max, *Balfour*, Collins, 1980
Eliot, T. S. (ed.), *A Choice of Kipling's Verse*, Faber & Faber, 1941
Ellmann, Richard, *Oscar Wilde*, Hamish Hamilton, 1987
Falls, Cyril, *Rudyard Kipling: A Critical Study*, Martin Secker, 1925
Ferguson, Niall, *The Pity of War*, Allen Lane, 1998
Feuchtwanger, E. J., *Democracy and Empire: Britain, 1865–1914*, Edwin Arnold, 1990
Foster, R. F., *Modem Ireland*, Penguin, 1989
Fraser, John, *Sixty Years in Uniform*, Stanley Paul, 1963
Gardiner, A. G., *Prophets, Priests and Kings*, Alston Rivers, 1908
Gilbert, Elliot L. (ed.), *O Beloved Kids, Rudyard Kipling's Letters to His Children*, Weidenfeld & Nicolson, 1983
——*The Good Kipling: Studies in the Short Story*, Manchester University Press, 1972
——*Kipling and the Critics*, Peter Owen, 1966
Gilmour, David, *Curzon*, John Murray, 1994
Gokhale, B. G., *India in the Eyes of the British*, Cross Cultural Publications, Indiana, 1991
Gopal, S., *British Polity in India, 1858–1905*, Cambridge University Press, 1965
——*The Viceroyality of Lord Ripon*, Oxford University Press, 1953
Gosse, Edmund, *The Life of Algernon Charles Swinburne*, Macmillan, 1917
Goulding, Colonel H. R., *Old Lahore, Civil and Military Gazette*, Lahore, 1924
Green, Roger Lancelyn, *Kipling and the Children*, Elek, 1965
——*Kipling: The Critical Heritage*, Routledge & Kegan Paul, 1971
Greene, Graham, *Collected Essays*, Bodley Head, 1969
Grigg, John, *Lloyd George: From Peace to War, 1912–1916*, Methuen, 1985
——*Lloyd George: The People's Champion, 1902–1911*, Eyre Methuen, 1978
Gross, John (ed.), *Rudyard Kipling: The Man, His Work and His World*, Weidenfeld & Nicolson, 1972
Guedalla, Philip, *Men of Letters*, Hodder & Stoughton, 1927
Gwynn, Stephen (ed.), *The Letters and Friendships of Sir Cecil Spring Rice*, 2 vols., Constable, 1929
Hamilton, Ian, *Listening for the Drums*, Faber, 1944

Harbord, Reginald (ed.), *The Readers' Guide to Rudyard Kipling's Works*, privately printed, Canterbury and Bournemouth, 1961–1972

Holt, Tonie and Valmai, *My Boy Jack? The Search for John Kipling*, Pen & Sword Books, Barnsley, 1998

Hopkins, R. Thurston, *Rudyard Kipling: A Character Study*, Simpkin, Marshall Hamilton, Kent & Co., 1921

Hopkirk, Peter, *The Great Game*, John Murray, 1990

——*Quest for Kim: In Search of Kipling's Great Game*, John Murray, 1996

Hyam, Ronald, *Empire and Sexuality: The British Experience*, Manchester University Press, 1991

Islam, Shamsul, *Kipling's Law: A Study of His Philosophy of Life*, Macmillan, 1975

James, Robert Rhodes (ed.), *Memoirs of a Conservative: J. C. C. Davidson's Memoirs and Papers, 1910–1937*, Weidenfeld & Nicolson, 1967

Jenkins, Roy, *Mr Balfour's Poodle*, Collins, 1989

Jones, L. E., *An Edwardian Youth*, Macmillan, 1956

Kanwar, Pamela, *Imperial Simla*, Oxford University Press, Delhi, 1990

Keating, Peter, *Kipling the Poet*, Secker & Warburg, 1994

Keegan, John, *The First World War*, Hutchinson, 1998

Kemp, Sandra, *Kipling's Hidden Narratives*, Basil Blackwell, Oxford, 1988

Kennedy, Paul, *The Rise and Fall of the Great Powers*, Unwin, 1988

Kincaid, Dennis, *British Social Life in India, 1608–1937*, George Routledge, 1938

The Kipling Journal, The Kipling Society, 1929–2001

Koss, Stephen, *The Pro-Boers: The Anatomy of an Antiwar Movement*, University of Chicago Press, 1973

——*The Rise and Fall of the Political Press in Britain*, Vol. 2, Hamish Hamilton, 1984

——*Lord Haldane: Scapegoat for Liberalism*, Columbia University Press, New York, 1969

Lamb, Richard, *The Drift to War, 1922–1939*, W. H. Allen, 1989

Laski, Marghanita, *From Palm to Pine: Rudyard Kipling Abroad and at Home*, Sidgwick & Jackson, 1987

Lawrence, Walter, *The India We Served*, Cassell, 1928

Le Gallienne, Richard, *Rudyard Kipling*, John Lane, 1900

参考文献

Lewis, C. S., *They Asked for a Paper*, Geoffrey Bles, 1962

Link, Arthur S., *The Papers of Woodrow Wilson*, Vols. 15–67, Princeton University Press, 1973

Longford, Elizabeth, *A Pilgrimage of Passion: The Life of Wilfrid Scawen Blunt*, Weidenfeld & Nicolson, 1979

——Wellington, Vol. 1, Weidenfeld & Nicolson, 1969

Longworth, Philip, *The Unending Vigil: The History of the Commonwealth War Graves Commission, 1917–1967*, Leo Cooper, 1976

Lowry, Donald (ed.), *The South African War Reappraised*, Manchester University Press, 2000

Lycett, Andrew, *Rudyard Kipling*, Weidenfeld & Nicolson, 1999

McAveeney, David C., *Kipling in Gloucester: The Writing of Captains Courageous*, Curious Traveller Press, Gloucester (US), 1996.

McClure, John A., *Kipling & Conrad: The Colonial Fiction*, Harvard University Press, 1981

Mackail, J. L., and Wyndham, Guy (eds.), *Life and Letters of George Wyndham*, Vol. 2, Hutchinson, 1925

Mackay, Ruddock F., *Balfour: Intellectual Statesman*, Oxford University Press, 1985

Macmunn, Sir George, *Kipling's Women*, Sampson Low, n. d.

McNaught, Kenneth, *The Penguin History of Canada*, Penguin, 1988

Mallett, Philip (ed.), *Kipling Considered*, Macmillan, 1989

Mangan, J. A., *The Games Ethic and Imperialism*, Viking, 1986

Marlowe, John, *Milner: Apostle of Empire*, Hamish Hamilton, 1976

Marsh, Peter, *Joseph Chamberlain: Entrepreneur in Politics*, Yale University Press, 1994

Mason, Philip, *Kipling: The Glass, the Shadow and the Fire*, Jonathan Cape, 1975

——*A Matter of Honour*, Papermac, 1974

Middlemas, Keith, and Barnes, John, *Baldwin*, Weidenfeld & Nicolson, 1969

Moon, Penderel, *The British Conquest and Dominion of India*, Duckworth, 1989

Moore-Gilbert, B. J., *Kipling and "Orientalism"*, Croom Helm, 1986

Morris, J., *Fisher's Face*, Viking, 1995

——*Pax Britannica*, Penguin, 1979

——*Stones of Empire*, Oxford University Press, 1987

Moss, Robert, *Rudyard Kipling and the Fiction of Adolescence*, Macmillan, 1982

Najder, Zdzislaw, *Joseph Conrad*, Cambridge University Press, 1983

Neider, Charles (ed.), *The Autobiography of Mark Twain*, Chatto & Windus, 1960

Neruda, Pablo, *Memoirs*, Souvenir Press, 1977

Newton, Lord, *Lord Lansdowne*, Macmillan, 1929

——*Retrospection*, John Murray, 1941

Nicolson, Adam, *The Hated Wife: Carrie Kipling, 1862–1939*, Short Books, 2001

O'Brien, Terence, *Milner*, Constable, 1979

O'Dwyer, Michael, *India as I Knew it: 1885–1925*, Constable, 1925

Orel, Harold (ed.), *A Kipling Chronology*, G. K. Hall, 1990

——*Kipling: Interviews and Recollections*, 2 vols., Macmillan, 1983

Orwell, George, *Collected Essays, Journalism and Letters*, Vol. 2, Penguin, 1971

Pafford, Mark, *Kipling's Indian Fiction*, Macmillan, 1989

Page, Norman, *A Kipling Companion*, Papermac, 1984

Pakenham, Thomas, *The Boer War*, Weidenfeld & Nicolson, 1979

Paterson, T. G., Clifford, J. G., and Hagan, K. J., *American Foreign Relations*, Vol. 2, D. C. Heath, Lexington, 1995

Pearce, Edward, *Lines of Most Resistance: The Lords, the Tories and Ireland, 1886–1914*, Little, Brown, 1999

Philips, C. H. (ed.), *Historians of India, Pakistan and Ceylon*, Oxford University Press, 1961

Pinney, Thomas, *In Praise of Kipling*, University of Texas, 1996

——*Kipling's India: Uncollected Sketches, 1884–1888*, Macmillan, 1986

——*The Letters of Rudyard Kipling*, 4 vols., University of Iowa Press, Iowa City, 1990–1999

Porter, Andrew, *The Nineteenth Century*, Oxford University Press, 1999

Ralph, Julian, *War's Brighter Side*, C. Arthur Pearson, 1901

Ricketts, Harry, *The Unforgiving Minute: A Life of Rudyard Kipling*, Chatto & Windus, 1999

Ridley, Jane, and Percy, Clare (eds.), *The Letters of Arthur Balfour & Lady*

参考文献

Elcho, Hamish Hamilton, 1992

Rivett-Carnac, J. H., *Many Memories*, Blackwood, Edinburgh, 1910

Robb, Graham, *Victor Hugo*, Picador, 1997

Roberts, Andrew, *Salisbury: Victorian Titan*, Weidenfeld & Nicolson, 1999

Roberts, Brian, *Cecil Rhodes: Flawed Colossus*, W. W. Norton, New York, 1988

Roberts, Lord, *Forty-one Years in India*, 2 vols., Richard Bentley, 1897

Rose, Kenneth, *King George V*, Weidenfeld & Nicolson, 1983

——*The Later Cecils*, Harper & Row, 1975

Rose, Norman, *Churchill: The Unruly Giant*, The Free Press, New York, 1994

——*Lewis Namier and Zionism*, Oxford University Press, 1980

Rutherford, Andrew (ed.), *Early Verse by Rudyard Kipling, 1879–1889*, Oxford University Press, 1986

——*Kipling's Mind and Art*, Oliver & Boyd, 1964

Said, Edward, "Introduction" to *Kim*, Penguin, 1987

——*Orientalism*, Routledge & Kegan Paul, 1978

Seymour-Smith, Martin, *Rudyard Kipling*, Queen Anne Press, 1989

Shanks, Edward, *Rudyard Kipling: A Study in Literature and Political Ideas*, Macmillan, 1940

Shirer, William L., *The Rise and Fall of the Third Reich*, Book Club Associates, 1972

Silkin, John, *Out of Battle: The Poetry of the Great War*, Oxford University Press, 1972

Spender, J. A., *Life of the Right Hon. Sir Henry Campbell-Bannerman G. C. B.*, 2 vols., Hodder & Stoughton, 1923

Stewart, J. I. M., *Rudyard Kipling*, Gollancz, 1966

Sutcliff, Rosemary, *Rudyard Kipling*, Bodley Head, 1960

Sutcliffe, Peter, *The Oxford University Press*, Oxford University Press, 1978

Sykes, Christopher, *Nancy: The Life of Lady Astor*, Collins, 1972

Thirkell, Angela, *Three Houses*, Oxford University Press, 1931

Tignor, Robert L., *Modernisation and British Colonial Rule in Egypt, 1882–1914*, Princeton University Press, 1966

Thomas, Antony, *Rhodes: The Race for Africa*, Penguin, 1997

Tompkins, J. M. S., *The Art of Rudyard Kipling*, Methuen, 1959

Trevelyan, G. M., *Grey of Fallodon*, Longman, 1937

Vansittart, Lord, *The Mist Procession*, Hutchinson, 1958

Vincent, John (ed.), *The Crawford Papers*, Manchester University Press, 1984
Ward, Maisie, *Gilbert Keith Chesterton*, Sheed & Ward, 1944
Welldon, J. E. C., *Recollections and Reflections*, Cassell, 1915
Wells, H. G., *The New Machiavelli*, John Lane, 1911
Wilson, Angus, *The Strange Ride of Rudyard Kipling: His Life and Works*, Secker & Warburg, 1977
Wilson, John, *CB: A Life of Sir Henry Campbell-Bannerman*, Constable, 1973
Winter, Denis, *Haig's Command*, Penguin, 1992
Woodruff, Philip, *The Guardians*, Jonathan Cape, 1963
Woolf, Leonard, *Growing*, Hogarth Press, 1964
Wrench, John Evelyn, *Alfred Lord Milner*, Eyre & Spottiswode, 1958
Young, Kenneth, *Arthur James Balfour*, G. Bell, 1963
Young, W. A., *A Kipling Dictionary*, Routledge, 1911
Younghusband, George, *A Soldier's Memories in Peace and War*, Herbert Jenkins, 1917

正文和注释中引用的吉卜林作品

Actions and Reactions, Macmillan, 1909
Barrack-Room Ballads and Other Verses, Methuen, 1917
A Book of Words, Macmillan, 1928
The Brushwood Boy, Macmillan, 1910
"Captains Courageous", Macmillan, 1924
The Day's Work, Macmillan, 1924
Debits and Credits, Macmillan, 1965
Departmental Ditties and Other Verses, Methuen, 1904
A Diversity of Creatures, Macmillan, 1917
The Five Nations, Methuen, 1927
A Fleet in Being, Macmillan, 1899
From Sea to Sea, 2 vols., Macmillan, 1912 and 1914
A History of England (with C. R. L. Fletcher), Clarendon Press, Oxford, 1911
The Irish Guards in the Great War, 2 vols., Spellmount, 1997
The Jungle Book, Macmillan, 1901
The Jungle Play, Allen Lane, 2000
Just So Stories, Macmillan, 1928
Kim, Macmillan, 1935

参考文献

Land and Sea Tales for Scouts and Guides, Macmillan, 1923
Letters of Travel (1892–1913), Macmillan, 1920
Life's Handicap, Macmillan, 1913
The Light that Failed, Macmillan, 1953
Limits and Renewals, Macmillan, 1932
Many Inventions, Macmillan, 1940
The Naulahka: A Story of East and West (with Wolcott Balestier), William Heinemann, 1892
Plain Tales from the Hills, Macmillan, 1931
Puck of Pook's Hill, Macmillan, 1951
Rewards and Fairies, Macmillan, 1926
Rudyard Kipling's Verse: Inclusive Edition, 1885–1918, Hodder & Stoughton, 1919
Sea Warfare, Macmillan, 1916
The Second Jungle Book, Macmillan, 1950
The Seven Seas, Methuen, 1896
Soldiers Three etc., Sampson Low, Marston, 1893
Something of Myself, Cambridge University Press, 1991
Souvenirs of France, Macmillan, 1933
Stalky & Co., Macmillan, 1929
"They", Macmillan, 1905
Thy Servant a Dog, Macmillan, 1930
Traffics and Discoveries, Macmillan, 1904
Wee Willie Winkie and Other Stories, Macmillan, 1929
The Years Between, Methuen, 1919

索 引

吉卜林生平

身为帝国偶像〔as imperial icon〕1；出身〔ancestry〕003—006；早期诗作〔early verses〕014—016；定居拉合尔〔settles in Lahore〕019—020；供职于《军民报》〔work at Gazette〕020—021，026—027；对爱情的憧憬〔romantic hopes〕022；在拉合尔的集市〔in Lahore bazaars〕023；在旁遮普俱乐部〔in Punjab Club〕050；与《伊尔伯特法案》〔and Ilbert Bill〕027—029；谈印度教的习俗〔on Hindu customs〕032；在印度旅行〔travels in India〕033；在西姆拉的工作〔work in Simla〕036—041；政治讽刺和其他讽刺作品〔political and other satire〕041—050；与《山里的平凡故事》〔and Plain Tales〕067；对 ICS 的看法〔views on ICS〕026—031；谈驻印英军〔on Army in India〕060—063；对英属印度的描摹〔portrait of Anglo-India〕066—067；语言能力〔linguistic abilities〕069；谈南亚大干道〔on Grand Trunk Road〕071；宗教宽容与宗教信仰〔religious tolerance and beliefs〕072—073，102；对传教士的敌对情绪〔hostility to missionaries〕073，101—102；对印度人的好感〔liking for Indians〕073—074；谈印度的社会公正问题〔on social justice in India〕076—079；对国大党的批评〔criticism of Congress〕081—083；对印度人的同情〔sympathy for Indians〕085—086；在安拉阿巴德的生活〔life in Allahabad〕088—090；歌谣创作〔ballad writing〕094，110；对大英帝国及 ICS 的看法〔views on Empire and ICS〕098—100；对自由主义的憎恶〔hatred of Liberalism〕118；对海洋的热爱〔love of the sea〕107；对美国的看法〔views on US〕108；对歌舞厅的青睐〔love of music-halls〕110，117；文学成就〔literary success〕111—112；对唯美主义者的抨击〔assault on aesthetes〕

115—116；身为帝国的使徒〔as imperial apostle〕142；婚礼和蜜月〔marriage and honeymoon〕125—126；在佛蒙特州的生活〔life in Vermont〕126—130；创作《丛林之书》系列〔writing *Jungle Books*〕132—133；海军题材的诗歌〔naval poetry〕142；与委内瑞拉争端〔and Venezuela dispute〕138；离开美国〔leaves America〕140；对英国海军的热情〔love of Navy〕142；对德国的敌对情绪〔hostility to Germany〕144—145；创作赞美诗〔writes anthems〕146；与《退场诗》〔and *Recessional*〕147—150；与《白人的负担》〔and *The White Man's Burden*〕156—160；被唯美主义者批评〔criticized by aesthetes〕163—165；对罗得斯的赞赏〔admiration for Rhodes〕168—170；对米尔纳的赞赏〔admiration for Milner〕171；约瑟芬的去世〔death of Josephine〕176；关于布尔战争的诗歌〔Boer War poems〕177；在南非〔in S. Africa〕183—187，193—197；对驻南非英军的批评〔criticism of Army in S. Africa〕197；与罗得斯的去世〔and death of Rhodes〕191—194；谈南非的和平问题〔on S. African peace〕195—196；谈兵役制度〔on military service〕223，259—260，308；谈板球〔on cricket〕201；与汽车〔and motorcars〕207—208；在"贝特曼之家"〔at Bateman's〕208—210；与精灵系列故事〔and Puck stories〕214—215；对张伯伦的赞赏〔admiration for Chamberlain〕239—240；对贝尔福的看法〔views on Balfour〕272；有关加拿大的诗歌〔poems about Canada〕228；支持关税改革〔support for Tariff Reform〕231—232；谈移居殖民地〔on emigration to colonies〕233；加拿大之旅〔journey to Canada〕234—235；谈"奴役华人"〔on "Chinese slavery"〕238；谈自由党领导人〔on Liberal leaders〕241；谈丘吉尔〔on Churchill〕243，245，246；谈南非的"背叛"〔on S. African "betrayal"〕248—249；谈海军改革〔on naval reforms〕254—255；谈陆军改革〔on Army reforms〕255—257；与家人〔and family〕263—265；与法国〔and France〕267—268；获诺贝尔奖〔wins Nobel Prize〕268；对荣誉的态度〔attitude to honours〕268—269；谈劳合·乔治〔on Lloyd George〕269；为统一党人开展的运动〔campaigns for Unionists〕273—274；谈《议会法案》〔on Parliament Bill〕275；谈贵族阶层〔on aristocracy〕276；对博纳·劳的赞赏〔admiration for Bonar Law〕277—279；谈女性选举权〔on women's suffrage〕281—282；谈民主〔on democracy〕283—286；与马可尼丑闻〔and the Marconi Scandal〕286—290；与童子军〔and Boy Scouts〕294—295；到访埃及〔visit to Egypt〕295—297；托利主义〔Toryism〕298—299；到访爱尔兰〔visit to Ireland〕300；谈阿尔斯特〔on Ulster〕303—305；谈指挥作战〔on conduct of war〕309；谈美国的中立态度〔on American neutrality〕313—314；担任战地记者〔as war correspondent〕316—317；与约翰的牺牲〔and John's death〕318—319；谈战争期间的政府〔on Government in war〕320；对

索 引

德国的憎恶〔hatred of Germany〕322；对陆军战术的批评〔criticism of Army tactics〕322—323；谈战争期间的美国〔on US in war〕323—325；战争题材的创作〔war writing〕327—331；谈和平条款〔on peace terms〕334—336；对美国的厌恶〔disgust with US〕338—339；谈印度和爱尔兰〔on India and Ireland〕340—343；为战争墓地委员会所做的工作〔work for War Graves Commission〕344—348；病痛〔illnesses〕349；晚年创作的故事〔last stories〕351—352；与吉卜林学会〔and Kipling Society〕353—354；晚年的旅行〔late travels〕356—358；支持鲍德温〔supports Baldwin〕360；反对鲍德温〔opposes Baldwin〕365—368；为法国辩护〔defends France〕368—369；谈纳粹党的威胁〔on Nazi threat〕371—376；与乔治五世的友谊〔friendship with George V〕378；去世和葬礼〔death and funeral〕380

吉卜林作品

诗歌：《阿尔斯特》〔Ulster〕300—302；《阿萨耶战役》〔The Battle of Assaye〕15；《爱尔兰卫队》〔The Irish Guards〕332 注；《白人的负担》〔The White Man's Burden〕120，147，152，156，163—164；《冰上篝火》〔Bonfires on the Ice〕374；《朝圣者之途》〔A Pilgrim's Way〕265；《城市、宝座和权力》〔Cities and Thrones and Powers〕218；《丛林法则》〔The Law of the Jungle〕132；《大利拉》〔Delilah〕043；《丹麦妇女的竖琴曲》〔Harp Song of the Dane Women〕218；《丹麦税》〔Danegeld〕216，220；《丹尼·迪弗》〔Danny Deever〕061，112；《岛民》〔The Islanders〕146，198，201，203，222，223，226，350；《悼念逝去的姐妹》〔Dirge of Dead Sisters〕197；《道德准则》〔A Code of Morals〕043；《堤坝》〔The Dykes〕224；《帝国敕令》〔An Imperial Rescript〕118，144；《迭戈·巴尔德斯之歌》〔The Song of Diego Valdez〕266；《东西谣曲》〔The Ballad of East and West〕122；《断裂应变赞美诗》〔Hymn of Breaking Strain〕375—376；《俄国属于和平主义者》〔Russia to the Pacifists〕329；《法兰西》〔France〕267；《法老与中士》〔Pharaoh and the Sergeant〕146；《法外之徒》〔The Outlaws〕310；《粉色多米诺》〔Pink Dominoes〕043；《风暴信号》〔The Storm Cone〕372；《负担》〔The Burden〕348；《改革家》〔The Reformers〕197，223；《贡加·丁》〔Gunga Din〕112；《归来》〔The Return〕212—213；《国王的朝圣》〔The King's Pilgrimage〕346；《国王与海》〔The King and the Sea〕379；《哈菲兹箴言数则》〔Certain Maxims of Hafiz〕43；《孩子们》〔The Children〕311—312；《孩子们的歌》〔The Children's Song〕219；《花园的荣耀》〔The Glory of the Garden〕220；《划桨手》〔The Rowers〕145，255；《黄铜之城》〔The City of Brass〕259，270；《回到军中》

漫长的谢幕

〔Back to the Army〕134；《霍尔丹在德国》〔The Haldane in Germany〕260—261；《鸡鸣之歌》〔A Song at Cock-Crow〕333；《基督诞生》〔A Nativity〕318；《基哈西》〔Gehazi〕287—288，350；《基钦纳的学校》〔Kitchener's School〕146；《记忆》〔Memories〕362—363；《教训》〔The Lesson〕198；《晋升问题研究——以墨汁书写》〔Study of an Elevation in Indian Ink〕043；《抉择》〔The Choice〕325；《军靴》〔Boots〕197；《开始》〔The Beginnings〕321；《可能》〔Possibilities〕052；《客西马尼园》〔Gethsemane〕328—329；《老问题》〔The Old Issue〕177，179；《里彭勋爵的遐想》〔Lord Ripon's Reverie〕030；《里夏尔爵士之歌》〔Sir Richard's Song〕215；《利赫滕堡》〔Lichtenberg〕070，197；《两套衣服的故事》〔The Tale of Two Suits〕066 注；《临门》〔Rimmon〕197；《临战赞美诗》〔Hymn Before Action〕076，145—146，150—151；《临终之榻》〔A Death-Bed〕335；《流亡之路》〔The Exiles' Line〕052—053，099；《陆军司令部》〔Army Headquarters〕043；《罗马百夫长之歌》〔The Roman Centurion's Song〕216，220；《马大之子》〔The Sons of Martha〕276；《"玛丽·格洛斯特"号》〔The Mary Gloster〕107，135；《麦克安德鲁的赞美诗》〔McAndrew's Hymn〕107，135，142；《曼德勒》〔Mandalay〕070，093，112，163—164；《漫不经心的乞丐》〔The Absent-Minded Beggar〕177—178；《毛茸茸》〔Fuzzy Wuzzy〕061，112；《梅德韦河上的荷兰人》〔The Dutch in the Medway〕220，250；《梅罗丘陵》〔Merrow Down〕176；《美索不达米亚》〔Mesopotamia〕331，350；《那一天》〔That Day〕061；《乃缦之歌》〔Naaman's Song〕355—356；《南非》〔South Africa〕247；《年轻的女王》〔The Young Queen〕227—228；《年轻人的双脚》〔The Feet of the Young Men〕294；《这个种群的女人》〔The Female of the Species〕281—282，347；《女士们》〔The Ladies〕059；《欧玛尔·卡尔文的鲁拜集》〔The Rupaiyat of Omar Kal'vin〕042；《皮特》〔Piet〕197；《平等的牺牲》〔Equality of Sacrifice〕344；《清除》〔Cleared〕118；《如果》〔If〕3，167，171，202，219，313，315；《三位船长的韵诗》〔The Rhyme of the Three Captains〕112；《圣赫勒拿摇篮曲》〔A St Helena Lullaby〕218；《圣战》〔The Holy War〕329；《适得其所》〔The Post that Fitted〕043；《逝去的国王》〔The Dead King〕272；《双面人》〔The Two-sided Man〕068；《斯泰伦博斯》〔Stellenbosch〕188，197；《虽以礼相赠》〔Et Dona Ferentes〕146；《汤米》〔Tommy〕062—063，112，184；《汤米的故事》〔The Story of Tommy〕061；《汤姆林森》〔Tomlinson〕116；《童子军巡逻队之歌》〔Boy Scouts' Patrol Song〕294；《土地》〔The Land〕210；《土生裔》〔The Native-Born〕137；《退场诗》〔Recessional〕146—153,159，161，164，191，254，366，380；《为了她们》〔For the Women〕077；《为了我们的一切》〔For All We Have and Are〕310—311；《伟大的心灵》〔Great-Heart〕337；《温莎的寡妇》〔The Widow at Windsor〕119 注；

索 引

《问题》〔The Question〕324;《我儿杰克》〔My Boy Jack〕319;《乌利亚的故事》〔The Story of Uriah〕043—044,048;《物与人》〔Things and the Man〕240;《习字本范例里的众神》〔The Gods of the Copybook Headings〕339;《消失的领导人》〔A Lost Leader〕031;《熊的停战请求》〔The Truce of the Bear〕100;《雪中圣母》〔Our Lady of the Snows〕228,234;《一位总督的卸任》〔One Viceroy Resigns〕040,092,095;《异教徒》〔The 'eathen〕134;《异教徒圣歌》〔Chant-Pagan〕212;《英国旗》〔The English Flag〕119—120,137;《英国人之歌》〔A Song of the English〕120;《硬币会说话》〔The Coin Speaks〕284;《在非信徒的土地上》〔In Partibus〕115,132;《在新石器时代》〔In the Neolithic Age〕134;《战利品》〔Loot〕060;《战争墓志铭》〔Epitaphs of the War〕311,344;《正义》〔Justice〕335;《地方总督》〔The Pro-Consuls〕237—238;《殖民者》〔The Settler〕197;《致敬女王陛下》〔Ave Imperatrix〕016;《中立国》〔The Neutral〕324—325;《朱伯特将军》〔General Joubert〕197;《纵队解散》〔The Parting of the Columns〕185—186

短篇故事:《安拉之眼》〔The Eye of Allah〕351,382;《安条克的教会》〔The Church that was at Antioch〕352;《暗夜之城》〔The City of Dreadful Night〕071 注;《巴达莉娅·赫罗德斯富特的记录》〔The Record of Badalia Herodsfoot〕113;《巴瑟斯特夫人》〔Mrs Bathurst〕197;《贝尔特兰与比米》〔Bertran and Bimi〕114;《城墙上》〔On the City Wall〕050,059;《打扫与装饰》〔Swept and Garnished〕327;《黛娜·沙德的求爱》〔The Courting of Dinah Shadd〕113;《灯之奴》〔Slaves of the Lamp〕222;《地方官》〔The Head of the District〕031,083,098;《第一个字母》〔The First Letter〕176;《007》〔007〕133;《恩主》〔The Benefactors〕280—281;《儿媳》〔My Son's Wife〕211;《二等兵利罗伊德的故事》〔Private Learoyd's Story〕060;《蜂巢》〔The Mother Hive〕133,280;《俘房》〔The Captive〕307;《工会巡视员》〔A Walking Delegate〕130;《国王迷》〔The Man who would be King〕47,356;《黑羊咩咩》〔Baa, Baa, Black Sheep〕010,012;《黄昏将尽》〔The Edge of the Evening〕312;《局外人》〔The Outsider〕196;《赖因格尔德与德国国旗》〔Reingelder and the German Flag〕114;《勒古鲁斯》〔Regulus〕283;《利斯佩思》〔Lispeth〕085;《路边喜剧》〔A Wayside Comedy〕051—052;《玛丽·波斯特盖特》〔Mary Postgate〕321,327;《没有牧师的恩典》〔Without Benefit of Clergy〕085,113,356;《梦中的军队》〔The Army of a Dream〕223;《磨坊水坝之下》〔Below the Mill Dam〕226;《魔鬼与深海》〔The Devil and the Deep Sea〕133;《莫罗比·朱克斯奇遇记》〔The Strange Ride of Morrowbie Jukes〕039;《拿律的高个儿》〔The Lang Men o' Larut〕114;《那个人》〔The Man Who Was〕100;《女人的爱情》〔Love o' Women〕059,061,113;《强迫居住》〔An Habitation Enforced〕211—212;《乔吉·波吉》〔Georgie Porgie〕085;《轻而易举》〔As Easy as A. B.

C.〕284;《首尾军团的鼓手》〔The Drums of the Fore and Aft〕061;《兽印》〔The Mark of the Beast〕102;《他采取的方式》〔The Way That He Took〕196;《他们》〔They〕102,176;《他生命中的女人》〔The Woman in his Life〕350;《通道尽头》〔At the End of the Passage〕051,113;《投票表决地球是平的那座村庄》〔The Village that Voted the Earth Was Flat〕286;《托德修正案》〔Tod's Amendment〕095;《小狐狸》〔Little Foxes〕283;《许愿屋》〔The Wish House〕351,378;《一名二等兵的故事》〔In the Matter of a Private〕061;《议员佩吉特的启蒙》〔The Enlightenments of Pagett MP〕082;《友善的小溪》〔Friendly Brook〕211;《愉悦之旅》〔The Pleasure Cruise〕373;《园丁》〔The Gardener〕347,351;《越轨》〔Beyond the Pale〕085;《在丛林里》〔In the Rukh〕113;《在陷阱边》〔At the Pit's Mouth〕048;《战壕中的圣母像》〔A Madonna of the Trenches〕351;《找到自我的那艘船》〔The Ship that Found Herself〕133,313 注;《征服者威廉》〔William the Conqueror〕098—099;《正义之树》〔The Tree of Justice〕217;《筑桥人》〔The-Bridge Builders〕098,099,133;《字母表是怎么来的》〔How the Alphabet was Made〕176;《祖先之墓》〔The Tomb of his Ancestors〕098

小说及其他:《爱尔兰卫队史》〔History of the Irish Guards〕322,326,332;《报偿与仙灵》〔Rewards and Fairies〕213,218;《丛林故事剧》〔The Jungle Play〕196 注;《丛林之书》〔The Jungle Book〕123,132—134,151,196,295,334,356;《丛林之书续篇》〔The Second Jungle Book〕072;《黑与白》〔In Black and White〕046;《回声》〔Echoes〕038,042;《机关小调及其他诗篇》〔Departmental Ditties and Other Verses〕042—045;《机巧集》〔Many Inventions〕113;《基姆》〔Kim〕019,038,046,068,072,084—086,100,131,196,294;《加兹比一家的故事》〔The Story of the Gadsbys〕046,048,049;《借与贷》〔Debits and Credits〕348,351,378;《那些年》〔The Years Between〕2,287 注;《瑙拉卡》〔The Naulahka〕065,122;《普克山的帕克》〔Puck of Pook's Hill〕213,214,218,284;《七海》〔The Seven Seas〕107,133,134,136;《日常工作》〔The Day's Work〕118,134;《三个士兵》〔Soldiers Three〕046,061,356;《山里的平凡故事》〔Plain Tales from the Hills〕035,046,067,069,085;《生命的阻力》〔Life's Handicap〕071 注,113;《世间万物》〔A Diversity of Creatures〕327,351;《斯托基与同党》〔Stalky & Co〕014,054,162,163,202;《四重奏》〔Quartette〕039;《谈谈我自己》〔Something of Myself〕007,379;《五国》〔The Five Nations〕137;《喜马拉雅雪松下》〔Under the Deodars〕046,048,063—064;《限制与恢复》〔Limits and Renewals〕378;《消失的光芒》〔The Light that Failed〕114,116;《学童抒情诗》〔Schoolboy Lyrics〕015;《英国史》〔A History of England〕219;《营房谣》〔Barrack Room Ballads〕094,112,115,118,142;《勇敢的船长》〔Captains

索 引

Courageous〕130—131 ;《幽灵人力车》〔*The Phantom Rickshaw*〕046 ;《原来如此故事集》〔*Just So Stories*〕176, 264 ;《忠犬记》〔*Thy Servant a Dog*〕350 ;《作用与反作用》〔*Actions and Reactions*〕351